Architektur Wien | 500 BAUTEN

Zweite, korrigierte und ergänzte Auflage

Herausgegeben von
Stadtplanung Wien, Magistratsabteilung 18
und Magistratsabteilung 19,
und dem Architektur Zentrum Wien

Konzeption und Redaktion
August Sarnitz

Beiträge von
Renate Banik-Schweitzer
August Sarnitz
Dietmar Steiner
Siegfried Mattl

 SpringerWienNewYork

Impressum

Die vorliegende Publikation „Architektur Wien: 500 Bauten" entstand auf Grund einer Anregung von Stadtrat Dr. Hannes Swoboda im Jahr 1996 und wurde während der Amtszeit von Vizebürgermeister und Stadtrat Dr. Bernhard Görg realisiert.

Herausgegeben von der Stadtplanung Wien,
Magistratsabteilung 18 und Magistratsabteilung 19,
und dem Architektur Zentrum Wien.

Konzept und Redaktion
August Sarnitz

Auswahl der Objekte
Friedrich Achleitner, Otto Kapfinger, Harald Niebauer, Dieter Pal,
August Sarnitz, Dietmar Steiner

Fachliche Begleitung
Arnold Klotz

Textbeiträge
Renate Banik-Schweitzer
August Sarnitz
Dietmar Steiner
Siegfried Mattl

Texte und Daten der Objekte
August Sarnitz, Ruth Hanisch

Farbfotos
Georg Riha

Schwarz-Weiß-Fotos
Margherita Spiluttini, Robert Kiermayer, Mischa Erben, Gerald Zugmann, Atelier Hollein, Werner Kaligofsky

Das Werk ist urheberrechtlich geschützt.
Die dadurch begründeten Rechte, insbesondere die der Übersetzung, des Nachdruckes, der Entnahme von Abbildungen, der Funksendung, der Wiedergabe auf photomechanischem oder ähnlichem Wege und der Speicherung in Datenverarbeitungsanlagen, bleiben, auch bei nur auszugsweiser Verwertung, vorbehalten.

© 1998 Springer-Verlag/Wien
Printed in Austria

Graphische Gestaltung
August Sarnitz

Umschlagentwurf
Haller und Haller

Umschlagfoto
Georg Riha

Kartographie Bezirkskarten
© Freytag & Berndt

Druck
Adolf Holzhausens Nfg., A-1070 Wien

Gedruckt auf säurefreiem, chlorfrei gebleichtem Papier-TCF
SPIN: 10679704
ISBN 3-211-83159-2   Springer-Verlag Wien New York
ISBN 3-211-82771-4   Springer-Verlag Wien New York (1. Aufl.)

Inhalt

Einleitung – Hinweise zum Gebrauch 7

Wien Stadtentwicklung.. 8
    Renate Banik-Schweitzer

Wiener Architektur im 20. Jahrhundert 23
    August Sarnitz

Wohnbau in Wien.. 29
    Dietmar Steiner

Farbfotos von Georg Riha 32

Plan 1   1. Bezirk, Innere Stadt 67
Bauwerke und Empfehlungen 1. Bezirk 69

Plan 2   2. und 3. Bezirk, Leopoldstadt und Landstraße 133
Bauwerke und Empfehlungen 2.und 3. Bezirk 135

Plan 3   4., 5., 6., 7., 8. und 9. Bezirk, Wieden, Margareten, Mariahilf,
          Neubau, Josefstadt und Alsergrund 157
Bauwerke und Empfehlungen 4. bis 9. Bezirk 159

Plan 4   10. Bezirk, Favoriten 189
Bauwerke und Empfehlungen 10. Bezirk.................................. 191

Plan 5   11. Bezirk, Simmering 207
Bauwerke und Empfehlungen 11. Bezirk 209

Plan 6   12. Bezirk, Meidling... 217
Bauwerke und Empfehlungen 12. Bezirk.................................. 219

Plan 7   13. Bezirk, Hietzing 227
Bauwerke und Empfehlungen 13. Bezirk.................................. 229

Plan 8   14. Bezirk, Penzing 249
Bauwerke und Empfehlungen 14. Bezirk.................................. 251

Plan 9   15., 16., 17. und 18. Bezirk, Rudolfsheim-Fünfhaus, Ottakring,
          Hernals, Währing... 259
Bauwerke und Empfehlungen 15. bis 18. Bezirk 261

Plan 10   19. Bezirk, Döbling 285
Bauwerke und Empfehlungen 19. Bezirk.................................. 287

Plan 11 20. Bezirk, Brigittenau	305
Bauwerke und Empfehlungen 20. Bezirk	307
Plan 12 21. Bezirk, Floridsdorf	313
Bauwerke und Empfehlungen 21. Bezirk	315
Plan 13 22. Bezirk, Donaustadt	327
Bauwerke und Empfehlungen 22. Bezirk	329
Plan 14 23. Bezirk, Liesing	349
Bauwerke und Empfehlungen 23. Bezirk	351
Wien Umgebung – Purkersdorf, Klosterneuburg, Schwechat, Perchtoldsdorf	361
Bauwerke Wien Umgebung	362
Anmerkungen zur Wiener Zeitgeschichte	366
Siegfried Mattl	
Bauwerke Chronologie	372
Register	384
Bibliographie	388
Abbildungsverzeichnis und Photonachweis	389

Einleitung – Hinweise zum Gebrauch

Architektur Wien: 500 Bauten

Mit diesem Architekturführer werden 500 Bauten vorgestellt, die der Stadt Wien als repräsentative Sehenswürdigkeiten ihre Identität verleihen. 2.000 Jahre Stadtgeschichte wurden erfaßt, ungefähr ein Drittel der beschriebenen Objekte fällt in die Zeit vom Mittelalter bis zum Jahre 1918, dem Ende der Habsburg-Monarchie, die beiden anderen Drittel befassen sich mit der Architektur der Zwischenkriegszeit bis zur Gegenwart. Besonderes Augenmerk wurde auf das Architekturgeschehen in Wien während der letzten zwei Jahrzehnte gelegt.

Die topographische Lage ist wesentlichstes Merkmal jeder Stadt, aus der sich deren Struktur und Charakter entwickelt. Bei der Präsentation der Bauwerke wurde daher eine topographische Reihung vorgenommen, weil sich am jeweiligen Ort die historische, politische, ökonomische und soziale Struktur durch spezifische Überlagerungen am sichtbarsten verdichtet: die Stadt als „dichte Packung".

Jedes Bauwerk wurde mit einer topographischen Index-Nummer versehen, die entsprechend der Einteilung der Stadt Wien in die Bezirke 1–23 gewählt wurde. Die erste Zahl bezeichnet den jeweiligen Bezirk, in dem sich das Bauwerk befindet, die zweite, fettgedruckte Zahl das Objekt selbst (Beispiele: Stephansdom 1.**1**. = 1. Bezirk, Nummer 1; Schloß Schönbrunn: 13.**3**. = 13. Bezirk, Nummer 3). Bauwerke mit übergeordneter Bedeutung werden auf einer ganzen Seite dargestellt. Die einzelnen Bauwerke werden mit Kurztexten, Fotos und Plänen vorgestellt. Weitere relevante Bauwerke werden im Text am Ende eines jeden Bezirkes erwähnt. Neben der Adresse des Bauwerkes finden sich Hinweise über die Erreichbarkeit mit öffentlichen Verkehrsmitteln und Informationen über eine mögliche Besichtigung.

Auf 14 ausklappbaren Plänen mit den entsprechenden Index-Nummern sind die Bauwerke verortet. Anhand der Index-Nummer ist jedes Bauwerk sofort auffindbar und bei Spaziergängen in seiner topographischen Umgebung leicht zu lokalisieren.

Der Anhang enthält eine chronologische Reihung sämtlicher angeführter Bauwerke sowie ein Register aller Architekten und Planer. Spezielle Architekturrouten und persönliche Architekturtips von bekannten Wiener Architekten lassen die Ikonen der Wiener Architektur lebendig werden. Die Farbabbildungen können als Anreiz verstanden werden, mit Lust und Sinnlichkeit Wiener Architekturräume zu erleben.

Wien, im Mai 1998

Renate Banik-Schweitzer

Wien
Stadtentwicklung

Wien ist mehr als 2000 Jahre alt. Dieses Alter verdankt die Stadt ihrer strategischen Lage; daß eine Baugeschichte Wiens bis zur zweiten Türkenbelagerung 1683 immer nur eine Geschichte des 1. Bezirks ist, ebenfalls. Wien liegt im Schnittpunkt verschiedener Räume und Kulturen und war daher bis zum Ende des 17. Jh. eine stets umkämpfte Grenzfestung. Die baulich dokumentierbare Geschichte begann aber erst um 100 n. Chr., als das römische Legionslager Vindobona als Teil der Limesbefestigung gegen die Barbaren aus dem Norden angelegt wurde. Nach dem Ende des weströmischen Reichs um 500 n. Chr. eroberten Hunnen, Awaren und Slawen den Platz. Im 10. Jh. war Wien Teil des sich nach Westen ausdehnenden ungarischen Reichs, kurz danach wurde es nach Verdrängung der Ungarn zum südöstlichen Vorposten des deutschen Reichs. Mit der neuen Grenzmark wurde das fränkische Geschlecht der Babenberger belehnt, und als diese 1137 ihren Sitz von Klosterneuburg nach Wien verlegten, wurde Wien Residenz. Fast 600 Jahre lang war Wien Grenzstadt und Residenzstadt.

Die Bürgerstadt Wien konnte sich in dieser Konstellation nur mühsam behaupten. Es fehlten Sicherheit und Selbständigkeit, um eine lokal fundierte Entwicklung von überregionaler Ausstrahlung einzuleiten, wie dies etwa reichsunmittelbaren Städten wie Augsburg und Nürnberg gelang, die Wien im Mittelalter an Produktivität, Finanzkraft und Bevölkerungszahl überflügelten. Die Auslöser dieses Überholprozesses waren dort einheimische unternehmerisch tätige Fernhandelskaufleute, die Verlagsproduktionen unter lokalen Handwerkern organisierten und gleichzeitig einen Kreditapparat aufbauten. Eine solche Gruppierung konnte sich in Wien nie entwickeln, zum einen, weil der Einfluß des Landesfürsten zu stark war, zum anderen, weil das Wiener Patriziat hauptsächlich von (Grund-) Renten lebte – das einzige Wiener Exportprodukt war der in der Umgebung der Stadt angebaute Wein – und davon so gut lebte, daß es sich nicht im riskanten Fernhandel engagieren mußte. Als Wien 1221 vom Landesfürsten das Stapelrecht erhielt, letztlich eine weitere Rente in Form einer Handelsspanne auf fremde Waren, war jeder Anreiz zum größeren Risiko für die Wiener Kaufleute endgültig dahin. So gelangten zwar immer wieder Wiener Kaufmannsfamilien zu enormem Reichtum, doch kam es nicht zur Begründung einer eigenständigen Wiener Handelstradition. Die ganze Schwäche dieses auf dem Stapelrecht begründeten Wiener Handels zeigte sich schließlich zu Beginn des 16. Jh., als der Habsburger Kaiser Maximilian I., bei oberdeutschen Handelshäusern, wie den Fuggern aus Augsburg, schwer verschuldet, diesen den freien Zugang nach Wien gewähren und das Stapelrecht aufheben mußte. Damit war das Schicksal eines eigenständigen Wiener Großhandels besiegelt. Von da an waren Großhändler in Wien immer „Fremde". Ähnlich war die Lage im Geldgeschäft. Zwar hatte ein Wiener Bürgergremium vom Landesfürsten das Recht der Münzprägung erhalten, doch im Kreditwesen dominierten die Juden. Selbst als diese 1420/21 zum ersten Mal aus Wien vertrieben und die Verbliebenen verbrannt wurden, gelang es den Wiener Bürgern weder den Steuerausfall wettzumachen, noch im Kreditgeschäft Fuß zu fassen. So wurde die Rentiersmentalität des Wiener Patriziats und die Lokalbezogenheit des Wiener Handwerks sehr wirkungsvoll durch die an Vermehrung der eigenen Macht orientierten Aktivitäten des Landesfürsten gefördert. Die andauernde Grenzlage trug das Ihre zur Selbstbezogenheit und geringen Außenorientierung des Wiener Bürgertums bei.

Der Platz für das römische Legionslager, dessen Umrisse (Salzgries, Rotgasse, Kramergasse, Graben, Naglergasse, Tiefer Graben) und Hauptstraßen (Wipplingerstraße und Marc-Aurel-Straße-Tuchlauben) noch heute im Grundriß der Innenstadt klar erkennbar sind, war hervorragend gewählt: auf einem Plateau, das auf drei Seiten von Wasserläufen geschützt war: der Donau (heute Donaukanal) im Norden, dem Wienfluß im Osten und dem Ottakringerbach im Westen. Im Süden streifte eine alte römische Fernstraße, die heutige Herrengasse, das Lager. Daß dieses im Gegensatz zur römischen

Zivilstadt in der Gegend von St. Marx bis heute sichtbare Spuren hinterließ, lag daran, daß die Befestigungsanlagen (Mauer, Graben) selbst in den Kämpfen der Völkerwanderungszeit weitgehend intakt blieben.

In ihrem Schutz entstand die erste frühmittelalterliche Ansiedlung in der Gegend des Berghofs. Als die Babenberger 1137 die Stadtherrschaft übernahmen, war der Ostteil des Römerlagers bereits wieder besiedelt. Südlich vom Berghof lag der Hohe Markt, damals der Hauptmarkt der Stadt. Daran schloß sich wieder im Süden ein Wik, eine Kaufmannssiedlung. Wien hatte auch bereits drei Kirchen innerhalb seiner Mauern: am nördlichen Rand als älteste und Hauptkirche die Ruprechtskirche, die als einzige noch heute in ihrer damaligen Form erhalten ist, am südlichen Rand die Peterskirche und im Norden der noch kaum verbauten Westhälfte des Lagers die Kirche Maria am Gestade.

Als Stadtherren bauten die Babenberger ihre Burg neben der Bürgersiedlung in der Westhälfte des Lagers am Platz Am Hof. Ebenfalls innerhalb der Römermauern entstand ab 1194 das erste Ghetto im Bereich der Seitenstettengasse für die Juden, die als Münzmeister des Landesfürsten tätig waren. Alle anderen Ansiedlungswilligen mußten draußenbleiben. So die fremden Fernhändler, die sich entlang der Bäckerstraße niederließen, das 1155 am heutigen Platz gegründete Schottenkloster und selbst das geistliche Oberhaupt der Stadt, der Bischof von Passau, der die romanische Stephanskirche direkt außerhalb der Lagermauer an derselben Stelle erbauen ließ, wo heute der gotische Dom als Wahrzeichen Wiens steht.

Dieser Ausschluß aus der Residenz- und Bürgerstadt innerhalb der römischen Lagermauern galt aber nicht für lange. Als der englische König Richard Löwenherz auf der Rückkehr vom dritten Kreuzzug in der Nähe von Wien gefangengenommen wurde, ließen sich die Babenberger die Freilassung derart fürstlich bezahlen, daß sie von dem Lösegeld um 1200 eine neue Stadtmauer bauen lassen konnten, die den Stadtkörper letztlich bis zur endgültigen Entfestigung 1857 umschloß. Zur Bauzeit gab es innerhalb des neuen Mauerrings noch große Brachflächen, die sich nach und nach mit neuen Kirchen, Klöstern und Stiftshöfen, meist in Randlage, füllten. Die Bürgerstadt wuchs von ihrem Kern her und füllte zunächst das Römerlager aus, wobei das Ghetto an den Judenplatz verlegt wurde. Nach Niederlegung der römischen Mauern dehnte sich die Bürgerstadt über das Intervallum aus (Verbauung des Südrands der Naglergasse und des Streifens zwischen Rot- und Kramergasse und Rotenturmstraße) und erweiterte sich dann entlang des neuen Hauptstraßenzuges Kärntnerstraße-Rotenturmstraße.
Die Verbindung zwischen den neuen Stadtvierteln zu beiden Seiten der Kärntnerstraße stellte der Neue Markt her, der später dem Hohen Markt den Rang ablaufen sollte.

Diese schrittweise Erweiterung hat vermutlich sehr dazu beigetragen, daß das Straßennetz der Innenstadt am Straßennetz der Römerzeit orientiert blieb. Das neue Straßenkreuz Naglergasse/Graben/Singerstraße-Kärntnerstraße/Rotenturmstraße ist nur eine Parallelverschiebung des römischen Straßenkreuzes Wipplingerstraße-Tuchlauben. Und an diesem Straßenkreuz orientieren sich fast alle Nebenstraßen der Altstadt. Die einzige Abweichung vom orthogonalen Straßennetz ist die Herrengasse, doch auch sie ist eine alte Römerstraße. Auf das höhere Alter des Stadtteils innerhalb der Römermauer deutet das viel engmaschigere Straßennetz im Vergleich zum Erweiterungsgebiet.

Nach dem Aussterben der Babenberger 1246 eroberte Přemysl Ottokar II. die Stadt. Von 1251–1276 war Wien Teil des mährischen Reichs der Přemysliden. Ottokar verlegte die Burg vom Platz Am Hof an ihre heutige Stelle (Amalientrakt) an die Stadtmauer. Vermutlich hat auch diese Verlegung das Wachstum der Bürgerstadt nach Süden gefördert.

Die Habsburger, die 1282 die Stadtherrschaft übernahmen, veränderten die Lage der Burg nicht mehr und ließen auch den neuen gotischen Stephansdom 1365 an derselben Stelle errichten wie die abgebrochene romanische Kirche. Als legitime Herrscher setzten sie auch auf räumliche Kontinuität. Damit hatte das weltliche und das geistliche Herrschaftszentrum seinen endgültigen Platz gefunden. Etwas anders erging es der 1365

gegründeten Universität, die aber erst im 19. Jh. mit ihrer Übersiedlung in die Ringstraßenzone den Standort wechselte.

Vor allem als deutsche Kaiser residierten die Habsburger nicht ständig in Wien, doch selbst ihrem indirekten Einfluß konnte sich die Stadt nicht entziehen, wie etwa die erwähnte Aufhebung des Stapelrechts durch Maximilian I. zeigt. Vorbei mit den bürgerlichen Freiheiten war es aber erst, als sein Enkel, Kaiser Ferdinand I., 1533 die Residenz des österreichischen Zweiges der Habsburger endgültig nach Wien verlegte. Kurz zuvor hatte die Stadt 1529 die erste Türkenbelagerung erfolgreich abgewehrt, in deren Verlauf die im Entstehen begriffenen Vorstädte vollständig zerstört wurden. Danach legte Ferdinand I. politisch, administrativ und infrastrukturell in Wien die Basis für die Eroberung Ungarns und den Aufbau eines ostmitteleuropäischen Großreichs.

Zunächst wurde die Stadt neu befestigt. An einen räumlichen Entwicklungsspielraum wie seinerzeit beim Bau der Babenbergermauer war dabei nicht gedacht. Im Vordergrund stand der Ausbau der bestehenden Stadt zur möglichst uneinnehmbaren Festung. Die neue Stadtmauer wurde unmittelbar um die Babenbergermauer herumgezogen, davor ein breiter Wassergraben angelegt, an den sich ein über 100 m breiter Streifen unverbaubaren Landes schloß, der den Verteidigern freies Schußfeld bieten sollte. Damit war die Festung Wien von den Vorstädten völlig isoliert.

Wien wurde gerade zu einem Zeitpunkt in seinem mittelalterlichen Umfang festgeschrieben, als die Bevölkerung enorm zunahm. Mit der Verlegung der Residenz nach Wien kamen auch der Hofstaat, der Hofadel, die Beamten der Zentralverwaltung und die Hofhandwerker. Die Ausnutzung aller Baureserveflächen und die Aufstockung der Häuser reichte nicht aus, um diesen Zustrom zu bewältigen. 1566 wurde daher die sog. „Hofquartierspflicht" eingeführt, die die hausbesitzenden Bürger zur Vermietung von Wohnungen an Hofadel, -personal und an Beamte zwang. Obwohl es Vermietung schon vorher gegeben hatte, wurde sie nun zur herrschenden Rechtsform der Gebäudenutzung.

Der Plan von Bonifaz Wolmuet aus 1547 zeigt Wien am Beginn der Entwicklung zur absolutistischen Residenz. Die auffallendste Strukturveränderung gegenüber dem Spätmittelalter ist die Herausbildung des Adelsviertels zwischen Herrengasse und südlicher Stadtmauer im Anschluß an die Hofburg. Auch einige Zentralverwaltungsstellen sind bereits vorhanden (Österreichische Kanzlei und Zeughaus in der Nähe der Hofburg, das Salzamt funktionsbedingt nahe am Donauufer). Der kirchliche Besitz hat sich nur wenig vermehrt, die Bürgerstadt hat ihr Zentrum im Bereich des ehemaligen Römerlagers und um die Fernhändlersiedlung in der Bäckerstraße gehalten. Auch das Straßennetz hat sich kaum verändert. An Gebäudetypen lassen sich neben den großen unregelmäßigen Klosterkomplexen das Hofhaus in der Variante des Adelspalastes und des Patrizier- bzw. Großhandelshauses, das Seitenflügelhaus der vom Weinbau lebenden Bürger und das Langparzellenhaus der Handwerker und Gewerbetreibenden unterscheiden.

Wien schien nach außen gerüstet und nach innen befriedet, als sich mit dem Auftreten des Protestantismus ein neues Konfliktfeld auftat. Die neue Lehre hatte sich nicht nur unter dem landständischen Adel, sondern auch unter den Wiener Bürgern so rasch verbreitet und gefestigt, daß Wien für einen Zeitraum von etwa 100 Jahren als protestantische Stadt zu bezeichnen ist. Der Protestantismus galt deshalb als so gefährlich, weil er nicht nur den alten Gegensatz zwischen Landesfürst und Bürgerschaft wiederaufleben ließ, sondern auch weil er mit wirtschaftlicher und kultureller Modernisierung verknüpft war. In der kurzen Regierungszeit Kaiser Maximilians II. (1564–1576), des Pazifisten, Humanisten und „Kryptoprotestanten", schien es, als würde Wien den entscheidenden Modernisierungsschritt zur Überwindung des aristotelischen Weltbildes schaffen. Maximilian II. berief bedeutende protestantische Humanisten und Wissenschaftler an seinen Hof, darunter den berühmtesten Botaniker seiner Zeit, Carolus Clusius (Charles de l'Ecluse aus Amiens), der ihn bei der Anlage der Gärten von Schloß Neugebäude beriet und bisher unbekannte Pflanzen nach Wien brachte (Kastanie, Flieder, Tulpen). Maximilian II. hinterließ nur wenige Spuren in der befestigten Stadt, deren wichtigste die Stallburg ist. Im Umland der Festung Wien gehen jedoch einige der bedeutendsten raumprägenden Strukturen auf ihn zurück. Er schuf nicht nur das Neugebäude, den größten profanen Renaissancebau nördlich der Alpen, er verwandelte auch den Prater in ein kaiserliches Jagdrevier, wo 200 Jahre lang vollständiges Bauverbot galt, und er ließ 1566 das „Grüne Lusthaus" am Ende der von seinem Vater Ferdinand I. angelegten Hauptallee errichten. Schließlich war er es, der das Areal kaufte, auf dem später Schloß Schönbrunn entstand.

Doch Maximilians früher Tod beendete das Modernisierungsexperiment. Sein Sohn und Nachfolger, Kaiser Rudolf II., zog sich in seine Wunderkammern nach Prag zurück. Die Humanisten und Wissenschaftler verließen Wien. Das Neugebäude blieb unvollendet und verfiel. Als wichtigste Stützen der Gegenreformation wurden die Jesuiten nach Wien berufen. Protestantische Adelige und Bürger wurden ausgewiesen, ihr Besitz konfisziert und teilweise den Jesuiten übertragen. Schließlich wurde 1623 auch die Wiener Universität den Jesuiten überantwortet. Neben dem Universitätsgebäude wurde die Jesuitenkirche errichtet. Der Triumph der Scholastik über die Anfänge der modernen Wissenschaft war perfekt.

Um 1580 begann die sog. „Klosteroffensive", der in der Altstadt für die Gründung von 9 neuen Klöstern 50 Bürgerhäuser zum Opfer fielen. Mit der Zunahme staatlicher Zentralisierungstendenzen stieg auch die Zahl der Verwaltungsgebäude. Auch diese Entwicklung ging zu Lasten der Bürgerhäuser. Beim Umbau kam es häufig zur Zusammenlegung von Parzellen, doch nicht zur Veränderung des Straßennetzes.

Die Abwehr der zweiten Türkenbelagerung 1683, in deren Verlauf die Vorstädte wieder gänzlich zerstört wurden, veränderte die strategische Lage Wiens grundlegend. Die anschließende Vertreibung der Türken aus Ungarn machte die Habsburgermonarchie endlich zur Großmacht, befreite Wien aus seiner Grenzlage, rückte es in die ungefährdete Mitte des neuen Staates und ermöglichte ein dauerhaftes Stadtwachstum jenseits der weiterhin beibehaltenen Befestigungsanlagen.

Nun konnte endlich auch an die Binnenentwicklung des Landes gedacht werden, und entsprechend den damals herrschenden Anschauungen erfolgte sie nach merkantilistischen Grundsätzen. Dies bedeutete eine Verbesserung der Verkehrserschließung und den Aufbau einer Exportproduktion. Mit Wien als Zentrum ließ Kaiser Karl VI. ein Netz von sog. „Kommerzialstraßen" anlegen, die auf dem vorhandenen Fernstraßennetz aufbauten (Praterstraße, Rennweg, Triesterstraße, Mariahilferstraße). Als in einer Stadt wie Wien zu entwickelnde Exportproduktion kam v.a. die Textilerzeugung in Form der Seidenweberei in Frage, die hier allerdings keine Tradition hatte. Es wurden daher Fachleute aus der Lombardei, der Schweiz und aus Frankreich und Oberdeutschland angeworben, die sich in den wiederaufgebauten Vorstädten niederließen.

Besondere Nutznießer dieser neuen Konstellation waren die absolutistische Staatsmaschinerie und der Adel, der maßgeblich an der Zurückdrängung der Türken beteiligt war und dabei große Vermögen erworben hatte, allen voran der Feldherr, Prinz Eugen von Savoyen. Eine wahre Bauwut erfaßte Stadt und Vorstädte. In der Stadt stieg die Zahl der Adelsgebäude und der öffentliche Gebäude stark an, der kirchliche Besitz stagnierte, der bürgerliche ging zurück. Auch diesmal wurde der Umbau durch Parzellenzusammenlegungen bewältigt, während das Straßennetz unberührt blieb.

Zu bedeutenden Strukturveränderungen kam es hingegen in den Vorstädten, die ihrerseits 1704 eine Befestigungsanlage zum Schutz gegen umherstreifende Banden erhielten, den sog. Linienwall. Nach mehrfachen Zerstörungen ging es in den Vorstädten nicht um Umbau vorhandener Bausubstanz, sondern um Stadterweiterung, um die Umwandlung von landwirtschaftlich genutzten Flächen in Bauland. In ganz kurzer Zeit mußten etwa die Weingärten im Süden Wiens den Gartenpalästen des Prinzen Eugen, der Fürsten Schwarzenberg und Starhemberg und des Grafen Czernin weichen. Besonders attraktiv für diese Standortwahl war wohl das schon 1642 dort errichtete kaiserliche Sommerschloß Favorita (heute Theresianum).

Ein ähnlich großes Gartenpalais gibt es nur mehr im Norden der Stadt, das Palais Liechtenstein. An ihm läßt sich die damals gängige Form der Stadtentwicklung besonders gut erkennen. Die Habsburger hatten im Gegensatz zu anderen Herrschern in ihrer Residenz nie größeren Grundbesitz besessen, sie hatten auch keine Grundherrschaft in größerem Umfang ausgeübt. Ein Gebiet zu entwickeln, war im Feudalsystem Recht und Aufgabe der Grundherrschaft. Die größten Grundherren im Raum Wien waren also nicht das Herrscherhaus, auch nicht Adelige, sondern kirchliche Institutionen, allen voran das Stift Klosterneuburg, das den gesamten Norden von Wien beherrschte, gefolgt vom Schottenstift, das die Grundherrschaft über einige westliche Vorstädte jenseits der Wiener Steuergrenzen innehatte. Innerhalb des Linienwalls gab es nur wenige Einsprengel von adeligen Grundherrschaften. Dazu gehörte die Liechtensteinische in dem Dreieck zwischen Donau(kanal), Währingerbach und Linienwall. Die Fürsten Liechtenstein verfügten über eine eigene Wasserleitung und konnten dadurch ein Brauhaus betreiben. An ihr 1691–1706 erbautes Gartenpalais ließen sie im Norden anschließend ab 1699 die Siedlung Lichtental für ihre Bediensteten und aus der Stadt verdrängte Gewerbetreibende anlegen. Auf dem Plan von Joseph Nagel von 1770/80 wirkt das Ensemble aus Gartenpalais, Brauhaus, Personalsiedlung und dem später hinzugekommenen Spital und Waisenhaus wie ein ländlicher Gutshof, eine Insel im noch weitgehend agrarisch genutzten Land.

Dieses Entwicklungsmuster in Form eines Flickenteppichs weist klar darauf hin, daß in Wien nicht eine einzige ordnende Hand, sondern mehrere Entwickler gleichzeitig tätig waren. Hatten Liechtenstein und Klosterneuburg bei ihrer Entwicklungstätigkeit die Erzielung von Grundrenten aus landwirtschaftlicher (Veredelungs-) Produktion im Auge, so hatte das Schottenstift größeres Interesse an Mieteinkünften aus Gebäuden. Durch die Ausbreitung von Adel und Zentralstellen in der Innenstadt wurde das Gewerbebürgertum zunehmend verdrängt, gar nicht zu reden von den Zuwanderern im Bereich der Luxusgüterproduktion. Für diese Schicht erschloß das Schottenstift seine Grundherrschaft Schottenfeld mit einem regelmäßigen großmaschigen Straßennetz, das tiefe Baublocks umschloß, die sich gut für den Bau von Seitenflügelhäusern mit schmaler Front und langen Seitengebäuden eigneten. Dieser Haustyp stammte vom Weinhauerhaus ab, das im Mittelalter auch in der Innenstadt zu finden war. Für gewerbliche Produktion bot es aber ebenfalls gute Bedingungen. In seinem ersten Ausbauabschnitt besitzt das Schottenfeld kein Zentrum, keinen Platz und keine Grünfläche. Es war anscheinend nur als Gewerbegebiet mit Blick auf Renditemaximierung angelegt. Die Rechnung des Schottenstifts ging auf: das Gebiet wurde zum Manufakturzentrum Wiens, wo zeitweise so gut verdient wurde, daß es „Brillantengrund" genannt wurde.

Anders als der Hochadel setzte das Kaiserhaus, abgesehen von der Karlskirche, nur außerhalb des Linienwalls neue bauliche Akzente: mit dem v.a. von Kaiserin Maria Theresia geförderten Schloß Schönbrunn und dem von ihrem Sohn, Mitregenten und Nachfolger Kaiser Joseph II. ausgebauten Augarten. Wie aus später subtiler Rache an dem „abtrünnigen" Maximilian II. ließ die strenggläubige Kaiserin Werkstücke aus dem Neugebäude in Schönbrunn als Spolien verwenden. Doch nicht minder subtil rettete der nächste im eigenen Haus unbeliebte Reformer, Joseph II., das Andenken seines Vorfahren, indem er die Achse der Prater Hauptallee bis zum Augarten verlängerte und an beiden Enden je einen baulichen Akzent setzte: das Augartenportal und anstelle des „Grünen Lusthauses" das heutige Lusthaus. Diese 5,5 km lange Allee ist die großartigste Achse, die Wien besitzt. Leider wurde ihr schon 1859 durch die den Praterstern als Hochbahn querende Verbindungsbahn ein Großteil ihrer Wirkung genommen. Keines der späteren kaiserlichen Gebäude erreichte je den symbolischen Rang von Schönbrunn. Schönbrunn galt als Herausforderung an Versailles, nachdem Österreich mit den Türken gleichzeitig die mit ihnen verbündeten Franzosen geschlagen hatte. Einen derartigen Anspruch konnte z.B. der Augarten nie erheben.

Mit der Vermehrung und Ausdifferenzierung der staatlichen Aufgaben stieg der Raumbedarf für öffentliche Gebäude gewaltig an. In der Innenstadt konnte er bei weitem nicht mehr gedeckt werden, selbst als Joseph II. durch die Klosteraufhebungen 1782 wieder etwas Platz geschaffen hatte. Doch für Großanlagen wie Kasernen oder Spitäler reichte er bei weitem nicht aus. Die Standortwahl für Kasernen erfolgte nach strategischen Gesichtspunkten häufig an Ausfallstraßen und am Außenrand des Glacis (Alser Kaserne, Hofstallungen und spätere Stiftskaserne, Getreidemarktkaserne, Heumarktkaserne, aber auch die Reiterkaserne beim Augarten). Obwohl dies für Spitäler nicht galt, ließen auch sie sich am Außenrand des Glacis nieder (Allgemeines Krankenhaus, Nepomukspital/ Landstraße). Vermutlich zählten für sie Stadtnähe und gute Verkehrsanbindung. Außerdem war das Glacis staatlicher Besitz und von Ödland umgeben, was wohl auch die Grunderwerbskosten attraktiver machte.

Mit Ausnahme der Donauauen sind die großen Raumfiguren Wiens kreisförmig. Vorstrukturiert durch das fächerförmige Netz von Wasserläufen aus dem Wienerwald, auf die das sternförmige Fernstraßennetz antwortete, ist die Kreisform geprägt durch die Babenbergermauer von 1200 und die neuen Befestigungen mit dem Glacis aus dem 16. Jh. Im Mittelalter lagen v.a. die großen Klosterkomplexe ringförmig an der Innenseite der Stadtmauer. Da nicht alle aufgelassen und manche für öffentliche Zwecke umgenutzt wurden, existiert dieser erste Ring öffentlicher Gebäude noch heute.

Der zweite bildete sich, wie erwähnt, seit Beginn des 18. Jh. am Außenrand des Glacis. Diese Entwicklung setzte sich im 19. Jh. fort, da stadtnahe Bauplätze für öffentliche Gebäude immer rarer wurden. Zu den schon genannten Gebäuden kamen in der ersten Hälfte des 19. Jh. noch das Landesgericht, das Militärgeographische Institut, das Chemieinstitut am Getreidemarkt, die Technische Hochschule, das Hauptmünzamt und das Hauptzollamt hinzu. Zwischen diese beiden Ketten öffentlicher Gebäude wurde nach der Jahrhundertmitte in konsequenter Symbolik das Band öffentlicher Gebäude in der Ringstraßenzone gelegt. Allerdings liegt vor dem Innenring eine Schicht gründerzeitlicher Gebäude, sodaß die Ringstraße beiderseits nur von Gründerzeitbauten eingefaßt ist. Doch auf der Lastenstraße stehen sich Barock/Klassizismus und Gründerzeit Aug in Aug gegenüber. In den Vorstädten selbst sind öffentliche Gebäude des Staates äußerst selten.

Um die Wende zum 19. Jh. tauchte eine neue Erschließungsform auf. Sie eignete sich nur für kleinere Flächen, die nach wie vor in einer Hand sein mußten. In diesem Fall ordnet sich die gewohnte Rastererschließung einem zentralen Rechtecksplatz mit geschlossenen Ecken unter, der nicht primär als Marktplatz dient, sondern als öffentlicher Raum. Den interessantesten Versuch mit diesem Modell machte das Schottenstift bei der Erschließung von Breitenfeld 1802, indem es mit dem Benno- und dem Albertplatz das Muster verdoppelte. Der Bennoplatz sollte das geistliche Zentrum der neuen Gemeinde werden, der Albertplatz wurde mit Gemeindehaus und Schule das weltliche. Allerdings machte das Beispiel Breitenfelds klar, daß sich dieses Erschließungssystem wegen der Monotonie durch Addition nicht für größere Flächen eignete.

Das beginnende Industriezeitalter forderte eine neue Infrastruktur. Sehr verspätet war 1795–1803 der eigentlich in die Manufakturzeit passende Wr. Neustädter Kanal angelegt worden. Er war zwar schon in den 1830er Jahren durch den Bau der ersten Eisenbahnen überholt, sollte sich aber doch noch als nützlich erweisen, weil in seinem trockengelegten Bett die Verbindungsbahn zwischen Nord- und Südbahnhof kostengünstig durch das Stadtgebiet geführt werden konnte. Alle anderen Eisenbahnen enden am Linienwall. Mit der Verbindungsbahn war ein neues Strukturelement in den Stadtkörper eingefügt worden. Während die Hauptbahnen wie die Fernstraßen radial auf das Stadtgebiet zulaufen und das Sternmuster zusätzlich fixieren, führt die Verbindungsbahn tangential in einer langgezogenen S-Kurve am damals dicht verbauten Gebiet vorbei. Da mit der neuen Mobilität durch die Eisenbahn auch eine umwälzende Veränderung der Produktionsorganisation in enger Wechselwirkung stand, gingen die räumlichen Strukturveränderungen weit über den engeren Bereich der Eisenbahn hinaus. Entsprechend der Erkenntnis von der produktivitätssteigernden Wirkung der Arbeitsteilung wurde nun der zeitliche und räumliche Lebenszusammenhang des Individuums zerteilt und in der Form neu zusammengesetzt, daß nun viele Individuen für die gleiche Tätigkeit zur gleichen Zeit am gleichen Ort zusammengefaßt wurden. Dies erforderte u.a. die Entwicklung neuer Gebäudetypen. Zu den schon bekannten funktionalen Typen, wie Rathaus, Kirche, Schule, Spital, Kaserne und Gefängnis kamen nun die Fabrik, das reine Wohnhaus, der Bahnhof, das Warenhaus, das Museum und verschiedene Varianten des Verwaltungsgebäudes, wie etwa die Bank, hinzu. Darüber hinaus hatte der deutsche Planungstheoretiker Reinhard Baumeister schon 1876 festgestellt, daß sich die funktionelle Homogenisierung nicht auf Einzelgebäude beschränkte, sondern die Tendenz hatte, sich auf ganze Stadtviertel auszudehnen. Schon zu dieser Zeit ließen sich die Formierung der City und die Herausbildung von Industriegebieten und reinen Wohnvierteln feststellen.

Hatten sich im Manufakturzeitalter die Gewerbebetriebe hauptsächlich am Schottenfeld und im Wiental niedergelassen, weil sie Wasser als Antriebsenergie und Arbeitsmittel brauchten, so ließen sich nun die modernen Industriebetriebe, allen voran der mit dem Eisenbahnbau großgewordene Maschinenbau, entlang der Eisenbahnlinien nieder. Dasselbe taten die in den 1840er Jahren errichteten Gaswerke, die zur Erzeugung von Leuchtgas die mit der Bahn antransportierte Kohle benötigten. Dies hatte bei noch fehlenden Massenverkehrsmitteln gravierende Folgen für die Verteilung der Bevölkerung im Stadtgebiet. Hatten bisher die Gewerbetreibenden und Heimarbeiter der Textilindustrie in den Wientalvorstädten und -vororten gelebt, so entwickelten sich nun v.a. Brigittenau und Favoriten, die neuen Bezirke an den Bahnlinien, zu Arbeiterbezirken der modernen Fabriksindustrie.

Die Trennung von Wohnen und Arbeiten brachte nicht nur die Fabrik, sondern auch den Typ des reinen Wohnhauses hervor. In Wien nahm er die Form des sog. Straßentrakters, auf tiefen Grundstücken des Doppeltrakters, in einer bürgerlichen und in der proletarischen Variante als Gangküchenhaus an.

Die bürgerliche Revolution von 1848 fegte schließlich das Feudalsystem hinweg. Wien sollte in kurzer Zeit einen Entwicklungsrückstand aufholen, wofür die eigenen Kräfte nicht ausreichten. So kamen Manager und Ingenieure aus England und Deutschland, jüdische und calvinistische Bankiers aus Deutschland und der Schweiz, Bautechniker aus Italien, Architekten aus Deutschland, der Schweiz und Dänemark. Zusammen mit den jüdischen und griechischen Großhändlern, den niederösterreichischen und böhmischmährischen Textilindustriellen und einigen liberal eingestellten hohen Beamten, Universitätsprofessoren, Rechtsanwälten und Journalisten bildeten sie die neue Schicht des liberalen Großbürgertums, das seine Heimat in der Ringstraßenzone fand. Die für Wien ungewöhnlich homogene Baustruktur der Ringstraßenzone ergab sich primär daraus, daß sich das gesamte Bauland im Besitz des Staates befand und daher ausnahmsweise eine einzige Institution die Kontrolle über eine derart große Fläche hatte.

Neben den dringend benötigten Fachkräften aus den entwickelteren Teilen Europas kamen nach der Abschaffung feudaler Bindungen aber auch Massen unqualifizierter Zuwanderer aus Böhmen, Mähren und Galizien auf Arbeitssuche nach Wien. Sie wurden so lange ignoriert, bis ihre Lebensverhältnisse so katastrophal geworden waren, daß auch die wohlhabendere Bevölkerung ihre Gesundheit gefährdet sah. Daraufhin wurde die Kanalisation im zentralen Stadtgebiet verbessert und die 1. Hochquellenwasserleitung zur Versorgung der bürgerlichen Bezirke gebaut. Die Frage des Massenwohnens überließ man der Privatbautätigkeit am Stadtrand. Doch zuvor mußte nach dem Verschwinden der Grundherrschaft ein neues Entwicklungsmodell gefunden werden. Demnach übernahmen Privatfirmen, deren Organisationsstruktur von der Einzelperson bis zur Aktiengesellschaft reichte, die Developerrolle, die im Ankauf und der Arrondierung von Grundstücken, ihrer Neuaufteilung und im Verkauf der neuen Parzellen an Bauwerber bestand. Die Kontrolle der Gesamtentwicklung und die Herstellung der übergeordneten Infrastruktur wurden der öffentlichen Hand, zumeist den neukonstituierten Gemeinden, übertragen. Diese waren damit zur Aufstellung von Regulierungs- d.h. Straßennetzplänen verpflichtet, konnten aber nicht bestimmen, wann und ob das Gebiet überhaupt verbaut wurde. Dennoch führte dieses Verfahren zu einer systematischeren Verbindung der einzelnen Stadtentwicklungsgebiete. An die Stelle des Flickenteppichs der Feudalzeit trat der homogene Raster der tendenziell egalitären bürgerlichen Gesellschaft. Jede Hierarchisierung, wie noch im josephinisch-klassizistischen Erschließungstyp sichtbar, war abgeschafft. Grundsätzlich waren alle Baublocks gleichwertig, Plätze und Grünflächen entstanden durch Aussparung ganzer Blocks, deren Kosten meist die öffentliche Hand zu tragen hatte.

Wiens Topographie und die in über 1000 Jahren entstandene Stadtform ließen kaum eine andere Entwicklungsvorstellung zu als die des Wachstums in konzentrischen Kreisen. Schon im Wettbewerb um die erste Ringstraße 1857 wurde der Vorschlag gemacht (F. Stache) , Wien mit 5 Ringstraßen zu umgeben (Ringstraße, Lastenstraße, Vorstadtring, Linienwall und Außenring). Im Prinzip wurde dieser Vorschlag befolgt, doch wurde gleichzeitig ein gravierendes strukturelles Entwicklungshindernis sichtbar. V.a. wegen der chronischen österreichischen Kapitalknappheit war es so gut wie unmöglich, strukturelle Veränderungen im bereits verbauten Gebiet durchzusetzen. Größere Infrastrukturprojekte konnten daher nur auf bisher freien Flächen oder auf Flächen realisiert werden, die durch Abbruch großer Gebäudekomplexe (z.B. die sog. „Kasernentransaktionen" ab 1890) freigemacht wurden. Derartige Freimachungen waren aber nicht vorherzusehen, daher konnten diese Flächen nicht in die Planung von Infrastrukturnetzen einbezogen werden. Es war also anzunehmen, daß aus dem Ring durch die dicht verbauten Vorstädte nichts werden würde, doch der Linienwall erfüllte die erstgenannte Bedingung. Um die Mitte des 19. Jh. war der Linienwall natürlich militärisch genauso obsolet wie die Befestigungsanlagen der Innenstadt, mit denen er einiges gemeinsam hatte, wie etwa eine 190 m breite Bauverbotszone auf Vorortegebiet. Dort wurde auch in den 1860er Jahren die sog. Gürtelstraße in einer Breite von 80 m angelegt, während der Linienwall selbst weiterhin bestehen blieb, da er als leicht kontrollierbare Stadt- und Verzehrungssteuergrenze gegenüber den Vororten gut zu gebrauchen war. In der Boomphase von 1867–1873 waren auch in Wien, ähnlich wie in Berlin, Aktiengesellschaften in großem Umfang in das Stadtentwicklungsgeschäft eingestiegen, das sie durch den Bau von Stadtschnellbahnen zu fördern hofften. In kürzester Zeit lagen über 20 Schnellbahnprojekte vor. Realisiert wurde keines, da nach dem Börsenkrach 1873 an eine Privatfinanzierung nicht mehr zu denken war, doch die geschickteren Projektanten, darunter ein Konsortium, an dem Otto Wagner beteiligt war, hatten von vornherein das Liniennetz in die vorhandenen Freiflächen gelegt, v.a. an die Ufer von Wienfluß und Donaukanal und an den Linienwall. Als dann im Zusammenhang mit der Eingemeindung der Vororte 1890 die aufgestauten Infrastrukturprobleme Wiens in einem Großprojekt, in dem der Staat als Hauptfinanzier die führende Rolle spielte, gelöst werden sollten, wurde die Stadtbahn genau nach dieser billigsten Variante – unter der künstlerischen Oberleitung von Otto Wagner – gebaut. Damit war die Kreis-Ring-Struktur weiter gefestigt. Die gewünschte Erschließungsfunktion hatte allerdings nur die Wientallinie als Radiallinie, wie die rasche Entwicklung Hietzings bald zeigte. Die öffentliche Wahrnehmung des Gürtels als großer Raumfigur kam auch darin zum Ausdruck, daß er zum Ort eines Kirchenbauprogramms zur Rechristianisierung der Arbeiter aus den Vororten gewählt wurde.

Von 1890 bis zum 1. Weltkrieg erlebte Wien nocheinmal einen starken Entwicklungsschub, allerdings wieder mit fremder Hilfe, als die Stadt zum wichtigsten Auslandsstandort der deutschen Elektroindustrie wurde. Bedeutsam war nicht so sehr die Zahl der neugeschaffenen Arbeitsplätze, sondern ihre gesellschaftliche Modernität. Technische Angestellte und Facharbeiter hatten ein nie zuvor gekanntes Qualifikationsniveau, und auch für Frauen gab es erstmals Industriearbeitsplätze in größerer Zahl. Die wachsende Schicht der Angestellten, die aus dem Dienstleistungssektor ergänzt wurde, wo Wien ohnedies die Spitzenstellung in der Monarchie innehatte, hoben das Konsumniveau und förderten damit die Ausbreitung neuer Formen der Handelsorganisation, wie sie z.B. das Warenhaus darstellte.

Auch die Citybildung beschleunigte sich und beschränkte sich nicht mehr auf Abbruch und Neubau einzelner Gebäude, sondern erfaßte im Umkreis von St. Stephan ganze Baublocks unter teilweiser Veränderung des Straßennetzes. Gegenüber dem Hauptportal des Stephansdoms entstanden zwei neue Warenhäuser, einige weitere in der Kärntner- und Rotenturmstraße. Die größten Warenhäuser entstanden allerdings nicht im Stadtzentrum, sondern in der Mariahilferstraße, der Haupteinkaufsstraße.

Als neue Erschließungsform für den Umbau kleinerer Flächen im dicht verbauten Stadtgebiet entstand der Straßenhof (Brahmsplatz, Altplatz etc.), der Repräsentativität bei optimaler Grundausnutzung durch existierende Wohnhaustypen bot. Im Stadterweiterungsgebiet wurden wieder größere Projekte von finanzkräftigen Developern geplant, wie etwa ein Industrie- und Wohngebiet am Ort der heutigen Großfeldsiedlung durch ein Bankenkonsortium.

Sieht man von einigen wenigen Wohnungsreformprojekten ab, die auf die Formen der barocken und klassizistischen Stiftshöfe zurückgriffen, wurden keine neuen menschenfreundlicheren aber weniger rentablen Wohnhaustypen entwickelt, da buchstäblich das Staatsbudget von der Hauszinssteuer, letztlich also von der Rentabilität der Wiener Miethäuser, abhing. Dies ist weniger ein Zeichen der Rückständigkeit Wiens als der übrigen Landesteile, deren wirtschaftlicher Entwicklungsstand keine andere Steuerbasis bot.

Um 1910 hatte Wien zwar Entwicklungsrückstände gegenüber den westlichen Metropolen, war aber die bei weitem modernste Stadt der Monarchie. Die Infrastrukturplanung war auf eine 4 Millionen-Metropole ausgerichtet, der Bau eines U-Bahnnetzes stand unmittelbar bevor, und zum selben Zeitpunkt stellte Otto Wagner sein Wachstumsmodell für die „unbegrenzte Großstadt" vor, bestehend aus einem erweiterbaren Netz von weitgehend autonomen Stadtteilen. Den 1905 geschaffenen Wald- und Wiesengürtel, die letzte große ringförmige Raumfigur, lehnte er als Wachstumshemmnis konsequent ab.

Der Ausgang des 1. Weltkriegs brachte wohl für keine andere Großstadt einschneidendere Veränderungen als für Wien. Die Wirtschaftsbeziehungen waren zerstört, die Residenzfunktion dahin, die alten Eliten mit Ausnahme der Bürokratie entmachtet und die Hauptstadt des neuen Kleinstaats nach Einführung des allgemeinen Wahlrechts unter sozialdemokratischer Verwaltung. Dies alles vor dem Hintergrund weltweiter wirtschaftlicher Umstrukturierungen und der heraufziehenden Weltwirtschaftskrise. Auf diese hoffnungslos scheinende Situation antwortete die Sozialdemokratie mit einem Reformprojekt, das durch schrittweise Vergesellschaftung aller Lebensbereiche das als gescheitert betrachtete kapitalistische Modell ablösen sollte. Da die Kontrolle über den Produktionssektor trotz dessen Schwäche nicht zu erreichen war, versuchte man die Umsetzung im kulturellen, im sozialen und im Wohnbereich. Aus allgemeinen und aus Luxus-Steuermitteln finanzierte das zum Bundesland avancierte Rote Wien sein Wohnbauprogramm, das im Grunde genommen ein neues Stadtentwicklungsmodell darstellte. Die Gartenstadt, die in ihren kontinentaleuropäischen Varianten ohnedies nur auf funktionelle und soziale Segregation hinauslief, wurde abgelehnt. Wegen der erforderlichen neuen Infrastruktur wäre sie auch zu teuer gewesen. Auch die private und genossenschaftliche Siedlerbewegung wurde nur halbherzig unterstützt.

Stattdessen fiel die Entscheidung zugunsten des Hochbaus im bewährten Baublockraster. Dies ermöglichte nicht nur die optimale Ausnutzung der vorhandenen Infrastruktur, sondern sowohl Baulückenverbauung als auch baublockübergreifende Superblocks. Die „Neue Stadt" wuchs in der Struktur der alten, in ihren Lücken, an ihren Rändern, aber mit neuer Binnenstruktur, die den Bewohnern jenseits ihrer Kleinwohnungen eine kollektive Lebensführung in den Gemeinschafts-Bädern, Waschküchen, Kindergärten, Grünflächen, Läden (Konsum), Spiel-, Sport-, Gesundheits- und Bildungseinrichtungen ermöglichte. Das „Neue Wien" läßt sich als subversive Spiegelung des Wagnerschen Modells interpretieren, nach dem sich die Neue Stadt in Überlagerung der alten als Netz autonomer, die neue Gesellschaft repräsentierender Zellen bildet.

In der Zwischenkriegszeit war die österreichische Gesellschaft tief in ein konservatives und ein sozialdemokratisches Lager gespalten. Das gesellschaftspolitische Experiment des Roten Wien hatte die Spaltung weiter vorangetrieben. 1934 beendete das konservative Lager das Experiment mit Gewalt. Im autoritären Ständestaat wurde das Wohnbauprogramm sofort aufgegeben. Die Stadtentwicklungstätigkeit beschränkte sich auf Investitionen in technische Infrastruktur als Arbeitsbeschaffungsmaßnahme (Höhenstraße, Reichsbrücke), auf minimale Assanierungsmaßnahmen im Stadtzentrum (Durchbruch Operngasse), auf den Bau von einigen Familienasylen mit minimalem Wohnstandard, auf die Förderung von Nebenerwerbssiedlungen für Arbeitslose und auf die Unterstützung des Einfamilienhausbaus am Stadtrand. Nachdem 1938 die Nationalsozialisten die Macht übernommen hatten, machten sie große Pläne für Wien, die aber allesamt Papier blieben. 80.000 Wohnungen wurden „arisiert", ebensoviele gegen Ende des 2. Weltkriegs zerstört, der als leider unzerstörbare Zeichen in Wien 6 monströse Flaktürme hinterließ.

Nach dem 2. Weltkrieg und der Wiederherstellung demokratischer Verhältnisse stand Wien auch wieder unter sozialdemokratischer Verwaltung. Doch die Gesellschaft hatte sich verändert, die direkte Fortsetzung des Entwicklungsmodells aus der Zwischenkriegszeit war nicht mehr möglich. Weltweit setzte sich in den fortgeschrittenen Industrieländern das sog. „fordistische" Modell durch, das auf Massenproduktion und meist staatlich abgesichertem Massenkonsum beruhte. Seine räumliche Entsprechung fand es in der „gegliederten und aufgelockerten Stadt" (R. Rainer), d.h. dem funktionalistischen Stadtmodell, das für eine breite neue Mittelschicht die Stadt in verschiedene Funktionsbereiche aufteilte, die durch Individualverkehr miteinander in Verbindung standen. Kleinräumige Funktionsmischung widersprach diesem Modell, das daher auch auf die traditionelle Erschließung durch Baublock und Korridorstraße verzichtete. Die neue Erschließungsform für Wohngebiete war die offene Zeilenbauweise in monofunktionalen Großanlagen. Auch in anderen Funktionsbereichen trat die Großform an die Stelle des Einzelgebäudes: an die Stelle der Fabrik das Industriegebiet, statt des Warenhauses das Shopping Center, anstatt verstreuten Erholungs- und Sporteinrichtungen der Freizeit- bzw. Themenpark.

Um die Grunderwerbskosten möglichst niedrig zu halten, entstanden die neuen funktionellen Großeinheiten weit außerhalb des verbauten Gebiets am Stadtrand (Industriegebiete Auhof, Strebersdorf, Liesing; Großwohnanlagen Großfeldsiedlung, Trabrenngründe, Alt- Erlaa, Am Schöpfwerk, Wienerflur u.a.; Einkaufszentren Donauzentrum und Shopping City Süd, das größte Einkaufszentrum Europas, schon außerhalb der Stadtgrenze; Freizeitparks Donaupark, Oberlaa, Donauinsel, Wienerberg, Laaerberg).

Ihre Verbindung untereinander und mit dem Stadtzentrum erforderte einen forcierten Ausbau der Verkehrsinfrastruktur, wobei der Straßenbau Vorrang erhielt. Nach und nach entstand ein Stadtautobahnnetz, das teilweise schon vorhandene Straßen miteinbezog (Gürtel) und neue Teilstücke möglichst in Freiflächen legte (Donauuferautobahn). Zum Hauptstrang des Netzes wurde die sog. Südosttangente, deren Name Trassenführung und Funktion genau bezeichnet. Als meistfrequentierte Straße Österreichs hat sie die Aufgabe, das linksufrige Stadterweiterungsgebiet mit dem zentralen Stadtgebiet am rechten Donauufer zu verbinden. Ebenfalls tangential verläuft die Stammstrecke der Schnellbahn, weil man die vorhandenen, wegen des Eisernen Vorhangs brachliegenden Gleise von Nord-, Verbindungs- und Südbahn nutzen konnte. Im Nachziehverfahren erhielt Wien auch das bereits 1914 baureife U-Bahnnetz. Es bedient v.a. das dicht verbaute Stadtgebiet und in erster Linie das Stadtzentrum.

Im dichtverbauten Stadtgebiet verliefen die Veränderungsprozesse unauffälliger und eher nach bekanntem Muster. Die Kriegszerstörungen waren nicht flächenhaft, sondern eher punktuell. Ein Wiederaufbau im Rahmen des Blockrasterschemas unter

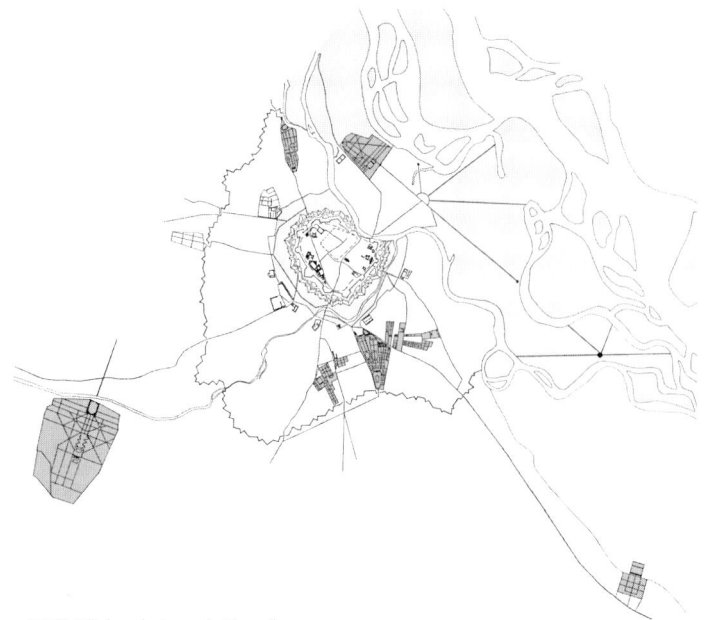

Wien 1770/80 (nach Joseph Nagel)
Ringförmige Raumelemente: Befestigungsanlagen, Glacis, Linienwall
Lineare Raumelemente: Donau(auen), Achse Augarten – Praterstern – Lusthaus
Disperse prägende Raumelemente: kaiserliche und adelige (Garten-)Palais (dunkelgrau)
ohne Maßstab

Wien am Ende des 19. Jahrhunderts
Ringförmige Raumelemente: Ringstraßenzone, Gürtel, Vorortelinie, Grünflächen (Wienerwald, Schönbrunn, Laaerberg, Zentralfriedhof/Neugebäude)
Lineare Raumelemente: Donau(auen) mit Achse Augarten – Praterstern – Lusthaus, Industrieflächen an Bahnlinien
ohne Maßstab

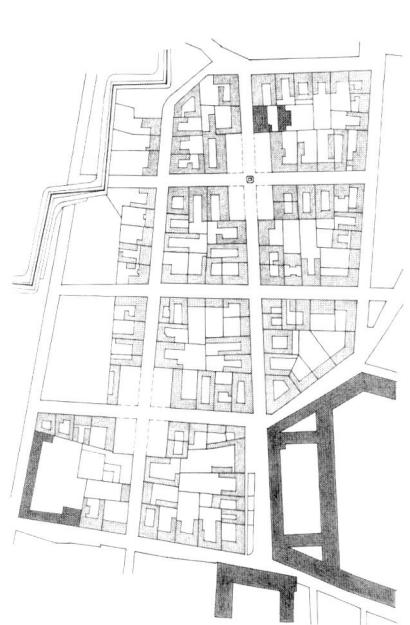

Erschließungstyp 1. Hälfte 19. Jahrhundert
(Albert- und Bennoplatz)
Zeichnung: R. Banik-Schweitzer
ohne Maßstab

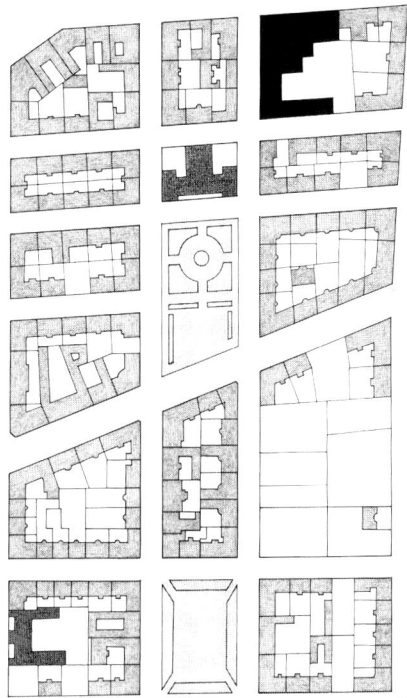

Erschließungstyp 2. Hälfte 19. Jahrhundert
(Favoriten)
Zeichnung: R. Banik-Schweitzer
ohne Maßstab

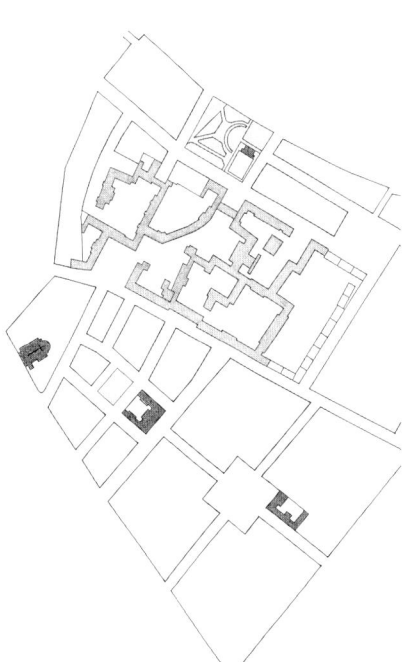

Erschließungstyp 1. Hälfte 20. Jahrhundert
Kommunaler Superblock
(Rabenhof)
Zeichnung: R. Banik-Schweitzer
ohne Maßstab

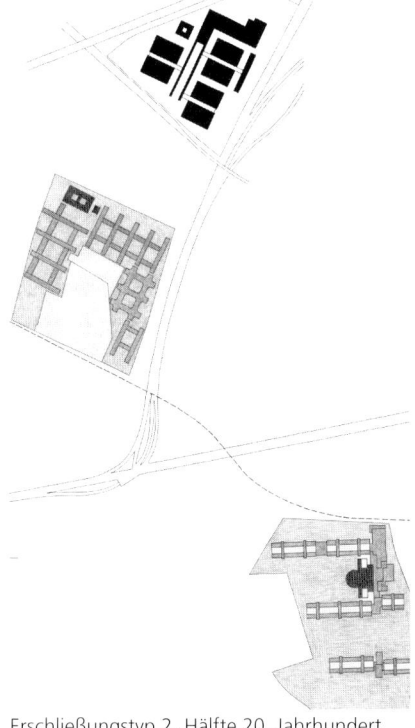

Erschließungstyp 2. Hälfte 20. Jahrhundert
(Wohnpark Alt-Erlaa, Wohnhausanlage
Am Schöpfwerk, Industriegebiet)
Zeichnung: R. Banik-Schweitzer
ohne Maßstab

Weiternutzung der vorhandenen Infrastruktur lag daher nahe. Nach dem gleichen Muster des stückweisen Umbaus verliefen die auf den Wiederaufbau folgenden Erneuerungsprozesse. Flächensanierung war wegen des andauernden Kapitalmangels kein Thema. Die Großwohnanlagen am Stadtrand waren vorwiegend für Aufsteiger in den neuen Mittelstand bestimmt und entwickelten sich daher nicht zu sozialen Problemgebieten wie manche Trabantensiedlungen in westeuropäischen Großstädten. Die Neubauten im dicht verbauten Stadtgebiet waren überwiegend Wohnhäuser für Besserverdienende in zentrumsnahen Bezirken und in bürgerlichen Außenbezirken. Diese Bezirke konnten ihren sozialen Standard halten oder sogar verbessern, während die gründerzeitlichen Arbeiterquartiere außerhalb des Gürtels durch Unterlassung von Erneuerungsmaßnahmen nach und nach zu Auffangbecken sozial Deklassierter wurden. Da bis in die 1980er Jahre der gesamte Wohnbau in der Hand von Bauträgern lag, die nur Wohnungen bauen durften, läßt die Praxis der punktuellen Stadterneuerung städtebauliche Gestaltungsqualitäten weitgehend vermissen.

Der inzwischen eingetretene neuerliche gesellschaftliche Wandel könnte dieses Muster durchbrechen. Globalisierung und Flexibilisierung der Wirtschaft haben dem „fordistischen" System und dem ihm adäquaten funktionalistischen Stadtmodell ein Ende bereitet. Für Massenproduktion mit konventioneller Technologie ist in den Zentren der Ersten Welt kein Platz mehr. Die Überschreitung staatlicher Grenzen durch multinationale Unternehmen entzieht national oder kommunal gestützten Regelungen zur Sicherung standardisierter Lebensläufe den Boden. Für Städte bedeutet dies, daß sie nicht mehr ihre Position in einer Nationalwirtschaft, sondern weltweit in Konkurrenz mit anderen Städten ähnlichen Typs behaupten müssen. Dies setzt die Entwicklung eines eigenständigen, unverwechselbaren Profils voraus. Einer immer wieder fremdbestimmten Stadt ohne unternehmerisch-initiative Tradition wie Wien fällt dies schwer.

Auf stadträumliche Ebene übertragen, hat der gesellschaftliche Wandel die großen Gesamtentwicklungsmodelle fürs erste verabschiedet. Der wirtschaftlichen Flexibilisierung könnte in der Stadtentwicklung die flexible Intervention in städtische Teilräume entsprechen, die durch Rekombination bestehender und Einfügung neuer Strukturelemente die bauliche Form unterschiedlichen spezifischen Anforderungen anpaßt. Die Überbauung des ehemaligen Franz-Josefs-Bahnhofs oder die „zweite City" am linken Donauufer am Ort der verhinderten EXPO 95 lassen sich als Versuche in diesem Sinne lesen. Geht das Konzept der zweiten City auf, so wäre damit sogar das zählebige Kreis-Ring-Schema der Wiener Stadtentwicklung durchbrochen und mit dem Kreuz Donau-„Twin Cities" (verbunden durch die Achse Praterstraße-Lassallestraße-Reichsbrücke-Wagramerstraße) eine neue große Raumfigur geschaffen.

August Sarnitz

Wiener Architektur im 20. Jahrhundert
Trotzdem – der Zeit ihre Kunst

Wien ist untrennbar mit dem Begriff der „Großstadt" verbunden. Seit der Barockzeit eine große Stadt im Verbund der europäischen Hauptstädte, wird Wien im 19. Jahrhundert als Zentrum der k. und k. österreichisch-ungarischen Doppelmonarchie eine der ersten Großstädte in Europa, neben London, Paris und Neapel. Die Metropole war als Phänomen urbanen Zusammenlebens ein Resultat der industriellen Revolution im 19. Jahrhundert. Architekten wie Otto Wagner betrachten die „Großstadt" als die größte architektonische Herausforderung der modernen Architektur. Der Architekt mußte neue Aufgaben baukünstlerisch lösen: Industrie, Transport, Wohnbau und soziale Einrichtungen. Die Machbarkeit durch die industrielle Produktion verführte viele Architekten zu dem Gedanken, auch die Großstadt sei ein kalkulierbares Produkt. Das gesamte 20. Jahrhundert ist ein Kommentar zur „Metropolis", zum Versuch, gigantische Häusermeere in ein geordnetes System und in eine urbane Struktur zu transformieren.

In Wien entwickelten sich um die Jahrhundertwende durch Camillo Sitte (Der Städtebau nach seinen künstlerischen Grundsätzen, 1901) und Otto Wagner (Die Großstadt, 1911) zwei gegensätzliche architektonische Stadttheorien, welche für die Interpretation des Urbanen von größter Relevanz waren. Sittes Beispiel einer Stadtregulierung nach künstlerischen Grundsätzen (für Wien) zeigt ein theatermäßiges Komposit aller Baustile, eine Reise des Gemütes ins südliche Italien, wo öffentliche Plätze als Zentrum urbanen Lebens fungieren, während Wagners nüchterne und rationale Studie über die Großstadt von den realen Bedürfnissen derselben ausgeht, vom Realismus unserer Zeit. Wien war für Wagner Versuchslabor und geliebte Stadtutopie in einem: seine Architektur umfaßte alle Aspekte der Moderne, die Stadtbahn, städtische Wohn- und Geschäftshäuser, Bauten für soziale und kulturelle Einrichtungen, sowie Kirchenbauten. In späterer Folge prägten Otto Wagners Schüler als Architekten für die Gemeinde Wien weitgehend das Bild der 20er und 30er Jahre.

Auf individueller Basis umschrieb Josef Olbrich mit der Portal-Inschrift „Der Zeit ihre Kunst, der Kunst ihre Freiheit" über der Secession (1896) das künstlerische Credo einer ganzen Architektengeneration. Kürzer und präziser kann die Absage an den paneuropäischen Historismus und Elektrizismus nicht formuliert werden, der Wien und die europäischen Städte vereinnahmt hatte. Die Architekten und Künstler suchten die Befreiung aus den Konventionen des 19. Jahrhunderts, zuerst in der Wiener Werkstätte und sukzessiv in der Werkbundbewegung.

Realismus und Utopie, Ästhetik und Ethik umschreiben die Themen der Befreiung aus der historischen Gedankenwelt des fin de siècle. Otto Wagners kritischer Realismus war nicht nur Grundlage seiner städtebaulichen Konzepte, sondern auch seiner einzelnen Bauobjekte. Bei der Stadtbahn (1894–1900) – dem größten Bauwerk von Wien – vereinigte Wagner technische Innovation mit baukünstlerischer Formensprache zu einer Methapher der prosperierenden Metropole. Hier wird die Geschwindigkeit der Stadtbahnzüge gleichgesetzt mit der allgegenwärtigen Bewegung in der Stadt: die Bewegung der Menschen, die Bewegung des Geldes, die Bewegung der Güter, die Bewegung der Gedanken.

Einige Jahre nach Fertigstellung der Stadtbahn wurde in der Spezialschule von Otto Wagner an der Akademie der bildenden Künste in Wien das Thema Transport extrapoliert und in Form von Flughäfen und Stationen für Luftschiffe als architektonische Gestaltungsübung absolviert. Die Arbeiten von Christof Stumpf (Flughafen, 1904) und Friedrich Pindt (Flughafen, 1912) geben einen Einblick in die wunderbare Phantasiewelt der Wagnerschüler. Ein Teil des italienischen Futurismus und der citta nuova wurde hier in ersten Gedanken vorweggenommen. Der Kunsthistoriker Otto Graf hat auf diese Geheimnisse von Wagner und der Wagnerschule schon vor über 30 Jahren hingewiesen. Einzelne Bauobjekte von Wagner gehören zu den high-tech-Architekturikonen der Jahrhundertwende. Die Glas-und Stahlarchitektur der Postsparkasse (1903–10) ist gebaute Architekturtheorie: der begehbare Glasboden und die mit Stahlseilen abgehängte Glasdachkonstruktion haben die Raumvorstellungen einer ganzen Epoche verändert.

Fast zur gleichen Zeit bewirkte Josef Hoffmann mit dem Sanatorium Westend in Purkersdorf bei Wien (1904) eine ästhetische Revolution. Sein Hauptwerk ist „in Klarheit und Disposition, Folgerichtigkeit der formalen Durcharbeitung und vor allem in der äußersten Einfachheit seiner kubischen Formen für 1904 ebenso bahnbrechend wie Frank Lloyd Wrights Larkin Building in Buffalo und die Scotland Street School in Glasgow von Mackintosh" (Eduard Sekler). Bei seinen bürgerlichen Villenbauten in den Bezirken Döbling und Grinzing realisierte Hoffmann seine ästhetischen Visionen einer durch Kunst und Kunsthandwerk nobilitierten Alltagskultur.

Der Dualismus zwischen Ästhetik und Ethik in der Architektur der Wiener Moderne wurde oft mit dem Dualismus zwischen Josef Hoffmann und Adolf Loos verglichen: Hoffmann hat durch seinen starken Gestaltungswillen sicher diese Meinung gefördert, ebenso hat Loos durch seine moralisierenden Aussagen zur Architektur seine theoretische Position bestärkt. Als bestes Beispiel dieser Haltung kann das Geschäftshaus Goldman & Salatsch (1909–11) am Michaelerplatz angesehen werden, wo der Kosmopolit Adolf Loos seine Erfahrungen aus London und den Vereinigten Staaten umsetzen konnte und gleichzeitig seine Opposition gegenüber der Wiener Secession und dem Jugendstil markierte.

Innerhalb kürzester Zeit entstanden in relativer Nachbarschaft drei unterschiedliche architektonische Ikonen der Wiener Moderne, die jedem intenationalen Vergleich standhalten. Auffallend bei allen drei Bauwerken ist die heterogene Architekturhaltung, die als Synonym für die gesamte Wiener Architekturdiskussion des 20. Jahrhunderts angesehen werden kann.

Zur Freiheit der Kunst führte in Wien also ein evolutionärer Weg, kein revolutionärer. Das kritische Moment in der Wiener Architektur („Realismus" bei Otto Wagner) führte nicht zu einem affirmativen Dogmatismus der Moderne, sondern zu jener spezifischen *Wiener Moderne*, für die Adolf Loos und Josef Frank verantwortlich zeichnen. Eindeutigkeit wurde und wird in Wien nicht immer als Klarheit gesehen, sondern oft als unzulässige Vereinfachung komplexer Strukturen. Darin zeigt sich auch der Umgang mit einer jahrhundertalten, multikulturellen Situation, wo das Element der „Tradition" sehr fest verwurzelt war (Adolf Loos). Darin zeigt sich auch die historische Permanenz urbaner Strukturen, die in der Inneren Stadt von Wien auf die Zeit vor 1683 zurückgehen.

Die Entwicklung der österreichischen Architektur der 20er Jahre und der 30er Jahre war im wesentlichen von externen, sozioökonomischen Kräften beeinflußt und determiniert, die außerhalb der Architekturdisziplin lagen. Die Belastungen der Ersten Republik wirkten sich fatal auf die kulturelle Situation in Österreich aus: aus dem kosmopolitischen Wien der Jahrhundertwende, welches in einem geistigen, kulturellen, politischen und wirtschaftlichen Beziehungsnetz mit den anderen Metropolen in Europa stand, wurde eine Stadt der sozialen Bedürftigkeit. Diese Situation wurde durch die Weltwirtschaftskrise 1929 noch verstärkt. Die 30er Jahre waren somit durch die „Wirtschaftskrise", durch die „Emigration" und den „Austro-Faschismus" geprägt. Vor diesem komplexen Hintergrund entstand der bemerkenswerte und vielbeachtete kommunale Wohnbau, dessen Parameter primär die sozialpolitischen Bedingtheiten dieser Zeit reflektiert. Anders als die Zeit bis 1918, als von Wien und von Österreich allgemein beachtete, internationale Impulse ausgingen (Wiener Jugendstil, Secession, Otto Wagner und die Wagnerschule), waren in der Ersten Republik diese wesentlichen architektur-theoretischen Impulse auf einige wenige, einzelne Architekten beschränkt: Adolf Loos, Lois Welzenbacher, Ernst Plischke und Josef Frank.

Für die intenational relevanten Publikationen der klassischen Moderne war die Wiener Architektur zu ambivalent und nicht „modern" genug. Die großartigen Leistungen des Roten Wien (1919–1933) waren von einem sozialdemokratischen Reformpragmatismus geprägt, dessen ästhetische Vorbilder aber nicht dem radikalen ideologischen Konzept entsprachen. Die großen Wohnhausanlagen, größtenteils von Wagnerschülern wie Karl Ehn, Hubert Gessner, Rudolf Perco u.a. geplant, entsprachen mit ihrer traditionellen Monumentalität nicht der Ikonographie der Moderne. Der kommunale Wohnbau der Stadt Wien in der Zwischenkriegszeit ist in erster Linie eine Errungenschaft und ein Ergebnis sozialdemokratischer Stadtpolitik und muß im Umfeld des gesamten sozialistischen Engagements gesehen werden: Wien verkörpert in der Zeit von 1918 bis 1934 mit der sozialdemokratischen Partei die damals größte Parteiorganisation der Welt. Wien wurde als Prüffeld für die Machbarkeit sozialdemokratischer Ideale gesehen. Neben der Gesundheitspolitik, der Bildungs- und Kulturpolitik, der Arbeitsmarktpolitik war die Wohnbaupolitik jener essentielle Bereich, der durch seine komplementäre Funktion zur allgemeinen Arbeitswelt die private Identität ermöglichte. Der kommunale Wohnbau der Stadt Wien erhält seine Qualität primär durch funktionierende „kommunale" Einrichtungen innerhalb des Wohnbauprojektes: durch kommunale Kindergärten, durch kommunale Sport-und Freizeitflächen.

Voraussetzung für die große Veränderung war die 1923 eingeführte Wohnbausteuer der Gemeinde Wien, eine zweckgebundene Steuer, welche die Wohnhausproduktion der Stadt Wien in den folgenden Jahren ermöglichte. Die private Wohnhausproduktion war nach dem Kriegsende 1918 faktisch zum Stillstand gekommen. Von 1923 bis 1933 wurden durch die kommunale Verwaltung in Wien rund 65.000 Wohnungen errichtet.

Aufgrund der wirtschaftlichen Situation war die Relevanz des Einfamilienhauses für den gesamten Wohnbau von untergeordneter Bedeutung. Dennoch entstanden gerade auf diesem Gebiet Bauwerke mit besonderer Qualität, unter anderem das Haus Wittgenstein, Wien (1926–28), welches der Philosoph Ludwig Wittgenstein (gemeinsam mit Paul Engelmann) für seine Schwester baute, das Haus Moller, Wien (1927–28) von Adolf Loos, das Haus Dos Santos, Wien (1930) von Felix Augenfeld, sowie das Haus Beer in Wien-Hietzing (1929–31) von Josef Frank (gemeinsam mit Oskar Wlach). So unterschiedlich diese Einfamilienhäuser in ihrer Architektur sein mögen, die Gemeinsamkeit dieser Bauwerke ist die Tradition des bürgerlichen beziehungsweise großbürgerlichen Wohnhauses, in dem sich die differenzierten kulturellen Konventionen widerspiegeln. Der Raumplan, ein architektonisches Konzept von Adolf Loos zur differenzierten räumlichen Schichtung von Einzelräumen innerhalb eines Gesamtvolumens, hat im Haus Moller eine besondere Ausformulierung erhalten.

Rationalisierung war eines der wichtigsten Schlagwörter der modernen Architektur. Als Parameter der Rationalisierung galt die eindimensionale Sichtweise über die materielle Einsparung bei der Repetition. Somit war Rationalisierung und Serienproduktion ein Begriffspaar der modernen Architektur, das sich in der Folge gegen die Vielfalt und Heterogenität richtete. Die Eindeutigkeit der Rationalisierung widerspricht einer kulturellen Differenzierung. Diesen Widerspruch fühlten ein Teil der Wiener Architekten, wenn es darum ging, die Rationalität des neuen Bauens aufzunehmen. Die Vorbehalte von Adolf Loos und Josef Frank gegenüber dem Internationalen Stil sind bekannt, ebenso die Angriffe von Rudolf Schindler auf den Funktionalismus und den Internationalen Stil. Die Relativierung des internationalen Funktionalismus hat aus der Sicht Österreichs viele Gesichter: Ernst Plischke, Franz Singer, Friedl Dicker, Ernst Lichtblau und andere. Die Ausstellungen des österreichischen Werkbundes können als ein Gradmesser für die „Internationalität" in Österreich angesehen werden.

Die zweite Werkbundausstellung, in Form der „Werkbundsiedlung" (Wien 1932), war Träger eines „intereuropäischen Gedankengutes" mit fast zeitgleichen

Parallelsiedlungsprojekten in Stuttgart, Zürich, Prag und Budapest. Bei der Wiener Werkbundsiedlung waren unter anderem folgende Architekten vertreten: Adolf Loos, Clemens Holzmeister, André Lucart, Ernst Lichtblau, Hugo Häring, Oswald Haerdtl, Ernst Plischke, Eugen Wachberger, Richard Neutra, Arthur Grünberger sowie Josef Hoffmann.

Zusammenfassend kann diesen beiden Werkbundausstellungen eine schicksalhafte Bedeutung einer Trendwende zugewiesen werden: die kulturpolitischen und künstlerischen Entwicklungen hatten bereits 1930 in Österreich eine Ambivalenz erreicht, welche der Moderne ab 1933 mit dem Hinweis auf fehlende „Bodenständigkeit" endgültig ihre Existenz absprach.

Die austrofaschistischen Entwicklungen ab Februar 1934 bewirkten eine Provinzialisierung in Österreich. Aufgrund dieser neuen Ideologisierung wurde auch eine Beschränkung internationaler Kontakte bewirkt und ermöglichte somit in der Folge die Entwicklung nationalsozialistischer Gedanken. Als Zeit der „Architektur der monumentalen Projekte" könnte man die Jahre von 1938–1945 in Österreich bezeichnen. Während dieser Jahre reduzierte sich die Bautätigkeit konstant. Die wichtigsten Projekte waren jedoch nicht für Wien, sondern für Linz und Salzburg geplant. Allerdings wurden diese Architekturmonumente von deutschen Architekten wie Albert Speer entworfen – ein deutliches Zeichen von politischer Vereinnahmung.

1938 ist als Jahreszahl Symbol geworden für eine staats-und kulturpolitische Veränderung innerhalb Österreichs, die sämtliche Bereiche des öffentlichen und privaten Lebens aller Personen betraf.

Wenn man heute versucht, die Auswirkungen der Emigration aus Wien in kultureller Hinsicht zu interpretieren, so kann man für den Bereich der Architektur feststellen, daß fast die gesamte künstlerische Avantgarde in die unfreiwillige Emigration ging, unter anderem Felix Augenfeld, Rudolf Baumfeld, Josef F. Dex, Ernst Egli, Herbert Eichholzer, Josef Frank, Jacques Groag, Fritz Gross, Otto Rudolf Hellwig, Heinrich Kulka, Ernst Lichtblau, Walter Loos, Ernst Anton Plischke, Egon Riss, Otto Schönthal, Stephan Simon, Franz Singer, Margarete Schütte-Lihotzky, Walter Sobotka, Hans Adolf Vetter, Oskar Wlach, Liane Zimbler, geb. Fischer, Wilhelm Baumgarten, Artur Berger, Walter Eichberg, Martin Eisler, Ernst Leslie Fooks (bis 1946 Fuchs), Fred Forbát (bis 1915 Alfred Füchsl), Paul Theodore Frankl, Ernst von Gotthilf, Victor Guen (eigentlich Grünbaum), Rudolf Hönigsfeld, Fritz Janeba, Leopold Kleiner, Fritz Michael Müller, Emanuel Neubrunn, Kurt Popper, Alfred Preis, Harry Seidler sowie Hans Vetter.

Der Wiederaufbau in allen mitteleuropäischen Städten nach 1945 war von dem Versuch geprägt, eine Symbiose zwischen Rekonstruktion zerstörter kultureller und politischer Monumente und Realisierung einer modernen, zeitgenössischen Architektur herzustellen. Der Wiederaufbau in Wien war geprägt durch die Wiederherstellung der Wiener Architektur-Symbole wie Stephansdom, Staatsoper, Burgtheater, Parlament und Börse, ferner der Neubau des Westbahnhofes und Südbahnhofes, des Opernringhofes, des Ringturmes, der Stadthalle sowie des Wiener Freibades Gänsehäufel an der Alten Donau. Durch diese öffentlichen und halböffentlichen Gebäude wurden Positionen für eine neue Identität gesetzt, die in Ergänzung zum tradierten Wien-Bild dazu beitragen sollten, die Urbanität der Stadt neu zu definieren. Ergänzend dazu wurde durch das „Wiener Schnellbauprogramm" (Franz Schuster) eine aktive Wohnbaupolitik betrieben, deren Leistung primär nach quantitativen Aspekten beurteilt werden kann.

Die uneingelösten Versprechen der Moderne wurden im Wien der Nachkriegszeit ebensowenig gehalten wie vor dem Krieg. Sohin war die Krise der Moderne in den 60er Jahren durch den Wiederaufbau indirekt vorprogrammiert: mit dem Wiederaufbau vollzieht sich ein Wandel, wo die Organisation der Bauproduktion sich auf reine operative Mechanismen stützt, und die ideologischen Parameter einer Logik des reinen Verfahrens opfert. Losgelöst von ihrem soziokulturellen Hintergrund der sozialistischen Bewegung verliert die Moderne ihre ideologischen Voraussetzungen, welche sich durch die industrielle und rationale Produktion von Wohnungen und sozialen Erziehungssituationen wie Kindergärten, Kinderhorte, Schulen, Bibliotheken und Sportanlagen für einen großen Teil der Bevölkerung legitimiert verstand. Die qualitative Diskussion über die Architektur wurde somit obsolet, es zählt die reine quantitative Produktion, die Reflexion über die Kunst war nicht existent.

In diesem Umfeld sind die Reaktionen in Wien zu sehen, die zu einer neuen Architekturdiskussion aufforderten. Auf einer architekturtheoretischen Ebene agierte Roland Rainer mit seinen Publikationen *Städtebauliche Prosa* und *Ebenerdiges Wohnen*, wodurch er sein Konzept des Verdichteten Flachbaus artikulierte. Eine weitere Diskussion über moderne Kunst und moderne Architektur fand in der *Galerie nächst St. Stefan* statt, wo Otto Mauer ein kulturelles Diskussionsforum etabliert hatte, und wo sich Künstler wie Josef Mikl, Arik Brauer, Arnulf Rainer, Oswald Oberhuber und Fritz Wotruba ebenso trafen wie die Architekten Johann Georg Gsteu, Josef Lackner, Rudolf Schwarz und Ottokar Uhl. Hans Hollein und Walter Pichler urgierten den totalen Architekturbegriff („Alle sind Architekten, Alles ist Architektur") und bereicherten die postfunktionalistische Architekturdiskussion mit den Begriffen *Symbol*, *Ritual* und *Mythos*.

Aus dem Umfeld der Akademie der bildenden Künste, speziell aus den Meisterschulen Clemens Holzmeister und Lois Welzenbacher, emanzipierten sich in den 60er Jahren jene Architekten, welche in der Folge für die Architektur in Wien repräsentiv wurden: Gustav Peichl, Hans Hollein, Wilhelm Holzbauer, Johannes Spalt, Friedrich Achleitner, Ottokar Uhl, Friedrich Kurrent, Anton Schweighofer und Johann Georg Gsteu. Ein wesentliches Forum für die Architekturdiskussion war die Zeitschrift BAU, deren redaktionelle Leitung von Peichl, Hollein, Oberhuber, Pichler geführt wurde. In diesem Umfeld entwickelten sich die ersten internationalen Kontakte, hier wurde ein kritischer Dialog mit der *gemäßigten* Wiener Moderne geführt, von hier aus entwickelte sich die kritische Positionierung gegenüber der Spätmoderne.

Fast parallel zur ersten internationalen Öffnung der Wiener Architekturszene entwickelte sich auch die Gründung von Architekturgruppen und Architekturkollektiven. Namen wie Haus-Rucker-Co, Coop Himmelblau und Missing Link stehen stellvertretend für den Aufbruch in der Architektur der siebziger Jahre. Dabei wurde fast automatisch die Gruppenarbeit über die Arbeit des Einzelnen gestellt, weil hier der soziologische Aspekt der Architektur als inhärent angesehen wurde. Während Coop-Himmelblau sich von der Wiener Architekturgeschichte distanzierten, versuchten Missing Link (Otto Kapfinger und Adolf Krischanitz) und das Trio Igirien (Werner Appelt, Eberhard Kneissel, Elsa Prochazka), durch Überlagerung und Konfrontation im Sinne der Phänomenologie die Wiener Architekturgeschichte kritisch zu reflektieren, und mit dem Argument der schönen Monotonie die Alltags- und Kommerzästhetik in ihre Projekte zu integrieren. Auf dieser Ebene arbeitete auch Hermann Czech, der den Dialog zwischen Geschichte und Alltag immer als Bestandteil seiner Architektur verstand. „Die Wiener Architektur der siebziger Jahre schreibt und zeichnet und projektiert, ... die großen Projekte werden von namenlosen Büros gebaut, deren Qualifikation darin besteht, sich aalglatt am politischen und gesellschaftlichen Parkett zu bewegen." (Dietmar Steiner)

Zum Zeitpunkt der Ölkrise (1973) und zum Beginn der internationalen Diskussion über die Postmoderne hatte die jüngere Wiener Architektur bereits ihre Position in zweifacher Weise geklärt: reflektiv bezüglich ihrer eigenen Geschichte und kritisch bezüglich eines ungebrochenen Fortschrittsglaubens. Spätestens seit den Ausstellungen „Austrian New Wave" im Institute for Architecture and Urban Studies, New York, 1980 (Missing Link, Adolf Krischanitz und Otto Kapfinger, Rob Krier, Hermann Czech, Heinz Tesar, Heinz Frank, Igirien), und „Versuche zur Baukunst" im Wiener Künstlerhaus, 1985 (Alessandro Alvera, Luigi Blau, Roland Hagmüller, Otto Häuselmayer, Dimitris Manikas, Boris Podrecca) war eine weitere Internationalisierung der jungen österreichischen Architektur erreicht. In kleinen, fast unscheinbaren Projekten waren sohin die theoretischen Grundlagen für die 80er und 90er Jahre gelegt worden.

Die Neue Wiener Gründerzeit ab Mitte der 80er Jahre unter Bürgermeister Helmut Zilk brachte eine politische, urbane und kulturelle Öffnung. Architektonisch wurden jene Architekten zu öffentlichen Bauten eingeladen, die bereits seit vielen Jahren indirekt die Stadt Wien international vertreten hatten, unter anderem Hans Hollein und Coop Himmelblau. Parallel dazu wurde der Wiener Stadtentwicklungsplan (STEP) entwickelt und nach mehrjähriger Bearbeitungszeit 1984 vom Wiener Gemeinderat beschlossen. Er gliedert sich in die Teilbereiche „Politische Grundsätze", „Räumliches Entwicklungskonzept" und „Aufgabenschwerpunkte nach Sachbereichen." Als Beispiel für einen dieser Aufgabenschwerpunkte kann das Schulbauprogramm 2000 der Stadt Wien bezeichnet werden, initiert vom damaligen Stadtrat Hannes Swoboda. Im Rahmen einer qualitativen und wachstumsorientierten Stadtentwicklung hat der Schulbau eine hohe Bedeutung als Leitmotiv für eine repräsentative und zeitgenössische öffentliche Architektur. Allein die quantitative Anzahl von über 50 Schulneubauten, respektive Schulumbauten, würde einen neuen Zeitschnitt im Wiener Schulbau begründen, die qualitative Dimension der bereits fertiggestellten Bauten verweisen auf ein besonders großartiges Architekturprofil. Das tatsächliche Bauen war im letzten Dezennium der eigentliche Beitrag zur Baukunst.

In den letzten zehn Jahren ist eine jüngere Generation von Architekten und Architektinnen in Wien aktiv geworden, die ein neues Verhältnis zur Moderne aufgebaut haben und die – bei allen Unterschiedlichkeiten – im Sinne einer zweiten Moderne hier die Qualitäten der unverbrauchten Moderne neu interpretieren.

Größtenteils im sozialen Wohnbau und der Ladenarchitektur tätig, gehören zu dieser Gruppe unter anderem Ablinger/Vedral, ARTEC (Bettina Götz, Richard Manahl), Maria Auböck, Karin Bily, BKK-2 (Christoph Lammerhuber, Axel Linemayr, Franz Sumnitsch, Florian Wallnöfer, Johann Winter, Evelyn Wurster), Margarethe Cufer, Elke Delugan-Meissl/Roman Delugan, Georg Driendl, Eichinger oder Knechtl, Irmgard Frank, Henke/Schreieck, Heidecker/Neuhauser, Paul Katzberger, Martin Kohlbauer, Rüdiger Lainer, Lautner/Scheifinger/Szedenik/Schindler, Michael Loudon, Reinberg/Treberspurg/Raith, August Sarnitz und Franziska Ullmann.

Die Architektur des späten 20. Jahrhunderts in Wien ist von einer hohen gestalterischen Qualität geprägt, basierend auf einem heterogenen Ansatz. Eingebunden in ein historisches Bewußtsein ergibt sich eine entsprechende dialektische Position – ein Spektrum, das die Architektur zu einer vieldiskutierten kulturellen Entwicklung macht.

Dietmar Steiner

Wohnbau in Wien

Die wahre Substanz jeder Stadt ist der Wohnungsbau. Er bestimmt die Struktur, die Atmosphäre, das Leben der Stadt. Auf Postkarten finden sich die repräsentativen öffentlichen Gebäude, die Denkmäler und Aussichtspunkte. Aber man versteht Wien, und wahrscheinlich keine Stadt der Welt, wirklich, wenn man das System der Beherbergung ihrer Bevölkerung nicht genauer betrachtet.

Der Wiener Wohnungsbau ist weltweit einzigartig. Aus mehreren Gründen. Da ist zunächst die Substanz selbst. Noch immer stammt der Großteil der Wiener Wohnungen aus der Zeit vor dem Ersten Weltkrieg. Wien ist eine beharrliche alte Stadt. Die Zerstörungen des Zweiten Weltkriegs – rund 85.000 Wohnungen – führten in der Folge zu keinem großräumigen Aufbau einer „neuen Stadt", sondern verharrten im Zeichen des strukturbewahrenden „Wiederaufbaus". Und auch der europaweiten Welle der Modernisierungen der sechziger und siebziger Jahre wurde in Wien nur punktuell gefolgt. Dafür griff schon sehr bald in diesen Jahren eine Strategie der sanften, substanzerhaltenden Stadterneuerung. So wurden in den letzten Jahrzehnten Tausende von einzelnen Wohnungen saniert, verbessert, ihr Standard angehoben, unter Wahrung der Struktur und Substanz der Gebäude selbst.

Ein weiterer wichtiger Grund für die Kompetenz der Stadt Wien im Wohnungsbau ist die auch politisch anhaltend dokumentierte „öffentliche Verantwortung". Sie wurde, nach ersten Ansätzen der christlich-sozialen Stadtregierung noch in der Monarchie, von den Sozialdemokraten am Beginn der zwanziger Jahre dieses Jahrhunderts mit dem großen kommunalen Wohnbauprogramm eröffnet. Heute ist die Gemeinde Wien mit ungefähr einer Viertelmillion Wohnungen einer der größten Haus- und Wohnungseigentümer der Welt. Eine einzigartige Rolle einer Kommune und Stadtverwaltung. Mit einem erklärbaren historischen Grund: In der alten Kaiserstadt Wien bestand das besondere Recht des Hofes, für Beamte und Günstlinge Wohnungen in Bürgerhäusern in Anspruch zu nehmen. Einzig die großen Besitzungen und „Höfe" der Kirche und der Klöster waren von dieser sogenannten „Hofquartierspflicht" ausgenommen. Diese bildete jene mentale Grundlage im Bewußtsein des Wieners, daß eine Wohnung nicht am Markt zu erwerben ist, sondern von der „Obrigkeit" als Belohnung für Wohlverhalten „verliehen" wird. Diese Rolle der Verleihung des Wohnrechts durch den Hof wurde nach dem Ende der Monarchie von der dann herrschenden Sozialdemokratie im großen kommunalen Wohnbauprogramm sozusagen adaptiert.

Das „Rote Wien" der ersten Republik errichtete von 1923 bis 1934 mit dem kommunalen Wohnbauprogramm insgesamt 64.000 Wohnungen. Und schuf dazu einen totalen kulturellen und infrastrukturellen Umraum (Waschküchen, Bäder, Bibliotheken, Kindergärten, etc.). Die Wohnhöfe und Superblocks der ersten Republik waren geradezu autonome Städte in der Stadt. Die Stadtverwaltung entschied sich dabei eindeutig für urbane Wohnformen, für mehrgeschossige Mietwohnanlagen, mit großen Innenhöfen – und damit gegen die Bauformen der Gartenstadtbewegung. Nur wenige Siedlungen mit Gärten wurden errichtet, obwohl Architekten wie Adolf Loos und Josef Frank bedeutende Fürsprecher und Kämpfer dafür waren.

Das Wohnbauprogramm des „Roten Wien" war architektonisch und stadtplanerisch pragmatisch. Man nutzte die Infrastruktur der Gründerzeit, die für ein weiteres Wachstum der Metropole vorbereitet war. (Otto Wagners Plan der Großstadt Wien war immerhin auf eine Einwohnerzahl von 4 Millionen angelegt.) Man wählte konventionelle Baumethoden, um einen hohen Beschäftigungseffekt zu erzielen, und setzte formal und stilistisch keine erklärten Ziele. Wichtig war die Einbeziehung großer Freiräume, die Geschlossenheit der Straßenfronten, und die umfangreichen infrastrukturellen Einrichtungen. Eine typologische Innovation, mit historischen Wurzeln, war die Etablierung der „Höfe", der „Superblocks".

Die Ziele der Moderne und der Gartenstadtbewegung konnten von Josef Frank mit der Wiener Werkbundsiedlung erst am Beginn der dreißiger Jahre beispielhaft realisiert werden. Im Austro-Faschismus (1934–38) und Nationalsozialismus (1938–1945) ging der Wohnungsbau dramatisch zurück, und hinterließ kaum nennenswerte Spuren im Körper der Stadt. Der sogenannte „Wiederaufbau" nach 1945 wurde mit großem sozialen Engagement begonnen, bald erreichte man im Schnitt 5.000 neue Wohnungen pro Jahr. Architektonisch und typologisch wurde aber der biedermeierliche Heimatstil der Nazi-Zeit fortgesetzt. In den fünfziger Jahren gelangten, vor allem durch Franz Schuster, Vorstellungen von optimierten und flexibilisierbaren Grundrissen, von Schnellbauprogrammen und aufgelockerten Bauweisen teilweise zum Durchbruch. Doch die „vertriebene Moderne" holte man nicht zurück, die Kontinuität der Bürokratie verhinderte innovative Ansätze.

Die großen Stadterweiterungsprojekte entstanden dann ab den sechziger Jahren und folgten Roland Rainers Stadtentwicklungsplan von 1961, ohne dessen Wohnphilosophie der Gartenstadt und des verdichteten Flachbaus aufzugreifen. Man verpflichtete sich weitgehend der industrialisierten Großtafelbauweise, schnell und hoch war die Devise, die Systementwicklung selbst wurde dabei vernachlässigt. An die 15.000 Wohnungen jährlich wurden in dieser Zeit als anonymisierte Architekturen realisiert. Die siebziger Jahre beginnen mit der Neuentdeckung des „Urbanen", mit der Forderung nach dichten, städtischen Bebauungen, die sich in Megastrukturen realisierten. Ergebnis dieser architektonischen und städtebaulichen Debatte sind Projekte wie der „Wohnpark Alt-Erlaa", modernistische Wohnhügel oder das Wohnprojekt „Am Schöpfwerk", der Versuch einer Neuinterpretation des Wiener Hof-Prinzips und der Superblocks der zwanziger Jahre. Gleichzeitig mit der Realisierung dieser peripheren Megastrukturen vollzog sich die Wiederentdeckung der gefährdeten traditionell städtischen Substanz. Immerhin weist Wien nach wie vor unter allen Millionenstädten der Welt den höchsten Anteil an Wohnungen auf, die mehr als 80 Jahre alt sind.

So beginnen die achtziger Jahre mit einem radikalen Umdenken in der Wohnungspolitik der Stadt. Schlagworte wie „Stadterneuerung vor Stadterweiterung" und daß der quantitative Bedarf nun befriedigt und mehr ein qualitativer Wohnungsbedarf vorhanden sei, prägten die Diskussion. Die Postmoderne und die Wiederentdeckung des Städtischen, die Beheimatung im „Grätzl" ergänzten das Bild.

Die letzte Großwohnanlage der siebziger Jahre, die Verbauung am Wienerberg, folgte bereits dem Konzept einer niederen Verbauung mit halboffenen Höfen und der Teilung der Bauaufgabe in kleine Baueinheiten mit unterschiedlichen Architekten. Die Gemeinde Wien selbst zog sich zunehmend als kommunaler Bauträger zurück und übertrug die Aufgabe des sozialen Wohnbaus an Genossenschaften und Baugesellschaften. Ab 1984 setzte eine besondere Form des Monopolismus ein: Der kommunale Wiener Bodenbereitstellungs- und Stadterneuerungfonds erhielt den Zugriff auf alle Grundstücke für öffentlich geförderten Wohnbau, die dann an die Bauträger weiterverkauft wurden. Dadurch konnten die Grundstückspreise für sozialen Wohnungsbau kontrolliert werden – weil es nur einen einzigen potentiellen Käufer gab – und durch Vorgaben für Ausnutzung und Kosten der Grundstücke konnte ein wesentliches Steuerungsinstrument geschaffen werden.

Anfang der achtziger Jahre formierte sich im Umfeld des Fonds eine bürgerliche – der ÖVP nahe – Gruppe von Bauträgern, koordiniert von einer Gesellschaft mit dem Namen „Werkstatt Wien" (zunächst mit dem Namen GWV), die dem bislang von der Gemeinde Wien und SPÖ-nahen Bauträgern dominierten sozialen Wiener Wohnbaugeschehen neue selbstgestellte qualitative Maßstäbe vorgaben. Viele beispielhafte Baulücken und kleine Siedlungen wurden mit namhaften Architekten, die bis dahin keinen Zugang zum geschlossenen System des sozialen Wohnbau hatten, realisiert. Damit wurde der Wiener Wohnungsbau gegen Ende der achtziger Jahre international zu einem vielbeachteten Beispiel für neue, architektonisch engagierte Experimente.

Aber auch die Gemeinde Wien selbst war in ihrem Bereich nicht untätig. Einige beachtliche Initiativen – Gräf & Stift-Gründe, etc. – wurden gesetzt. Und eine große Ausstellung über den Wiener Wohnungsbau im Jahr 1985 hat diese Entwicklung bestätigt und zusätzlich gefördert.

Insgesamt war der Wiener Wohnbau dieser Periode neugierig, ruhig und langsam, bot enorme Möglichkeiten für Innovationen, ging aber von der Prämisse einer stagnierenden Bevölkerungsentwicklung aus. Diese Situation änderte sich schlagartig, als Ende der achtziger Jahre der sukzessive Fall des „Eisernen Vorhang" einsetzte. Erstmals seit den zwanziger Jahren, nach 60 Jahren Stagnation der Entwicklung und schrumpfender Bevölkerungszahl begann die Stadt wieder zu wachsen, wurde ein neuer Stadtentwicklungsplan erstellt. Wien taumelte in eine Planungseuphorie großräumiger engagierter städtebaulicher Entwicklungsprojekte. Der Bedarf explodierte. Und die kleinen feinen punktuellen Instrumente der achtziger Jahre konnten die neuen Anforderungen nicht beantworten. Zum Teil mutigen und interessanten neuen Ansätzen im Städtebau folgten ziemlich konventionelle Wohnbauten. Die alte Maschine zur Bewältigung der nun neuen „großen Zahl" begann wieder wie in den siebziger Jahren zu arbeiten, Bauträger und Bürokratie orientierten sich am jährlichen Umsatz von rund 10.000 neuen Wohnungen, qualitative Fragen nach den neuen Anforderungen der neuen Zeit waren zweitrangig. Einzige Vorgabe der Stadterweiterung dieser Zeit war eine mythologisierte „Dichte", um die entsprechenden Infrastrukturen bieten zu können. Die wahren Wohnwünsche einer nunmehr mobilen Bevölkerung folgten aber dem kleinen Haus mit Garten, die im ungeplanten Umland Wiens realisiert wurden.

Von einigen Einzelbeispielen abgesehen, hat der sozial- und volkswirtschaftlich wichtige Boom im sozialen Wohnungsbau am Beginn der neunziger Jahre die konzeptionelle und inhaltliche Chance nicht wirklich wahrgenommen. Ab Mitte der neunziger Jahre schlug das Pendel wieder in die Gegenrichtung. Die Zuwanderung wurde politisch weitgehend gestoppt und damit auch der nominelle Wohnraumbedarf reduziert. Der Stadterneuerung im verbauten Gebiet soll wieder mehr Aufmerksamkeit geschenkt werden. Und mit Bauträgerwettbewerben wird versucht, die Baukosten des sozialen Wohnbaus zu senken. Darüber hinausgehende neue Ideen und Konzepte im sozialen Wohnungsbau sind derzeit nicht in Sicht. Wien, der große Hausbesitzer, der Vorreiter kommunaler Fürsorge der Beheimatung der Menschen, zieht sich auf seine soziale Errungenschaft des vererbbaren Mietrechts bei staatlich geregeltem Mietzins zurück, und wartet ab. Es ist auch gut ruhen, auf den bedeutenden Schichten der glorreichen Epochen des sozialen Wohnungsbaus in Wien.

Farbfotos von Georg Riha

Stephansdom (1230), Hauptansicht, Index-Nr. 1.-**1**

Stephansdom (1230), Innenraum, Index-Nr. 1.-**1**

Neues Haas Haus (1985), Hauptansicht, Index-Nr. 1.-**3**

Neues Haas Haus (1985), Innenraum Atrium, Index-Nr. 1.-**3**

Kerzengeschäft Retti (1964), Innenraum, Index-Nr. 1.-**11**

Looshaus (1909), Innentreppe, Index-Nr. 1.-**15**

Looshaus (1909), Innenraum im Mezzanin, Index-Nr. 1.-**15**

Nationalbibliothek (1723–26), Innenraum, Index-Nr. 1.-**16**

Palmenhaus Burggarten (1899), Luftbild, Index-Nr. 1.-**17**

Palmenhaus Burggarten (1899), Detail Innenraum, Index-Nr. 1.-**17**

Jüdisches Museum der Stadt Wien (1995), Innenraum, Index-Nr. 1.-**27**

Secession (1897), Detail Hauptfassade, Index-Nr. 1.-**35**

Secession (1897), Innenraum, Index-Nr. 1.-**35**

Zacherlhaus (1903), Foyer, Index-Nr. 1.-**70**

Zacherlhaus (1903), Stiegenhaus, Index-Nr. 1.-**70**

Ehemalige Länderbank (1882), ehemaliger Kassensaal, Index-Nr. 1.-**73**

Synagoge (1824), Innenraum, Index-Nr. 1.-**82**

Postsparkasse (1903), Detail Fassade, Index-Nr. 1.-**88**

Postsparkasse (1903), Innenraum Schalterhalle, Index-Nr. 1.-**88**

MAK-Cafe (1989), Innenraum, Index-Nr. 1.-**91**

Bürokomplex Lassallestraße (1989), Innenraum Atrium, Index-Nr. 2.-**6**

Bürokomplex Lassallestraße (1989), Innenraum Atrium, Index-Nr. 2.-**6**

Probebühne des Burgtheaters (1993), Eingang, Index-Nr. 3.-**8**

Haus Stonborough-Wittgenstein (1926), Foyer, Index-Nr. 3.-**12**

Wohn- und Geschäftshaus Portois & Fix (1899), Fassadendetail, Index-Nr. 3.-**15**

Karlskirche (1715), Innenraum, Index-Nr. 4.-**3**

Ehemaliges Kulissendepot (1875), Innenraum, Index-Nr. 6.-**1**

Bankhaus Favoriten (1975), Innenraum, Index-Nr. 10.-**2**

Hauptschule Absberggasse (1994), Innenraum Pausenhalle, Index-Nr. 10.-**5**

Amalienbad (1923), Schwimmhalle, Index-Nr. 10.-**8**

Villa Skywa-Primavesi (1913), Gartenseite, Index-Nr. 13.-**10**

Haus Roland Rainer (1968), Innenraum-Außenraum, Index-Nr. 13.-**11**

Haus Beer (1929), Innenraum, Index-Nr. 13.-**12**

Haus Steiner (1910), Straßenansicht, Index-Nr. 13.-**18**

Haus Steiner (1910), Wohnraum, Zustand 1997, Index-Nr. 13.-**18**

Werkbundsiedlung (1930), Luftbild, Index-Nr. 13.-**23**

Wohnheim Matznergasse (1993), Innenhof, Index-Nr. 14.-**3**

Hauptschule Kinkplatz (1994), Innenraum Turnhallen, Index-Nr. 14.-**6**

Kirche am Steinhof (1905), Innenraum, Index-Nr. 14.-**9**

Heilig-Geist-Kirche (1910), Innenraum, Index-Nr. 16.-**3**

Wohnhaus Frauenfelderstraße (1991), Index-Nr. 17.-**2**

Karl-Marx-Hof und Svoboda-Hof (1926), Hauptansicht, Index-Nr. 19.-**25**

Bürogebäude (1990), Innenhof, Index-Nr. 20.-**6**

Wohnhausanlage Friedrich-Engels-Platz (1930), Hauptansicht, Index-Nr. 20.-**4**

Bankfiliale (1971), Schalterraum, Index-Nr. 21.-**1**

Frauen-Werk-Stadt (1994), Süd-Terrasse Kindertagesheim, Index-Nr. 21.-**18**

Wohnhochhaus Wagramerstraße (1994), Fassadendetail, Index-Nr. 22.-**4**

Siedlung Pilotengasse (1989), Gartenansicht, Index-Nr. 22.-**24**

U-Bahn Station U 6 (1990), Detail Treppenhaus, Index-Nr. 23.-**1**

Wohnhausanlage Brunner Straße (1986), Straßenfassade, Index-Nr. 23.-**4**

Sanatorium Purkersdorf (1904), Hauptfassade, Index-Nr. U.-**1**

Architektur Wien | 500 BAUTEN

Zum Gebrauch der Karten und Index-Nummern

Jedes Bauwerk wurde mit einer topographischen Index-Nummer versehen, die entsprechend der Einteilung der Stadt Wien in die Bezirke 1–23 gewählt wurde. Die erste Zahl bezeichnet den jeweiligen Bezirk, in dem sich das Bauwerk befindet, die zweite, fettgedruckte Zahl das Objekt selbst (Beispiele: Stephansdom 1.**1**. = 1. Bezirk, Nummer 1; Schloß Schönbrunn: 13.**3**. = 13. Bezirk, Nummer 3). Neben der Adresse des Bauwerkes finden sich Hinweise über die Erreichbarkeit mit öffentlichen Verkehrsmitteln und eine Information über mögliche Besichtigung. (Abkürzungen Transport: S = Schnellbahn mit Linienbezeichnung, U = U-Bahn mit Linienbezeichnung, L = Straßenbahn mit Linienbezeichnung, Bus = Autobus mit Linienbezeichnung. In Klammern sind die jeweiligen nächstgelegenen Haltestellen zum abgebildeten Bauwerk angegeben.) Die einzelnen Bauwerke werden mit Kurztexten, Fotos und Plänen vorgestellt.

PLAN NR. 1

1. Bezirk
Innere Stadt

1. Bezirk, Innere Stadt Indexnummern: 1.-1 … 1.-114e

Empfehlungen

Sehenswerte Bauwerke – Anregungen von Wiener Architekten:

1. Bezirk:
Friedrich Achleitner:
    Augustinerkirche, Index-Nr. 1.18
    Kärntner Bar, Index-Nr. 1.26
    Kleines Café, Index-Nr. 1.42
Maria Auböck:
    Kornhäusel Turm, Index-Nr. 1.82
Luigi Blau
    Scheinkuppel von Andrea Pozzo von 1705 in der Universitätskirche, Index-Nr. 1.86
    Spaziergang über die Ringstraße von der Börse bis zur Staatsoper – mit einem Besuch des
    Reichratssaales im Parlament von Theophil Hansen (v. 1847/83), Index-Nr. 1.29, 1.63, 1.71
Coop Himmelblau:
    Stephansdom, Index-Nr. 1.1
    Kärntner Bar, Index-Nr. 1.26
Margarethe Cufer:
    Palais Equitable, Index-Nr. 1.2
Hermann Czech:
    Prunksaal der Nationalbibliothek, Index-Nr. 1.16
Heidulf Gerngroß:
    Spaziergang Ringstraße (mit Kommentar) , Index-Nr.
Otto Graf (Kunsthistoriker):
    Hofbibliothek, Index-Nr. 1.16
    Staatsoper, Index-Nr. 1.29
Hans Hollein:
    Nationalbibliothek (vor allem der Prunksaal) , Index-Nr. 1.16
    Postsparkasse, Index-Nr. 1.88
    Haas-Haus, Index-Nr. 1.3
    Kärntner Bar, Index-Nr. 1.26
    Dachausbau Falkestraße, Index-Nr. 1.92
Wilhelm Holzbauer:
    Hof im Equitable-Palais, Majolika-Bekleidung, Index-Nr. 1.2
    Artaria Haus, Index-Nr. 1.13
Martin Kohlbauer:
    Hochhaus Herrengasse, Index-Nr. 1.49
Adolf Krischanitz:
    Wiener Stadtbahnbauwerke, Index-Nr. 1.36
Gustav Peichl:
    Kärntner Bar, Index-Nr. 1.26
Boris Podrecca:
    Kirche Maria am Gestade, Index-Nr. 1.67
    Zacherl-Haus", Index-Nr. 1.70
    Kärntner Bar, Index-Nr.1.26
Elsa Prochazka:
    Synagoge, Index-Nr. 1.82
Roland Rainer:
    Maria am Gestade, Index-Nr. 1.67
    Kärntner Bar, Index-Nr. 1.26
August Sarnitz:
    Postsparkasse (Innenraum), Index-Nr. 1.88
    Stephansdom Turm, Index-Nr. 1.1
Margherita Spiluttini (Architekturfotographin):
    Kornhäuselturm, Index-Nr. 1.82
Dietmar Steiner:
    Augustinerkirche, Index-Nr. 1.18
Heinz Tesar:
    Zacherlhaus / Vestibül / Treppenhaus, Index-Nr. 1.70
    Tor in den Garten (im Museum für angewandte Kunst) , Index-Nr. 1.91
Franziska Ullmann:
    Stephansdom, Index-Nr. 1.1
Manfred Wehdorn:
    Ringstraße (als österr. Variante zur französischen Stadtplanung)
    Hofburg, Redoutentrakt, Index-Nr. 1.16

| 1.-1 | | *Hans von Prachatitz, Hans Puchspaum, u.a.*

Stephansdom
1230

Über Jahrhunderte Symbol für das geistige und politische Zentrum, heute Symbol für das topographische Zentrum von Wien. Der vom Herrscherhaus und Bürgertum betriebene Kirchenbau war ursprünglich vor der Stadt gelegen. Vom romanischen Bau (1230/40–1263) ist der Eingangsbereich (Riesentor, Heidentürme und Empore) erhalten. 1304–40 wurde der hochgotische Albertinische Hallenchor an das romanische Langhaus angefügt, das 1359–1440 durch eine gotische Staffelhalle ersetzt wurde. Wahrzeichen des Domes und der Stadt ist der Südturm (1433 von Hans Prachatitz vollendet). Der Nordturm wurde begonnen, aber nie fertiggestellt. Im 2. Weltkrieg teilweise zerstört, Wiederaufbau nach 1945. Eine der großen Kathedralen von Europa.

Stephansplatz
Besichtigung:
öffentlich zugänglich
Transport:
U1, U3 (Stephansplatz)

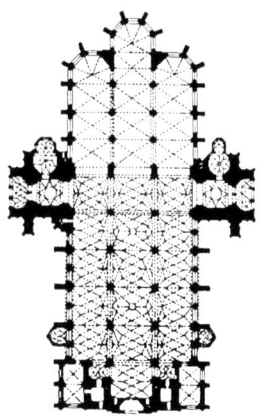

| 1.-2 | | *Andreas Streit*

Palais Equitable
1887

Der Neubau für eine New Yorker Versicherung ersetzte fünf ältere Häuser, durch das Zurücksetzen der Baulinie wurde ein Teil jenes stadträumlichen Problems geschaffen, das noch Hans Hollein beim Bau des Haas-Hauses beschäftigen sollte. Im Gegensatz zu Otto Wagner, der sich beim Bau des naheliegenden Anker-Hauses an amerikanischen Geschäftshäusern orientierte, mobilisierte Streit das Vokabular der Beaux-Arts-Tradition. Das Stiegenhaus gehört zu den schönsten des Wiener Historismus.

Stock im Eisen Platz 3–4
Besichtigung:
keine
Transport:
U1, U3 (Stephansplatz)

Hans Hollein

Gegenüber dem Stephansdom – am zentralsten Ort von Wien – errichtete Hans Hollein ein exklusives Einkaufshaus mit Büronutzung und Restaurants. Die Form des Hauses wird durch topographische Überlegungen mitbestimmt, den Stock im Eisen Platz und den Stephansplatz durch eine Erker-Zäsur räumlich zu differenzieren. Das zentrale fünfgeschoßige Atrium im Inneren öffnet sich nach oben zu einer flachen Glaskuppel mit künstlicher Beleuchtung. Die opulente Ausgestaltung des Atriums mit edlen Materialien versucht, die Banalität der Ladenwelt zu nobilitieren. Innerhalb der Wiener Architektur-Diskussion mit dem Haus am Michaelerplatz von Adolf Loos vergleichbar.

**Neues Haas-Haus
1985**

Stock im Eisen Platz 4
Besichtigung:
öffentlich zugänglich
Transport:
U1, U3 (Stephansplatz)

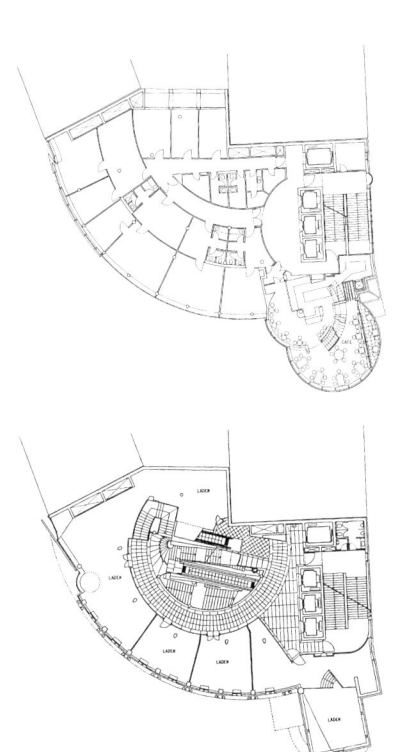

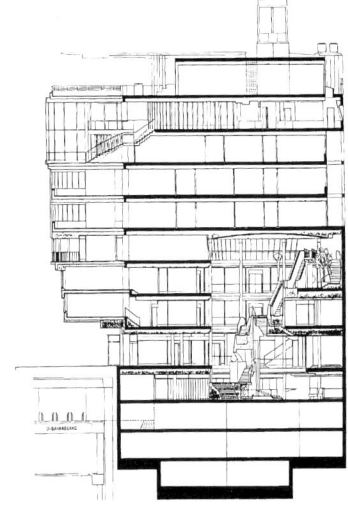

| 1.-4 | *Otto Wagner*

Ankerhaus
1894

Graben 10, Spiegelgasse 2
Besichtigung:
keine
Transport:
U1, U3 (Stephansplatz)

Die Versicherungsgesellschaft „Der Anker" ließ von Wagner im Jahr 1894 ein Miet-und Geschäftshaus am Graben errichten. Zuerst war an zwei verschiedene Häuser gedacht, die Ausführung setzte an deren Stelle die vergrößerte Variante des Hauses „Zum Anker". Die Baubewilligung wurde am 22. Dezember 1894 erteilt (Otto Graf). Bemerkenswert die großstädtische Haltung mit zweigeschoßiger Geschäftszone und dem Glasdachaufbau für ein Fotoatelier.

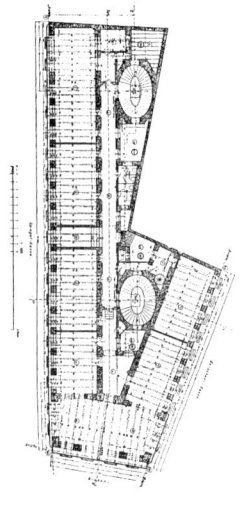

| 1.-5 | *Rudolf Krauß*

Trattnerhof
1911

Graben 29–29a,
Trattnergasse
Besichtigung:
keine
Transport:
U1, U3 (Stephansplatz)

Die Baugeschichte des Wohn- und Geschäftshauses ist relativ kompliziert, die Anlage war ursprünglich als geschlossener Baukörper mit einer Erschließung über mehrere Höfe geplant. Diese Konzeption wurde aber geändert und die Baukörper getrennt, um einen Durchgang von der Dorotheergasse über den Graben zum Bauernmarkt zu erhalten. Das Bauwerk hat ein Eisenbetonskelett, das eine freie Einteilung der Wohnungsgrundrisse ermöglichte.

Hans Hollein | 1.-6

Holleins Architektur lebt von der Methapher (Goldader – Juwelier) und thematisiert den Gestaltungsdualismus von technischem Raster und naturalistischer freier Form. Die Lesbarkeit dieses kleinen Juwelierladens ist dicht besetzt und bietet dem Betrachter mehrere Interpretationsebenen. Der Innenraum ist kostbar gestaltet und gleicht dem Inneren einer Schmuckschatulle.

**Juwelier Schullin I
(h.: Juwelier Deutsch)
1972**

Graben 21
Besichtigung:
Geschäftszeiten
Transport:
U1, U3 (Stephansplatz)

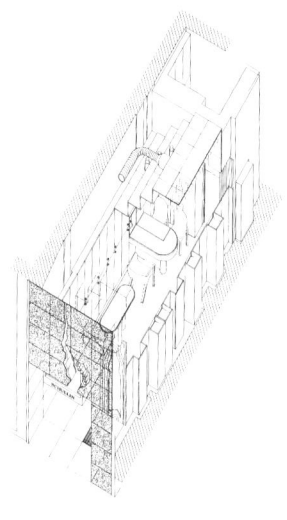

Elsa Prochazka | 1.-7

Dieser kleine Buchladen in unmittelbarer Nähe des Stephansdomes war primär als eine Fachbuchhandlung für religiöse Bücher gedacht. Die hervorragende touristische Lage führt dazu, daß sich die ursprüngliche Funktion leider immer mehr in Richtung „Postkartenverkauf" entwickelt. Die Architektin Prochazka wurde für ihre sensible Neugestaltung eines alten Raumes im Rahmen des Loos-Preises für Architektur 1994 mit dem Publikumspreis ausgezeichnet. Die architektonische Gestaltung von Bücherregalen wurde zum eigentlichen Thema stilisiert.

**Bibelwerk
Buchhandlung
1991**

Singerstraße 7
Besichtigung:
Geschäftszeiten
Transport:
U1 (Stephansplatz)

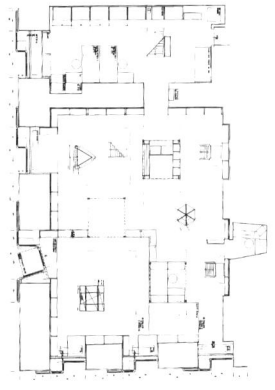

1.-8   Gabriele Montani, Johann Lukas von Hildebrandt

Peterskirche
1702

Petersplatz
Besichtigung:
öffentlich zugänglich
Transport:
U1, U3 (Stephansplatz)

An der Stelle einer der ältesten Wiener Kirchen wurde der Bau Anfang des 18. Jahrhunderts nach Plänen von Gabriele Montani – von Joh. Luk. von Hildebrandt überarbeitet – vollständig neu errichtet. Der Bau steht nicht unmittelbar in der Flucht der Grabenbebauung, sondern ist nach hinten versetzt, sein „Eingezwängtsein" in den kleinen Vorplatz wird durch die „gefaltete" Fassade in der Gestaltung aufgenommen. Die Scheinarchitektur im Inneren der Chorkuppel stammt von Antonio Galli-Bibiena.

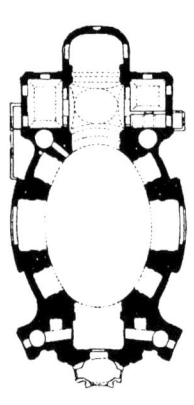

1.-9   Johann B. Fischer v. Erlach, L. Burnacini, P. Strudel

Pestsäule
1682

Graben
Besichtigung:
öffentlich zugänglich
Transport:
U2, U3 (Stephansplatz)

Nach einem Gelöbnis von Leopold I, der damit das Vorübergehen der Pest 1679 beschwören wollte, wurde die Votivsäule nach Plänen Johann B. Fischer von Erlachs von Ludovico Burnacini und Paul Strudel errichtet. Der Anlaß zu ihrer Errichtung ist auch der ikonografische Schwerpunkt des Skulpturenprogramms: der betende Kaiser Leopold I., die Figurengruppe „Der Glaube besiegt die Pest" und die Darstellung der Dreifaltigkeit. Der Votivbau ist typisch für die hochbarocken Anstrengungen, die Gattungsgrenzen zwischen Architektur und Skulptur zu überspielen.

Adolf Loos

Schneidersalon Knize
1910

Für den international agierenden Herrenschneider gestaltete Loos ein Geschäftslokal (1910–13), das nicht zufällig die Atmosphäre eines feinen Londoner Clubs hat. Für Loos war denn auch die englische Herrenmode die einzig wahre Form der Bekleidung. Die minimal dimensionierte Straßenfassade läßt die Großzügigkeit der räumlichen Entwicklung der Geschäftsräume nicht erahnen. Auf einen kleinen ebenerdigen Verkaufsraum folgen im Obergeschoß eine zweistöckige Halle und die Enfilade der Präsentationsräume. Die Möblierung der Geschäfts- und Lagerräume ist maßgeschneidert wie ein gutsitzender Anzug. Das Lokal wurde von Paolo Piva erweitert. (1993)

Graben 13
Besichtigung:
Geschäftszeiten
Transport:
U1, U3 (Stephansplatz)

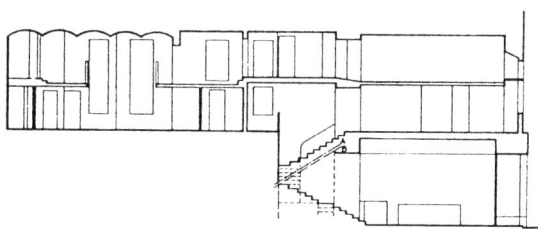

Kerzengeschäft Retti
1964

Kohlmarkt 8–10
Besichtigung:
Geschäftszeiten
Transport:
U1, U3 (Stephansplatz)

Dieser Kerzenladen ist eine Ikone der Wiener Ladenarchitektur und ein gebautes Manifest von Hans Hollein. Auf kleinstem Raum hat Hollein eine komplexe szenische Raumsequenz realisiert. Im Inneren ensteht durch die oktogonale Raumform eine fast sakrale Atmosphäre, die durch wechselseitige Spiegelflächen ins unendliche reflektiert wird. Äußerlich entsteht durch bewußtes „Ausschneiden" aus dem Aluminiumportal ein zeichenhaftes Signum mit ikonographischer Assoziation zu Licht und Kerze.

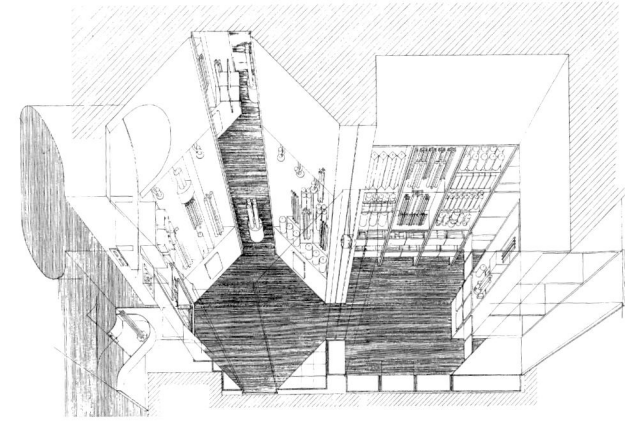

Hans Hollein

Juwelier Schullin II
1981

Für den gleichen Bauherrn (Schullin und Söhne) realisierte Hollein zehn Jahre später das zweite, größere Schmuckgeschäft. Im Gegensatz zum Thema der „Goldader" beim ersten Laden wird hier das „Sakrale" und „Auratische" des Schmuckes hervorgehoben. Die mehrdeutige Form des über dem Eingang befindlichen Kreissegmentes kann mit Klinge, Waffe oder Schmuck assoziiert werden. Im Innenraum wird das „Spiel" mit echten und scheinbar echten Materialien zur Perfektion gebracht.

Kohlmarkt 7
Besichtigung:
Geschäftszeiten
Transport:
U1, U3 (Stephansplatz)

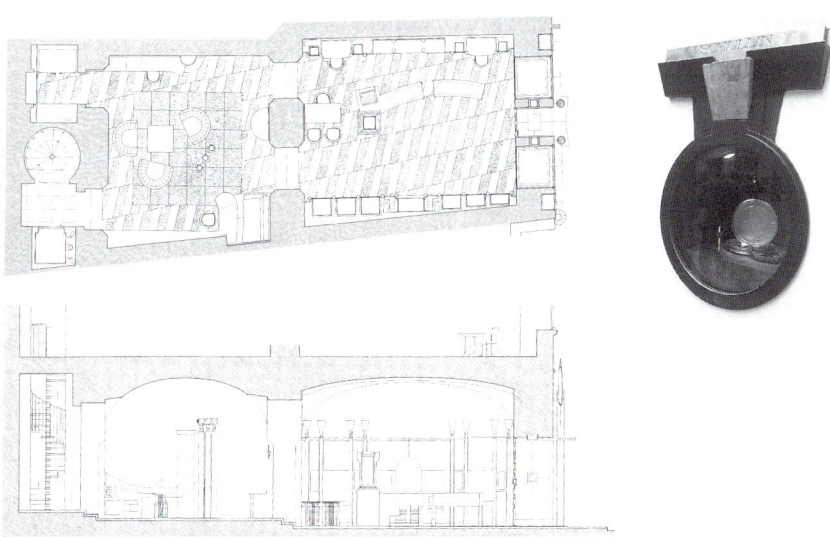

| 1.-13 | | *Max Fabiani* |

Artaria-Haus
1900

Kohlmarkt 9
Besichtigung:
nur Geschäfte
Transport:
U1, U3 (Stephansplatz)

Das Haus der Verlagsanstalt Artaria wirkt wie eine Vorankündigung des „drohenden Unheils", das auf die Zeitgenossen in Form vom Loos'schen Michaelerhaus in der unmittelbaren Nähe noch zukommen sollte. Der Bau tritt hinter die Bebauungskante des Kohlmarktes etwas zurück und erzeugt so eine platzartige Erweiterung, die durch das vorspringende Kranzgesims nach oben abgeschlossen wird. Die Form dieses Gesimses wird in den Bay-Windows reflektiert und und systematisiert die völlig egalitär behandelte Fassade der oberen Geschoße noch zusätzlich. Die Erschließung im Inneren zeigt den souveränen Umgang von Fabiani mit der schwierigen Parzelle.

| 1.-14 | | *Antonio Beduzzi, Ernest Koch* |

Michaelerkirche
1220

Michaelerplatz
Besichtigung:
öffentlich zugänglich
Transport:
U1, U3 (Stephansplatz)

Im heutigen Erscheinungsbild der ehemalige Hofpfarr- und Barnabitenkirche ist ihre jahrhundertelange Baugeschichte präsent. Vom romanischen Kernbau steht noch das aufgehende Mauerwerk des Langhauses mit den spätromanischen Pfeilerarkaden, an das ein Chor des 14. Jahrhunderts anschließt. Die Fassade wurde 1792 von Ernest Koch einer klassizistischen Regulierung unterzogen, die den barocken Portalvorbau von Antonio Beduzzi mit einer Engelssturzgruppe von Lorenzo Matielli (1724/25) hinterlegt. 1991–92 wurde durch Hans Hollein auf dem Michaelerplatz ein kreisförmiges „Archäologiefeld" zur Stadtarchäologie freigelegt, mit einem Querschnitt von 2000 Jahren Wiener Baugeschichte.

Adolf Loos

Die Polemik und das „Ping-Pong-Spiel" mit der Baubehörde machten den Bau schon vor seiner Fertigstellung zu einer umstrittenen Berühmtheit (1909–11). Ausschlaggebend für die Heftigkeit der Auseinandersetzungen war unter anderem der Standort direkt gegenüber der Wiener Hofburg. Abseits von der als Provokation empfundenen „Nacktheit" der Wohngeschosse konnte Loos' erster Wiener Großauftrag aber auch mit einer innovativen Stahlbetonkonstruktion, einem ausgeklügelten funktionalen Raumkonzept und einer erlesenen Materialwahl aufwarten.

**Looshaus
(ehem. Schneiderfirma
Goldman & Salatsch)
1909**

Michaelerplatz 3
Besichtigung:
nur Erdgeschoß während der Öffnungszeiten
Transport:
U1, U3 (Stephansplatz)

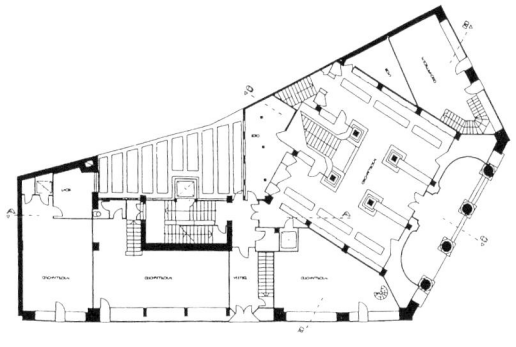

Hofburg
1279

J.-N. Jadot de Ville-Issey, J. L. v. Hildebrandt,

Hofburg, Heldenplatz
Besichtigung:
während der Öffnungszeiten
Transport:
L1, L2 (Burgring)

Die Wiener Hofburg ist ein, seit dem 13. Jahrhundert gewachsener, Komplex, der wesentliche Veränderungen vom 16. bis zum 19. Jahrhundert erfahren hat. Kernbau der mittelalterlichen Burg war der heutige Schweizerhof (Eingang zur Schatzkammer, 1986/87 von K. Mang und E. Mang-Frimmel neu eingerichtet), im 16. Jahrhundert wurden die Stallburg (1558–65), die Amalienburg (Pietro Ferrabosco, 1575–1611) und der Leopoldinische Trakt (1660–66) lose angeschlossen. Der wesentliche Schritt zur Zusammenfassung dieser offenen Struktur wurde im 18. Jahrhundert mit dem Bau des Reichskanzleitraktes (Johann von Hildebrandt u. Josef E. Fischer von Erlach, 1723–30) und der Winterreitschule (Josef E. Fischer von Erlach, 1729–35)

1 Schweizerhof (ab 1279)
  (Eingang Schatzkammer
  neu eingerichtet 1986–87)
2 Burgkapelle
3 Amalienburg (ab 1575)
4 Stallburg (Neue Galerie) (ab 1558)
5 Leopoldinischer Trakt (ab 1547)
6 Nationalbibliothek (1723–26)
7 Redoutensäle
8 Reichskanzleitrakt (1723)
9 Winterreitschule (1729–35)
10 Michaelertrakt (1889–93)
   (Kaiserappartements)
11 Äußeres Burgtor (ab 1821)
12 Heldenplatz
13 Neue Burg (1869–73)
   (Ephesos-Museum, Waffen -und
   Musikinstrumentensammlung)
14 Wintergarten (1899)
15 Museum für Völkerkunde

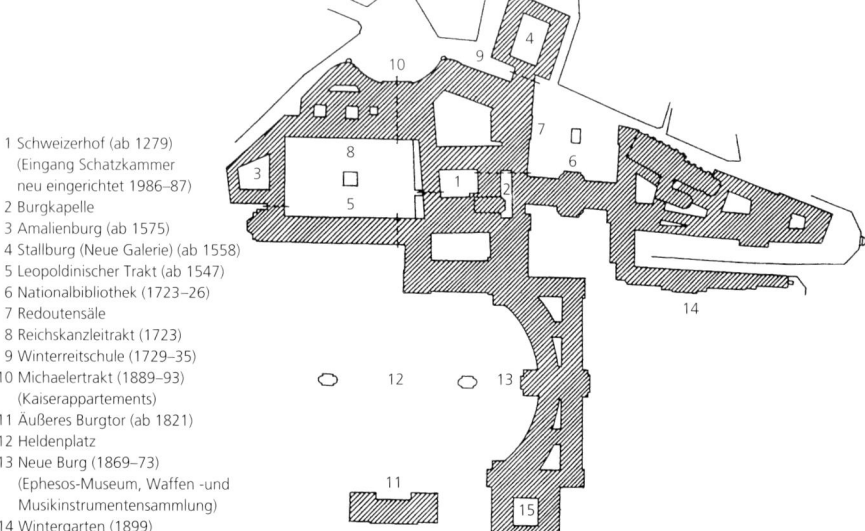

J. E. Fischer v. Erlach, G. Semper, C. Hasenauer, u.a.

unternommen. Auch die ursprünglich freistehende Hofbibliothek Johann B. Fischer von Erlachs (heute Nationalbibliothek, 1723–26) wurde in einem ähnlichen Schritt durch den Bau der Redoutensäle (Nicolas Jadot de Ville-Issey, 1744–48) und die Fassadenvereinheitlichung (1767) in eine homogene Platzanlage eingegliedert. Anfang des 19. Jahrhunderts wurde durch Luigi Cagnola und Peter Nobiles Burgtor (1821–24) die Grenze des bebauten Burgbereiches nach außen geschoben und von Gottfried Semper und Carl Hasenauer mit der Neuen Hofburg (1881–1913) verbunden. Durch die verspätete Realisierung des Michaelertraktes nach den ursprünglichen Plänen Josef E. Fischer von Erlachs von Ferdinand Kirschner fertiggestellt (1889–93).

| 1.-17 | | *Friedrich Ohmann*

**Palmenhaus Burggarten
1899**

Entworfen 1899, realisiert zwischen 1901 und 1906 stellt das, als „Neuer Wintergarten" bezeichnete, Palmenhaus eine Pionierleistung in der konstruktiven Stahl-Glas-Architektur dar.
„Durch die Einführung von massiven, steingemauerten Risaliten schuf sich Ohmann die Gelegenheit, auf die starke Steinstruktur der Fassade der Neuen Hofburg zu reagieren, während die kupfernen Zeltdächer zur Nationalbibliothek ‚hinübergrüßen'."
(Friedrich Achleitner). Ein poetischer Palmenschrein, sinnlich und emotional – ein Stück fin de siècle. Zur Zeit umfangreiche Renovierungsarbeiten.

Burggarten
Besichtigung:
öffentlich zugänglich
Transport:
U1 (Karlsplatz)

| 1.-18 | | *Dietrich L. v. Pirn, Johann F. H. v. Hohenberg*

**Augustinerkirche
1330**

Kirchenbau und Kloster stehen im unmittelbaren Bauverband mit der kaiserlichen Hofburg. Die Kirche wurde vom bayrischen Baumeister Dietrich Ladtner von Pirn 1330–39 als dreischiffige Hallenkirche erbaut. Im 18. Jahrhundert wurde der in der Zwischenzeit barockisierte Innenraum von Johann Ferdinand Hetzendorf von Hohenberg regotisiert. Im Inneren befindet sich das 1798–1805 vom italienischen Bildhauer Antonio Canova errichtete Grabmal für Erzherzogin Marie Christine, Gattin von Albert von Sachsen-Teschen, dem Begründer der nahegelegenen Graphischen Sammlung Albertina.

Augustinerstraße bei 3
Besichtigung:
öffentlich zugänglich
Transport:
U1, U4 (Karlsplatz)

Gottfried Semper, Carl von Hasenauer

Die beiden Neorenaissance-Bauten waren von Semper als Teile eines übergeordneten, die Ringstraße überspannenden Ausbaus der kaiserlichen Hofburg gedacht, der den Bereich zwischen den Hofstallungen und der eigentlichen Burg schließen sollte. Verwirklicht wurde neben den beiden Hofmuseen lediglich einer der konkaven Flügel der Neuen Hofburg. Das gesamte Ensemble sollte nicht zuletzt durch die geplanten Triumphbögen über der Ringstraße den Anfangs- und Endpunkt der neuen Renommierstraße markieren und ihr so einen point du vue geben, sie aber auch in die kaiserliche Einflußsphäre einbinden. Die Innenausstattung beider Museen geht im Gegensatz zum Äußeren, das hauptsächlich von Gottfried Semper entworfen wurde, auf Hasenauer zurück, wobei an der Ausstattung des Kunsthistorischen Museums renommierte Wiener Maler wie Hans Makart und der junge Gustav Klimt aufgeboten wurden.

Kunsthistorisches und Naturhistorisches Museum
1871

Burgring 5 und 7
Besichtigung:
während der Öffnungszeiten
Transport:
L1, L2 (Burgring)

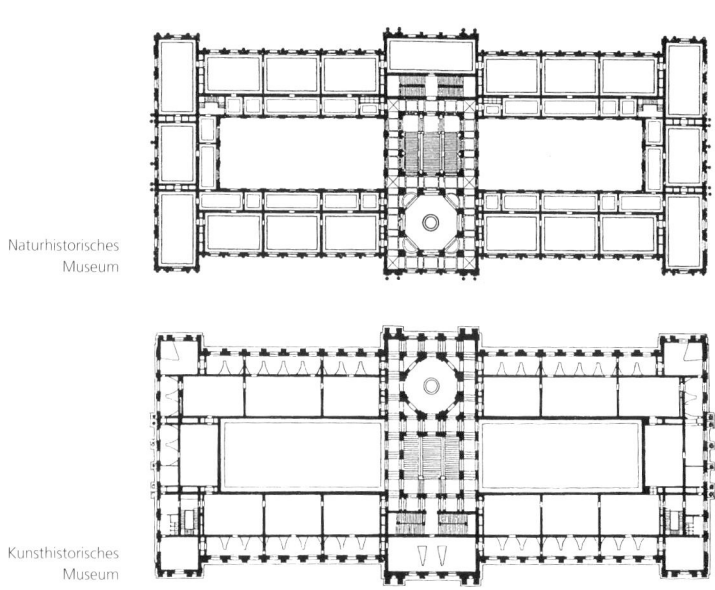

Naturhistorisches Museum

Kunsthistorisches Museum

| 1.-20

Palais Pallavicini
1783

Josefsplatz 5
Besichtigung:
keine
Transport:
U1, U3 (Stephansplatz)

Johann Ferdinand Hetzendorf von Hohenberg

Der Bau hat ähnliche heftige Diskussionen hervorgerufen wie Adolf Loos' Haus am nahegelegenen Michaelerplatz; auch dieses Palais schien seiner Zeit zu schlicht und zu wenig repräsentativ für seine Lage in unmittelbarer Nähe der Hofburg. Der geschlossene und einfach gegliederte Baukörper wurde nachträglich durch plastische Akzente, u.a. Skulpturen von Franz Anton Zauner, von dem auch das gegenüberliegende Denkmal für Joseph II stammt, „aufgewertet".

| 1.-21

Albertina
1745

Augustinerstraße 1
Besichtigung:
Öffnungszeiten
Transport:
U1, U4 (Karlsplatz)

Louis von Montoyer, Josef Kornhäusel

Auf einer Bastei der ehemaligen Stadtmauer errichtet, gibt die städtebauliche Situation des klassizistischen Baus einen guten Einblick in die Struktur Wiens vor dem Ringstraßenbau. Das Palais wurde unter Einbeziehung eines älteren Vorgängerbaus und Teilen des Augustinerklosters von Louis von Montoyer für Herzog Albert Casimir von Sachsen-Teschen errichtet, dessen Kunstsammlung auch den Grundstock der heutigen Graphischen Sammlung Albertina bildet. Der Innenausbau geht auf Josef Kornhäusel zurück. Heute beherbergt es neben der Graphischen Sammlung auch das Österreichische Filmmuseum u.a.m. Ein aktueller Umbau soll neuen Raum für die Graphische Sammlung Albertina schaffen. (Steinmayr und Mascher)

Giovanni P. Tencala, Johann B. Fischer von Erlach | 1.-22

Das Stadtpalais des Grafen Dietrichstein wurde vermutlich von Giovanni Pietro Tencala 1685–87 errichtet, der die Fassaden in frühbarocker Manier flächenbetont durch eine Art Flechtwerk gliederte. Johann Bernhard Fischer von Erlach deutete um 1710 durch eine monumentale Attikazone über dem flachen Mittelrisalit und ein Balkonportal den Baukörper in hochbarocker Weise um. Das Haus war im 19. Jahrhundert ein kultureller Treffpunkt – 1803 wurde im privaten Rahmen Beethoves „Eroica"-Symphonie uraufgeführt – seit 1991 ist darin das Österreichische Theatermuseum untergebracht.
(Architekten K. Mang und E. Mang-Frimmel)

**Palais Lobkowitz
1685**

Lobkowitzplatz 2
Besichtigung:
während der Öffnungszeiten
Transport:
U1, U4 (Karlsplatz)

Georg Raphael Donner | 1.-23

Die Flußgötter Traun, Enns, March und Ybbs räkeln sich am Beckenrand. Dieser starke Umraumbezug und die Verwendung von Blei zum Guß der Figuren (die Originale befinden sich im Österreichischen Barockmuseum im Unteren Belvedere) machen den Brunnen zu einem einmaligen Exemplar im Wiener Kontext. Der Aufbau des Beckens und die sitzende Zentralfigur der „Providentia" (Vorsehung) folgen dem damals schon überholten Augsburger Brunnentypus. Die extrem länglichen Figuren sind eine Besonderheit des Spätstils Donners. Einer der schönsten Barockbrunnen in Wien.

**Donnerbrunnen
1737**

Neuer Markt
Besichtigung:
öffentlich zugänglich
Transport:
U1 (Stephansplatz)

| 1.-24 | *Coop Himmelblau*

Reiss-Bar
1977

Marco-d'Aviano-Gasse 1
Besichtigung:
öffentlich zugänglich
Transport:
U1, U4 (Karlsplatz)

Ein Jugendwerk der beiden Architekten Wolf D. Prix und Helmut Swiczinsky, die unter dem Namen Coop Himmelblau in den 80iger Jahren für den österreichischen Diskussionsbeitrag zum Thema „Dekonstruktivismus" wesentliche Impulse lieferten. Die Idee zur „Reiss-Bar" wurde aus der fiktiven Notwendigkeit geboren, für 66 Personen Platz zu schaffen. Der notwendige Riß um „48 cm" führt so zur generierenden Idee.

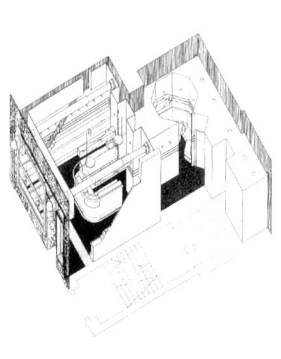

| 1.-25 | *Hans Hollein*

CM Boutique
1966

Tegetthoffstraße 3
Besichtigung:
Geschäftszeiten
Transport:
U1, U4 (Karlsplatz)

Ein modularer Einraum-Verkaufsraum, der bis ins kleinste Detail geplant ist. Die Kunststoff-Welt der sechziger Jahre ist hier „tiefgefroren" für den Besucher der heutigen Zeit. Ähnlich wie beim Kerzengeschäft Retti (Hollein, 1964) wurde hier die Gestaltung der Fassade als Signal entwickelt, das sowohl im Maßstab der ganzen Straße zu sehen ist, als auch für die Nahwirkung.

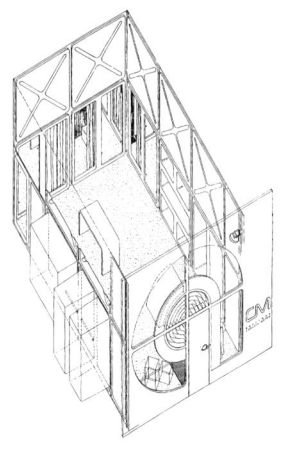

Adolf Loos, Renovierung: H. Czech, B. Rukschcio

Kärntner-Bar (Loos-Bar)
1908

Ein Beitrag zur „Einführung abendländischer Kultur in Österreich"? Loos verarbeitete bei diesem kleinen, privaten Auftrag wohl etwas wehmütig seine amerikanischen Erfahrungen. Die Fassade beeindruckt durch eine unorthodoxe Kombination von edlem Marmor mit einer plakativen Schriftzone aus buntem Glas, das Innere beeindruckt durch bis an die Grenzen getriebene Raumökonomie. Das Frühwerk Loos' mußte durch Hermann Czech und Burkhardt Rukschcio rekonstruiert werden, nachdem es jahrzehntelang vernachlässigt worden war (1985, 1989).

Kärntner Durchgang
Besichtigung:
während der Öffnungszeiten
Transport:
U1, U3 (Stephansplatz)

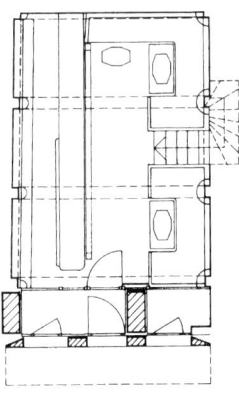

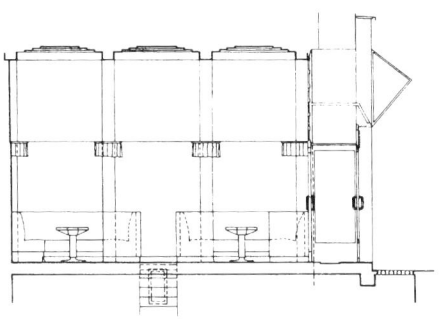

1.-27 | *Eichinger oder Knechtl / Franz Sam*

Umbau des jüdischen Museums der Stadt Wien
1995

Dorotheergasse 11,
Palais Eskeles
Besichtigung:
während der Öffnungszeiten
Transport:
U1 (Stephansplatz)

Das Palais Eskeles wird seit 1993 als Museumsstandort des jüdischen Museums der Stadt Wien genutzt. Nach einem provisorischen Umbau für die Eröffnung durch Martin Kohlbauer (1993) adaptierten Eichinger und Knechtl das gesamte Gebäude und gaben dem Museum eine „Kuppel", ein parabolisches Glasdach, welches den gesamten Hof überdacht und als neues Museumsatrium fungiert. Da das Gebäude unter Denkmalschutz steht, mußten die Innenräume teilweise erhalten bleiben, was im Gegensatz zur Museumsanforderung steht.

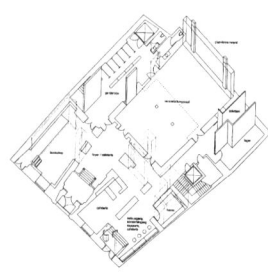

1.-28 | *Ludwig Förster und Theophil von Hansen*

Palais Todesco
1861

Kärntner Straße 51, Walfischgasse 2, Mahlerstraße 1
Besichtigung:
keine
Transport:
U1, U4, L1, L2 (Karlsplatz)

Das Palais wurde von Ludwig Förster und Theophil von Hansen für den Bankier Eduard Todesco errichtet. Städträumlich gesehen gehörte es mit dem im zweiten Weltkrieg zerstörten Heinrich-Hof (ebenf. Theophil von Hansen) und dem Palais Schey v. Koromla (Julius Romano und August Schwendenwein) zur architektonischen „Fassung" der Staatsoper. Der großzügig angelegte Neo-Renaissance-Palast mit dem sehenswerten, verglasten Innenhof war ein Treffpunkt der Wiener Theaterszene. Von 1947 bis 1995 war dort der Sitz der Österreichischen Volkspartei. 1997 komplett renoviert und restauriert.

Eduard van der Nüll und August Sicard van Sicardsburg

Staatsoper 1861

Das Hauptwerk von E. v. d. Nüll und A. S. v. Sicardsburg wurde als einer der ersten Monumentalbauten an der neu angelegten Ringstraße im Stil des „romantischen Historismus" erbaut. Ganz im Sinne der Trennung von Architekt und Ingenieur wurde die künstlerische Ausformung von E. v. d. Nüll, das struktive Gerüst aber von A. S. v. Sicardsburg entworfen. Im Zweiten Weltkrieg wurde der Bau stark beschädigt, die Oper 1946–55 von Erich Boltenstern wieder aufgebaut, wobei im Inneren stärkere Veränderungen vorgenommen wurden. Hermann Czech entwarf 1991–94 die Winterverglasung der Loggia und eine Buchhandlung, die sich sensibel in die vorgefundene Struktur einpassen.

Opernring 2
Besichtigung:
öffentlich zugänglich
Transport:
L1, L2, U1 Karlsplatz)

Loggia mit Winterverglasung

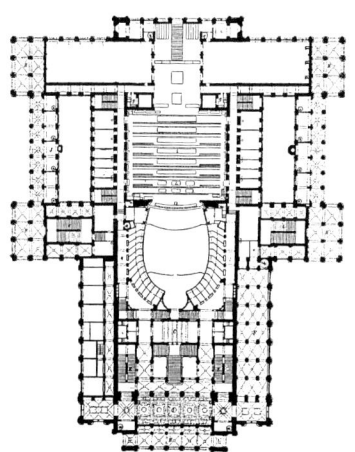

| 1.-30 | *Wilhelm Holzbauer u. a.*

**Ringstraßen-Galerien
1993**

Kärntner Ring 5–13
Besichtigung:
öffentlich zugänglich
Transport:
L1, L2, U1 (Karlsplatz)

Die „Ringstraßen-Galerien" repräsentieren einen der größten Neubaukomplexe an der Wiener Prachtstraße. Mit ca. 18.000 m² Bürogelände, ca. 12.000 m² Ladenfläche, ca. 4.000 m² Penthouse-Wohnungen, sowie einem 205 Zimmer großen Luxushotel wurde hier ein neuer urbaner Schwerpunkt gesetzt. Der von Holzbauer gestaltete Neubau ist durch eine Stahlbrücke mit dem neu renovierten Palais Corso verbunden. In den mehrgeschoßigen Ladenpassagen wurden hochwertige Materialien wie Naturstein, Messing und Chrom verwendet, um das Ambiente mit den traditionellen Mitteln des Luxus auszustatten. Ein Konsumtempel mit großstädtischen Ambitionen.

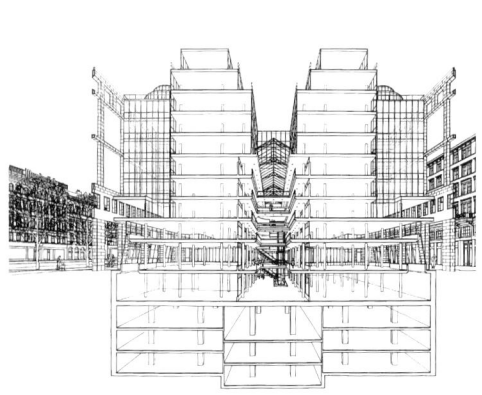

| 1.-31 | *Theophil von Hansen*

**Akademie der
bildenden Künste
1871**

Schillerplatz 3
Besichtigung:
öffentlich zugänglich
Transport:
U1, L1, L2 (Karlsplatz)

Die Akademie der bildenden Künste ist die älteste, staatliche Ausbildungsstätte für bildende Künstler in Österreich. Der klar gegliederte Baukörper mit den turmartigen Erhöhungen an den Ecken ist sicherlich ein Hauptwerk Hansens. Der Bau liegt nicht unmittelbar an der Ringstraße, sondern ist durch einen vorgelagerten Platz von ihr abgesetzt. Die Binnengliederung ist durch den selbständigen Baukörper der Aula im einzigen Innenhof leicht lesbar gehalten. An der zur Makartgasse gelegenen Seite steht Josef Hoffmanns Denkmal für den berühmtesten Inhaber des Architekturlehrstuhles der Schule, Otto Wagner.

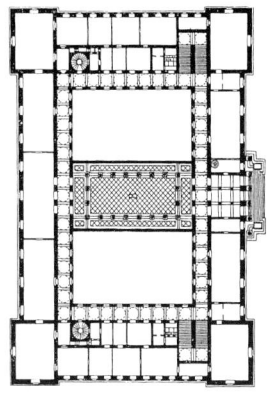

Roland Rainer

Böhler-Haus
1956

Das „Böhler-Haus" war als Erweiterung für das westlich gelegene Gründerzeithaus konzipiert, weshalb der Zubau ohne Haupttreppe konzipiert wurde. Die Glas-Curtain Wall Fassade ist nicht nur ein Hinweis auf die Stahlproduktion der Böhler-Werke, sondern war damals auch als eines der ersten Lebenszeichen einer jungen österreichischen Architekturgeneration verstanden worden.
In seiner österreich-spezifischen Relevanz dem Museum des 20. Jahrhunderts von Karl Schwanzer vergleichbar. Das Gebäude selbst hat einen funktionellen Bürogrundriß, im Dachgeschoß befand sich die Generaldirektion. Das Haus steht heute unter Denkmalschutz.

Elisabethstraße 12
Besichtigung:
keine
Transport:
U1, U4 (Karlsplatz)

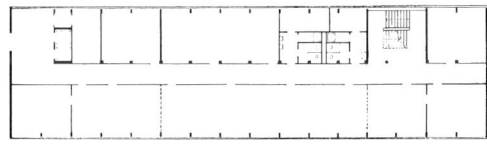

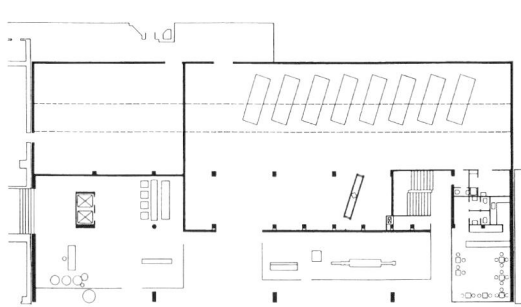

| 1.-33 | | *Gustav Peichl, Roland Rainer*

**Akademiehof Karlsplatz
1991**

Der neue Akademiehof liegt direkt neben der Sezession und der Akademie der bildenden Künste. Anläßlich der 300-Jahrfeier der Akademie machte die Stadt Wien der Hochschule das Grundstück zum Geschenk. Roland Rainer und Gustav Peichl entwickelten ein großstädtisches, gemischt genutztes Gebäude mit einer Passage im Erdgeschoß, Geschäftslokalen, Ausstellungsräumen, Büroräumen und Wohnungen in den beiden obersten Geschoßen. Die unterschiedlichen Nutzungen sind an der Fassade funktionell ablesbar.

Getreidemarkt 2–4
Besichtigung:
Erdgeschoß und Museum
Transport:
U1, U4 (Karlsplatz)

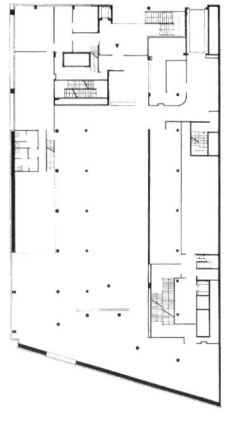

| 1.-34 | | *Oswald Haerdtl*

**Historisches Museum
der Stadt Wien
1954**

Die Lage des Historischen Museums der Stadt Wien am Karlsplatz ist durch die Planungen von Otto Wagner als Museumsstandort besetzt. Im Rahmen eines bundesweiten Wettbewerbes im Jahr 1953, bei dem unter anderem auch Clemens Holzmeister, Lois Welzenbacher und Roland Rainer teilnahmen, wurde das Projekt von Oswald Haerdtl prämiert. Der schlichte Baukubus ist nicht in der Lage, der weiter südlich liegenden Karlskirche von Fischer von Erlach einen städtisch notwendigen städtebaulichen Rahmen zu geben.

Karlsplatz, Maderstraße
Besichtigung:
öffentlich zugänglich
Transport:
U1, U4 (Karlsplatz)

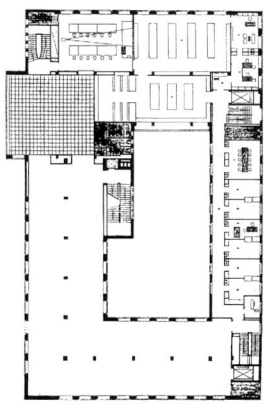

Joseph Maria Olbrich

Secession 1897

Die Wiener Secession wurde 1897 nach Vorbild der Münchner Künstlervereinigung gegründet. Ihre Aufgabe sollte die Zusammenfassung der neuen, avantgardistischen Kunstströmungen sein, die durch einen Ausstellungsbau einer breiteren Bevölkerungsschicht vorgestellt werden sollten. Olbrich löste diese Bauaufgabe durch eine Trennung der Volumina in einen repräsentativen Kopfbau und eine schlichte Halle. Die Durchdringung von klassischer Auffassung – er hatte beim Entwerfen den Tempel von Segesta vor Augen –, abstrakten, rationellen (Kubus, Quadrat, Kreis) und mimetisch, mystischen Elementen (Efeu, Schlangen) wurde von Olbrich in einer sensiblen Balance gehalten. 1982–86 von Adolf Krischanitz renoviert und umgebaut.

Friedrichstraße 12
Besichtigung: öffentlich zugänglich
Transport: U1, U4 (Karlsplatz)

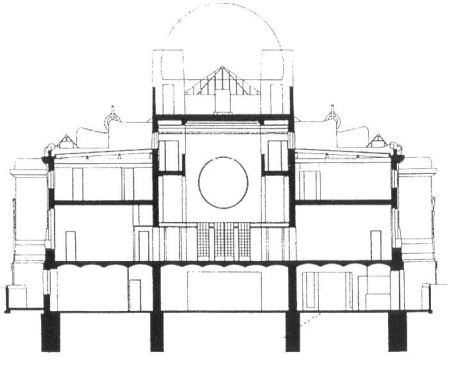
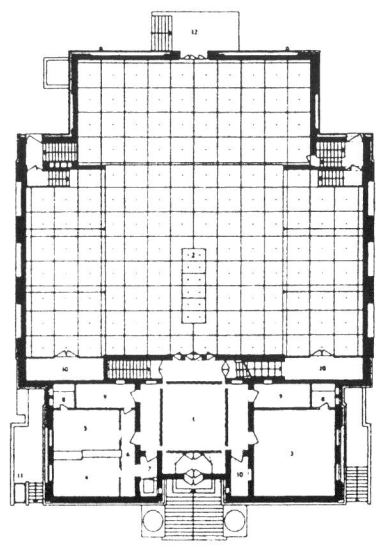

1.-36 *Otto Wagner*

Stadtbahn und Vorortelinie 1896

Besichtigung:
öffentlich zugänglich
Transport:
U4, U6, S45

Die im Jahr 1892 geschaffene "Commission" für Verkehrsanlagen bestellte aufgrund einer einstimmigen Empfehlung der "Genossenschaft der bildenden Künstler Wiens" Otto Wagner am 25. April 1894 als künstlerischen Beirat, der in der Folge für sämtliche baukünstlerische Agenden beim Bau der Wiener Stadtbahn zuständig war. Die Wiener Stadtbahn kann als größtes Gebäude von Wien bezeichnet werden. Über 30 Stationen und Haltestellen sowie ca. 45km Schienenlänge wurden nach Wagners Entwürfen realisiert: Vorortelinie (1895-96), Donaukanal-Wientallinie (1896-1900), Gürtellinie (1895-1897), Linie in den II. Bezirk (1899, wieder abgerissen). Wagner hat über 2.000 Pläne für die Stadtbahn gezeichnet, wobei es genaue Vorgaben gab:

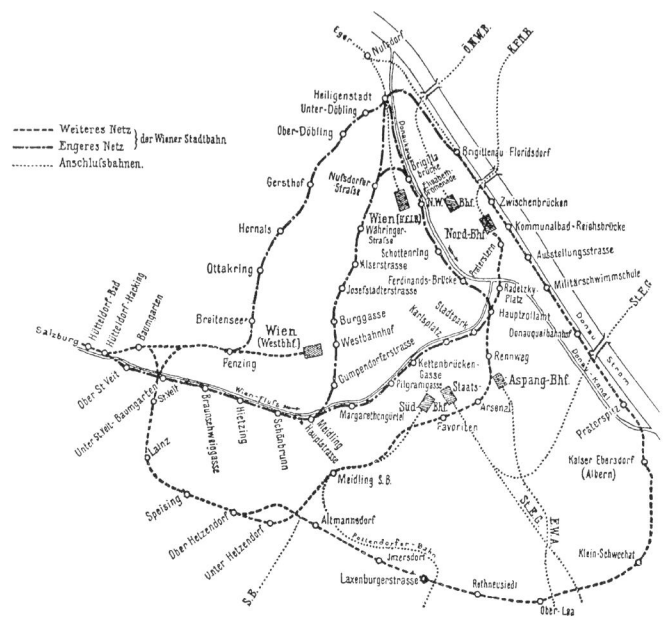

Otto Wagner

1.-36

Bahnhofgebäude als Putzbauten, Viaduktbauten in Ziegel-Rohbau, Brücken aus Eisen. Die Stadtbahn gehört in gestalterischer, urbaner, technischer und funktioneller Hinsicht zu einem der komplexesten Gebäude von Wien, welches die Stadtgestalt prägt. Veränderung im Rahmen des Wiener U-Bahn Baus (siehe auch Nr. 1.79)

| 1.-37

Theophil von Hansen

Musikvereinsgebäude
1866

Bösendorferstraße 12,
Canovagasse, Karlsplatz
Besichtigung:
bei Veranstaltungen
Transport:
U1, U4 (Karlsplatz)

Durch die jährliche, weltweite Übertragung des Neujahrskonzertes der Wiener Philharmoniker ist der große Musikvereinssaal in Theophil Hansens Bau wohl der bekannteste Konzertsaal der Welt. Der Saal ist das Kernstück des gesamten Gebäudes, der sich auch in der äußeren Struktur – in dem ausgewiesenen Mittelschiff – ablesen läßt. Besonders die Konstruktion des Obergadens besticht durch ihre Leichtigkeit. Der Bau ist gegenüber dem benachbarten Künstlerhaus (1865–68 nach Plänen von Andreas Streit, Eduard van der Nüll, August Sic(c)ard v. Sic(c)ardsburg errichtet) um 90 Grad gedreht und schafft damit einen kleinen Platz, der aber gerade in seiner heutigen städtebaulichen Situation reichlich undefiniert bleibt.

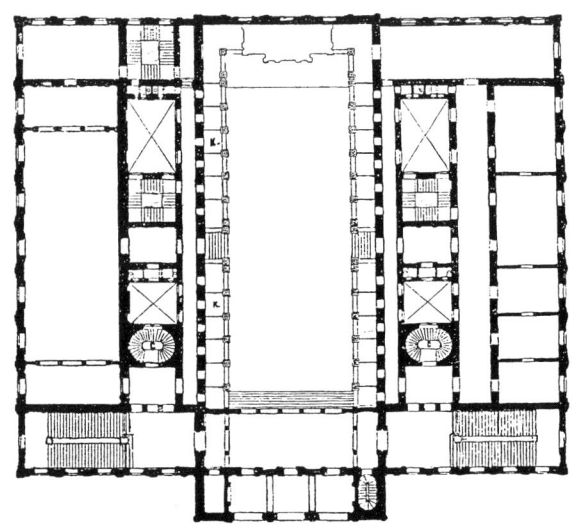

Johann B. Fischer von Erlach | 1.-38

Das Stadtpalais des Prinzen Eugen, dem Bauherrn des Belvederes, wurde im Kern von Johann B. Fischer von Erlach konzipiert. Fischer errichtete den siebenachsigen Mittelteil des Palais, der von Johann Lukas v. Hildebrandt an beiden Seiten um jeweils fünf Achsen erweitert wurde, die er aber vollständig an Fischers Fassadengestaltung anpaßte. Die gleichmäßige Rhythmisierung der Fassade, die durch die Zubauten noch verstärkt wurde, kommt der Lage des Palais in der engen Gasse entgegen. Ein Höhepunkt der Fischer'schen Innenraumplanung ist das Stiegenhaus mit den Atlanten des Bildhauers Giovanni Giuliani. Heute ist das Palais Sitz des Finanzministeriums.

Stadtpalais des Prinzen Eugen (h.: Finanzministerium) 1695

Himmelpfortgasse 8
Besichtigung:
keine
Transport:
U1, U3 (Stephansplatz)

Edmund Hoke | 1.-39

Ein semantischer Ansatz zum Thema Juwelierladen würde viele kulturelle Gedanken nahelegen, und besonders in der Tradition der Wiener Architektur in der Fragestellung schon die Antwort präjudizieren. Edmund Hoke zeigt jedoch in seiner Laden-Gestaltung eine Analogie zur Präzision der Schmuckherstellung: die beweglichen high-tech Vitrinen (Herstellung: Thomas Hoke) sind per se höchste Qualitätsarbeit. Von Schienen an der Decke abgehängt sind die Vitrinen zusätzlich raumschaffende Elemente, die der kleinen Schmuckgalerie einen transparenten Charakter verleihen.

Galerie Slavik 1990

Himmelpfortgasse 17
Besichtigung:
öffentlich zugänglich
Transport:
L1, L2 (Weihburggasse)

 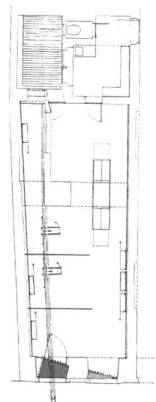

| 1.-40 | | *Ferdinand Fellner, Hermann Helmer, Luigi Blau*

Ronacher
1887, (1991)

Seilerstätte 9
Besichtigung:
öffentlich zugänglich
Transport:
L1, L2 (Weihburggasse)

Das Ronacher Etablissement gehört in die Reihe jener Theaterinstitutionen, die im 19. Jahrhundert errichtet wurden und erfolgreich die „leichte Muse" der Unterhaltungskultur repräsentierten. Die ursprüngliche Planung von den Theaterarchitekten Ferdinand Fellner und Hermann Helmer realisierte das erste deutsche Variété. Jahrelang war das Ronacher ungenutzt, bis im Jahr 1991 ein Gutachterverfahren stattfand.
Das „dekonstruktivistische" Projekt von Coop Himmelblau – mit geplanten Eingriffen in die historische Substanz – wurde nicht realisiert. Realisiert wurde eine „sanfte Renovierung" von Luigi Blau, der die Künstlerin Nancy Spero für die Wandmalerei in der Rotunde verpflichten konnte.

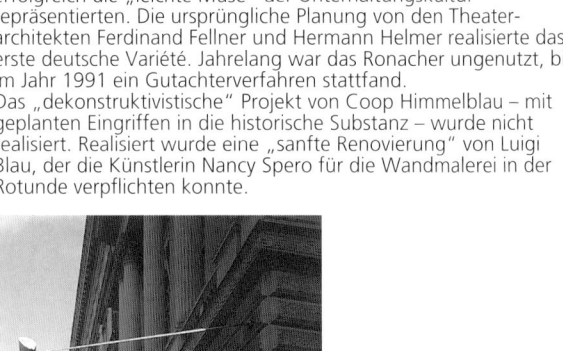

| 1.-41 | | *Bonaventura Daum*

Franziskanerkirche
1603

Franziskanerplatz
Besichtigung:
öffentlich zugänglich
Transport:
U1, U3 (Stephansplatz)

Einer der wenigen Kirchenbauten der Renaissance in Wien, der sich aber weniger an der italienischen als an der süddeutschen Architektur orientierte. Die spitzbogigen Fenster und die Gewölbe weisen zudem noch in die Gotik zurück. Die Planung dieses ungewöhnlichen Kirchenbaus geht vermutlich auf den Franziskanerpater Bonaventura Daum zurück. 1742 wurde das ursprüngliche Portal mit einem Baldachin überbaut. Der Hochaltar von Andrea Pozzo vereint Architekturelemente und illusionistische Malerei.

Hermann Czech

Die zwei Aussagen von Hermann Czech, „Architektur ist Hintergrund" und „Architektur soll nicht belästigen. Der Kaffeehausgast muß nichts davon bemerken; es könnte immer so gewesen sein" sind zwei wesentliche Bemerkungen zum Architekturverständnis des Kleinen Café. Stellvertretend für eine neue Entwicklung der kleinen Architektur des Alltags Anfang der 70iger Jahre hat Czech hier eine architektonische Dichte und Qualität erreicht, die über historische Zitate, parallelen Spiegelanordnungen und unterschiedlichen Raumniveaus hinaus eine Atmosphäre des „Alters" erreicht hat. In mehreren Ausbauphasen realisiert.

Kleines Café
1970

Franziskanerplatz 3
Besichtigung:
öffentlich zugänglich
Transport:
U1, U3 (Stephansplatz)

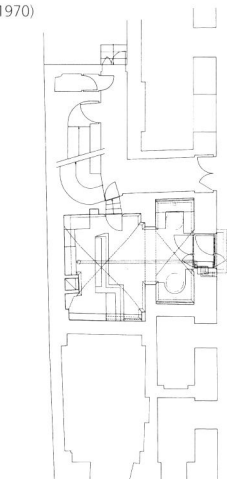
(1970)

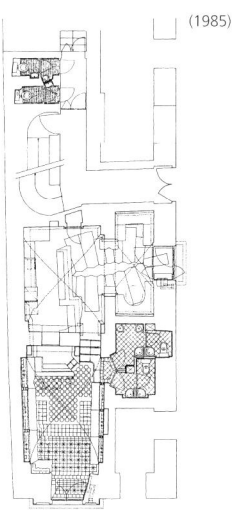
(1985)

| 1.-43

Oskar Laske

**Engel-Apotheke
1901**

Die schmale Parzelle wurde von dem Wagner-Schüler Oskar Laske, der sich später nur mehr der Malerei widmete (Werke sind in der Österreichischen Galerie im Belvedere zu besichtigen), überbaut. Laske konzentrierte den gemalten, secessionistischen Dekor um die Geschäftsgeschosse und gliederte die darüberliegenden Wohngeschosse – im Sinne Wagners – sehr viel spärlicher. Die zeitgenössische Einrichtung der Apotheke ist erhalten.

Bognergasse 9
Besichtigung:
Geschäftszeiten
Transport:
U1, U3 (Stephansplatz)

| 1.-44

Carlo Antonio Carlone

**Alte Jesuitenkirche
1386**

Ursprünglich befand sich hier die Kapelle der Babenberger-Residenz, die im 14. Jahrhundert zu einer dreischiffigen Hallenkirche ausgebaut wurde. Im Auftrag von Eleonore von Portugal wurde ab 1662 – vermutlich nach den Plänen Carlo Antonio Carlones – die spektakuläre Fassade errichtet. Dieser Vorbau, bestehend aus einer Altane zwischen zwei Wohntrakten, bildet einen Übergang zwischen profan-öffentlicher und kirchlicher Sphäre, und wurde als solcher auch für Staatsakte und sakrale Handlungen gleichermaßen benutzt.

Am Hof
Besichtigung:
öffentlich zugänglich
Transport:
U3 (Herrengasse)

Anton Ospel

Als Folge der ersten Türkenbelagerung Wiens wurde 1529 ein neuer Gebäudekomplex für den öffentlichen Waffenvorrat der Stadt errichtet. Im Zuge größerer Umbauarbeiten entstand 1731–32 die Giebelfassade, die französische oder spanische Vorbilder reflektiert, und als solche in der Wiener Bautypologie wenig Vergleichbares hat. Die beiden Skulpturen von Domenico Mattielli „Constantia" (Beharrlichkeit) und „Fortitudo" (Stärke) bezogen sich zwar auf den Wahlspruch Karls VI., sind aber auch ein gutes Motto für die Neunutzung des Baus als Feuerwehrzentrale.

Bürgerliches Zeughaus (h.: Feuerwehrzentrale) 1731

Am Hof 10
Besichtigung:
keine
Transport:
U3 (Herrengasse)

Heinrich von Ferstel

Heinrich von Ferstel errichtet auf dem unregelmäßigen Baugrund eines abgerissenen Barockpalais den räumlich komplexen Sitz der Österreichisch-Ungarischen Nationalbank. Bemerkenswert ist der reichgestaltete öffentliche Durchgang von der Freyung zur Herrengasse, der sich an italienischen und französischen Passagen orientiert, und dem Bau einen internationalen großstädtischen Anschein gibt. Der Bau beherbergt das berühmte Café Central, das ein Haupttreffpunkt der Wiener Künstlerszene des Fin de Siècle war.

Palais Ferstel (ehem. Österreichisch-Ungarische Nationalbank) 1856

Herrengasse 14, Freyung 2
Besichtigung:
nur die Passage
Transport:
U3 (Herrengasse)

1.-47 — Domenico Martinelli

Palais Harrach
1690

Freyung 3
Besichtigung:
während der Öffnungszeiten
Transport:
U2 (Schottentor)

Das heutige äußere Erscheinungsbild ist durch mehrmalige Renovierungen geprägt. Die Fassade des nach den Plänen Domenico Martinellis errichteten Stadtpalais wurde Mitte des 19. Jahrhunderts essentiell umgestaltet. Nach einem Bombenschaden wurde 1948–52 die ursprüngliche, barocke Fassade rekonstruiert. Seit der sehr gründlichen Renovierung in den 1990er Jahren wird der Bau gemischt genutzt; Teile dienen dem Kunsthistorischen Museum als Ausstellungsfläche. (Renovierung: Architekt Manfred Wehdorn).

1.-48 — Johann Lukas von Hildebrandt

Palais Kinsky
(ehem.: Palais Daun)
1713

Freyung 4
Besichtigung:
keine
Transport:
U2 (Schottentor)

Johann Lukas von Hildebrand errichtete für Wirich Philipp Laurenz von und zu Daun dieses bedeutetende barocke Stadtpalais. Die flächige Fassade lebt von der Spannung zwischen der additiven Gliederung und der Ausbildung eines Mittelrisalites, der aber weniger plastisch herausgearbeitet, sondern mittels sich verjüngender, ornamentierter Pilaster im Gegensatz zu den kanonischen der Seitenpartien lediglich angedeutet wird. Die gesamte Fassadengliederung kulminiert in einem pastisch artikulierten Hauptportal.

Siegfried Theiss, Hans Jaksch

Hochhaus Herrengasse 1931

Der „Wohnturm" in der Herrengasse wurde als Gegenprogramm zu den – auch von konservativer Seite nicht zu bestreitenden – Leistungen des „Roten Wiens" bei der Beschaffung von Wohnraum vom Österreichischen Creditinstitut aus den Mitteln der Wohnbauhilfe errichtet. Eine über neun Stockwerke reichende Blockrandbebauung wird durch einen 16-geschossigen Wohnturm abgeschlossen, wobei es den Architekten gelang dieses einzige Wiener Hochhaus der Zwischenkriegszeit durch Abtreppungen unsichtbar in das Straßenbild einzuflechten. Das Vorgehen ist zwar vielleicht nicht sehr konsequent, aber die Lösung dieser Quadratur des Kreises gehört zu den interessanteren architektonischen Leistungen der 1930er Jahre in Wien.

Herrengasse 6–8, Fahnengasse 2, Wallnerstraße 5–7
Besichtigung:
keine
Transport:
U3 (Herrengasse)

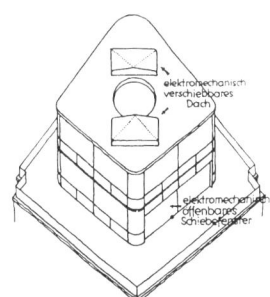

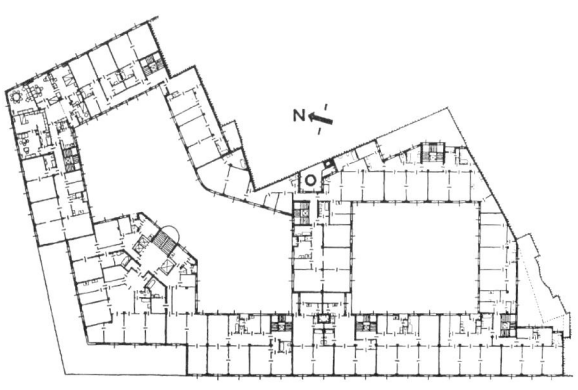

| 1.-50 |

Josef Kornhäusel

Schottenhof
1826

Freyung 6, Schottengasse 2,
Helferstorferstraße
Besichtigung:
teilweise
Transport:
U2 (Schottentor)

Josef Kornhäusel gab dem mittelalterlichen Klosterkomplex 1826–32 eine einheitliche Fassung und Strukturierung in einer ruhigen, klassizistischen Stillage, die auch mit dem Kirchenbau des 17. Jahrhunderts harmoniert. Er errichtete anstelle des gotischen Kreuzgangs ein neues Konventsgebäude und anstelle der Wirtschaftsgebäude ein Mietshaus. Kornhäusel sorgte auch für die Innenausstattung des Klosters, besonders bemerkenswert ist die Bibliothek. Das Museum des Schottenstiftes ist nach einem Umbau wieder öffentlich zugänglich.

| 1.-51 |

Johann B. Fischer von Erlach

Palais Batthyány-
Schönborn
1698

Renngasse 4
Besichtigung:
keine
Transport:
U3 (Herrengasse)

Von Johann B. Fischer von Erlach unter Einbeziehung älterer Bausubstanz errichtet. Umbaupläne von Johann Lukas von Hildebrandt wurden nicht verwirklicht. Große Pilasterordnung, eigenwilliges Mittelportal, Eingangshalle und doppelläufiges Stiegenhaus.

Alois Pichl | 1.-52

Ab 1837 wurde der wuchtige Bau von Alois Pichl im Stil des Klassizismus unter Einbeziehung älterer Bausubstanzen errichtet. Der kubisch geschlossene Baukörper wird von der Riesenordnung des Mittelrisalites dominiert, der vor allem auf den Blick von der Freyung aus berechnet ist. Die zweite Hauptfassade des Baus am Minoritenplatz ist hingegen mit flachen Pilastern gegliedert.
Seit der Wahl St. Pöltens zur neuen Landeshauptstadt Niederösterreichs wird der Bau als Bürogebäude genutzt.

**Niederösterreichisches Landhaus
1832**

Herrengasse 13,
Minoritenplatz 7
Besichtigung:
keine
Transport:
U3 (Herrengasse)

Luigi Blau | 1.-53

Die räumliche Konzeption des Tee-Ladens interpretiert die Wiener Kultur der Raumnutzung mit Elementen einer Josef Frank'schen Asien-Haltung. Mit einfachen Architekturelementen entwickelte Blau eine exotische Atmosphäre. Die handwerkliche Verarbeitung trägt viel zu dieser Haltung bei. Heute leicht verändert.

**Teehaus Demmer
1981**

Mölkerbastei 3
Besichtigung:
Geschäftszeiten
Transport:
U2, L1, L2 (Schottentor)

| 1.-54 | *Heinrich von Ferstel*

Universität
1873

Dr.-Karl-Lueger-Ring 1
Besichtigung:
öffentlich zugänglich
Transport:
U2, L1, L2 (Schottentor)

Die Wiener Universität ist nach Prag die älteste deutschsprachige Universität. Lange Zeit war sie in der Inneren Stadt im Jesuitenkolleg untergebracht. Im Rahmen der Ringstraßenbebauung wurde sie in einem großzügig dimensionierten Neubau Heinrich von Ferstels untergebracht. Der große, massive Block steht an einem markanten Punkt der Ringstraße, deren äußere Seite er zum Freiraum vor der Votivkirche hin abschließt. Ein Blick über den Ring auf einen Rest der Bastion mit kleinteiliger barocker Bebauung macht den Maßstabssprung, der mit dem Bau der Ringstraße einsetzte, deutlich.

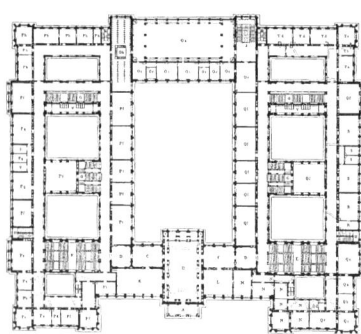

| 1.-55 | *Walter Stelzhammer*

Büroumbau,
Beamtenversicherung –
ÖBV
1995

Grillparzerstraße 14
Besichtigung:
Eingangshalle nach
Vereinbarung
Transport:
U2 (Rathaus)

Der typische Gründerzeitbau wurde 1881 von Wilhelm Stiassny errichtet und ist ein gutes Beispiel für eine neuzeitliche, intelligente Generalsanierung einer alten Bausubstanz: Ausbau des Dachgeschoßes und Überbauung des Lichthofes.
Die spektakuläre Wirkung des 23 m hohen Hofes wird durch die massive Pfeilerstruktur (90 x 90cm) geprägt. Das Lichtkonzept stammt von Dieter Bartenbach. Mittels Lichtlenkung holt Bartenbach bis weit hinunter in den Hof Sonnenlicht ein, das Prismengläser in die Spektralfarben zerlegt und als Lichtpunkte an die Wand wirft.

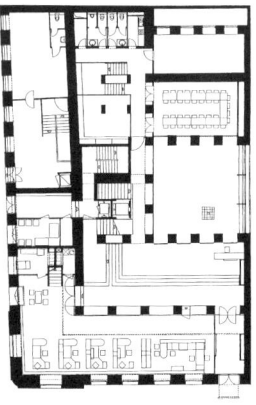

Stellvertretend für mehrere, noch bestehende, barocke Stadtensembles wird hier das Ensemble Mölkerbastei erwähnt. 1535 als Schottenbastei erbaut, im 19. Jahrhundert im Rahmen der Stadterweiterung größtenteils zerstört. Die kleinteilige Struktur zeigt noch den urbanen Maßstab der barocken Bürgerstadt.
Mölkerbastei 8: „Pasqualatihaus", 1797 errichtet.
Schottenbastei 3: „Melkerhof", 1769–74 neu erbaut.
Mölkerbastei 10: „Haus Mölkerbastei" (Anfang 19. Jhdt.)
Ebenfalls sehenswert: Ensemble Judenplatz und Ensemble Schönlaterngasse.

**Ensembles
1535**

Mölkerbastei, Mölkersteig,
Schreyvogelgasse,
Schottengasse
Besichtigung:
öffentlich zugänglich
Transport:
U2 (Schottentor)

1.-57 | *Johann Lukas von Hildebrandt*

**Bundeskanzleramt
1717**

Ballhausplatz 2
Besichtigung:
keine
Transport:
U3 (Herrengasse)

Als „Geheime Hofkanzlei" in unmittelbarer Nähe der Wiener Hofburg von Johann Lukas von Hildebrandt errichtet, wurde der Bau schon 1766 von Nikolaus Pacassi umgebaut und Anfang des 19. Jahrhunderts nochmals erweitert. Die Hauptfassade entspricht mit dem plastisch durchgebildeten Eingangsportal aber noch Hildebrandts ursprünglichem Entwurf. Das Gebäude ist Sitz des österreichischen Bundeskanzlers und der Bundesregierung, die hier die Ministerratssitzungen abhält.

1.-58 | *Johann Ferdinand Hetzendorf von Hohenberg*

**Minoritenkirche
1339**

Minoritenplatz
Besichtigung:
öffentlich zugänglich
Transport:
U3 (Herrengasse)

Die großzügig durchlichtete Hallenkirche wurde 1340–1400 an einen etwas älteren Chor angeschlossen. Das Mittelportal mit dem Tympanon entstand um 1350, und folgt französischen Vorbildern. Der mittelalterliche Bau wurde im 18. Jahrhundert durch Joh. Ferd. Hetzendorf von Hohenberg stark verändert, der Ludwigschor abgerissen und die Barockisierung des Inneren rückgängig gemacht. Noch in den Jahren 1902–09 wurden das Sakristeihaus und der Arkadenbau der Anlage errichtet.

Oswald Haertdl | 1.-59

Basierend auf einem Vorentwurf aus dem Jahr 1948 wurde hier durch den Josef Hoffmann-Schüler Oswald Haerdtl ein „charakteristischer" Bau der 50iger Jahre verwirklicht. In das Konzept mußte eine teilweise zerstörte Kollonade des Architekten Peter Nobile (1823) inkludiert werden. Der Wintergarten mit tropischer Vegetation und das Ambiente mit Marmor, Spiegel und Edelholzfurnieren ist in den 90iger Jahren ein beliebter Treffpunkt der Wiener Clubbing-Szene geworden.

**Volksgarten
1954**

Volksgarten
Besichtigung:
Öffnungszeiten
Transport:
L1, L2, U3
(Dr.-Karl-Renner-Ring)

Peter Nobile, Friedrich Ohmann, Oswald Haertdl | 1.-60

Als Gegenpol zum Burggarten wurde 1819–23 der öffentlich zugängliche Volksgarten als innerstädtische Grünzone angelegt. Im „Cortischen Kaffeehaus" 1823 von Peter Nobile errichtet (1954–58 von Oswald Haerdtl umgebaut) fanden die bekannten Konzerte von Josef Lanner und der Familie Strauß statt. Fast gleichzeitig mit diesem Café entstand auch der Theseustempel von Peter Nobile, der ursprünglich Antonio Canovas Theseus-Gruppe (heute im Stiegenaufgang des Kunsthistorischen Museums) aufnahm. Wie auch bei den Wienfluß-Bauten im Stadtpark setzt Friedrich Ohmann bei der „Umraumgestaltung" des Kaiserin-Elisabeth-Denkmals auf einen stimmungsvollen Charakter der Anlage. (Sitzskulptur der Kaiserin von Hans Bitterlich)

**Volksgarten, Theseustempel, Kaiserin-Elisabeth-Denkmal
1819 (1904)**

Volksgarten
Besichtigung:
öffentlich zugänglich
Transport:
L1, L2 (Parlament),
U3 Herrengasse

| 1.-61 | | *Otto Wagner*

**Miethäuser
Stadiongasse
1882**

Stadiongasse 10,
Stadiongasse 6–8
Besichtigung:
keine
Transport:
U2 (Rathaus)

Das von Otto Wagner selbst erbaute und zum Teil bewohnte Haus (Stadiongasse 6–8) erhielt die Baubewilligung am 7. Juni 1882. Zur Erläuterung schreibt Wagner selbst: „So entstand aus der über 1500 m² großen Bauarea eine einfache, praktische Grundrißdisposition... So sind die Vestibulesäulen Monolythe aus Untersberger Marmor, die Stiegenstufen aus Karst-Marmor, die sehr großen Gangfenster aus Eisen, die Wandleuchter aus Messing. Die Fassade ist sehr einfach... und nur Werth auf große Verhältnisse, größere Fenstermittel und einfache, klare Motive gelegt."

| 1.-62 | | *Friedrich von Schmidt*

**Rathaus
1872**

Rathausplatz 1, Felderstraße,
Friedrich-Schmidt-Platz
Besichtigung:
öffentlich zugänglich
Transport:
L1, L2 (Rathausplatz)

Trotz seines „gotischen" Auftretens ist das Wiener Rathaus durch sein rustiziertes Sockelgeschoß eigentlich ein Stilgemisch. Der Baukörper, an mittelalterlichen, niederländischen Vorbildern orientiert, wirkt im Wiener Weichbild etwas fremd, da sehr wenige gotische Profanbauten überlebt haben. Sein Erbauer Friedrich von Schmidt war der Hauptvertreter der Neogotik in Österreich, der nicht zuletzt durch sein Amt als Dombaumeister des Wiener Stephansdomes eine genaue Kenntnis dieser Epoche hatte.

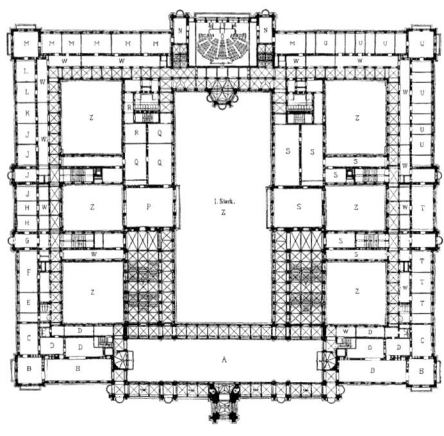

Theophil von Hansen

**Parlament
1871**

Die Wahl antikisierender Formen für den Neubau des Parlamentes war durchaus programmatisch gedacht. Die Anknüpfung an die griechischen Demokratien sollte auf die lange Tradition der in Österreich noch relativ jungen Regierungsform anspielen: eingebettet war diese Entscheidung allerdings in eine breitere klassizistische Strömung. Das Gebäude ist heute Sitz des National- und des Bundesrates, der höchsten gesetzgebenden Gremien Österreichs. Nach schwereren Kriegsschäden wurde es 1955/56 von Eugen Wörle und Max Fellerer instandgesetzt.

Dr.-Karl-Renner-Ring 3
Besichtigung:
nach Vereinbarung
Transport:
L1, L2 (Parlament)

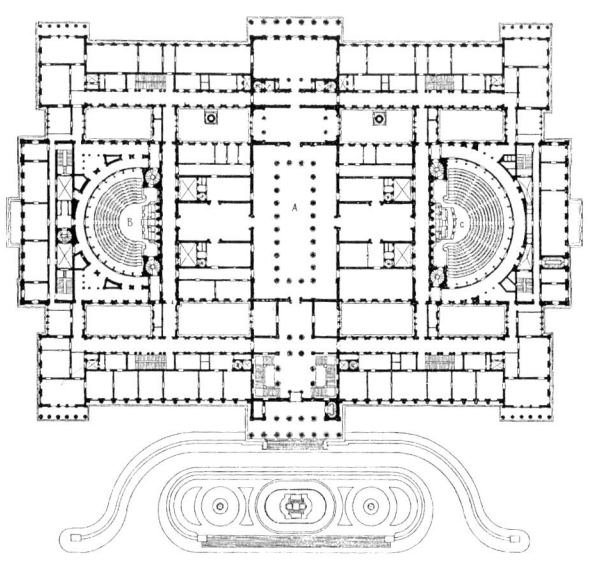

| 1.-64 | *Gottfried Semper, Carl von Hasenauer*

Burgtheater
1874

Dr.-Karl-Lueger-Ring 2
Besichtigung:
öffentlich zugänglich
Transport:
L1, L2 (Burgtheater)

Gottfried Semper folgte bei der Konzeption des Wiener Burgtheaters, das das alte Hoftheater am Michaelerplatz ersetzen sollte, seinem Entwurf für die Dresdner Oper. Der kompakte konvexe Mittelrisalit nimmt den Zuschauerraum und die Erschließungsstiegen auf. Das Bühnenhaus ist klar erkennbar hinter diesem angeordnet. Mehr aus Gründen der städtebaulichen Wirkung denn aus tatsächlicher Notwendigkeit wurden die beiden Seitenflügel mit den Galerien angebunden.

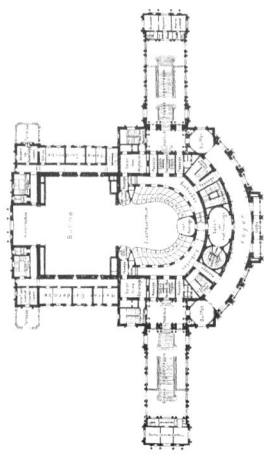

| 1.-65 | *Domenico Martinelli, Gabriel de Gabriele*

Palais Liechtenstein
1694

Bankgasse 9
Besichtigung:
keine
Transport:
L1, L2 (Burgtheater)

Die Errichtung des Palais wurde von Dominik Graf Kaunitz nach Plänen von Domenico Martinelli in Auftrag gegeben, aber unter Johann Adam von Liechtenstein nach einigen Änderungen von Gabriel de Gabriele vollendet. Der um einen quadratischen Innenhof gruppierte Bau hat zwei repräsentative Eingangsportale, eines zur Bankgasse und einen zum Minoritenplatz. Die Bauplastik stammt teilweise von Giovanni Giuliani. Das Innere wurde 1836–47 mit einer Neorokoko-Einrichtung versehen (P. H. Devigny), an der auch Michael Thonet – der Erfinder der berühmten Bugholzmöbel – beteiligt war.

Theophil von Hansen | 1.-**66**

Theophil Hansen errichtet das Privatpalais für den geadelten Bankier Gustav R. von Epstein. Für das aufstrebende Wiener Großbürgertum war der Ringstraßenbau eine willkommene Gelegenheit, das neuerworbene Vermögen zur Schau zu stellen und mit dem oftmals weit weniger finanzkräftigen Hochadel zu konkurrieren. Das Neo-Renaissance-Palais, seit 1902 in staatlichem Besitz, war bis 1922 Sitz des Verwaltungsgerichtshofes und 1945–55 der Sowjetischen Kommandantur, danach wurde es dem Wiener Stadtschulrat übergeben.

**Palais Epstein
(h.: Stadtschulrat)
1868**

Dr.-Karl-Renner-Ring 1
Besichtigung:
keine
Transport:
L1, L2, U3
(Dr.-Karl-Renner-Ring)

Michael Knab, Friedrich von Klinkowström | 1.-**67**

Die Kirche reagiert mit ihrer schmalen hohen Fassade auf die städtebauliche Situation und auf Vorgaben des Terrains – einem Abhang zu einem hier verlaufenden Donauast. Ein romanischer Vorgängerbau wurde im 14. und 15. Jahrhundert durch einen Neubau ersetzt. Durch das Gelände bedingt, entstand zwischen Langhaus und Chor eine leichte Achsenverschiebung. 1430 wird der Turm – über siebeneckigem Grundriß – vollendet, dessen Abschluß eine in Maßwerk aufgelöste Haube bildet. Eine der sehenswertesten gotischen Kirchen in Wien.

**Maria am Gestade
1343**

Salvatorgasse, Am Gestade
Besichtigung:
öffentlich zugänglich
Transport:
U1, U4 (Schwedenplatz)

| 1.-68 | *Josef Hackhofer*

Hohe Brücke
1903

Wipplingerstraße,
Tiefer Graben
Besichtigung:
öffentlich zugänglich
Transport:
U2 (Schottentor)

Josef Hackhofer konnte mit dem Brückenbau über dem Tiefen Graben eine der spektakulärsten stadträumlichen Situationen der Wiener Innenstadt fassen. Schon seit dem 13. Jahrhundert befindet sich an der Kreuzung Wipplingerstraße und Tiefer Graben eine Brücke, die den Geländesprung überspannt. Der Wiener Brückenbauer gab der Konstruktion durch eine vollständige Verkleidung einen dezitiert architektonischen Charakter, der sich der Verbauung des Tiefen Grabens anpaßte und der Brücke vom Tiefen Graben aus gesehen etwas Torartiges verleiht. (Statik: Karl Christl)

| 1.-69 | *Eichinger oder Knechtl*

Wrenkh Café und Restaurant
1989

Bauernmarkt 10
Besichtigung:
öffentlich zugänglich
Transport:
U1, U3 (Stephansplatz)

Mit diesem Café und Restaurant wurde ein neuer Typus der reduzierten Ästhetik geprägt. Zum einen wird durch das Einfache und Informelle der Alltäglichkeit entsprochen, zum Anderen wird durch präzise Form und kalkulierte Lichtführung das Alltägliche zelebriert. Eine Ästhetizierung der Fünfziger Jahre für die Generation der 50iger Jahre.

Josef Plečnik

"Wohl (..) das bedeutendste Werk der Wagner-Schule" (F. Achleitner) und ein Musterbeispiel dafür, wie virulent das Thema „Verkleidung" um 1900 gerade in dieser war. Plečnik löste selbiges durch in fixierende Leisten eingeschobene Platten aus poliertem Granit, deren rhythmisierte Anordung auch die Fassaden gliedert. Die schwierige Form der Parzelle nützte er zu einem schwungvollen Abschluß des Bauköpers zur Brandstätte hin. Dieser läßt kaum vermuten, daß dahinter ein strenger Raster von Eisenbetonstützen das strukturelle Gerüst des Baus bildet. Die Atlanten des Abschlußgeschosses stammen von Franz Metzner.

Zacherlhaus
1903

Brandstätte 6,
Wildpretmarkt 2–4
Besichtigung:
keine
Transport:
U1, U3 (Stephansplatz)

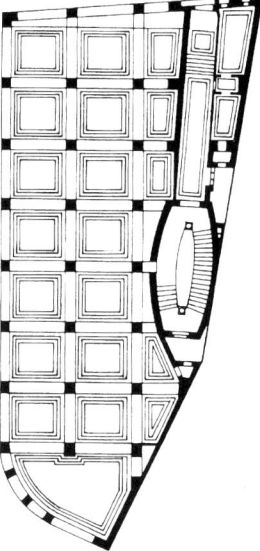

1.-71 | *Theophil von Hansen*

Börse
1871

Schottenring 16
Besichtigung:
nach Vereinbarung
Transport:
U2, L1, L2 (Schottentor)

Nach mehreren Umzügen bekam die 1771 gegründete Wiener Börse in einem Neubau Theophil von Hansens an der Ringstraße einen fixen Standort. Durch den Mittelrisalit und die beiden niedrigeren Seitenflügel, die noch von erhöhten Eckrisaliten gerahmt werden, ist sie einer der am stärksten, plastisch gegliederten Baukörper an der Ringstraße, und sticht damit von der geschlosseneren Wohnbebauung ab. Der Kassensaal ist in den 1950er Jahren ausgebrannt und wurde von Erich Boltenstern wieder aufgebaut.

1.-72 | *Coop Himmelblau*

Atelier Baumann
1985

Börseplatz 3
Besichtigung:
nach Vereinbarung
Transport:
U2, L1, L2 (Schottentor)

Drei Fenster öffnen zur Straße das dahinterliegende 5 Meter hohe Atelier. „Die dynamische Inszenierung (Coop: das formale Spannungsfeld raumöffnender Flächen und transversal verschränkter Linien) macht den Eindruck, als würde der Raum von der Straße angesaugt, und dann im Inneren deformiert, aufgelöst und an die Wand gedrückt werden." (Friedrich Achleitner). Dieser Atelierumbau gleicht einem Architekturmanifest der 80iger Jahre.

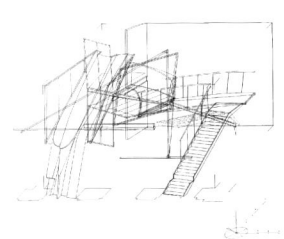

Otto Wagner

Länderbank (ehem.) 1882

Mit diesem Gebäude errichtet Wagner das erste moderne Bürogebäude (Bankinstitut) in Wien. Sowohl der Grundriß, Schnitt als auch die hofseitige Fassade zeigen den revolutionären Charakter des Hauses: Glasfußboden, Glasdecken, Leichttrennwände, sowie eine radikale, reduzierte Hoffassade. Die Straßenseite verrät wenig von dem architektonischen Juwel, ein Besuch ist eine räumliche Symphonie. Heute Nutzung durch die öffentliche Verwaltung.

Hohenstaufengasse 3
Besichtigung:
keine
Transport:
U2 (Schottentor)

| 1.-**74** | *Otto Wagner*

**Miethaus Schottenring
1877**

Das von Wagner für sich selbst erbaute Haus erhielt am 25. Juli 1877 die Baugenehmigung. Entsprechend der prominenten Lage am Schottenring wurde das Gebäude aufwendig ausgeführt. Bemerkenswert die „Fensterreihung" im dritten Obergeschoß und die Behandlung der Fassade. Wagner selbst bewohnte die Wohnung im ersten Stock. (ca.1878–1882)

Schottenring 23
Besichtigung:
keine
Transport:
L1, L2 (Schottenring)

| 1.-**75** | *Erich Boltenstern*

**Ringturm
1953**

Bei dem Wettbewerb für die Donaukanalverbauung 1949 war das Hochhaus noch ein Thema städtebaulicher Innovation; der „Ringturm" kann als ein „Zeitzeuge" jener Diskussion verstanden werden. Nach dem 2. Weltkrieg war dem Ensemble der Wiener Ringstraße noch nicht jene Bedeutung zuteil geworden, welche der Ringstraße heute zugesprochen wird. Der ca. 60 Meter hohe Ringturm repräsentiert jene zurückhaltende Moderne, die in den 50iger Jahren typisch für die Verwaltungsbauten in Österreich war (Fassadenrenovierung 1996, Arch. Vana). Im Erdgeschoß eine Filiale des österreichischen Verkehrsbüros (Hans Hollein 1977). Umbau Dachgeschoß (1993), Direktionsetage (1994) und Erdgeschoß (1995–98) durch Boris Podrecca.

Schottenring 30
Besichtigung:
keine
Transport:
U2 (Schottenring)

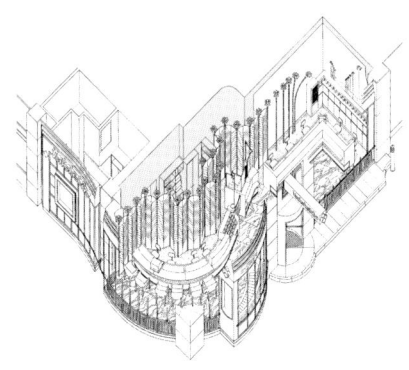

Ernst Hiesmayr | 1.-76

Wenige Minuten vom alten Hauptgebäude der Universität Wien an der Ringstraße befindet sich eines der wenigen high-tech Gebäude von Wien: die rechtswissenschaftliche Fakultät der Universität Wien. Das Gebäude nimmt einen ganzen gründerzeitlichen Häuserblock ein und besticht durch seine intelligente Baukonstruktion. Um die Erdgeschoßzone frei zugänglich zu gestalten, wurde das gesamte Gebäude von vier 9 Meter hohen Stahlfachwerken abgehängt, die ihrerseits auf vier Stahlbetonschächten aufliegen. Die Hängesäulen wurden aus Brandschutzgründen mit Wasser gefüllt. Innerhalb der Wiener Innenstadt eine einmalige Ausnahmesituation.

**Juridische Fakultät der Universität
1968**

Schottenbastei 10–16
Besichtigung:
öffentlich zugänglich
Transport:
U2, L1, L2 (Schottentor)

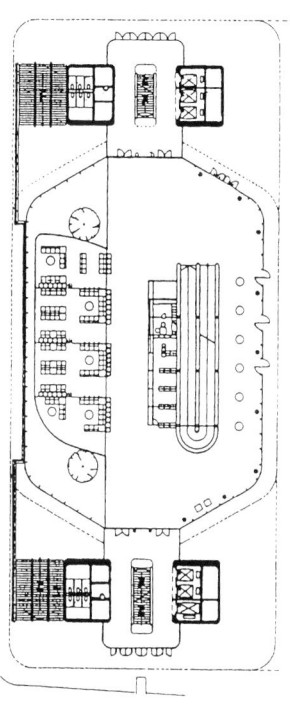

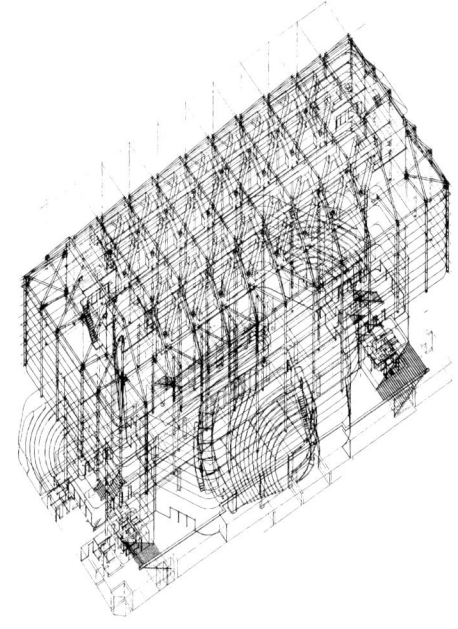

| 1.-77 |

Ruprechtskirche
1161

Ruprechtsplatz
Besichtigung:
öffentlich zugänglich
Transport:
U1, U4 (Schwedenplatz)

Der Kernbau stammt nach einer Legende aus dem 8. Jahrhundert und wurde in mehreren Phasen bis ins 15. Jahrhundert ausgebaut. Das Äußere zeigt rein romanische Bauformen und macht den Bau zu einem Einzelstück im Weichbild Wiens. Ein Westturm wurde 1130–70 errichtet und gibt dem Bau eher das Gepräge einer Landkirche. Der Bau ist dem „Salzknecht" Ruprecht geweiht, da unterhalb des Bauplatzes der alte Donauhafen lag, an dem die Salzschiffe anlegten.

Hermann Czech

| 1.-78 |

Bar-Restaurant Salzamt
1981

Ruprechtsplatz 1
Besichtigung:
öffentlich zugänglich
Transport:
U1, U4 (Schwedenplatz)

Gegenüber der ältesten Kirche von Wien, St. Ruprecht, entstand in den Jahren 1981–1983 das dritte Lokal von Hermann Czech (ebenfalls von der gleichen Bauherrenfamilie wie das Kleine Café und die Wunderbar in Auftrag gegeben) und begründete damit den Ruf von Czech als den „Meister der Innenräume".
Im vorderen Bereich nach französischem Vorbild eine Theke, im rückwärtigen Bereich ein Speiselokal. Haptisch geformte Holzmöbel, verspiegelte Fensternischen und sichtbare Klimaanlage: präzise Planung soll trotzdem Zufälligkeit vermitteln.

W. Holzbauer, H. Marschalek, G. Ladstätter, N. Gantar | 1.-**79**

Im Jahr 1970 fand ein Wettbewerb zur architektonischen Gestaltung der Wiener U-Bahn statt. Da die grundsätzlichen bautechnischen und konstruktiven Entscheidungen bereits vorlagen, beschränkte sich die Gestaltung auf eine „Auskleidung" der Innenräume, sowie ein farblich-funktionelles Leitsystem. Bei der Wiener U-Bahn handelt es sich im Semperschen Sinn daher um die „Bekleidung" von einem unterirdischen Verkehrssystem. Die ersten Linien waren die U1 und die U4, letztere unter Einbeziehung der von Otto Wagner entwickelten Stadtbahntrasse. Weitere Linien U2, U3 und U6 (teilweise).

U-Bahn-Station Schottenring 1971

Schottenring, Franz-Josefs-Kai
Besichtigung:
öffentlich zugänglich
Transport:
U2 (Schottenring)

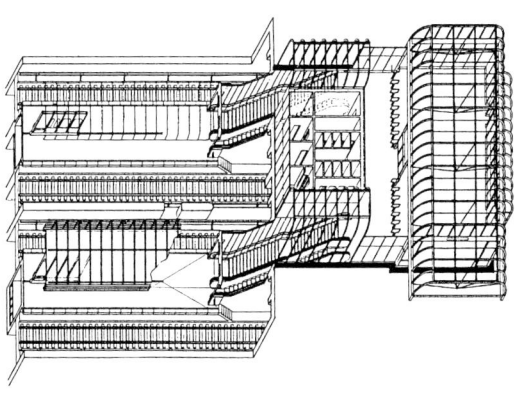

| 1.-80 | *Eichinger oder Knechtl*

Ron con Soda
1994

Rabensteig 5
Besichtigung:
öffentlich zugänglich
Transport:
U1, U4 (Schwedenplatz)

In wenigen Gehminuten Entfernung befinden sich mehrere „Wiener Architektur-Manifeste" in Form von Bar-Restaurants. Eines der neuesten davon ist Ron con Soda von Gregor Eichinger und Christian Knechtl. Die „zeitgeistige" Interpretation einer Bar zielt auf kalkulierte Zufälligkeit und heterogenen Materialmix. Von hier aus führt eine Treppe in das erste Obergeschoß zu einer zweiten Bar, „First Floor". Eichinger oder Knechtl verwendeten hier Teile aus der ehemaligen Mounier Bar von der Kärntner Straße.

| 1.-81 | *Helmut Richter, Heidulf Gerngroß*

Restaurant Kiang
1984

Rotgasse 8
Besichtigung:
öffentlich zugänglich
Transport:
U1, U4 (Schwedenplatz)

Für die Aufbruchstimmung der neuen Wiener Architektur der 80iger Jahre war das Restaurant Kiang ein Beispiel dafür, daß private Bauherren Mut zum Architekturexperiment zeigen, und daß in Wien die Tradition der Caféhäuser und Restaurants noch einen Nährboden für Architektur darstellen. Semantisch und gestalterisch gibt es weder einen Bezug zu einem chinesischen Restaurant, noch zum gemütlichen Wiener Beisl.

Josef Kornhäusel

Seitenstettenhof Synagoge
1824

Der Bau ist in den Hof des Hauses der Israelitischen Kultusgemeinde (ebenfalls Josef Kornhäusel) integriert und von der Straße aus entsprechend einer Verordnung Joseph II. für nichtkatholische Sakralbauten nicht sichtbar. Die Lage verhinderte die Zerstörung des Wiener Stadttempels während der „Reichskristallnacht". An den überkuppelten längsovalen Zentralraum schließt ein Umgang an. Der Kuppelring wird von monumentalen Säulen getragen, in die die Frauenemporen „eingehängt" sind. Die von den Nationalsozialisten beschädigte Innenausstattung wurde rekonstruiert und 1963 von Otto Niedermoser generalsaniert. Daneben befindet sich der Seitenstettenhof (1825, Josef Kornhäusel).

Seitenstettengasse 2–4
Besichtigung:
nach Vereinbarung
Transport:
U1, U4 (Schwedenplatz)

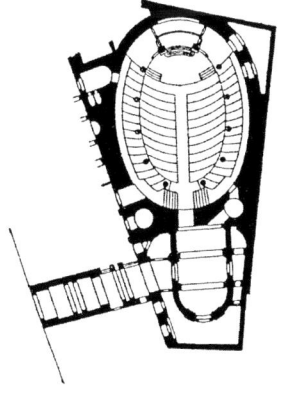

| 1.-83 | *Theophil von Hansen*

Griechische nichtunierte Kirche
1858

Fleischmarkt 13
Besichtigung:
keine
Transport:
U1 (Schwedenplatz)

Um den Fleischmarkt herum hatten sich zahlreiche Griechen angesiedelt, denen seit dem 18. Jahrhundert ein eigener Kirchenbau zur Verfügung stand. Theophil Hansen fügte diesem Vorgängerbau eine byzantinisierende Vorhalle an. Sein Vorliebe zu einer sehr sinnlichen, differenzierten Oberflächengestaltung wird in der Innenausstattung der Halle deutlich. Der Bezug auf byzantinische Vorbilder ist zwar für einen griechisch-nichtunierten Kirchenbau sehr passend, wird aber im Wiener Historismus generell für spirituelle Bauten verwendet.

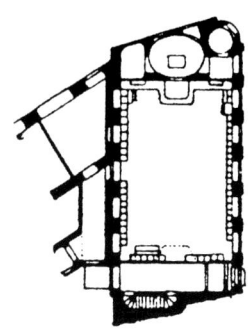

| 1.-84 | *Hermann Czech*

Wunderbar
1975

Schönlaterngasse 8
Besichtigung:
öffentlich zugänglich
Transport:
U3, L1, L2 (Stubentor)

Nach dem Kleinen Café (1970) Hermann Czechs zweites „Cafehaus-Manifest", welches vom gleichen Bauherrn in Auftrag gegeben wurde. Zu einem Zeitpunkt, als die Wiener Innenstadt noch einen großen Nachholbedarf an Lokalen hatte, war die Wunderbar ein kleines Wunder. Die sympathische Atmosphäre ist in den Jahren mit Würde gealtert. „Geblieben ist eine brauchbare Bar ohne Wunder" (Friedrich Achleitner).

Elsa Prochazka

Wohnungen berühmter Komponisten in Wien zählen zu den Inkunabilien der österreichischen Kultur. „Ich wollte weder eine Rekonstruktion der damaligen Verhältnisse versuchen noch die Wohnungen in kleine Museen verwandeln. Eine Gedenkstätte ist ein unverwechselbarer Ort, anders als ein Museum hat sich genau hier etwas Bestimmtes ereignet. Und anders als im Museum herrscht hier eine Sphäre des Privaten. Das galt es bei der Neugestaltung dieser Musikerwohnungen zu beachten." (Prochazka)

„Figarohaus"
Wolfgang Amadeus
Mozart Gedenkstätte
1992

Domgasse 5
Besichtigung:
Öffnungszeiten
Transport:
U1 (Stephansplatz)

Beethoven-Gedenkstätte „Pasqualatihaus":
1010, Mölkerbastei 8
Johann-Strauß-Gedenkstätte:1020, Praterstr. 54
Schubert-Gedenkstätte „Sterbewohnung":
1040, Kettenbrückengasse 6
Haydn-Gedenkstätte mit Brahms-Gedenkraum:
1060, Haydngasse 19
Schubert-Gedenkstätte „Geburtshaus" mit Stifter-Gedenkräumen:
1090, Nußdorfer Straße 54
Beethoven-Gedenkstätte „Eroicahaus":
1190, Döblinger Hauptstraße 92
Beethoven-Gedenkstätte „Heiligenstädter Testament":
1190, Probusgasse 6

1.-86 | *Andrea Pozzo*

Jesuitenkirche (Universitätskirche) 1626

Ignaz-Seipel-Platz
Besichtigung:
öffentlich zugänglich
Transport:
U3 (Stubentor)

Die Jesuitenkirche entstand im Zusammenhang mit dem Ausbau der Alten Universität. Der 1627 nach Plänen eines unbekannten Architekten fertiggestellte Bau wurde dem Jesuitenorden, der auch die Universität betrieb, übergeben. 1703–07 wurde der bestehende Bau nach Plänen Andrea Pozzos umgreifend verändert; die Türme wurden aufgestockt, die Fassade neu strukturiert und acht Seitenkapellen an die Saalkirche angeschlossen. Der Innenraum wird durch die monumentalen, gedrehten Säulen aus Stuckmarmor und die gemalte „Scheinkuppel" Andrea Pozzos dominiert.

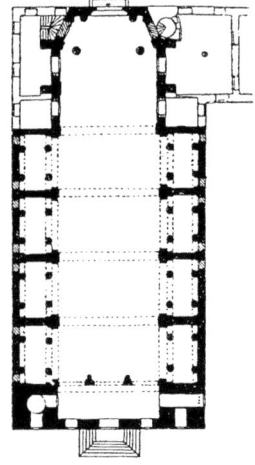

1.-87 | *Jean-Nicolas Jadot de Ville-Issey*

Akademie der Wissenschaften (ehem. Universitätsaula) 1753

Dr.-Ignaz-Seipel-Platz 2
Besichtigung:
nach Vereinbarung
Transport:
U3 (Stubentor)

Vom französischen Architekten Jean-Nicolas Jadot de Ville-Issey errichtet, zeugt der Bau von dem Paradigmenwechsel in der österreichischen Architektur, die sich nun mehr an der französischen als an der italienischen Architektur zu orientieren begann. Die plastische Durchbildung des Baukörpers wirkt durch die Lage zwischen zwei Gassen besonders motiviert und kontrastiert mit der flachen Fassadengliederung der Jesuitenkirche, die den zweiten Hauptakzent des Platzes bildet.

Otto Wagner

Postsparkasse
1903

Entstanden aufgrund eines Wettbewerbes im Jahr 1903, in zwei Bauetappen ausgeführt (1903–10, 1910–12). Die Postsparkasse gehört zu den Ikonen der Wiener Architektur und ist in allen ihren Belangen als das Meisterwerk von Otto Wagner zu bezeichnen (gemeinsam mit der Kirche Steinhof, St. Leopold). Der Kassensaal mit Glasfußboden und abgehängter Stahl-Glaskonstruktion hat die Architektur des zwanzigsten Jahrhunderts wesentlich beeinflußt, die Fassade überzeugt durch die poetisch-rationale Gestaltung. Das originalgetreue Sitzungszimmer kann nach Vereinbarung besichtigt werden.

Georg-Coch-Platz 2
Besichtigung:
Erdgeschoß, Kassenhalle
Transport:
U3 (Stubentor)

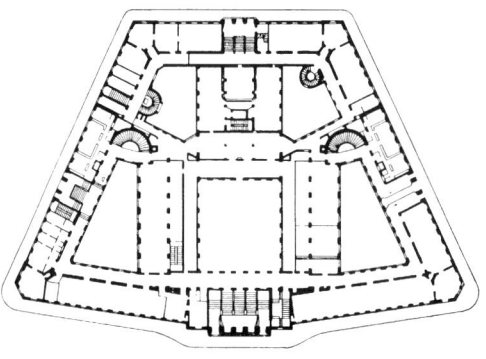

1.-89 — *Adolf Krischanitz, Heinz Neumann*

Wiener Hauptpost
1994

Fleischmarkt 19
Besichtigung:
öffentlich zugänglich
Transport:
U1, U4 (Schwedenplatz)

Die Wiener Hauptpost am Fleischmarkt befindet sich in einem, am Ende des 18. Jahrhundert säkularisierten, Benediktinerkloster. In den ehemaligen Kreuzgang wurde die neue Schalterhalle unter einem neuen Glasdach eingeplant. Krischanitz nimmt bei der Gestaltung auf mehrere geometrische Systeme Bezug. Der gesamte Gebäudeblock wurde nach Plänen von Architekt Heinz Neumann vollständig erneuert.

1.-90 — *Max Fabiani*

Urania
1909

Uraniastraße 1
Besichtigung:
teilweise
Transport:
U1, U4 (Schwedenplatz)

Fabiani wählte, im Gegensatz zur Mehrzahl seiner Kollegen, den umgekehrten Weg, von einer an Wagner orientierten (in manchen Aspekten wie der Fassadengestaltung des Wohn- und Geschäftshauses Portois & Fix sogar über diesen hinausgehend) Auffassung von der Trennung von tragendem Gerüst und zierender Verkleidung hin zu einer wieder mit historisierenden Detailformulierungen agierenden Fassadenorganisation. Der städtebaulich prägnante und im Inneren brilliant geschichtete Bau des Volksbildungshauses mit angeschlossener Sternwarte besitzt eine historistische Fassade, obwohl die Bauaufgabe, so wie deren räumliche Umsetzung, äußerst innovativ waren.

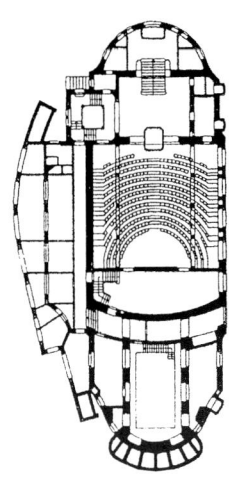

Heinrich von Ferstel, Ludwig Baumann, u. a.

Der Bau eines Museums für Kunst und Industrie und der angegliederten Kunstgewerbeschule war programmatisch für Versuche des ausgehenden 19. Jahrhunderts, die Kunstproduktion mit der Industrie zu koordinieren. Ferstels Sichtziegelbau wurde 1907 durch Ludwig Baumann erweitert. Eine weitgehende Umgestaltung des Museums-Komplexes begann 1989. Dabei wurden durch gezielte Eingriffe von Peter Noever (MAK-Terrassenplateau), Sepp Müller (Verbindungstrakt), Hermann Czech (Café), Walter Pichler (Tor zum Garten) und der Künstlergruppe Site (Tor zum Ring) Kommentare zur historischen Substanz abgegeben. Gestaltung der Ausstellungsräume durch internationale und österreichische Künstler. Die Hochschule für angewandte Kunst wurde 1960–65 durch einen Zubau von Karl Schwanzer und Eugen Wörle vergrößert.

**Hochschule und Museum f. angewandte Kunst
1867**

Stubenring 5
Besichtigung:
öffentlich zugänglich
Transport:
U3, L1, L2 (Stubentor)

1.-92 | Coop Himmelblau / Wolf Prix und Helmut Swiczinsky

**Falkestraße
Dachausbau
1987**

Falkestraße 6
Besichtigung:
keine
Transport:
U3, L1, L2 (Stubentor)

Fast unsichtbar von der Straße gehört dieser Dachbodenausbau einer bekannten Wiener Rechtsanwaltskanzlei zu den meistpubliziertesten Dachbodenausbauten der Stadt. Als Wiener Beitrag zu einer dekonstruktiven Architektur weltweit gefeiert, vermag der Innenraum beim Betrachter immer wieder den Eindruck einer hyper-subjektiven Raumkomposition zu erzeugen: im Hauptraum (Sitzungsraum) mit dem flügelähnlichen Dachaufbau verändert das Licht fast stündlich den Blick zum Stadtraum. In diesem Sinn eine atmosphärische, durchaus wienerische Haltung zur Architektur.

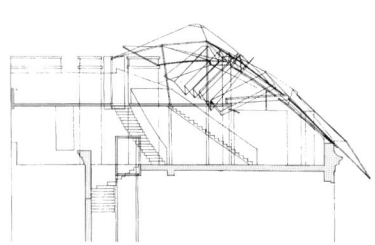

1.-93 | Theophil von Hansen

**Palais des Hoch-und
Deutschmeisters
Erzherzog Wilhelm
1864**

Parkring 8
Besichtigung:
keine
Transport:
L1, L2 (Weihburggasse)

Der von Theophil Hansen als Privatpalast für Erzherzog Wilhelm errichtete Bau wurde von ihm als Großmeister kurz nach der Fertigstellung an den Deutschen Ritterorden verkauft. Das großzügig dimensionierte, im Stil der Neorenaissance gehaltene Gebäude entspricht mit seinem repräsentativen Gestus der allgemeinen Verbauung der Wiener Prachtstraße. Auffallend ist die dominierende Beletagegestaltung, die die Wohnräume des Hausherren an der Fassade anzeigte. Heute Sitz der OPEC.

Friedrich Ohmann und Josef Hackhofer, Hermann Czech | 1.-94

Friedrich Ohmann gestaltete (1903–07) den Austritt des Wienflusses in den Stadtpark und die anschließende Uferfassung in einer barock-sensualistischen Manier, die sich diametral zur anschließenden Stadtbahnstation seines Akademiekollegen Otto Wagner verhält. Ohmann konnte die Anlage nicht vollständig fertigstellen. Trotzdem hat die Uferverbauung einen starken Erlebnischarakter, die sie auch mit dem historistischen Parkkonzept verbindet. 1985–87 wurde von Hermann Czech die neue Fußgängerbrücke über den Wien-Fluß im Wiener Stadtpark errichtet, die einen alten Holzsteg ersetzte. Von zwei Stahlbögen wird der eigentliche Steg abgehängt, in der Mitte des Flusses verbreitert sich die Brücke zu einer Aussichtsplattform.

**Stadtpark,
Wienflußbauten
1903 (1985)**

Stadtpark
Besichtigung:
öffentlich zugänglich
Transport:
U4 (Stadtpark)

Hermann Czech, Alfred Pauser
Fußgängerbrücke Stadtpark
1985

Friedrich Ohmann, Josef Hackhofer
Zollamtssteg
1903

Erwähnungen

1.95e	Lichtforum Wien Hans Hollein	1995 Jasomirgottstraße 3-5	
1.96e	Geschäft Altmann & Kühne Josef Hoffmann und Oswald Haerdtl	1932 Graben 30	
1.97e	Galerie Tromayer Anna-Lülja Praun	1983 Dorotheergasse 7	
1.98e	Galerie Dorotheergasse Luigi Blau	1970 Dorotheergasse 14	
1.99e	Wahliss Passage Coop Himmelblau Wolf Prix und Helmut Swiczinsky	1985 Kärntner Straße 17	
1.100e	Glasgalerie Maria Auböck, Janos Karasz	1992 Spiegelgasse 12	
1.101e	Boutique Helmut Lang Gustav Pichelmann	1996 Seilergasse 6	
1.102e	Tuchlaubenhof Ernst Spielmann, Alfred Teller	1912 Tuchlauben 7-7a	
1.103e	Buchhandlung Manz Adolf Loos	1912 Kohlmarkt 16	
1.104e	Böhmische Hofkanzlei (h.: Verfassungs- und Verwaltungsgerichtshof) Johann Bernhard Fischer von Erlach	1708 Wipplingerstraße 7, Judenplatz 11	
1.105e	Vermählungsbrunnen (Josefs-Brunnen) Josef Emanuel Fischer von Erlach	1729 Hoher Markt	
1.106e	Wohnhaus Alois Hauser Alois Hauser	1874 Hohenstaufengasse 9	
1.107e	Café Prückel Oswald Haerdtl	1955 Stubenring 24	
1.108e	Haus der Magnesitwerke Erich Boltenstern	1951 Schubertring 10-12	
1.109e	Dominikanerkirche Antonio Canevale, u.a.	1626 Postgasse 4	
1.110e	Studentenkapelle Ebendorferstraße Ottokar Uhl	1956 Ebendorferstraße 8	
1.111e	Unger & Klein Wein Geschäft Eichinger oder Knechtl	1994 Gölsdorfgasse 2	
1.112e	Kunstforum Länderbank Gustav Peichl	1988	
1.113e	"Zum Römertor" Heinrich Schmid, Hermann Aichinger	1934 Lichtensteg 2	
1.114e	Kix Bar Oskar Putz	1988 Bäckerstraße 4	

PLAN NR. 2

2. Bezirk
Leopoldstadt
3. Bezirk
Landstraße

2. Bezirk, Leopoldstadt Indexnummern: 2.-1 ... 2.-13e
3. Bezirk, Landstraße Indexnummern: 3.-1 ... 3.-26e

Empfehlungen

Sehenswerte Bauwerke – Anregungen von Wiener Architekten:

2. Bezirk:

Margarethe Cufer:
    Lusthaus im Prater, Index-Nr. 2.11
Martin Kohlbauer:
    Trabrennverein, Index-Nr. 2.5
Carl Pruscha:
    Städtebau, Spaziergang am „Wasser" (Donaukanal, Wienfluß)
Wolfdietrich Ziesel:
    Riesenrad, Index-Nr. 2.4
    Stadion – Ernst Happel Stadion, Index-Nr. 2.8

3. Bezirk:

Elsa Prochazka:
    Haus Wittgenstein, Index-Nr. 3.12
Marta Schreieck:
    Haus Wittgenstein, Index-Nr. 3.12

2.-1 | Otto Wagner

Schützenhaus
1906

Obere Donaustraße 26
Besichtigung:
keine
Transport:
L1, L2 (Salztorbrücke)

Das Schützenhaus „Staustufe Kaiserbad" war notwendig, um den Donaukanal in einen Handels - und Winterhafen zu verwandeln. Ursprünglich waren drei weitere Staustufenanlagen geplant, aber nur eine wurde ausgeführt. Das auffallende Bauwerk mit zum Teil farbiger Plattenverkleidung erhielt seine Gestalt aus den funktionellen Anforderungen. Das Wehr ist seit langer Zeit nicht mehr in Betrieb und das Schützenhaus verstümmelt und funktionslos geworden.

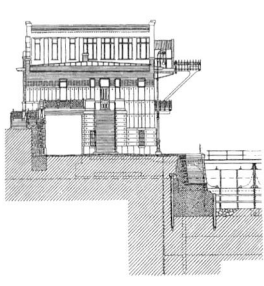

2.-2 | Hubert Gessner

Augartenbrücke
1928

Untere Augartenstraße,
Josefs-Kai, Donaukanal
Besichtigung:
öffentlich zugänglich
Transport:
U2, U4 (Schottenring)

Gessner konnte bei diesem Zweckbau seine Begabung zur Formulierung prägnanter, städtebaulich wirksamer Großformen – die auch seine Wohnbauten prägen – einbringen. Die Last der sieben durchgehenden Stahlträger wird höchst einprägsam über minimale Bodenkontakte abgeleitet. Ergänzend zur großen Geste des Brückenbaus verzichtet Gessner nicht auf wirkungsvoll plazierte Details wie etwa die Pylonen an den Brückenköpfen und eine am menschlichen Maßstab orientierte Dimensionierung der Kleinformen.

Friedrich Tamms

Die im Zweiten Weltkrieg über das Stadtgebiet verteilten Türme des Fliegerabwehrkommandos (Flak) markieren deutliche Einschnitte in das Stadtgefüge. Die stabile Stahlbetonkonstruktion (bis zu 5 m Wandstärke) widersetzte sich sämtlichen Versuchen, diesen städtebaulichen Makel zu entfernen. Die paarweise gekoppelten Türme – jeweils einer diente der Ausleuchtung des Luftraumes und der andere zur Positionierung der Geschütze (die Bauten wurden aber auch als Schutzbunker genutzt) – sind in der Zwischenzeit zu den wohl am besten „funktionierenden" – und dies ohne bemühte semantische Verschlüsselungen – Anti-Kriegs-Mahnmälern der Stadt geworden. Der Turm in der Gumpendorferstraße wurde zum „Haus des Meeres" umgebaut.

**Flaktürme,
Standort Augarten
1942**

Augarten
Besichtigung:
keine
Transport:
L31 (Gaußplatz)

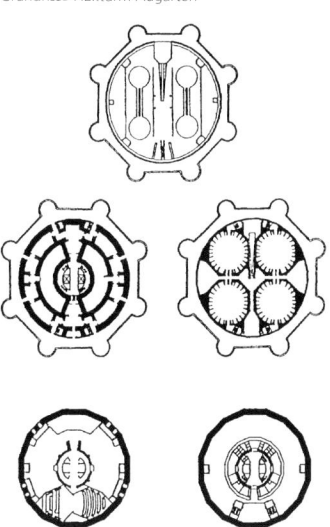

Grundrisse Flakturm Augarten

| 2.-4 | | *Walter B. Basset, Ing. Hitchins*

Riesenrad
1896

Einige harte Fakten zum Mythos: Das Riesenrad wurde anläßlich des 50jährigen Regierungsjubiläums Kaiser Franz Josephs errichtet. Es wiegt 430 Tonnen, hat eine Gesamthöhe von 64,75 Metern, verfügt über genau 120 flexible Speichen und trägt seit dem 2. Weltkrig nur mehr 15 anstatt der ursprünglichen 30 Waggons durch die „Lüfte". Das Wiener Wahrzeichen war allerdings kein Einzelgänger, der Konstrukteur Walter B. Basset of Watermouth hatte schon in London und Blackpool „Gigantic Wheels" errichtet.

Volksprater
Besichtigung:
öffentlich zugänglich
Transport:
U1 (Praterstern)

| 2.-5 | | *Emil Hoppe, Marcel Kammerer, Otto Schönthal*

Trabrennverein Krieau
1910

Die Trabrennbahn lag an einer der Achsen des Weltausstellungsgeländes, zwischen der Rotunde und den heutigen Bildhauerateliers. Gegründet wurde die Anlage schon im 19. Jahrhundert, der wesentliche Ausbauschritt erfolgte allerdings nach 1910 durch das Atelier Schönthal, Hoppe, Kammerer. Alle drei waren Schüler Otto Wagners, dessen konstruktive Gedanken auch in den Aufbau der Tribünen einflossen. Durch die ungewöhnliche Bauaufgabe begünstigt, konnten die Materialien Eisen und Beton sichtbar und direkt verwendet werden.

Prater, Trabrennstraße,
Südportalstraße
Besichtigung:
öffentlich zugänglich
Transport:
Bus 82A (Messegelände, Südportal)

W. Holzbauer mit Hlaweniczka, Glück, Lintl, Lippert | 2.-6

Die Bebauung von Holzbauer entlang der Lassallestraße ist der Auftakt einer kompletten Revitalisierung des Nordbahnhofgeländes. Mit den drei Verwaltungsbauten für IBM, ÖMV-Verwaltung und Bank Austria Zentrum entstand eine dichte Packung zeitgemäßer Bürobauten. Holzbauers großstädtische und großmaßstäbliche Bebauung reagiert sowohl auf die urbanen Rahmenbedingungen (Praterstern) als auch auf die Notwendigkeit, die Baukörper durch großzügige, mehrgeschoßige Innenräume und Atrien zu gliedern.

Bürokomplex Lassallestraße Bank Austria I und II, OMV, IBM 1989

Lasallestraße 5, Praterstern
Besichtigung:
nach Vereinbarung
Transport:
U1 (Praterstern)

Neue Welt Kindergarten
1994

Adolf Krischanitz

Aspernallee 2
Besichtigung:
keine
Transport:
U3, Bus 77A (Lusthaus)

Ein Kindergarten versteht sich als eine pädagogische Hülle für kleine Kinder. Im Gegensatz zur üblichen Verniedlichung und zum kindlichen Raumkitsch werden hier klare, gut proportionierte Räume angeboten, die durch eine präzise Fenstrierung gekennzeichnet sind. Der kindliche Maßstab wird auf der Ebene des Mobiliars individuell gestaltet. Baumaterialien: Sichtbeton, Glas und Holzböden. Farbe wird als raumbildendes Element und nicht als Dekor verwendet.

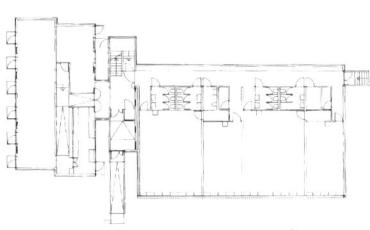
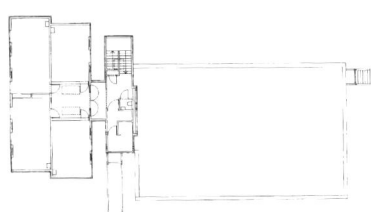

Otto Ernst Schweizer, Theodor Schöll, Erich Frantl

Das ehemalige Praterstadion wurde 1931 zur „Arbeiterolympiade" mit einer großen Massenveranstaltung mit über 4.000 Mitwirkenden eröffnet. 1956–59 von Theodor Schöll auf ein Fassungsvermögen von 92.708 Personen vergrößert, sechs Jahre später reduziert auf 72.110 Personen. Das größte österreichische Stadion wurde 1985–86 generalsaniert und erhielt eine Gesamtüberdachung nach dem Patent von Erich Frantl, Hofstätter, Zemler und Raunich (Knotenpatent), weil diese Variante billiger war als eine Teilüberdachung. Mit einer Auskragung von ca. 50 Metern zur Stadionmitte gehört das elliptische Dach (277 auf 223 Meter) zu einem der weitgespanntesten der Welt. Bauzeit 10 Monate, Fassungsvermögen heute ca. 60.000 Personen.

Prater-Stadion, Ernst Happel-Stadion
1929, 1956, 1985

Prater, Meiereistraße
Besichtigung:
nach Vereinbarung
Transport:
Bus 80B, 83A
(Ernst Happel-Stadion)

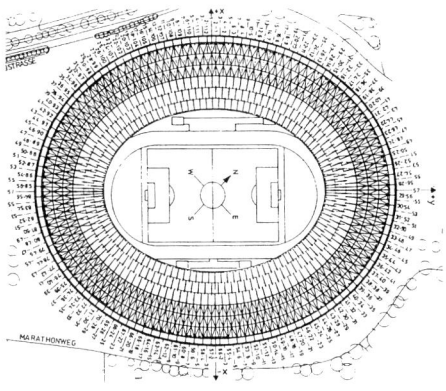

| 2.-9 | | *Carl v. Hasenauer, Adolf Feszty, Anton u. Josef Drexler*

Galopprennbahn Freudenau
1885

Prater
Besichtigung:
öffentlich zugänglich
Transport:
Bus 77A
(Freudenau Rennplatz)

Die Pferderennen gehörten zu den ältesten und vornehmsten Vergnügungen im Wiener Prater. 1862 wurde die Galopprennbahn gegründet. Ein Neubau von Carl von Hasenauer und Adolf Feszty wurde als zarte Gußeisenkonstruktion mit gemauerter Rückseite errichtet. Nach einem Brand wurden von Anton und Josef Drexler die Tribünen wieder aufgebaut, ebenso die Stallungen und der Verwaltungstrakt (1885–87).
Die ehemalige kaiserliche Hofloge – wie in allen öffentlichen Veranstaltungsgebäuden gab es auch hier eine solche – wurde erst nachträglich verglast.
1982–87 erfolgte eine Generalsanierung der Tribünenanlage.

| 2.-10 | | *A. Wimmer, H. Schwarz, G. Hansjakob, T. Hansjakob*

Kraftwerk Freudenau
1988 (1998)

Praterspitzstraße, Kraftwerk
Besichtigung:
keine
Transport:
Bus 80B
(Freudenauer Hafenbrücke)

Das Kraftwerk Freudenau besitzt eine abwechslungsreiche Entstehungsgeschichte. Erst nach einer Volksbefragung im Jahr 1991 konnte mit dem Wettbewerbprojekt vom „Team 3c" (Albert Wimmer, Herwig Schwarz und Gottfried & Toni Hansjakob) begonnen werden. Die aus der Flußmorphologie entwickelte künstliche Insel (800 m lang, 60 m breit) schiebt sich zwischen Krafthaus und Schleusenanlage. Die Insel bildet den Baugrund für das Betriebsgebäude, zu dem eine an vier Stahl-Pylonen abgehängte Brücke führt.

Mit einer Größe von über 6 Millionen Quadratmetern zählt der Prater zu den großen Erholungsräumen von Wien. Der Prater umfaßt den Volksprater, das Messegelände, den Landschaftspark um die Hauptallee, die Freudenau, die Kriau und andere Landschaftsbereiche. 1162 urkundlich nachgewiesen, seit 1403 als „Prater" bezeichnet. Ursprünglich Jagdgehege der Habsburger, seit 1766 allgemeine Benützung. Die viereinhalb Kilometer lange Hauptallee führt zum „Lusthaus", 1781–83 von Isidor Canevale errichtet.

Prater
1403

Praterstern, Prater Hauptallee
Besichtigung:
öffentlich zugänglich
Transport:
Bus 77A (Lusthaus)

3.-1 — *Artur Perotti, Günther Domenig*

Bank Austria Kundenzentrum 1992

Vordere Zollamtstraße 13
Besichtigung:
öffentlich zugänglich
Transport:
U3, U4, LO
(Landstraße Wien Mitte)

Das ehemalige Hauptgebäude der Zentralsparkasse der Gemeinde Wien wurde 1962–65 nach einem Entwurf von Artur Perotti als Stahlbetonskelettbau errichtet. Der Totalumbau durch Günther Domenig entsorgte das gesamte Asbest – Material und entwickelte aus dem ehemaligen Innenhof ein leichtdurchflutetes Atrium, das gemeinsam mit der Kundenhalle im Erdgeschoß eine gänzlich neue Raumsequenz ermöglichte. Ein ökologisches Bewußtsein bei der Materialauswahl soll die kundenfreundliche Haltung der Bank betonen. Die Gestaltung der Fassade reagiert mit einer intelligenten Interpretation auf die Besonnungsproblematik von Glasfassaden.

3.-2 — *Paul Sprenger*

Hauptmünzamt 1835

Am Heumarkt 1
Besichtigung:
keine
Transport:
U4 (Stadtpark)

Das kubische Bauwerk mit seiner einfachen Fassadengliederung ist typisch für die funktionsorientierte, österreichische Beamtenarchitektur der 1. Hälfte des 19. Jahrhunderts. Das geschlossene Erscheinungsbild trifft aber in diesem Fall auch den Zweck der Anlage, die Herstellung und Lagerung von Münzen. Der Bau ist ein Hauptwerk der kurzen eigenständigen Phase des österreichischen Klassizismus, an dem sich jedoch noch die erste Generation der Wiener Moderne, unter anderem auch Otto Wagner, orientierte.

Helmut Richter

| 3.-3

Mit Konsequenz hat Helmut Richter die ersten Gestaltungsansätze vom Restaurant Kiang I (1984) im neuen Kiang III mit Hilfe eines engagierten Bauherren weiter entwickelt. Während das Kiang I als „Aufbruch" von der damaligen Post-Moderne gesehen werden kann, kann das Kiang III als abgeklärte und verfeinerte Etüde der Architekturhaltung von Richter angesehen werden.
Die Gestaltung des Innenraumes ist zurückhaltender und homogener in der Materialwahl, das Glas und die hellen Oberflächen sind Hintergrund für die angebotenen chinesischen und japanischen Speisen. Im Sommer können die Glastüren zur Straße geöffnet werden und die Gäste werden Teilnehmer des alltäglichen, städtischen Theaters.

Kiang III
1997

Landstraßer Hauptstraße 50,
Rochusmarkt
Besichtigung:
während der Öffnungszeiten
Transport:
U3 (Rochusgasse)

Siegfried C. Drach, Alexander Osterberger

| 3.-4

Der Modenaplatz ist das einzige (beinahe) durchgehend in den 1920er und 1930er Jahren bebaute, bürgerlich-städtische Ensemble in Wien, das zudem eine durchgehend hohe Qualität aufweist, obwohl keiner der Wiener „Star-Architekten" daran beteiligt war. Das Haus Nr. 10 ist ein gutes Beispiel für die Qualität, die in den 1930er Jahren auch die sogenannte „gebaute Normalität" erreichen konnte.

Wohnhaus
Neulinggasse
1935

Neulinggasse 50,
Am Modenapark 10
Besichtigung:
keine
Transport:
Bus 4A (Am Modenapark)

| 3.-5 | | *Otto Wagner* |

Miethäuser Rennweg
1890

Es handelt sich hierbei um eine städtebauliche sehr bedeutende Anlage von drei separaten Wohnhäusern, die Wagner ab 1890 realisierte. Das Eckgebäude (Rennweg 1), das Wohnhaus Wagner (Rennweg 3, heute Yugoslawische Botschaft) und das Eckgebäude Auenbruggergasse wurden als eine Einheit geplant, jedoch wird das eigene Wohnpalais Otto Wagners besonders aufwendig gestaltet. Im Eckgebäude Auenbruggergasse wohnte der Komponist Gustav Mahler.

Rennweg 1, 3, 5
Besichtigung:
keine
Transport:
L71 (Unteres Belvedere)

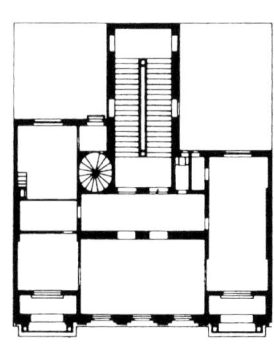

| 3.-6 | | *J. L. v. Hildebrandt, J. B. und J. E. Fischer v. Erlach, u. a.* |

Palais Schwarzenberg
1697, (1716–18), 1722, 1751, 1928

Dieses Gartenpalais war der imposante Auftakt von Johann Lukas von Hildebrandts Wiener Bautätigkeit. Die großzügige Ehrenhofanlage mit Mittelpavillon und niedrigen Seitenflügeln ist in Richtung Innere Stadt hin orientiert. Nach dem Verkauf des nicht vollendeten Palais an Fürst Adam von Schwarzenberg übernahmen die beiden Fischer die Fertigstellung. Reitschule und Orangerie nach Plänen von Andrea Altomonte (1751). Gemeinsam mit dem Belvedere ergibt die Anlage einen guten Eindruck von der „Barocken Gartenstadt" im Vorfeld der Befestigungsanlagen. Schweizer Botschaft (1928 von C. Schmidt) im Wirtschaftsgebäude. 1982–84 gestaltete Hermann Czech das Restaurant im Souterrain.

Rennweg 2
Besichtigung:
bei Veranstaltungen
Transport:
LD (Gußhausstraße)

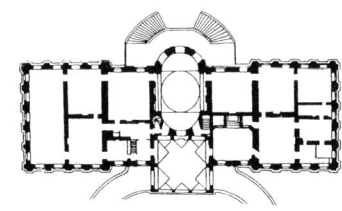
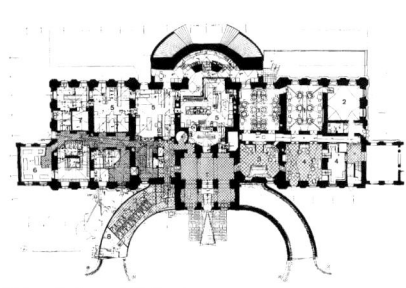

Umbau Restaurant, H. Czech

Johann Lukas von Hildebrandt

Das Belvedere – die Vorstadtresidenz von Prinz Eugen von Savoyen – liegt auf einem abschüssigen Gelände der ehemaligen Vorstadt. Johann Lukas von Hildebrandt nützte die Vorgaben des Terrains für eine effektvolle Inszenierung: der stadtseitig gelegene Hoftrakt des Unteren Belvedere bildet mit seiner Ehrenhofanlage den Auftakt dieses barocken Ensembles, das – vermittelt über den mehrfach terrassierten Park – seinen Höhepunkt in dem modellierten Baukörper des Oberen Belvederes findet.
Beide Bauten werden heute als Museen benutzt. Renovierung, Restaurierung und Neuadaptierung beider Baukörper durch Architekt Sepp Frank (1992–1997) für die Museumsnutzung.

**Belvedere
1700**

Rennweg 6, Prinz-Eugen-Str. 27, Landstraßer Gürtel
Besichtigung:
öffentlich zugänglich
Transport:
LD (Schloß Belvedere)

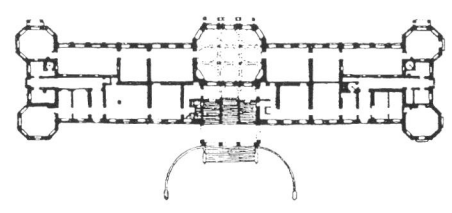

Arsenal
1849
Heeresgeschichtliches Museum
1852

Arsenalstraße, Ghegastraße
Besichtigung:
während der Öffnungszeiten
Transport:
LD, Bus 69A (Arsenal)

Nach der Revolution (1848) beschloß Kaiser Franz Joseph durch den Bau mehrerer Kasernen innerhalb des Stadtgebietes weitere innere Unruhen zu verhindern. Das Arsenal war als Mischbau konzipiert, als Kaserne und Museum (symbolische Darstellung der Staatsmacht). Sichtziegelbauwerk, Detailausformungen paraphrasieren italienisch-mittelalterliche bzw. islamisch-byzantinische Vorbilder. Neben Hansens Heeresgeschichtlichem Museum sind das ehem. Kommandantengebäude von Sicardsburg und v. d. Null und die Kapelle Maria vom Siege von C. Rösner bemerkenswert. Seit den 1950er Jahren wurde das Areal durch Zubauten verändert: u. a. Dekorationswerkstätten der Bundestheater (E. Boltenstern und R. Weinlich, 1959–63), Fernmeldeverwaltungsgebäude (F. Pfeffer, 1961–64), Fermeldezentralgebäude mit Richtfunkturm (K. Eckel, 1973–78), Probebühne des Burgtheaters (G. Peichl, 1993–95).

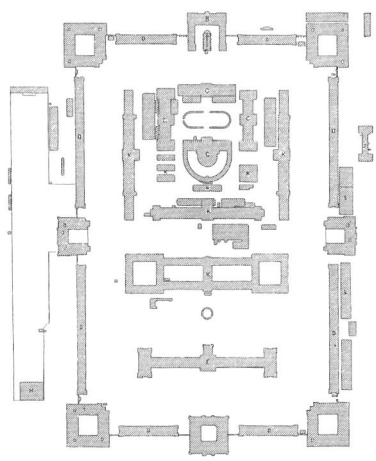

Karl Schwanzer

Ein seltenes Beispiel einer ortsungebundenen Pavillon-Architektur, die ursprünglich als Österreich-Haus auf der Weltausstellung in Brüssel (1958) verwendet wurde. Für die Funktion als Museum wurde der Pavillon in Wien im Erdgeschoß geschlossen und der Hof überdacht. Durch die präzise Ausarbeitung der Stahlkonstruktion wurde hier ein im internationalen Vergleich hervorragendes Bauwerk realisiert.

Museum des 20. Jahrhunderts 1959

Schweizergarten
Besichtigung:
während der Öffnungszeiten
Transport:
LD (Südbahnhof)

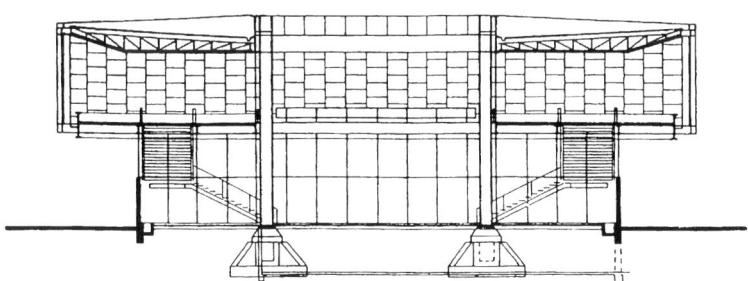

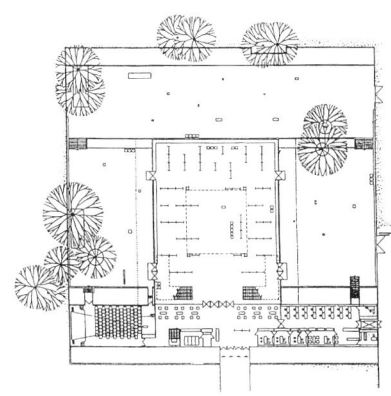

3.-10 | *Peter Gerl*

Sünnhof
1823

Landstraßer Hauptstraße 28,
Ungargasse 13
Besichtigung:
öffentlicher Durchgang
Transport:
U3 (Rochusgasse)

Ein Vorgängerbau aus dem 18. Jahrhundert wurde von Peter Gerl umgebaut und mit einer neuen Fassade versehen. Der Komplex verbindet als Durchhaus die Landstraßer Hauptstraße mit der Ungargasse. Die viergeschossige Bebauung zeugt von der beginnenden Verdichtung dieses Vorstadtgebietes in der 1. Hälfte des 19. Jahrhunderts und war ein großstädtischer Einschub in die noch kleinteilige vorstädtische Struktur des Bezirkes.

3.-11 | *Louis Montoyer, Joseph Meißl jun.*

Palais Rasumovsky
(h.: Geologische
Bundesanstalt)
1803, 1814

Rasumovskygasse 23–25
Besichtigung:
nach Vereinbarung
Transport:
U3 (Rochusgasse)

Das beeindruckende, plastisch durchgebildete Palais lag ursprünglich in einem ausgedehnten englischen Park und nicht wie heute im Verbund kleinerer Straßen. Montoyer gliederte die Straßenfassade des geschlossenen kubischen Baukörpers mittels einer monumentalen Säulenvorhalle, die an der freistehenden Schmalseite in bescheidenerem Maßstab wiederholt wird. Heute befindet sich in dem Palais die Geologische Bundesanstalt mit einer paläontologischen Typensammlung und einer umfassenden geowissenschaftlichen Bibliothek.

Paul Engelmann, Ludwig Wittgenstein

Die Berühmtheit des Mitarchitekten Ludwig Wittgenstein läßt leicht vergessen, daß es sich bei diesem Haus tatsächlich um eine außergewöhnliche architektonische Leistung handelt, die unmittelbar in das von Adolf Loos erzeugte Klima eingebettet ist, diesem Vorbild aber nicht sklavisch folgt. Grobkonzept vom Loos-Schüler und Wittgenstein-Freund Paul Engelmann, Weiterentwicklung von Wittgenstein selbst. Bei der Innenausstattung Verzicht auf Naturmaterialien, Verwendung von Eisen, Glas, Beton und Marmorstuck. Dieser radikalen Reduktion der Materialien entspricht das lediglich durch die Fenster gegliederte Äußere, die Innenraumorganisation ist weit weniger revolutionär.

Haus Stonborough-Wittgenstein (h.: Bulgarische Kulturvereinigung) 1926

Kundmanngasse 19
Besichtigung:
nach Vereinbarung
Transport:
U3 (Rochusgasse)

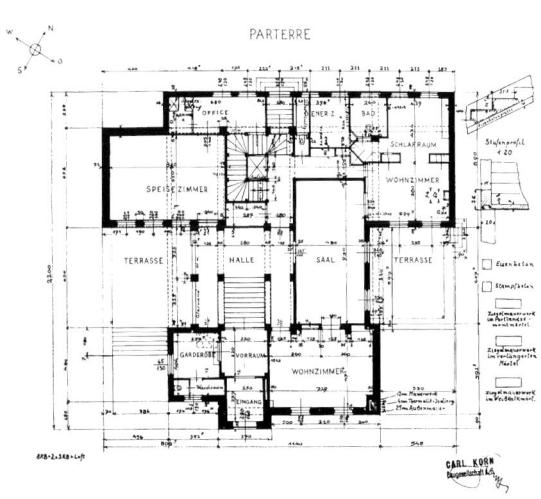

3.-13

Karl-Borromäus-Brunnen (Lueger-Brunnen) 1904

Karl-Borromäus-Platz
Besichtigung:
öffentlich zugänglich
Transport:
U3 (Rochusgasse)

Josef Engelhart, Josef Plečnik

Der Brunnen wurde anläßlich des 60. Geburtstages des Wiener Bürgermeisters Karl Lueger errichtet. Josef Plečnik wurde erst im Laufe der Projektentstehung vom Bildhauer und Maler Josef Engelhart in die Planung eingebunden. Die Anlage nimmt sowohl durch die Form, als auch durch den Maßstab sehr geschickt auf die beschränkte räumliche Situation Rücksicht und bildet durch die Kombination einer ovalen Begrenzung und dem kreisförmigen Brunnenaufbau noch sichelförmige Freiflächen, die die Einrichtung eines „Minimalparks" erlaubten.

3.-14

Wohnhaus Petrusgasse 1985

Petrusgasse 4
Besichtigung:
keine
Transport:
Bus 74A (Petrusgasse)

Hermann Czech

Die Unauffälligkeit und Normalität ist bei diesem Wohnhaus zum Prinzip erhoben worden. Wenn Architektur Hintergrund ist (Czech), so ist dieses Wohnhaus die Umsetzung einer Architekturhaltung. Im Umfeld der postmodernen Architektur der 80iger Jahre ein angenehm bewohnbares Haus mit klaren Grundrissen, sinnvollen Erkern, aber ohne ästhetische Verrenkungen.

Max Fabiani

Fabiani erweist sich mit diesem Bau als aufmüpfiger Wagner-Schüler, der die Lehre des Meisters nicht nur annahm, sondern noch zu übertreffen suchte. Zeitlich knapp nach dem Majolika-Haus Wagners (Wienzeile) entstanden, geht dieses Geschäftshaus zumindest in der Fassadengestaltung über dessen rationales Konzept hinaus. Die Kachelverkleidung der Fassade bildet keine geschlossene ornamentale Fläche, sondern das Muster entsteht durch Versetzen verschiedenfarbiger Einzelstücke. Die serielle Anordnung der Fensterachsen und die rhythmisierte der beiden unteren Geschosse sind prinzipiell beliebig fortsetzbar. Einige Unverschämtheiten bei der Renovierung, vor allem im zweistöckigen Geschäftsbereich, konnten dem Bau nicht wirklich schaden.

Wohn- und Geschäftshaus Portois & Fix
1899

Ungargasse 59–61
Besichtigung:
nur Geschäfte
Transport:
LO (Neulinggasse)

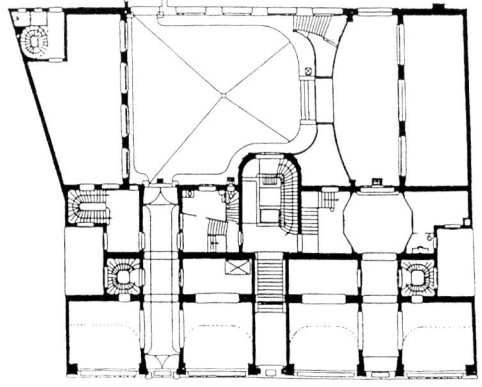

3.-16 | Walter Sobotka

Wohnhaus Klopsteinplatz 1927

Klopsteinplatz 6,
Schrottgasse 10–12
Besichtigung:
keine
Transport:
Bus 77A (Rabengasse)

Ein sehr nüchterner Wohnbau der Gemeinde Wien, der gänzlich auf dekorative Details verzichtet. Die Fassaden werden durch Fenster und scharf ausgeschnittene Loggien gegliedert, der Baukörper selbst durch Überlagerungen von mehreren Raumschichten. Diese unsentimentale Haltung macht ihn zu einem Ausnahmefall innerhalb des sozialdemokratischen Bauprogramms.

3.-17 | Architektengruppe Rennweg

Wohnpark Rennweg 1994

Landstraßer Hauptstraße 148
Besichtigung:
keine
Transport:
Bus 74A (Petrusgasse)

Auf dem Areal einer alten Kaserne wurde in relativer Nähe zum Zentrum mit dem Wohnpark Rennweg der Versuch unternommen, an die traditionellen Qualitäten der Wohnbauten der Gemeinde Wien der Zwischenkriegszeit anzuschließen. Zwischen Oberzellergasse, Rennweg und Landstraßer Hauptstraße entstanden 437 Wohnungen mit Läden und Büros. Aufgrund der Richtlinien im sozialen Wohnbau wurden viele Gestaltungsdetails egalisiert, mit dem Resultat, daß trotz der Vielzahl der beteiligten Architekten die gesamte Bebauung eine geringe gestalterische Identität aufweist. Bemerkenswert sind die Bauwerke von Roland Rainer, Nehrer und Medek sowie Anton Schweighofer. Architektengruppe Rennweg: Atelier 4; Bramhas, Waclawek & Karrer; Marschalek & Ladstätter mit Bert Gantar; Nehrer & Medek; Neumann & Steiner; Perotti & Greifeneder; Puchhammer & Wawrik; Roland Rainer; Udo Schrittwieser; Anton Schweighofer

Heinrich Schmid, Hermann Aichinger

Raben-Hof
1925

In Folge schwieriger Besitzverhältnisse und der topographischen Situation entschlossen sich die Architekten gegen eine achsiale Hofanlage und für eine flexible Führung der langestreckten Baukörper um große Freiflächen herum. Keine der hofartigen Strukturen ist tatsächlich geschlossen. Der abwechslungsreiche Eindruck, den diese Bebauung hinterläßt, wird noch durch die Detailformulierung und unterschiedliche Materialien verstärkt. Wie die meisten dieser Großanlagen verfügte auch dieser Hof über angeschlossene Dienstleistungs-und Bildungseinrichtungen.

Baumgasse, Rabengasse,
Hainburger Straße, Lustgasse,
St. Nikolaus-Platz
Besichtigung: nur Freiflächen
Transport:
U3 (Kardinal-Nagl-Platz)

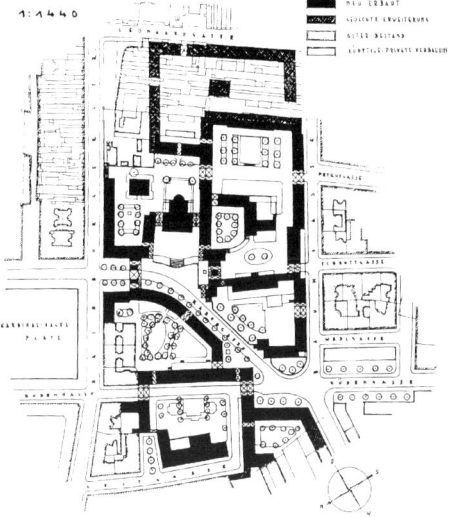

LAGEPLAN

3.-19 | Friedensreich Hundertwasser

**Hundertwasserhaus
1982**

Löwengasse 41–43
Besichtigung:
nur Souvenirgeschäft
Transport:
LN (Löwengasse)

Seit dem „Verschimmelungsmanifest" von Friedensreich Hundertwasser aus dem Jahr 1958 gilt dem Maler die gerade Linie als ein Verrat an der menschlichen Individualität. Mit der Dekoration eines sozialen Wohnhauses in der Löwengasse gelang Hundertwasser eine mediale Präsenz, die fachlich weder von der Bautypologie noch von der verkündeten Ökologie im Wohnbau eingelöst wird. In ähnlicher Weise dekorierte Hundertwasser das Fernheizkraftwerk mit dem Schornstein der Wiener Stadtwerke an der Spittelauer Lände im 9. Bezirk.

Erwähnungen

2.12e	Wohnhausanlage Kai 302 Albert Wimmer	1995 Handelskai 302–304	
2.13e	Johann-Nepomuk-Kirche Carl Rösner	1841 Praterstraße 45	
3.20e	Miethaus Hoffmann Josef Kornhäusel, Anton Hoppe	1833 Beatrixgasse 20	
3.21e	Bankfiliale Radetzkyplatz Luigi Blau	1984 Radetzkyplatz	
3.22e	Deutsche Botschaft Rolf Gutbrod	1963 Metternichgasse 3	
3.23e	Wohnhaus Günther Oberhofer	1992 Kard. Nagl Platz 5–7	
3.24e	Passage Ernst Hoffmann	1992 Landstraßer Hauptstraße 71	
3.25e	Bürogebäude Barichgasse Peter Schweger & Partner mit Iwan Zelenka	1989 Barichgasse 38–42/Ungargasse 59–61	
3.26e	Hoffmann-La Roche Georg Lippert	1960 Gürtel/Jaquingasse	

PLAN NR. 3

4. Bezirk
Wieden
5. Bezirk
Margareten
6. Bezirk
Mariahilf
7. Bezirk
Neubau
8. Bezirk
Josefstadt
9. Bezirk
Alsergrund

4. Bezirk, Wieden Indexnummern:	4.-**1** ... 4.-**8**e
5. Bezirk, Margareten Indexnummern:	5.-**1** ... 5.-**10**e
6. Bezirk, Mariahilf Indexnummern:	6.-**1** ... 6.-**8**e
7. Bezirk, Neubau Indexnummern:	7.-**1** ... 7.-**9**e
8. Bezirk, Josefstadt Indexnummern:	8.-**1** ... 8.-**8**
9. Bezirk, Alsergrund Indexnummern:	9.-**1** ... 9.-**21**e

Empfehlungen

Sehenswerte Bauwerke - Anregungen von Wiener Architekten:

4. Bezirk:
Coop Himmelblau:
    Karlskirche, Index-Nr. 4.3
Eichinger oder Knechtl:
    Ausstellungsgebäude und Turm am Karlsplatz (Josef Hoffmann) - noch nicht gebaut
Wilhelm Holzbauer:
    Palais Starhemberg-Schönburg, Index-Nr. 4.8e
Elsa Prochazka:
    Kunsthalle, Index-Nr. 4.2

6. Bezirk:
Wolfdietrich Ziesel:
    Stadtbahnbrücken, Index-Nr. 1.36

7. Bezirk:
Martin Kohlbauer:
    Durchhaus Lerchenfelder Straße 13

9. Bezirk:
Margherita Spiluttini (Architekturfotographin):
    Narrenturm, Index-Nr. 9.7

| 4.-1 | *Hofbaudirektion, Josef S. v. Leytenbach, Peter v. Nobile*

Technische Universität Wien
1816

Karlsplatz 13
Besichtigung:
öffentlich zugänglich
Transport:
U1, U2, U4 (Karlsplatz)

Der Komplex ist asymmetrisch um vier Innenhöfe gruppiert und in mehreren Bauphasen während des 19. Jahrhunderts entstanden. Der zum Karlsplatz orientierte Haupttrakt wurde ab 1816 errichtet und ist mit seiner sparsamen Instrumentierung ein typisches Produkt des vom Hofbauamt propagierten Stils der ersten Jahrhunderthälfte. Bemerkenswert ist der Festsaal, der nach Plänen von Peter Nobile ausgestattet wurde. 1905–06 wurde der zur Karlsgasse gelegene Trakt von Carl König, Inhaber des Lehrstuhls für Architektur an dieser Institution, errichtet. Renovierung und Adaptierung des Gebäudes durch Hans Puchhammer.

| 4.-2 | *Adolf Krischanitz*

Kunsthalle Wien
1992

Karlsplatz, Treitlstraße 2
Besichtigung:
öffentlich zugänglich
Transport:
U1, U2, U4 (Karlsplatz)

Direkt am Karlsplatz steht die Kunsthalle der Stadt Wien, ein provisorisches Ausstellungsgebäude, welches einen ganzjährigen Ausstellungsbetrieb unterhält. Die Stahlkonstruktion, bestehend aus 16 Rahmen, ruht auf Betoneinzelfundamenten und trägt den Ausstellungsraum mit den Abmessungen 54 m Länge, 17,7 m Breite und 9 m Höhe. Mitten durch den Raum führt eine „Röhre", die als kommunikatives Element gedacht war und Park und Ausstellungshalle zu einer neuen „Öffentlichkeit" verhelfen sollte, aber gleich am Anfang geschlossen wurde.

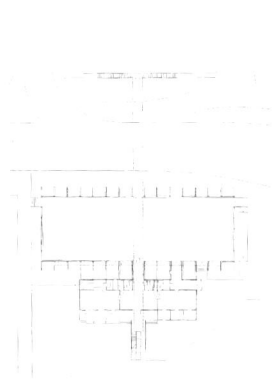

Johann B. Fischer von Erlach, Josef E. Fischer von Erlach

**Karlskirche
1715, (1722–39)**

Eine Bau wie eine Imprese, von Karl VI als Dank für das Vorüberziehen der Pest seinem Namenspatron, dem Hl. Karl Borromäus, gestiftet. Die beiden monumentalen Säulen versinnbildlichen neben ihrem Antiken- und Rombezug sowohl die Säulen des Salomonischen Tempels als auch das persönliche Motto Karls „Constantia und Fortitudo". Vielschichtige räumliche Entfaltung: Gestaffelter Baukörper (Silhouettenwirkung) mit ovalem Hauptraum (Längsachse) und Annexbauten, Altar mit theatralischer Lichtregie nach einem Entwurf Fischers, Kuppelfresko vom österreichischen Maler Johann Michael Rottmayr. Die stadträumliche Situation der Kirche – sie lag ursprünglich im Grünbereich der Vorstadt am Ufer eines Flußarmes – ist heute schwer vorstellbar.

Karlsplatz
Besichtigung:
öffentlich zugänglich
Transport:
U1, U2, U4 (Karlsplatz)

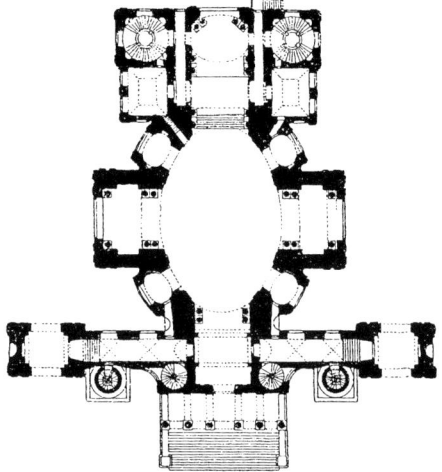

4.-4 | Josef Kornhäusel

**Zinshaus Dittmann
1831**

Resselgasse 3–5,
Wiedner Hauptstraße 3
Besichtigung:
keine
Transport:
U1, U2, U4 (Karlsplatz)

Das ehemalige „Haus zum Goldenen Ochsen" ist ein großes spätbiedermeierliches Zinshaus. Hinter der Fassade mit dem flachen Mittelrisalit und dem originalen Haustor liegt ein U-förmiger „Pawlatschen"-Hof. Die Pawlatsche ist eine Wiener Besonderheit, bei der die Erschließung der Wohnungen über einen – oftmals verglasten – außenliegenden Holzvorbau erfolgt.

4.-5 | C. Holzmeister, H. Schmid, H. Aichinger; G. Peichl

**Funkhaus;
Landesstudio Wien und
Niederösterreich
1935**

Argentinierstraße 30a
Besichtigung:
keine
Transport:
U1 (Taubstummengasse)

Die Ausführung des Funkhauses folgte den von Clemens Holzmeister überarbeiteten Plänen des Büros Schmid und Aichinger. Sowohl die eminente politische Bedeutung, die das neue Medium hatte, als auch die Mittelposition der Bauaufgabe zwischen Zweckbau und öffentlich zugänglichem Repräsentationsbau sind an der ausgeführten Version ablesbar. Holzmeisters Interventionen konzentrierten sich auf die Steigerung der Monumentalität und die Ausstattung des Eingangsbereiches. Die Anordnung der Baukörper folgt dem von Schmid und Aichinger vorgeschlagenen Grundplan. Das Funkhaus wurde während des Zweiten Weltkrieges von Bomben beschädigt und 1979–83 von Gustav Peichl erweitert, der vor allem den vernachlässigten Hofraum aufwertete.

Andras Pálffy, Christian Jabornegg, Georg Schönfeld | 4.-6

Die Ausstellungshalle einer Lebensversicherung wurde durch die neue Intervention der Architekten zu einem Kunstzentrum. Der wesentliche bauliche Eingriff besteht aus einer sichtbaren Stahlbetonkonstruktion, welche eine neue räumliche Sequenz bildet. Die Belichtung erfolgt über das Dach, direkte Sonneneinstrahlung wird ausgeblendet, das restliche Tageslicht über ein Umlenksystem in das Gebäudeinnere reflektiert.

**EA Generali Foundation
1992**

Wiedner Hauptstraße 15
Besichtigung:
Öffnungszeiten
Transport:
L 62, L65 (Paulanergasse)

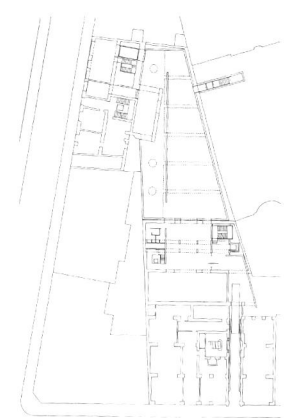

Giovanni Battista Carlone, Tencala, Pacassi, Schlöss | 4.-7

Ein Meierhof des 14. Jahrhunderts wurde unter Kaiser Matthias ab 1615 zu einem Lustschloß, der sogenannten „Favorita" (die Bevorzugte), ausgebaut. Die Anlage hatte eine z. T. noch erhaltene großzügige Gartenanlage. Noch im 17. Jahrhundert war das Schloß durch die Türkenkriege schwer beschädigt und nach Plänen von Giovanni Pietro Tencala verändert wieder aufgebaut worden. Im 18. Jahrhundert erfolgte eine Erweiterung durch Nikolaus Pacassi. Seit der Umwandlung des Lustschlosses in ein Jesuitenkolleg im 18. Jahrhundert wird der Bau als Ausbildungstätte benutzt; heute ist er der Sitz der Diplomatischen Akademie und eines Gymnasiums. Umbauarbeiten durch Erich Schlöss.

**Theresianische
Akademie
1615**

Favoritenstraße 11
Besichtigung:
keine
Transport:
U1 (Taubstummengasse)

5.-1 | *Josef Plečnik*

**Miethaus Steggasse
1901**

Rechte Wienzeile 68,
Steggasse 1
Besichtigung:
keine
Transport:
U4 (Kettenbrückengasse)

Plečnik setzte mit diesem Doppelhaus Otto Wagners Typus eines großstädtischen Miethauses, dessen Volumen dieser oft mittels der architektonischen Detailformulierung andeutete, tatsächlich in die Dreidimensionalität um. Die beiden aneinandergerückten Türme sind in ihrer Höhe differenziert und so leicht als selbständige Baukörper lesbar. Die Binnengliederung unterstreicht – vor allem durch das dominante Kranzgesims und die ums Eck führenden Balkone – den freistehenden Baukörper.

5.-2 | *Hubert und Franz Gessner*

**Druck- und
Verlagsanstalt
„Vorwärts"
1907**

Rechte Wienzeile 97
Besichtigung:
keine
Transport:
U4 (Kettenbrückengasse)

Sozialistischer Pathos, auf höchstem architektonischen Niveau vorgetragen, war eine Spezialität der Brüder Gessner, das sie in das Bauprogramm des Roten Wien einbrachten. Der dynamische Name des Verlags findet sich in der architektonischen Ausformulierung tatsächlich umgesetzt, ohne durch allzu sprechende Details zu deutlich angesprochen zu sein. Der Bau leidet heute unter der postmodernen Anbiederung und Nutzung durch den anschließenden Hotelneubau.

Die beiden Wohnbauten Viktor-Christ-Gasse 15–17 (Baujahr 1991) und Zentagasse 46 (Baujahr 1994) befinden sich in direkter Nachbarschaft und zeigen die möglichen Bandbreiten innerhalb bestehender Bebauungsvorschriften für die Gestaltung von Eckgrundstücken. In der Viktor-Christ-Gasse wird der geschwungene Baukörper von der Straßenkante zurückgenommen (lediglich eine zweigeschoßige Pergola definiert die Grundstücksgrenze) und ermöglicht eine Öffnung des gründerzeitlichen Straßenprofiles; bei der Zentagasse schützt ein verglaster Laubengang vor dem Straßenlärm. Gemeinsam mit der starken Färbelung hinter der Verglasung entsteht eine auffallende Ecklösung.

Zentagasse
1994

Zentagasse 46
Besichtigung:
keine
Transport:
Bus 59A (Castelligasse)

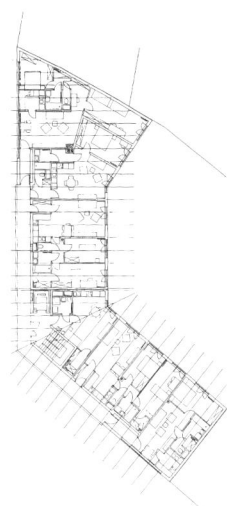

Fritz Judtmann, Egon Riss

Die Fassade des Wohnhauses in der Diehlgasse ist eine der konsequentesten Lösungen innerhalb des Bauprogrammes der Gemeinde Wien. Die horizontale Gliederung durch Mauerbänder und Loggien wird von den „Längsstreifen" der verglasten Veranden überlagert. Die Gliederung hat die Ausgewogenheit und Regelmäßigkeit eines „Karomusters".

Wohnhaus Diehlgasse
1928

Brandmayergasse,
Diehlgasse 20–26
Besichtigung:
keine
Transport:
L18 (Arbeitergasse)

Hermann Stiegholzer, Herbert Kastinger

Arbeitsamt für die Metall- und Holzindustrie 1928

Embelgasse 2–4,
Siebenbrunnenfeldgasse,
Obere Amtshausgasse 5–7
Besichtigung: keine
Transport:
U4, Bus 12A
(Siebenbrunnenfeldgasse)

Die ernste Monumentalität des Arbeitsamtes kann wohl auch als didaktische Maßnahme verstanden werden, drückt sie doch einerseits die Ernsthaftigkeit des sozialen Dramas „Arbeitslosigkeit" aus, vermittelt aber andererseits die „beruhigende Anwesenheit" einer Staatsmacht, die sich des Problems angenommen hat. Der zweigeteilte Baublock ist im Inneren durch großzügige Erschließungsbereiche gegliedert und somit ganz auf die rasche Abwicklung der administrativen Tätigkeit ausgerichtet.

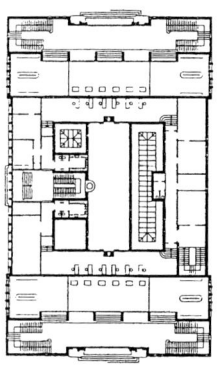

Rudolf Schwarz

Pfarrkirche St. Florian 1961

Wiedner Hauptstraße 97–99
Besichtigung:
öffentlich zugänglich
Transport:
L62, L65 (Laurenzgasse)

Mit diesem Neubau der Pfarrkirche St. Florian wurde ein Stück Stadtgeschichte und ein Stück Kirchenbaugeschichte in Wien geschrieben. Der Anlaß für den Neubau war der aus verkehrstechnischen Gründen notwendige Abbruch der barocken Florianikirche, die sich in der Mitte der Wiedner Hauptstraße befand. Der Neubau durch Rudolf Schwarz war das Ergebnis eines internationalen Wettbewerbs im Jahr 1957 und war für die Architekturdiskussion in Wien von größter Relevanz.

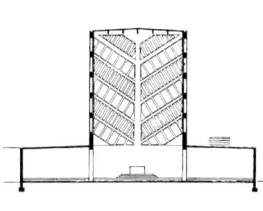
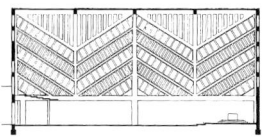

Hubert Gessner

Viele Schlagwörter, die mit dem Bauprogramm der Gemeinde Wien verbunden werden, lassen sich unmittelbar auf den Reumann-Hof anwenden. Die Bezeichnung des Gürtels als „Ringstraße des Proletariats" wurde in Zusammenhang mit seiner Errichtung geprägt. Auch Josef Franks Diktum von „Arbeiterwohnpalast" wird angesichts der monumentalen Anlage mit 478 Wohneinheiten unmittelbar verständlich. Die schloßartige Konzeption entstand allerdings erst durch eine Planänderung – ursprünglich war ein Hochhaus mit anschließenden Höfen geplant.

Reumann-Hof
1924

Margaretengürtel 100–110,
Siebenbrunnengasse,
Brandmayergasse
Besichtigung:
nur Freiflächen
Transport:
L6, L18 (Eichenstraße)

Heinz Tesar

Die beiden Wohnbauten von Heinz Tesar wurden nacheinander errichtet und bilden gemeinsam einen neuen Straßenraum von hoher Qualität. Zur Straße hin greift Tesar ein reduziertes Vokabular der Wiener Wohnbauten der Zwischenkriegszeit auf (reduzierter Expressionismus), zur Hofseite artikuliert Tesar das Thema der Veranda. Ein besonders schön gelungenes Beispiel des neuen Wiener Wohnbaus.

Wohnhaus
Einsiedlergasse
1981

Einsiedlergasse 13
Besichtigung:
keine
Transport:
Bus 14A
(Reinprechtsdorferstraße)

Kulissen-u. Dekorations-depot der Hoftheater (h.: Atelierhaus der Akademie der bildenden Künste) 1875, 1993

Lehargasse 6–8
Besichtigung:
öffentlich
Transport:
U2 (Babenbergerstraße)

Gottfried Sempers Kulissendepot der Hoftheater ist als reiner Sichtziegelbau errichtet, was eher für Industrieanlagen der Zeit typisch war. Im unteren Bereich gliedern Rundbogenfenster die Fassade, im obersten Geschoß große, rechteckige Eisenrahmenfenster. Semper entwickelte aus der unregelmäßigen Grundstücksform einen vollständig untyplogischen Baukörper, der den Zu- und Abtransport der großen Dekorationsobjekte durch eine mehrgeschossige Halle ermöglichte. Der Bau beweist die architektonische Innovation bei ungewöhnlichen Bauaufgaben. Nach einer Adaptierung und Renovierung durch Carl Pruscha (1993–96) wird das Gebäude heute von der Akademie der bildenden Künste als Atelierhaus für Maler genutzt.

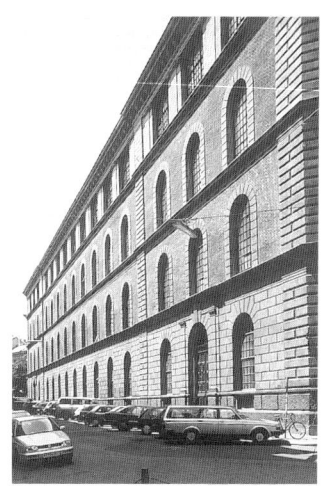

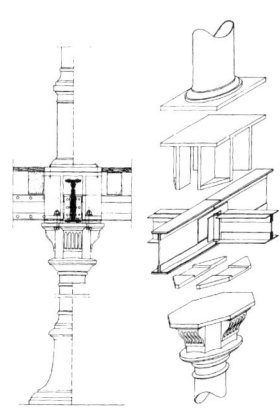

Otto Wagner

Wienzeilenhäuser
1898

Eine Abfolge von drei Baukörpern, die als eine einzige städtebauliche Ecksituation gestalterisch komponiert wurden. Ein Haus an der Wienzeile ist zur Gänze mit glasiertem Steingut (Majolikafliesen) verkleidet, die beiden anderen Häuser haben eine Putzfassade. Durch die klare Grundrißdisposition und die Verwendung eines Aufzuges wurden diese Häuser seit ihrem Entstehen als Beispiele moderner, großstädtischer Wohnkultur gefeiert. Im Haus Köstlergasse 3 wohnte Otto Wagner selbst, hier befand sich auch seine berühmte gläserne Badewanne.

Linke Wienzeile 40, Linke Wienzeile 38/Köstlergasse 1, Köstlergasse 3
Besichtigung: keine
Transport:
U4 (Kettenbrückengasse)

6.-3 | *Josef Reymund d. Ä., Franz Jäger*

**Theater an der Wien
1797**

Linke Wienzeile 6,
Milöckergasse, Lehárgasse
Besichtigung:
Öffnungszeiten
Transport:
U1, U2, U4 (Karlsplatz)

Der Name des Baus „an der Wien" ist aus seiner stadträumlichen Situation her heute schwer verständlich, bei seiner Errichtung lag das Theater an dem noch freiliegenden Wienfluß. Der älteste Teil des Gebäudekomplexes wurde für den Intendanten Emanuel Schikaneder 1800/01 auf einer sehr schmalen Parzelle errichtet. 1902 wurde ein neuer Eingangstrakt von den Theaterspezialisten Ferdinand Fellner und Hermann Helmer an Stelle des Vorhauses an der Wienzeile errichtet. In den 1960er Jahren wurde der Theaterbau von Otto Niedermoser den neuen Anforderungen angepaßt und 1979–82 die vereinfachte Fassade rückgebaut.

6.-4 | *Ludwig Förster, Theophil von Hansen*

**Evangelische Kirche
(Gustav-Adolf-Kirche)
1846**

Gumpendorfer Straße, b. 129
Besichtigung:
öffentlich zugänglich
Transport:
Bus 57A (Sonnenuhrgasse)

Als erste evangelische Kirche außerhalb der Inneren Stadt nach Plänen von Ludwig Förster und Theophil von Hansen errichtet, die sich beide in der Folge auf dem Gebiet des Sakralbaus etablierten, ist der geschlossene Baukörper mit jenen islamisch-byzantinischen Elementen dekoriert, die in den folgenden Jahrzehnten fast kanonisch für nicht-katholische Sakralbauten werden sollten.
Die einfache Form des Volumens schließt an den Klassizismus an, während der Dekor schon auf die der Bauaufgabe angepaßte Variabilität des Historismus vorgreift.

Margarethe Cufer, Oswald Oberhuber

**Wohnhaus
Linke Wienzeile
1991**

Die Zusammenarbeit von Margarethe Cufer (architektonische Planung) und Oswald Oberhuber (baukünstlerischer Entwurf) zeigen eine ernsthafte Auseinandersetzung mit dem Thema „Künstler-Architektur". Jenseits von einer naiven Behübschung und Kosmetik der Architektur entstand hier ein typologisch klar definierter Eckbaukörper mit einer heiteren, differenzierten Fassade. Die unterschiedlichen Parapethöhen der Fenster und die Vielfalt der Fensterformate setzen ein persönliches Zeichen an einer der wichtigsten Hauptstraßen von Wien.

Esterhazygasse 2, Linke Wienzeile 96
Besichtigung:
keine
Transport:
U4 (Pilgramgasse)

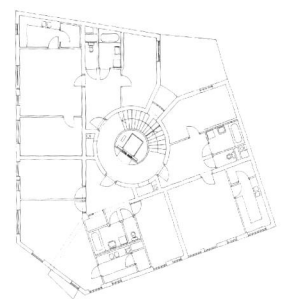

7.-1 | Laurids und Manfred Ortner

Museumsquartier
1988

Museumsplatz
Besichtigung:
öffentlich zugänglich
Transport:
U2, U3 (Volkstheater)

„Das siegreiche Wettbewerbsprojekt von Laurids und Manfred Ortner hat intelligent die urbanen Muster des imperialen Zentrums mit denen des angrenzenden bürgerlichen Quartiers verwoben und damit eine Struktur vorgeschlagen, welche eine spannende Aufwertung, Durchwegung und Öffnung des Quartiers ermöglicht." (Dietmar Steiner)
In dieses Areal der ehemaligen Hofstallungen (Fischer von Erlach, 1721–23) wird zukünftig das Museum Moderner Kunst, das Museum Leopold und die Kunsthalle untergebracht werden, gegenwärtig befindet sich dort schon das Architekturzentrum Wien und das Kindermuseum.

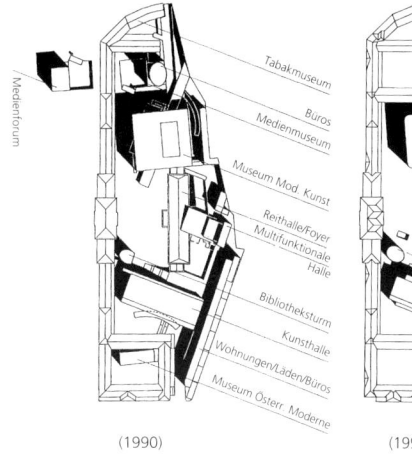

(1990)　　　(1994)

7.-2 | Ferdinand Fellner und Hermann Helmer

Volkstheater
1887

Neustiftgasse 1
Besichtigung:
öffentlich zugänglich
Transport:
U2,U3 (Volkstheater)

Die Tätigkeit der Theaterspezialisten Fellner und Helmer innerhalb der Donaumonarchie ist legendär. Sie haben tatsächlich beinahe jedes Theater des k.k. Reiches errichtet, wobei es auch vorgekommen sein soll, daß Entwürfe mehrmals verwendet wurden. Die auffallende Schrägstellung der Fassade des Wiener Volkstheaters, die nicht der Längsentwicklung des Baukörpers entspricht, erklärt sich durch die Ausrichtung zu den ehemaligen Hofstallungen. Sogesehen gehört das Theater – wie etwa die Hofmuseen – zu der Gruppe historistischer Bauten, die sich an der barocken Konzeption der Hofburg orientierten.

Johann B. Fischer von Erlach

| 7.-3

Das Gartenpalais lag ursprünglich an der Vorstadtkante und war gegen die Befestigungsanlage hin orientiert. Johann B. Fischer von Erlachs großzügiger Entwurf gruppierte die Baukörper um mehrere Innenhöfe. Straßen und Gartenfassade liegen im rechten Winkel zueinander. Zur Straßenseite dominiert ein ausgeprägtes Mittelrisalit mit Riesenordnung, das an der Gartenfassade in reduzierter Form paraphrasiert wird. Heute beherbergt das ehemalige Gartenschloß das Justizministerium.

**Palais Trautson
1710**

Museumsstraße 7
Besichtigung:
keine
Transport:
U2 (Volkstheater)

Otto Wagner

| 7.-4

Die Wohnhäuser Neustiftgasse 40 (1909) und Döblergasse 4 (1911) entstanden auf zwei nebeneinanderliegenden Parzellen und verdeutlichen Otto Wagners Einstellung zum städtischen Mietshaus, das hier in seiner Einfachheit Ausdruck der sozio-ökonomischen Verhältnisse ist. (Erläuterungstext O.Wagner). Im Haus Döblergasse befand sich die letzte Stadtwohnung von Otto Wagner (1911–1918), seit 1985 befindet sich dort das Otto-Wagner-Archiv der Akademie der bildenden Künste Wien.

**Miethäuser
Döblergasse-
Neustiftgasse
1909**

Neustiftgasse 40,
Döblergasse 4
Besichtigung: nach
Vereinbarung (Döblergasse 4)
Transport:
L46 (Strozzigasse)

| 7.-5 | *Paul Sprenger, Joh. Georg Müller, Franz Sitte*

**Altlerchenfelder Kirche
1846, (1849–61)**

Lerchenfelder Straße 111
Besichtigung:
öffentlich zugänglich
Transport:
L46 (Schottenfeldgasse)

Der an der Innenseite der ehemaligen Vorstadtbefestigung gelegene Kirchenbau markiert wohl am deutlichsten den Umsturz, der sich in der Folge der (auf politschem Gebiet gescheiterten) bürgerlichen Revolution von 1848 in der Architektur wiederholte. Der großdimensionierte Kirchenbau wurde von Paul Sprenger, Leiter des Hofbauamtes, das den Klassizismus als offiziellen Staatsstil propagierte, begonnen. Vollendet wurde er als Hauptwerk des Frühhistorismus von Johann Georg Müller, Eduard van der Nüll und Franz Sitte.

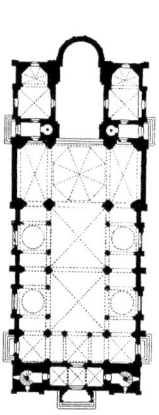

| 7.-6 | *Georg Driendl und Gerhard Steixner*

**Skala Bar-Restaurant
1987**

Neubaugasse 8
Besichtigung:
öffentlich zugänglich
Transport:
U3 (Neubaugasse)

Das Bar-Restaurant „Skala" im Untergeschoß eines Gründerzeithauses versucht durch seine Lichtführung und seine transitorische Materialisation von der tatsächlichen Räumlichkeit unter dem Straßenniveau abzulenken und inszeniert eine komplexe Raumsequenz, die durch die heterogenen Oberflächen noch verstärkt wird: geschliffenes, gebürstetes und poliertes Metall, blankes lackiertes und vorgerostetes Eisen, verschiedene Gläser und Spiegel sowie unterschiedlich behandelte Stein- und Holzoberflächen.

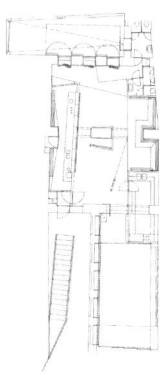

Adolf Loos

| 7.-7

Die ehemalige „Anglo-Österreichische Bank II" zeigt Loos als geschickten Semantiker und nebenbei einen Gegenentwurf zu Otto Wagners Postsparkasse, die von Loos nicht unbedingt positiv beurteilt wurde. Das beeindruckende Portal aus schwarzem Granit erscheint sowohl durch Materialwahl als auch deren monumentale Verarbeitung auf kleinstem Raum wie eine Geldkassette. Durch einen dunklen Vorraum erfolgt die Erschließung durch Räume unterschiedlicher Höhe bis in den hohen, hellen Kassensaal, der ausschließlich über die Decke beleuchtet wird. 1973 wurde das Innere umgebaut.

Zentralsparkasse Mariahilf-Neubau
1914

Mariahilfer Straße 70
Besichtigung:
während der Öffnungszeiten
Transport:
U3 (Neubaugasse)

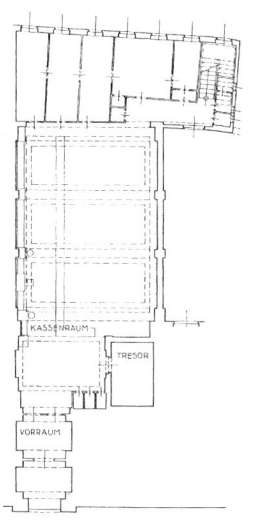

| 7.-8

Der Bezirksteil, hinter den ehemaligen Hofstallungen gelegen, hat schon einige „Imagewechsel" hinter sich. Namensgebend war das „Wiener Bürgerspital", das seit 1525 Besitzer der Gründe war. Das Areal liegt um 20 Meter höher als die Ebene davor, und war daher während der Türkenbelagerungen von strategischer Bedeutung. Sowohl Sultan Suliman, als auch Kara Mustafa hatten hier ihr Quartier aufgeschlagen. Die Bebauung stammt aus der Zeit um 1700. Daß die Bebauung heute noch in dieser geschlossenen Form erhalten ist, verdankt sie dem Umstand, daß das Areal bis zum Ersten Weltkrieg zu den „berüchtigsten" Stadtteilen Wiens zählte.

Spittelberg

Burggasse, Spittelberggasse, Siebensterngasse
Besichtigung:
öffentlich zugänglich
Transport:
U2, U3 (Volkstheater)

8.-1 | *Robert Oerley*

Studentenheim (ehem. Sanatorium Luithlen)
1907

Auerspergstraße 9
Besichtigung:
keine
Transport:
U2 (Rathaus)

Robert Oerley hat in Wien eine beachtliche Anzahl bemerkenswerter Bauwerke hinterlassen. Das ehemalige Sanatorium Luithlen, heute als Studentenheim genutzt, ist im Inneren größtenteils verändert, die Straßenfassade mit der horizontalen Gliederung und den zwei- und dreiteiligen Fenstern mit geblasenen Buckelscheiben hat eine starke Präsenz. Die Dachaufbauten mit den ehemaligen Operationssälen sowie das gläserne Vordach sind nicht mehr vorhanden (Umbau in den sechziger Jahren).

8.-2 | *Joseph Allio, Josef Kornhäusel, u.a.*

Theater in der Josefstadt
1822

Josefstädter Straße 26
Besichtigung:
während der Vorstellungen
Transport:
LJ (Lederergasse)

Durch zahlreiche Umbauten ist der Theaterkomplex heute nicht mehr leicht lesbar, zudem ist der ursprünglich freistehende Bau heute von Wohnhäusern umgeben. Entsprechend komplex ist auch die Baugeschichte: Ein bestehender Saal aus dem 18. Jahrhundert wurde von Josef Kornhäusel 1822 ausgebaut. Als Max Reinhardt das Theater übernahm, wurden in den 1920er Jahren weitere Umbauten unter Berücksichtigungen der historischen Substanz von Carl Witzmann durchgeführt. In den 1950er Jahren wurde der gesamte Komplex nochmals von Otto Niedermoser renoviert.

Johann Lukas von Hildebrandt | 8.-3

Die schwunghafte Zweiturmfassade der Kirche ist der Höhepunkt eines der schönsten, architektonisch „gefaßten" Wiener Plätze. Dem in der Mitte ausschwingenden und an den Türmen eingezogenem Fassadenvorbau entspricht ein differenzierter, gestaffelter Innenraum, dessen Kern ein beinahe kreisförmiges Oval ist. Die Deckenfresken sind ein Frühwerk des österreichischen Malers Franz Anton Maulbertsch. Die anschließenden Klosterflügel wurden schon vor dem Kirchenbau begonnen und Mitte des 18. Jahrhunderts fertiggestellt.

**Piaristenkirche
1716**

Jodok Fink-Platz
Besichtigung:
öffentlich zugänglich
Transport:
LJ (Lederergasse)

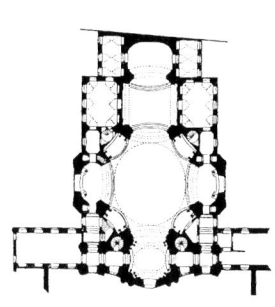

Julius und Wunibald Deininger | 8.-4

Ein beachtlicher Schulbau mit klarem typologischen Konzept, zentralem Festsaal und zwei Seitenflügeln. Der Entwurf spiegelt die Zusammenarbeit des Vaters Julius Deininger mit seinem Sohn Wunibald wider, der bei Otto Wagner studiert hatte und wahrscheinlich für die Gestaltung verantwortlich zeichnet. Prächtige Majolikareliefs von Richard Luksch.

**Neue Wiener
Handelsakademie
1906**

Hamerlingplatz 5–6
Besichtigung:
nach Vereinbarung
Transport:
L5, L33, LJ (Albertgasse)

8.-5 | *Boris Podrecca*

Bankfiliale Erste Österreichische Spar-Casse
1994

Josefstädterstraße 75–77
Besichtigung:
Öffnungszeiten
Transport:
L5, L33, LJ (Albertgasse)

Im städtebaulichen Dialog zum Studentenheim – quasi auf Sichtverbindung – entstand diese Bankfiliale im ehemaligen Albert-Kino in der Wiener Josefstadt. Bei diesem Umbau eines Kinoraumes in ein Bankhaus versuchte Podrecca „Erinnerungsstücke" des Kinos in die Adaptierung hinüberzuretten, um eine historische Schichtung zu erreichen. Der alte Vorführraum ist jetzt der Raum des Direktors, der alte Kinosaal der neue Banksaal. Transformation der Großstadt.

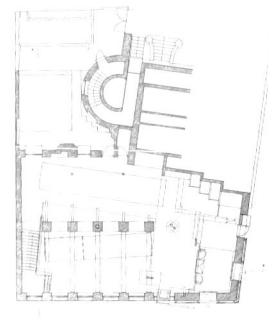

8.-6 | *Caesar Poppovits*

Ludo-Hartmann-Hof
1924

Albertgasse 13–15
Besichtigung:
keine
Transport:
L5, L33, LJ (Albertgasse)

Einer der nicht so zahlreichen, explizit „innerstädtischen" Wohnbauten der Gemeinde Wien, der zusätzlich durch seine ungewöhnliche Grundrißlösung auffällt. Durch das Zurücksetzen der Fassade ergibt sich ein kleiner Vorplatz, durch den der Bau von der historischen Bebauung abgesetzt wird. Die eher kleinen Höfe schließen, durch die Lage im dicht verbauten Gebiet erzwungen, noch an die Mietzinskasernen, ihre Detailformulierung ist aber sehr viel „wohnlicher" gehalten.

Boris Podrecca | 8.-7

Über einer verglasten, doppelgeschoßigen Sockelzone entwickelt sich das sechsgeschoßige Studentenheim. Dieser Umbau eines bestehenden Gebäudes ist nicht sofort erkennbar, da Podrecca geschickt die Proportionen verändert. Die kommunikative Erdgeschoßzone erlaubt Einblick in die Veranstaltungsräume. Eine überzeugende Adaption mit einfachen Mitteln.

**Hotel und Studentenwohnheim Korotan
1991**

Albertgasse 48
Besichtigung:
keine
Transport:
LJ (Albertgasse)

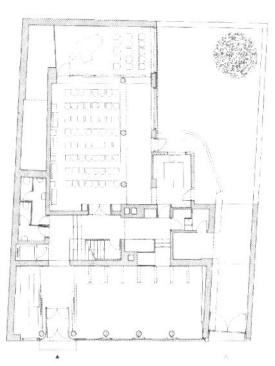

Elsa Prochazka | 8.-8

Ein Museum ist ein Museum ist ein Museum. Ein Volkskundemuseum ist ein besonderes Museum, da hier Einblick in die Geschichte der Kulturen gewährt wird. Die Renovierung und Adaptierung erfolgte mit großer Sensibilität: die Neuaufstellung der Exponate und die Gestaltung der Vitrinen respektieren die historische Bausubstanz, die neue Lichtführung wird effektvoll eingesetzt, ohne zu dramatisieren. Die Vielfalt der Vitrinen ist eine Freude für sich, eine in sich stimmige Museumspräsentation.

**Volkskundemuseum
1994**

Laudongasse
Besichtigung:
Öffnungszeiten
Transport:
L5, L33 (Laudongasse)

| 9.-1 | | *Heinrich von Ferstel* |

Votivkirche
1856

Rooseveltplatz
Besichtigung:
öffentlich zugänglich
Transport:
U2 (Schottentor)

Das ursprünglich vor der Stadtmauer gelegene Jugendwerk Heinrich von Ferstels wurde anläßlich eines gescheiterten Attentats auf Kaiser Franz Josef errichtet. Ferstel nahm sich das klassische französische Kathedralschema als Vorbild. Im Sinne des von der Gleichzeitigkeit verschiedener Stile gereinigten strengen Historismus flocht er keine Elemente anderer Epochen in die Gestaltung ein, sondern baute ein Substrakt, das „gotischer" als die meisten seiner berühmten Vorbilder war.

| 9.-2 | | *Gregor Eichinger, Christian Knechtl* |

Café-Restaurant Stein
1985

Währinger Straße 6
Besichtigung:
öffentlich zugänglich
Transport:
U2, L1, L2 (Schottentor)

Das Café Stein aus dem Jahr 1985 versteht sich als Implantat in eine bestehende räumliche Struktur. Die Gestaltungsmaßnahmen beziehen sich auf reduzierte Eingriffe (Beleuchtung, Bar), alte Objekte wie die abgehängte Uhr werden in das Konzept integriert. So ensteht eine quasi gewachsene zeitliche Schichtung. 1987 Ergänzung um das Restaurant Stein's Diner. Kontinuierlicher Umbau angrenzender Räume.

Leopold Bauer | 9.-3

Das Hauptgebäude der Österreichischen Nationalbank ist eigentlich eine Planungsruine, die in der Folge noch stark verändert wurde. Von dem ambitionierten Projekt Leopold Bauers wurde vor dem Ersten Weltkrieg nur das Druckereigebäude errichtet, das nach dem Krieg von Ferdinand Glaser und Rudolf Eisler in den Hauptbau umgeplant wurde. Die Kassenhalle wurde zudem durch Umbauten verändert und ein Brand zerstörte den fünften Stock mit der Einrichtung der Generaldirektion.

**Nationalbank
1913**

Otto-Wagner-Platz 3
Besichtigung:
keine
Transport:
L43, L44
(Landesgerichtsstraße)

Otto Wagner | 9.-4

Das Wohnhaus Universitätsstraße ist eines der großen und repräsentativen Wohnhäuser Otto Wagners mit einer prächtigen Sichtachse auf die Landesgerichtsstraße. Das Haus wurde ursprünglich von Wagner für sich selbst gebaut und erhielt die Baubewilligung am 29. Dezember 1887. Die besondere Ecksituation an drei Straßen (Universitätsstraße, Garnisongasse und Garelligasse) gereicht dem Bauwerk zu einer städtebaulichen Prominenz. Pro Etage befinden sich zwei großbürgerliche Wohnungen mit ca. 300 m² Wohnfläche.

**Wohnhaus
Universitätsstraße
1887**

Universitätsstraße 12
Besichtigung:
keine
Transport:
U2 (Schottentor)

9.-5 | *Heinrich von Ferstel*

Chemisches Institut der Universität
1868

Währinger Straße 10
Besichtigung:
öffentlich zugänglich
Transport:
U2 (Schottentor)

Noch bevor Heinrich von Ferstel den naheliegenden Universitätsbau in Angriff nahm, konnte er mit dem Institut für pharmazeutische Chemie einen Vorlauf in der Planung wissenschaftlicher Institutionen machen; unterstützt wurde er dabei von dem Chemiker Josef Redtenbacher. Der Sichtziegelbau ist über quadratischem Grundriß errichtet und konsequenterweise beinahe allansichtig konzipiert. Die Hauptfassade zur Währingerstraße ist lediglich durch einen breiten, aber seichten Mittelrisalit ausgewiesen; ein Zusammenhang mit den prominenten klassizistischen Bauten in der näheren Umgebung darf vermutet werden.

9.-6 | *Wolfgang Tschapeller (Bibliothek)*

Sigmund Freud Wohnung,
1991 (Bibliothek)

Berggasse 19
Besichtigung:
Öffnungszeiten
Transport:
LD (Schlickgasse)

Sigmund Freud, Berggasse 19, ist eine Weltadresse in Wien. Über Jahrzehnte lebte und arbeitete Freud an dieser Adresse, bis zu seiner Zwangsemigration nach London. Von hier aus wurden die Gedanken zum Weltbild des 20. Jahrhunderts verändert.
So gesehen ist diese Gedenkstätte weniger ein Museum als ein genius loci. Die traditionelle bürgerliche Wohnwelt einer Großfamilie war hier Ausgangspunkt einer Weltrevolution im Denken. Im Zusammenhang mit der Vergrößerung des Vortragraumes errichtete Wolfgang Tschapeller eine Bibliothek und eine Fluchttreppe. Die konsequente Verwendung von zeitgemäßen Materialien (Stahl, Drahtkabel, Fiberglas) bewirkt einen bewußten Kontrast zur bestehenden Umgebung.

Isidor Canevale, Josef Gerl

Altes Allgemeines Krankenhaus – Narrenturm
1783

Nach einer Reform des gesamten Kranken- und Armenwesens durch Joseph II. wurde diese großräumige Anlage, damals zur Absonderung der Patienten vor der Stadtmauer gelegen, 1784 eröffnet. Mehrere große Höfe sind von einer niedrigen Bebauung umgeben. In der Hauptachse (Alserstraße) liegt der Narrenturm. Bei diesem geschlossenen Bau orientierte sich Canevale am französischen Revolutionsklassizismus und typologisch an der zeitgenössischen Gefängnisarchitektur, die zur Überwachung der Insassen als „Panopticen" – Zentralbauten mit Kontrolltrakt in der Mitte – angelegt waren. Heute ist in dem Turm das Pathologische Museum untergebracht. Im alten Krankenhaus werden in Zukunft Institute der Universität Wien angesiedelt.

Allgemeines Krankenhaus, Spitalgasse
Besichtigung: öffentlich zugänglich
Transport: L 5, L 33 (Lazarettgasse)

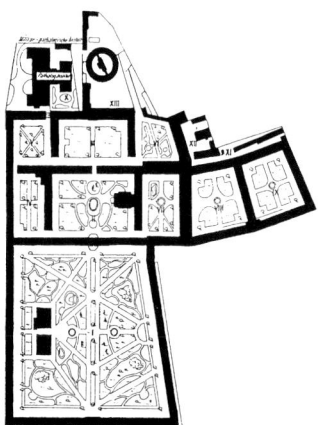

Hans Puchhammer

Wohnhaus Wasagasse
1984

Wasagasse 28,
Dietrichsteingasse
Besichtigung:
keine
Transport:
Bus 40A (Bauernfeldplatz)

Bei diesem Wohnhaus aus dem Jahr 1847 (Entwurf Architekt Ölzelt) handelt es sich um eine umfangreiche Revitalisierung durch Hans Puchhammer. Der hofseitige Trakt dieses typischen Wiener Bassenahauses wurde zur Gänze abgerissen und neu errichtet, wobei zwei neue Stiegenhäuser mit Aufzug je zwei Zweispänner erschließen. Durch unterschiedliche Höhenentwicklung der straßenseitigen und der hofseitigen Trakte ergeben sich interessante Wohnungsgrundrisse mit einem versetzten Treppenausgleich.

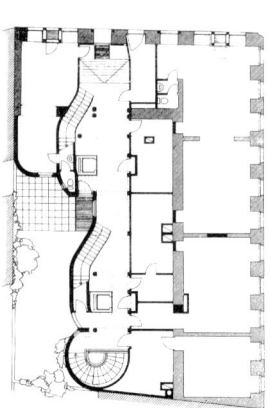

Isidor Canevale

Josephinum (Chirurgisch-medizinische Akademie)
1783

Währinger Straße 25
Besichtigung:
öffentlich zugänglich
Transport:
U2, L37, L38 (Sensengasse)

Die Chirurgisch-medizinische Akademie wurde im Zuge der josephinischen Krankenreform in der Nähe des neuen Allgemeinen Krankenhauses errichtet. Die Ehrenhofanlage nach französischem Vorbild ist in der Wiener Bautradition selten. Auch die zurückhaltende Gliederung orientiert sich an klassizistischen, französischen Fassadensystemen. In diesem Gebäude ist u.a. das medizinhistorische Museum mit einer exzeptionellen Sammlung von Wachsfiguren für medizinische Ausbildung untergebracht.

Otto Wagner | 9.-10

Durch den Bau der Stadtbahn (Gürtellinie) mußte eine bestehende Kapelle zum Hl. Johannes abgerissen werden; daher bewilligte die Verkehrskommission einen Neubau neben dem Viadukt über die Währingerstraße bei der Klammgasse, mit dem Otto Wagner beauftragt wurde. Das kleine, symmetrische Gebäude mit Zentralkuppel wurde wahrscheinlich erst nach 1907 gebaut (Otto Graf). Der Vorbau auf der Apsidenseite ist späteren Datums und nicht von Wagner.

**Joanniskapelle
1895**

Währinger Gürtel,
Klammergasse
Besichtigung:
nach Vereinbarung
Transport:
L40, L41 (Volksoper)

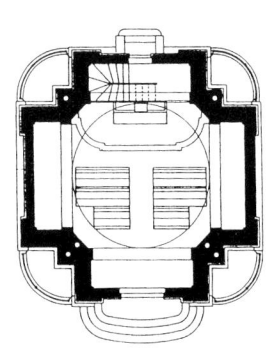

Theophil von Hansen | 9.-11

Das erste Wiener Beamtenwohnhaus markiert einen entwicklungsgeschichtlich wichtigen Schritt zu jenen Mietszinshäusern, die das Wiener Stadtbild zwischen Ring und Gürtel prägen. Ungewöhnlich an Hansens Bau sind allerdings die glasüberdachten „Pawlatschen"-Höfe (hölzerne, verglaste Erschließungsgänge entlang der Hofmauern), die an eine spezifische Wiener Bautradition anschließen, aber in den späteren Massenwohnquartieren zu Gunsten einfacher, oft sehr kleiner Lichthöfe aufgegeben wurden.

**Rudolfshof
1871**

Hörlgasse 15, Türkenstraße 14, Schlickplatz 5
Besichtigung:
keine
Transport:
U2 (Schottentor)

Oberst Karl Pilhal, Major Karl Markl

**Roßauerkaserne
1865**

Schlickplatz
Besichtigung:
keine
Transport:
LD (Schottenring)

Die Erbauer des Riesenkomplexes waren keine Architekten, sondern Miltärs, die den großen Komplex als Reaktion auf die bürgerliche Revolution von 1848 errichteten. Wie das Arsenal im 3. Bezirk ist auch diese Kaserne ein Sichtziegelbau, der aber seinen martialischen Charakter durch die geschlossene Anlage und die Türme und Zinnen sehr viel deutlicher vorträgt. Die Anlage war als Pendant zur Franz-Josefs-Kaserne am Stubenring (1898 abgebrochen) gedacht, heute dient sie als Polizeikaserne.

C. M. Carlone, F. und C. Canevale, F. S. Rosenstingl

**Servitenkirche
1651, (1667–77,
1754–56)**

Servitengasse,
Grünentorgasse
Besichtigung:
öffentlich zugänglich
Transport:
LD (Schlickgasse)

Die Kirche ist der erste längsovale Zentralbau Wiens.
Drei Planungsstufen lassen sich unterscheiden: Nach einer ersten Bauphase 1651–61 nach Plänen des Carlo Martino Carlone wurde die Kirche 1667–77 von Franz und Carlo Canevale weitgehend fertiggestellt. Die Osttürme wurden nach Plänen von
F. S. Rosenstingl im 18. Jahrhundert neu errichtet. Im Inneren wird die Längsausrichtung des Hauptraumes durch den langgestreckten Chor und die Vorhalle betont.

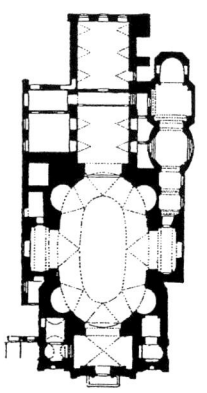

Domenico Egidio Rossi, Domenico Martinelli | 9.-**14**

Ursprünglich war das Gartenpalais als Ausgangspunkt einer großangelegten barocken Neukonzeption des von Fürst Johann Adam Liechtenstein gegründeten Stadtviertels „Lichtental" gedacht. Der kubisch geschlossene Baukörper ist für ein Gartenpalais auffallend streng gegliedert. Die Freskenausstattung der Innenräume stammt von Johann Michael Rottmayr und Andrea Pozzo u.a. Seit 1979 ist im Hauptbau das Museum moderner Kunst – Stiftung Ludwig untergebracht.

Gartenpalais Liechtenstein (h.: Museum moderner Kunst) 1691, (1705–06)

Fürstengasse 2
Besichtigung:
öffentlich zugänglich
Transport:
LD (Fürstengasse)

Theodor Jäger | 9.-**15**

Wie Friedrich Achleitner eindrücklich nachgewiesen hat, kommt die Strudlhofstiege im gleichnamigen Roman Heimito von Doderers nicht so extensiv vor, wie man durch die Titelwahl zu glauben verleitet ist. Trotzdem ist die Treppenanlage ein markanter Punkt im Wiener Stadtbild, der die leicht zu übersehende Tatsache des hügeligen Geländeverlauf des Gebietes deutlich macht. Die doppelläufige Stiege ist durch den Brunnen und die unterschiedlichen Plateaus – wie ihre barocken Vorläufer – ein Ort, der das Stiegensteigen wieder zu einem bewußten Akt machen kann.

Strudlhofstiege 1910

Strudlhofstiege
Besichtigung:
öffentlich zugänglich
Transport:
L37, L38, L40 (Sensengasse)

PVA, Pensionsversicherungsanstalt der Arbeiter
1955

Roßauer Lände 3
Besichtigung:
keine
Transport:
U4 (Roßauer Lände)

Franz Schuster

Der Bürohausbau der Nachkriegszeit war einerseits dem Funktionalismus verpflichtet, andererseits zeigt er eine unsichere städtebauliche Haltung. Schuster orientierte den Hochhausteil des y-förmigen Gesamtgrundrisses zum Donaukanal und schuf damit eine städtebauliche Dominante neben dem Ringstraßenturm. Der bewußte Abschluß des Dachgartens in Form eines umlaufenden Sonnenschutzes ist eine bewußte Referenz an die Architektur der 30iger Jahre.

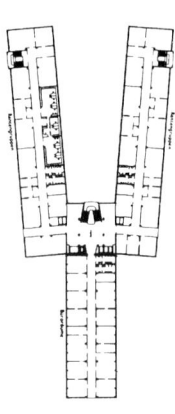

Erwähnungen

4.8e	Gartenpalais Starhemberg-Schönburg Johann Lukas von Hildebrandt	1700 Rainergasse 11	
5.9e	Zentralsparkasse Reinprechtsdorfer Straße Friedrich Kurrent und Johannes Spalt	1969 Reinprechtsdorfer Straße 8	
5.10e	Rüdiger Hof Oskar Marmorek	1902 Hamburgerstraße 20	
6.6e	Bürohaus Mariahilfer Straße Heinz Neumann	1994 Mariahilfer Straße 123	
6.7e	Wohnhaus Gumpendorfer Straße Timo Penttilä	1984 Gumpendorfer Straße, Stiegengasse	
6.8e	Schuh-Geschäft Casa Piccola Boris Podrecca	1984 Mariahilfer Straße 1b	
7.8e	Filmhaus Helmut Heistinger	1994 Spittelberggasse 3	
7.9e	Wohnhaus Günther Holnsteiner	1995 Lindengasse 16	
9.17e	Management Book Service Eichinger oder Knechtl	1993 Augasse 5–7	
9.18e	Markthalle Nußdorfer Straße Friedrich Paul	1879 Nußdorfer Straße 22, Kapellengasse 2–4, Alserbachstraße 1–3	
9.19e	Stadtbahnstation Roßauer Lände Otto Wagner	1900 Roßauer Lände	
9.20e	Fernwärme Wien Friedensreich Hundertwasser	1990 Spittelauer Lände 43	
9.21e	Stadtbahnstation Alser Straße Otto Wagner	1896 Hernalser Hauptstraße, Hernalser Gürtel	

PLAN NR. 4

10. Bezirk
Favoriten

10. Bezirk, Favoriten Indexnummern: 10.-1 ... 10.-24e

Empfehlungen

Sehenswerte Bauwerke - Anregungen von Wiener Architekten:

10. Bezirk:

Maria Auböck:
    Umspannwerk, Index-Nummer 10.1

Coop Himmelblau:
    Bankfiliale, Index-Nr. 10.2

Heidulf Gerngroß:
    Wohnbau Angeligasse, Index-Nr. 10.7

10.-1 Eugen Kastner, Fritz Waage

Umspannwerk 1928

Humboldtgasse 1–5, Sonnwendgasse
Besichtigung: keine
Transport: U1 (Südtiroler Platz)

Die beiden Architekten setzten das Umspannwerk bewußt von dem dichtbebauten Wohngebiet ab. Auf einem dreieckigen Baugrund waren die unterschiedlichen technischen und administrativen Bereiche unterzubringen. Die Architekten konfrontierten eine einseitige Blockrandverbauung mit einer stark gegliederten, offenen Struktur auf der gegenüberliegenden Seite, zusammengehalten werden beide Fassaden mittels eines durchgehenden Sockelgeschosses und sich überlagernder, plastischer Elemente am „Bug" des Baukörpers. Trotz dieser Komplexität ist die räumliche Strukturierung denkbar klar, für die verschiedenen Bereiche, Drehstrom, Gleichstrom und Zweiphasenstrom waren jeweils eigene Hallen vorgesehen.

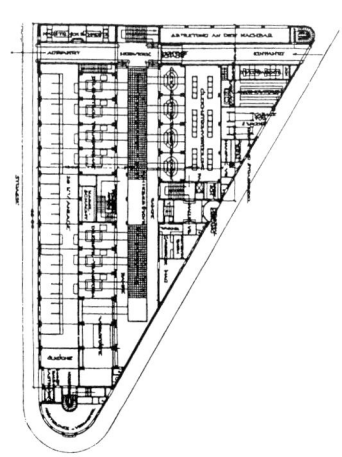

Günther Domenig

Günther Domenig ist der wichtigste Architekt der „Grazer Schule" und hat mit diesem Haus nicht nur dem Bauherrn (Bank Austria, damals Zentralsparkasse der Gemeinde Wien) eine große Aufmerksamkeit und Öffentlichkeit zuteil werden lassen, sondern der ganzen Fußgängerzone Favoritenstraße ein architektonisches Wahrzeichen geschenkt. Dieses Bauwerk ist anti-kontextuell und negiert jeglichen Bezug zur Geschichte und zum Ort. Domenig versucht durch eine eigene Individualität den Ort neu zu definieren. Im Innenraum entsteht eine biotechnische Metapher, bestehend aus Lüftungsrohren, Kabelkanälen und Beleuchtungskörper.

Bankfiliale Favoriten 1975

Favoritenstraße 118
Besichtigung: öffentlich zugänglich
Transport: U1 (Reumannplatz)

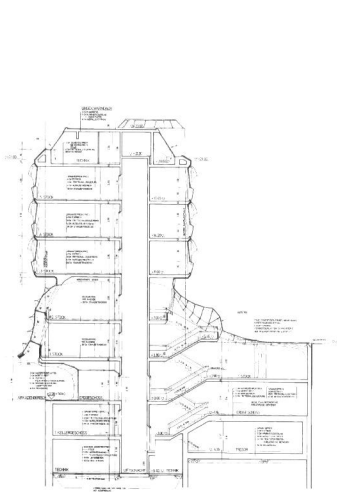
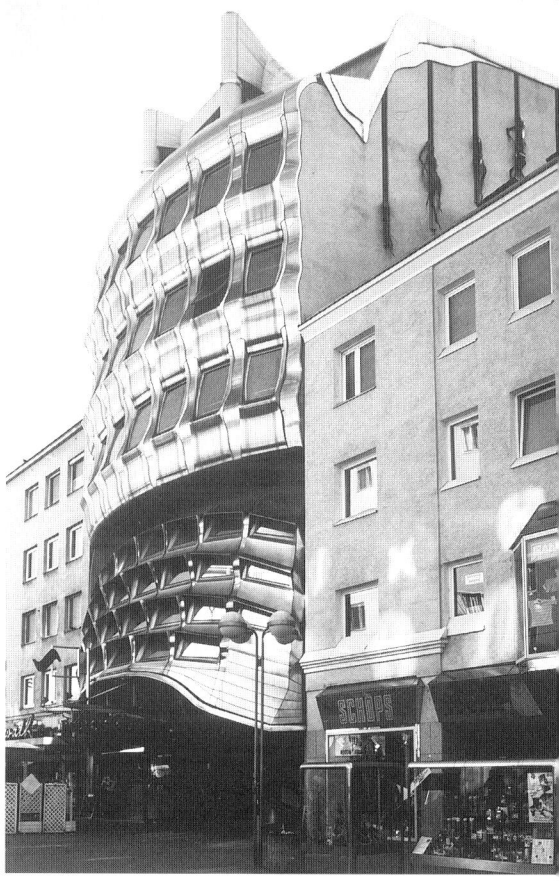

| 10.-3 | *Clemens Holzmeister*

Pfarrkirche zur Heiligen Familie
1964

Puchsbaumplatz 9
Besichtigung:
öffentlich zugänglich
Transport:
L 6 (Absberggasse)

Clemens Holzmeister gehört zu den Kirchenbaumeistern des 20. Jahrhunderts in Österreich. Seine Bauwerke realisieren eine reduzierte Moderne mit einer starken Wirkung für das Pathos. Durch die Positionierung des Kirchenturmes (ca. 10-geschoßig) an die Straßenecke signalisiert das Bauwerk seine städtebauliche Dominante in einer sonst alltäglichen Umgebung.

| 10.-4 | *Rob Krier*

Wohnhaus Schrankenberggasse
1983

Schrankenberggasse 18–20
Besichtigung:
keine
Transport:
U1, L6 (Absberggasse)

Die in den Jahren 1983–86 realisierte Eckverbauung besteht formal aus zwei Baukörpern, einem Eckhaus und einem Mittelhaus. Der großstädtischen Typologie der Fassade widersprechen die kleinteiligen Wohnungen. Krier versucht mit einem klassischen Fassadenaufbau und barockisierenden Raumformen im Grundriß über die Realität des sozialen Wohnbaus hinwegzutäuschen. Der Anspruch auf qualitätsvolle Architektur ist erkennbar, den Sparmaßnahmen sind wichtige Gestaltungsqualitäten zum Opfer gefallen.

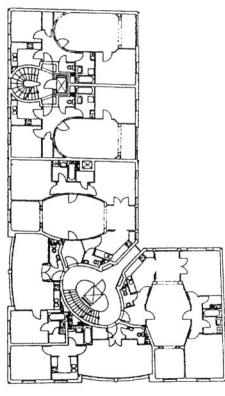

Hauptschule Absberggasse
1994

Im Rahmen des Schulbauprogrammes 2000 der Stadt Wien wurden ca. 80 Schulbauprojekte realisiert. Mit der Hauptschule in der Absberggasse ist Rüdiger Lainer der Paradigmenwechsel im Wiener Schulbau gelungen: unabdingbare Vorgaben der Schulbehörde, welche im Raumbuch festgeschrieben waren, wurden in diesem Projekt intelligent umgedeutet. Mit den vorhandenen Mitteln wurden Raumqualitäten erzeugt, anstatt mit teuren Baumaterialien Alltägliches zu hübschen.
Das Raumprogramm umfaßt 12 Stammklassen, Ganztagesbereich sowie zwei Turnsäle.

Absberggasse 50
Besichtigung:
nach Vereinbarung
Transport:
U1, L6 (Absberggasse)

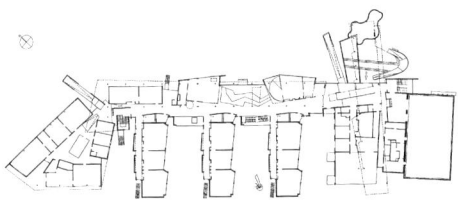

10.-6   *Robert Kramreiter*

Friedenskirche
1935

Quellenstraße 197
Besichtigung:
öffentlich zugänglich
Transport:
U1, L 6 (Gellertplatz)

Die strenge, die Monumentalität der Baumassen durchaus noch steigernde Symmetrie des Außenbaus wird im Inneren ansatzweise gebrochen. Immerwiederkehrendes Motiv der Gliederung sind Rundbögen in verschiedenen Dimensionierungen. Das Verhältnis von Mauerwerk und Öffnung evoziert den Charakter einer romanischen Kirche. Auffallend ist die betrachterbezogene Staffelung der Fassade, die den Seitenrisaliten den Charakter von Türmen verleiht, obwohl sie die Traufhöhe des Langhauses tatsächlich nicht übersteigen.

10.-7   *Harry Glück & Partner (W. Höfer, R. Neyer, T. Spychala)*

Wohnhausanlage
Inzersdorfer Straße –
Angeligasse
1971

Hardtmuthgasse,
Zur Spinnerin, Inzersdorfer
Straße 113, Gußriegelstraße
Besichtigung:
keine
Transport:
L 65 (Davidgasse)

Der Wohnbauverein „Junge Generation" wollte in den 70iger Jahren die alten Wohnbaumuster des sozialen Wohnbaus dadurch aufheben, daß den terrassenförmigen Wohnungen großzügige Freibereiche zugeordnet wurden und den Bewohnern auf dem Dach ein gemeinsamer Swimmingpool als „urbaner Luxus" eingerichtet wurde. Dieser Luxus wurde durch besonders ökonomische Grundrisse (Mittelflurerschließung) und Fertigteilarchitektur ermöglicht. Die 222 Wohnungen große Anlage berücksichtigt weitgehend den Blockraster, zerstört aber die Typologie der Blockrandbebauung.
Größtes Terrassenwohnhaus dieser Art: Terrassen-Wohntürme Alt Erlaa, Wien 23., Anton Baumgartnerstraße

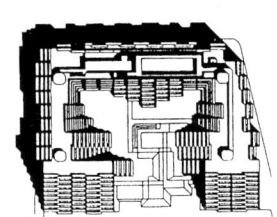

Otto Nadel, Karl Schmalhofer

**Amalienbad
1923**

Das Amalienbad verdeutlicht eine Aktivität der Gemeinde Wien zur Steigerung der Gesundheit und des Wohlbefindens der arbeitenden Bevölkerung, die die Wohnbautätigkeit ergänzen sollte. Das Angebot war reichhaltig, neben dem „Tröpferlbad" (mietbare Sitzbadewannen) gab es Dampfbäder und die natürlich belichtete Schwimmhalle. Eines der schönsten Hallenbäder der Stadt Wien. Die Innenaustattung, die zum Teil noch im Originalzustand erhalten ist, ist bemerkenswert. Umfangreiche Renovierungsarbeiten lassen heute dieses Hallenbad wieder in seiner ganzen Pracht erscheinen.

Reumannplatz 9
Besichtigung:
öffentlich zugänglich
Transport:
U1 (Reumannplatz)

| 10.-9 | *Siegfried Theiss, Hans Jaksch*

Quarin-Hof
1923

Die introvertierte Anlage tritt nach außen geschlossen auf, der kleinteilige Dekor konzentriert sich auf den Hofbereich.
Zum Süden hin ist die fünfgeschoßige Anlage durch einen Torbau unterbrochen.

Quaringasse 10–12,
Braunspergengasse,
Zur Spinnerin
Besichtigung: keine
Transport:
L 65 (Windtenstraße)

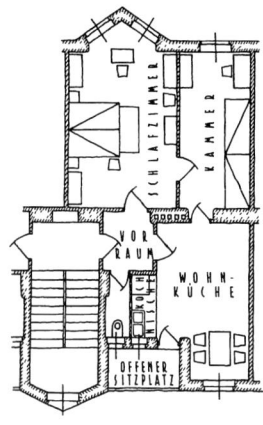

| 10.-10 | *Atelier 4 – K. P. Erblich, Z. Vesselinov, M. Hirschler u. a.*

Business Park Wien
1990

Mit der Bezeichnung „Business Park Vienna" wird eines der neuen großen Bürozentren bezeichnet, das an der Wienerbergstraße durch die Wienerberger Immobilien Aktiengesellschaft errichtet wurde und zwischenzeitlich schon wieder an die nächste Gesellschaft weiterverkauft wurde. Bürozentren sind das Symbol prosperierender Finanzkraft und Ausdruck wirtschaftlichen Wohlergehens. Die flexiblen, technisch bestens ausgestatteten Büros werden sowohl in einem niedrigen Bauteil als auch in einem 22-geschoßigen Hochhaus mit Dachrestaurant angeboten.
Die Ladenpassage im Erdgeschoß entspricht den üblichen Anforderungen von Service-Bereichen, wie sie in allen größeren Städten angeboten werden.

Wienerbergstraße 11
Besichtigung:
Geschäfte öffentlich zugänglich, Büros nach Vereinbarung
Transport:
L 65 (Windtenstraße)

Karl Krist, Robert Oerley

George-Washington-Hof
1927

Die Anlage, eine der größten ihrer Art in Wien, gehört typologisch zu den Superblocks, deren typischer Pathos aber durch die „kleinstädtische" Detailformulierung mit Toren, Türmchen und Erkern wieder etwas zurückgenommen wurde.
Die geschlosseneren Höfe wurden von Robert Oerley entworfen, die aufgelockerte Struktur an der Triester Straße geht auf Karl Krist zurück. Den einzelnen Höfen wurden jeweils verschiedene Baumpflanzungen zugeteilt.

Wienerbergstraße, Untere Meidlinger Straße, Kastanienallee
Besichtigung: nur Freiräume
Transport:
L 65 (Windtenstraße)

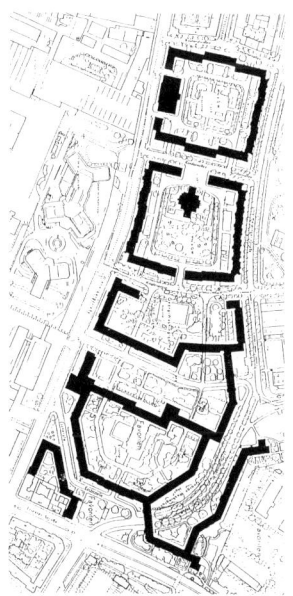

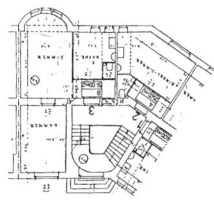
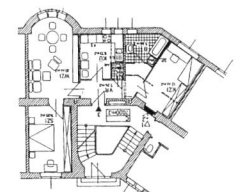

| 10.-12 | *Karl Schwanzer*

Philips-Haus
1962

An einer der sensibelsten Stadtkanten Wiens, auf der Höhe des Wienerberges an der Hauptausfahrtsstraße nach Süden (Triester-Bundesstraße), steht seit 1963 ein inoffizielles Wahrzeichen Wiens: das Phillips-Hochhaus mit seiner beidseitig auskragenden, vorgespannten Stahlbetonkonstruktion begrüßt alle von Süden kommenden Wien-Besucher. Statik: Robert Krapfenbauer, Dyckerhoff und Widtmann. Die ursprüngliche Signifikanz des Bauwerkes wurde durch das Business-Park Hochhaus (1994) relativiert.

Triester Straße 64–66
Besichtigung:
keine
Transport:
L65 (Windtenstraße)

| 10.-13 | *Hans Prutscher*

Karmeliterkirche
1928

Hans Prutscher hinterfragt bei diesem Kirchenbau die überlieferte Kirchentypolgie in keinster Weise. Der Sakralbau hat sozusagen alles, was eine Kirche haben muß: Doppelturmfassade, einen durch Joche rhythmisierten Innenraum und eine Apsis.
Die Detailformulierung allerdings entspricht der Entstehungszeit, der Bau wurde allerdings gegen Ende des Zweiten Weltkrieges schwer beschädigt und in den 1950er Jahren wieder hergestellt, wobei die Rekonstruktion den Zeitgeist ausdrückt.

Stefan-Fadinger-Platz 1
Besichtigung:
öffentlich zugänglich
Transport:
L 65 (Stefan-Fadinger-Platz)

Franz Schuster, Franz Schacherl | 10.-14

Schuster und Schacherl legten die Bebauung der Siedlungshäuser an den äußeren Rand des unregelmäßigen Grundstückes und die Gärten in den so gebildeten geschützten Bereich, der lediglich entlang der Erschließungswege locker bebaut wurde.
Die Siedlungshäuser selbst zeugen durch den kontrollierten Umgang mit Form und Material von Schusters Zusammenarbeit mit Heinrich Tessenow. Heute sind nur mehr wenige der Reihenhäuser im ursprünglichen Zustand erhalten.

**Siedlung Am Wasserturm
1924**

Raxstraße, Windtenstraße,
Weitmosergasse,
Altdorferstraße
Besichtigung: keine
Transport:
L 65 (Windtenstraße)

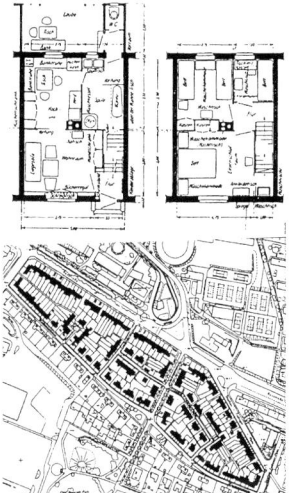

F. Schuster, F. Pangratz, S. Simony, E. Wörle | 10.-15

Benannt nach dem damaligen Ministerpräsidenten von Schweden, Per Albin Hansson, der durch die „Schwedenhilfe" diesen Siedlungsbau ermöglichte, zeigt dieser Wohnbau die tatsächlichen Verhältnisse nach dem Krieg. Die Architekten realisierten mit wenigen Fenstertypen und gleicher Dachneigung eine Siedlung in der Haltung der frühen 20iger Jahre. Volksschule von Hermann Stiegholzer (1949), das Volkshaus von Franz Schuster (1954–55), der Kindergarten von Maria Tölzer (1951–52).

**Per-Albin-Hansson-
Siedlung West
1947**

Favoritenstraße, Selma-Lager-
löf-Gasse, Pichelmayergasse
Besichtigung:
nur Freiflächen
Transport:
L67 (Alaudagasse)

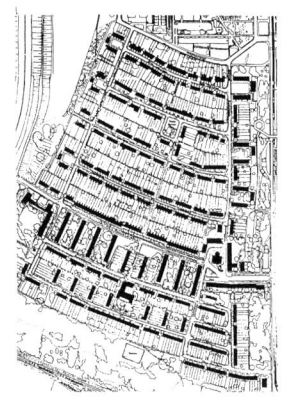

| 10.-16 | *Häuselmayer, Waclawek, Lamprecht, Oberhofer,*

Wohnhausanlage Wienerberg 1978

Otto-Probst-Platz, Otto-Probst-Straße, Hugo-Meisl-Weg, Tesarekplatz
Besichtigung: keine
Transport:
L67 (Otto-Probst-Straße)

Die Wohnhausanlage Wienerberggründe im Süden von Wien ist das Ergebnis eines zweistufigen Wettbewerbs, den Otto Häuselmayer im Jahr 1978 gewonnen hatte. Nach seinem Leitprojekt und Bebauungsplan wurden in drei Bauetappen von verschiedenen Architekten und unterschiedlichen Bauträgern über 2.000 Wohnungen, eine Kirche, eine Volksschule, ein Kindergarten sowie ein Ladenzentrum errichtet. Entlang einer Z-förmigen Haupterschließungsstraße gruppieren sich Wohnhöfe, Zeilenbauten und Stadtvillen zu einem heterogenen urbanen Teppich, die untereinander fußläufig verbunden sind.

Oberman, Peichl, Steidle, Wimmer

In einem Zeitraum über 17 Jahren wurde diese Siedlung realisiert. 1984 wurde mit dem 1. Bauteil begonnen, über zwanzig Architekten waren in die Planung mit eingebunden. Die maximal viergeschoßigen Baukörper sind in eine zum Teil geschützte Landschaft eingebunden. Bemerkenswert sind die Bauteile von Otto Häuselmayer, Rudolf Lamprecht, Günther Oberhofer, Gustav Peichl, Otto Steidle, Helmut Wimmer und Heinz Tesar (siehe Legende).

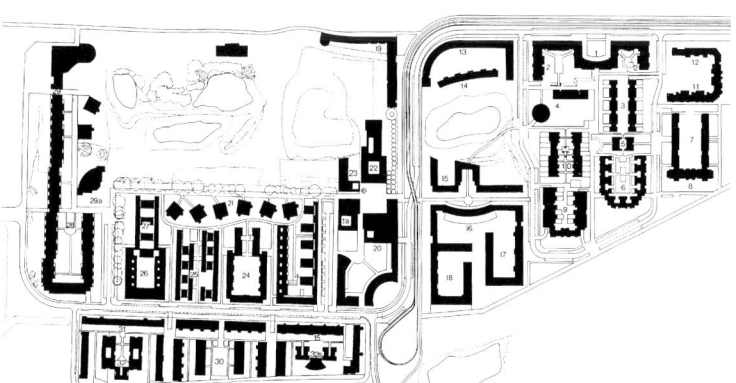

1/1a	Otto Häuselmayer (Wohnbau, Kirche)	8	Elise Sundt	21/22	Gustav Peichl (Wohnbau, Schule)
2	Sepp Frank / Heinz Neumann	9	Heinz Lemberger	23	Heinz Tesar (Kindertagesheim)
3	Manfred Nehrer	10	Gerhard Kroj	24	Werner Obermann
4	Norbert Gantar / Friedrich Waclawek (Kindertagesheim)	11	Hugo Potyka	25	Günther Oberhofer
		12	Rainer Mayerhofer	26	Otto Steidle
		13	Josef Hinterhölzl	27	Harry Glück
5	Erich Bramhas	14	Rudolf Lamprecht / Pauline Muchar	28	Edgar Göth
6	Karlheinz Gruber / Stefan Bukovac	15	Herbert Prehsler	28a	Edgar Göth (Kindertagesheim)
		16	Richard Hübschmann		
7	Kurt Hlaweniczka / Thomas Reinthaller / Franz Requat / Erich Traxler	17	Georg Lisner	29	Engelbert Eder / Rudolf Weber
		18	Günter Krisch		
		19	Karl Leber / Heinrich Matha	30	Walter Lagler
		20	Helmut Wimmer	31/31a	Projektbau

Kirche, Schule und Kindertagesheim Tesarekplatz
1992

Otto Häuselmayer, Gustav Peichl, Heinz Tesar

Tesarekplatz
Besichtigung:
öffentlich zugänglich während der Kirchendienste, nach Vereinbarung
Transport:
U1, L67 (Tesarekplatz)

Der Tesarekplatz bildet das kulturelle Zentrum der Siedlung am Wienerberg. Typologisch ist die Kirche von Häuselmayer eine Basilika. Zwischen dem Stahl-Fachwerk und der umhüllenden Außenwand läuft ein Oberlichtband, wodurch die statische Differenz zwischen nichttragender Wand und konstruktiven Säulen betont wird. Den nördlichen Abschluß des Tesarekplatzes bildet die Volksschule von Peichl, ein weißer Baukörper mit tonnenförmig überdachtem Mittelteil und bogenförmigem Dachabschluß für die außenliegenden Klassenzimmer. Das Kindertagesheim der Gemeinde Wien wurde vom Maßstab zum Platz hin bewußt als kleinstes der umliegenden Häuser geplant. (Tesar)

Johannes Spalt

Im Niemandsland der Alltagsarchitektur gelingt es der Salvatorkirche, Andacht und innere Ruhe zu erzeugen. Unter einem großen axialen Längsdach entfaltet sich eine differenzierte Holz-Fachwerksarchitektur, die dem Gebäude einerseits eine strenge Modularität gibt, andererseits eine angenehme Zurückhaltung vermittelt. Die Lichtführung zeigt eine große Subtilität. Im Innenraum befindet sich das Triptychon von Herbert Boeckl; die Außenanlagen sind in die Gesamtplanung konsequent miteinbezogen.

Salvatorkirche am Wienerfeld
1976

Neilreichgasse, Hetzkaplatz
Besichtigung:
öffentlich zugänglich
Transport:
L67 (Frödenplatz)

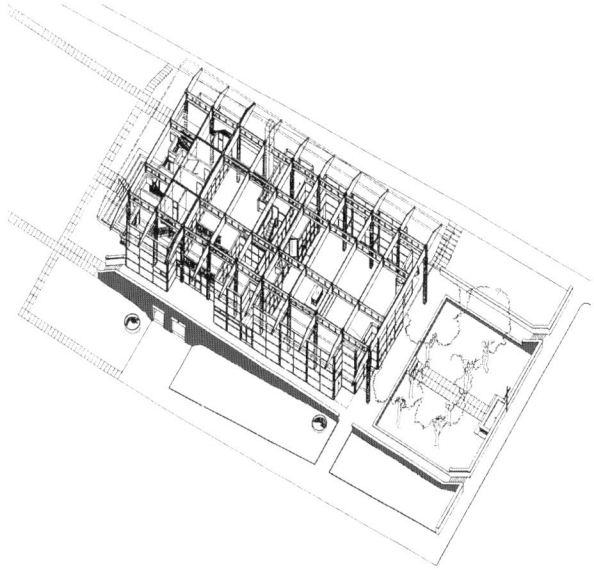

Studentenheim
1992

Erlachplatz,
Van der Nüll Gasse 26–28
Besichtigung:
keine
Transport:
U1 Bus 14 A (Erlachplatz)

Ein wesentlicher Unterschied zwischen einem Hotel und einem Studentenheim liegt in der Kommunikation, welche zwischen den Bewohnern stattfindet. Viele Studentenheime werden heute leider wie Hotels behandelt. Im Gegensatz dazu betont Schweighofer in seinem Wohnmodell die Notwendigkeit der Kommunikation: die einzelnen „Studentenraumzellen" sind zugunsten der Kommunikationsfläche und der Allgemeinfläche so klein dimensioniert, daß ein Dialog der Mitbewohner fast zwangsweise erfolgen muß. Ein konsequent durchdachtes Modell – mit allen Vor- und Nachteilen.

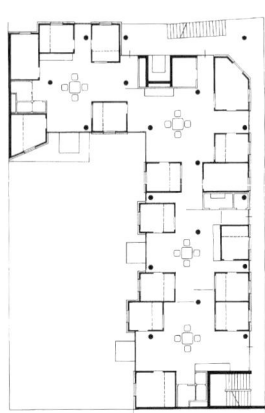

Erwähnungen

10.20e	Städtisches Ökohaus Günther Lautner, Peter Scheifinger, Rudolf Szedenik, Cornelia Schindler	1995 Puchsbaumplatz 15	
10.21e	Evangelische Friedhofskirche Theophil von Hansen	1857 Triesterstraße, Gudrunstraße	
10.22e	Montagekirche Kundratstraße Ottokar Uhl	1963 Kundratstraße b. 17	
10.23e	Doppel-Volksschule Jagdgasse Manfred Nehrer, Reinhard Medek	1992 Jagdgasse 22	
10.24e	Spinnerin am Kreuz Hans Puchspaum	1451 Triester Straße b. 52	

PLAN NR. 5

11. Bezirk
Simmering

11. Bezirk, Simmering Indexnummern: 11.-**1** ... 11.-**13**e

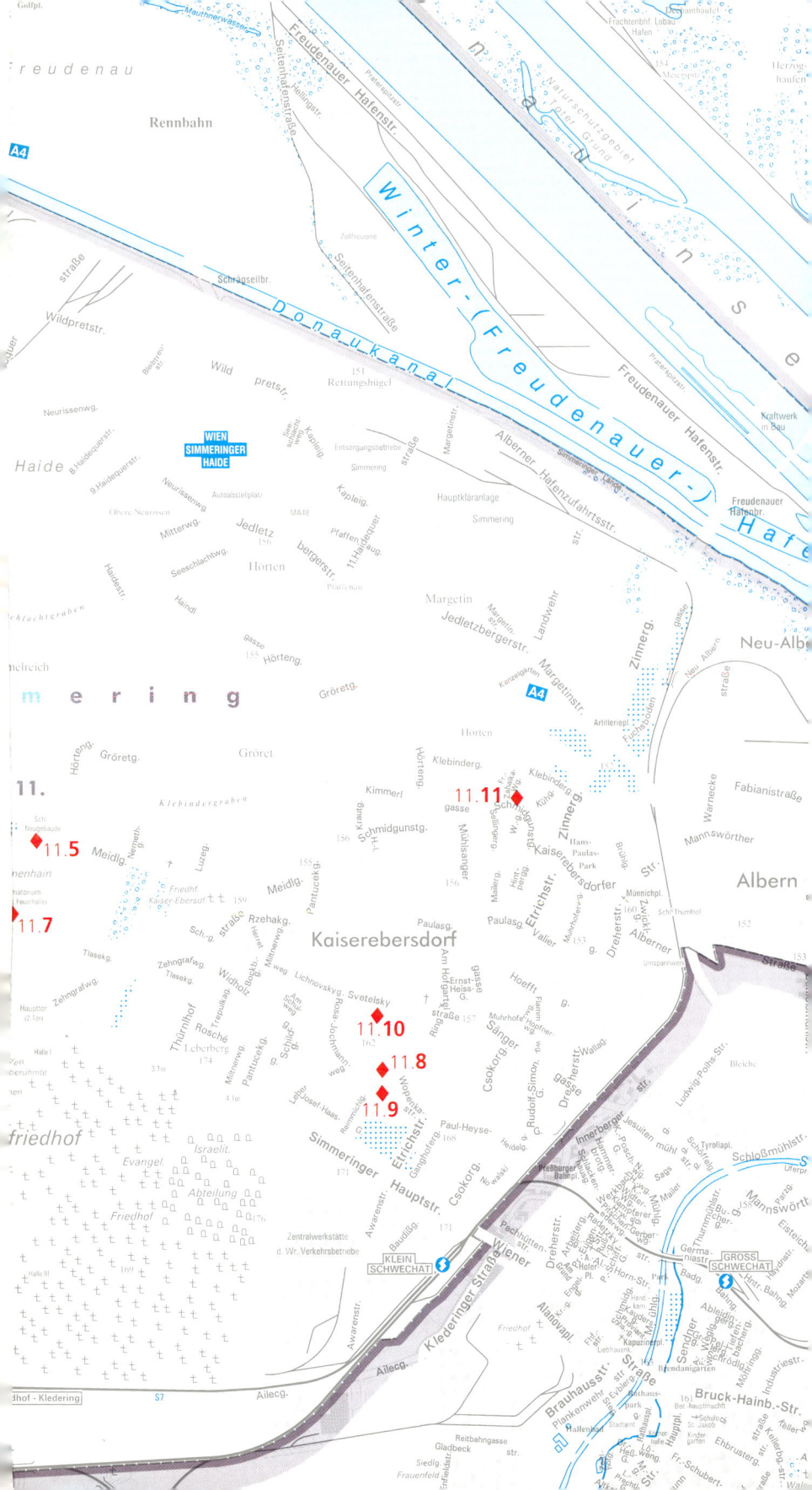

Empfehlungen

Sehenswerte Bauwerke – Anregungen von Wiener Architekten:

11. Bezirk:

Hermann Czech:
　　Siedlung Simmeringer Haide, Index-Nr. 11.11

Dietmar Steiner:
　　Alberner Hafen (Speicherbauten)

Manfred Wehdorn:
　　Lueger Kirche, Zentralfriedhof (als Pendant zu Steinhof) , Index-Nr. 11.6

| 11.-1 | *Franz Kapaun*

Gasbehälter Simmering
1896

Simmeringer Haide,
Guglgasse, Döblerhofstraße
Besichtigung:
keine
Transport:
U3, Bus 80A
(Modecenterstraße)

Kaum ein anderes Gebäude dominiert die Wiener Süd-Osteinfahrt so sehr und gibt ihr einen großstädtischen Charakter wie die Gasbehälter in Simmering. Die vier erhaltenen Behälter waren Teil einer größeren Anlage; nicht zuletzt durch die Koppelung von jeweils zwei der zylindrischen Sichtziegelbauten und ihre raffinierte Staffelung zur Stadt hin weisen sie auch städtebauliche Qualitäten auf. Die Außenhaut der Zylinder verhüllt das technische Innenleben, das sie gleichzeitig nach außen zu vermitteln imstande ist. Geplant ist eine Adaptierung der Gasometer durch Wohnungen, Studentenheim und Läden.

| 11.-2 | *Hermann Czech mit Wolfgang Reder*

Rosa Jochmann-Schule
1991

Fuchsröhrenstraße 21–25
Besichtigung:
nach Vereinbarung
Transport:
L71, L 72 (Geystraße)

Die Vielschichtigkeit dieser Schule liegt sowohl auf semantischer, gestalterischer und interpretativer Ebene. Es ist ein Bauwerk auf den zweiten Blick. Hermann Czech: „Dieser Bau ist die konventionellste Schule Wiens. Ich habe die Zwänge akzeptiert – ohne Schmerzen. Es gibt keine kindergerechte Schule in geschlossenen Klassen; kindergerecht wäre ein offenes Haus, in dem punktuell gelernt wird, wie auf einem Bauernhof."

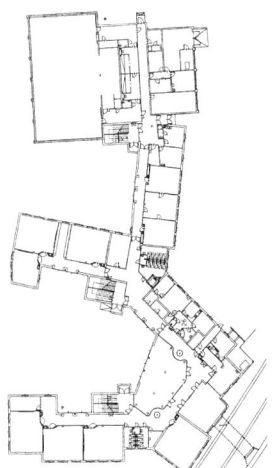

Roland Rainer

Evangelische Glaubenskirche
1962

Das Grundstück liegt in einer Gewerbe- und Industriezone in Simmering. Daher erfolgt der Zugang zur Kirche über ein halböffentliches Atrium, von dem aus auch das Gemeindezentrum erschlossen wird. Die sakrale Wirkung des hohen Kirchenraumes beruht auf der Lichtführung und der abstrakten Verwendung der Kreuzsymbolik in den weiß geschlämmten Ziegelausfachungen des Stahlbetonskelettes. Über der im unteren Bereich verglasten Altarwand befindet sich ein raumhohes Lichtkreuz.

Braunhubergasse 20
Besichtigung:
öffentlich zugänglich
Transport:
L 71, L 72
(Weißenböckstraße)

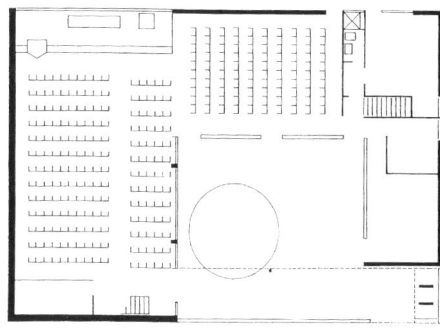

Franz Kaym, Alfons Hetmanek

Siedlung Weißenböckstraße
1922

Die Siedlung entstand in zwei Abschnitten und präsentiert auch zwei unterschiedliche Auffassungen. Der früher entstandene Teil besteht aus schmalen Reihenhäusern mit angeschlossenen größeren Gärten zur Selbstversorgung. Die Grünflächen wurden im späteren Teil reduziert und dichter verbaut. Die villenartigen Baukörper der Siedlungshäuser der Stufe II nehmen jeweils vier Wohnungen auf. Gruppiert wurden die Bauten um einen zentral gelegenen, baumbestandenen Platz.

Simmeringer Hauptstraße, Weißenböckstraße, Wilhelm-Kreß-Platz
Besichtigung:
nur Freibereiche
Transport:
L 71, L 72 (Weißenböckstraße)

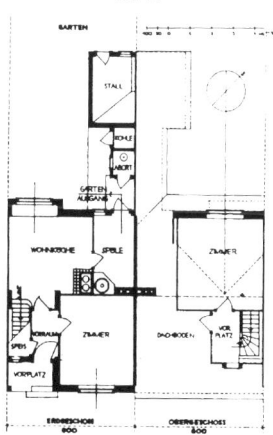

| 11.-5 | *Colin, Spranger, Jacopo da Strada, Pietro Ferrabosco*

**Neugebäude
1569**

Das Jagdschloß für Maximilian II wurde ab 1569 in der Nähe der Wildbestände der Donauauen erbaut. Von der großzügigen Anlage mit den prunkvollen Gartenterrassen ist heute nicht mehr viel zu erkennen. Unter Maria Theresia wurde die Anlage als Pulverdepot benutzt und Teile des Renaissanceschlosses für den Bau von der Schloßanlage in Schönbrunn, speziell für die Gloriette, verwendet. Die Gartenanlage wurde im 19. Jahrhundert in die Anlage des Wiener Zentralfriedhofes integriert.

Simmeringer Hauptstraße 337,
Neugebäudestraße
Besichtigung:
keine
Transport:
L 71, L72
(Zentralfriedhof, 2. Tor)

| 11.-6 | *Karl J. Mylius und Alfred F. Bluntschli, Max Hegele*

**Zentralfriedhof, Lueger-
Gedächtniskirche
1870, 1908**

Der Wiener Zentralfriedhof wurde 1874 eröffnet und um die Jahrhundertwende erstmals erweitert. Der Hasenauer-Schüler Max Hegele gewann 1900 den Wettbewerb zur Errichtung des 2. Tores, der zweiten Aufbahrungshalle und der Dr. Karl Lueger Gedächtnis-Kirche. Bei allen kräftig aufgetragenen Jugendstilelementen orientierte sich Hegele beim Bau der Kirche auch an historischen Vorbildern. Typologisch ungewöhnlich ist allerdings, daß er die Doppeltürme des Zentralbaus an die Hinterfront verlegt. Der Torbau geriet organischer. Insgesamt kann die Anlage die geforderte sakrale Stimmung vermitteln.

Simmeringer Hauptstraße 234
Besichtigung:
öffentlich zugänglich
Transport:
L71, L72
(Zentralfriedhof, 2. Tor)

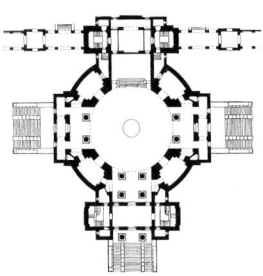

Clemens Holzmeister

Krematorium
1921

Das Krematorium liegt innerhalb eines Mauergevierts, das zur Anlage des Neugebäudes gehörte. Holzmeisters Projekt, das nur den dritten Wettbewerbsplatz erreichte, wurde ausgeführt, weil es sich nach Meinung der Zeitgenossen am besten in die historische Substanz einpaßt. Holzmeister paßte das Krematorium und die angeschlossenen Arkaden unter Beibehaltung der vorgefundenen Achse in das Gelände ein. Holzmeister wurde diesen Vorgaben (sakraler Raum, Feuerbestattung) durch die Anwendung einer expressionistischen Formensprache gerecht. Der Bau wurde durch den Architekten selbst in den Jahren 1965–69 erweitert.

Simmeringer Hauptstraße 337
Besichtigung:
öffentlich zugänglich
Transport:
L71, L72 (Zentralfriedhof)

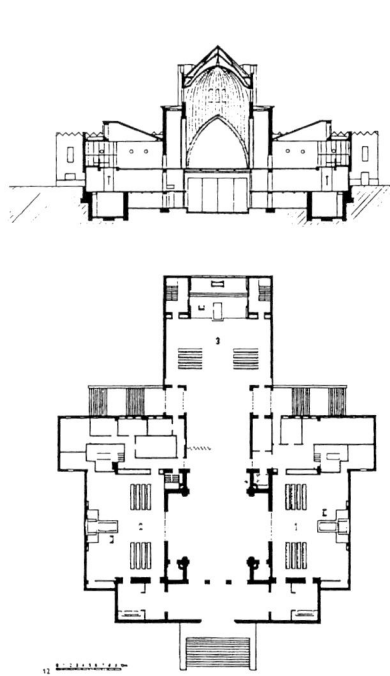

11.-8 — M. Cufer, O. Hasler, W. Stelzhammer, u.a.

Wohnbebauung Leberberg (Nord)
1994

Rosa Jochmann Ring
Besichtigung:
keine
Transport:
L 71 (Leberberg)

Aufbauend auf ein bestehendes Bebauungskonzept aus den 70er Jahren wurde hier unter dem Druck der neuen Wohnbauoffensive der Stadt Wien zu Beginn der 90er Jahre eine Stadtrandsiedlung mit ca 4.000 Wohnungen errichtet. Bemerkenswert ist der Wohnbau von Margarethe Cufer und Othmar Hasler mit integrierter Kinderbetreuung, sowie der Wohnbau von Walter Stelzhammer. In unmittelbarer Nähe befindet sich das neue Seelsorgezentrum mit der Kirche St. Benedikt (Wolfgang Zehetner, Hans Walter Michl, Walter Zschokke).

11.-9 — Spiegelfeld/Holnsteiner, Janowetz/Wagner, Sarnitz u. a.

Wohnbebauung Leberberg (Süd)
1994

Reimmichelgasse
Besichtigung:
keine
Transport:
L 71 (Leberberg)

Südlich der großen Parkanlage entstand am Rosa Jochmann Ring in Abänderung des ursprünglichen Bebauungskonzeptes unter der Koordination der Werkstatt Wien eine differenzierte Bebauung mit öffentlichen Durchgängen und einzelnen Solitärbaukörpern, mit Wohnbauten von Spiegelfeld/Holnsteiner, Janowetz/Wagner, Heidecker/Neuhauser/Zwingl, August Sarnitz und Blazica/Spinadel und einem Kindergarten von Othmar Hasler. Weiter südlich befindet sich die Wohnbebauung von Schwalm-Theiss, der seine lineare, ein- bis dreigeschoßige Bebauung durch kräftige Färbelung optisch differenziert.

Dieter Henke, Marta Schreieck

Volks-und Hauptschule Svetelskystraße
1994

Im Zentrum der neuen Wohnbebauung am „Leberberg" entstand die größte Schule im Rahmen des „Schulbauprogrammes 2000" der Stadt Wien. Für 750 Schüler (13 Volksschulklassen, 12 Hauptschulklassen, 12 Tagesschulklassen, Dreifachturnhalle, Speisesaal) wählten die Architekten eine Stahlbetonkonstruktion mit Glashaut, die durch ihre Struktur eine große Präzision vermittelt, gleichzeitig aber dem spielerischen Elan der Kinder einen pragmatischen, kartesianischen Raster entgegensetzt.

Svetelskystraße 4–6
Besichtigung:
nach Vereinbarung
Transport:
L 71 (Leberberg)

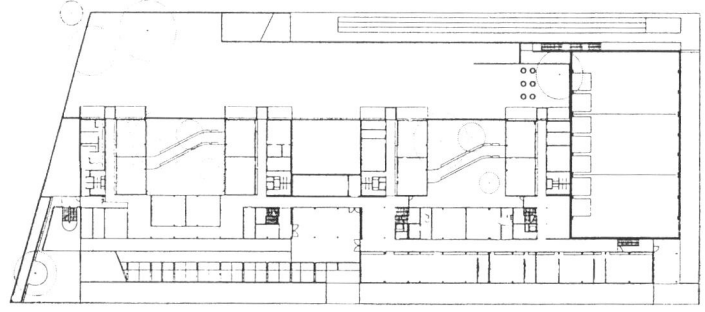

11.-11 — Franz E. Kneissl

Schmidgunstgasse
1991

Schmidgunstgasse 61
Besichtigung:
keine
Transport:
L71 (Zinnergasse)

Der verdichtete Flachbau und das Reihenhaus haben in Wien eine relativ bescheidene Tradition. Unweit der Wohnhausanlage Leberberg wurde hier ein Hofhaustyp entwickelt, der den Bewohnern eine semiurbane Dichte und einen eigenen Garten anbietet. Durch eine geschwungene Anordnung der Baukörper entstehen überraschende Perspektiven im Außenbereich.
Die Hofhäuser selbst sind U-förmig angelegt und haben eine mittige Erschließung: so entsteht ein kleiner Hof mit größerer Privatheit und ein offener Gartenraum.

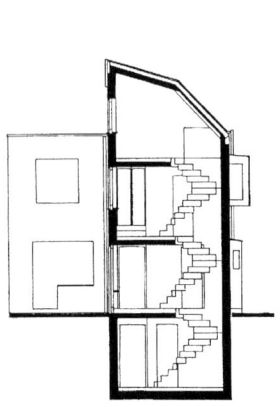

Erwähnungen

11.12e	Kindergarten Margarete Schütte-Lihotzky		1968 Rinnböckstr. 47
11.13e	Mautner-Markhof Fabrik		1850 Simmeringer Hauptstraße 101

PLAN NR. 6

12. Bezirk
Meidling

12. Bezirk, Meidling Indexnummern: 12.-1 ... 12.-16e

Empfehlungen

Sehenswerte Bauwerke – Anregungen von Wiener Architekten:

12. Bezirk:

August Sarnitz:
    Spaziergang: Siedlung Hoffingergasse, Index-Nr. 12.6
    Spaziergang: Kleingartensiedlung Rosenhügel, Index-Nr. 12.10
    Leopoldine-Glöckel-Hof, Index-Nr. 12.1
    Wohnhaus Rothenburgstraße, Index-Nr. 12.7

12.-1 | *Josef Frank*

Leopoldine-Glöckel-Hof
1931

Steinbauergasse,
Gaudenzdorfer Gürtel,
Herthergasse, Siebertgasse
Besichtigung: nur Freiflächen
Transport:
L 6, L 18 (Margaretengürtel/
Arbeitergasse)

Die geschlossene Blockrandverbauung wurde von Frank durch ein subtiles Farbkonzept belebt, weshalb dieser Wohnbau der Gemeinde Wien auch als „Aquarell-Hof" bezeichnet wurde. Bei der Renovierung dieser ansonsten sehr sparsam gegliederten Anlage wurde die Färbelung nicht berücksichtigt, wodurch der Charakter des Hofes verloren ging.

12.-2 | *Karl Ehn*

Bebel-Hof
1925

Steinbauergasse,
Aßmayergasse, Klährgasse,
Längenfeldgasse
Besichtigung:
keine
Transport:
U4, U6 (Längenfeldgasse)

Dieser Superblock ist nicht so eindeutig als sozialistische „Selbstdarstellung" festzumachen, wie etwa der Karl-Marx-Hof des Architekten. Ehn verzichtet auf „literarische" Anspielung und setzt auf dynamische Momente, wie Eckbalkone und die über Eck zusammengefaßten Fenster. Die Gebäudeecken werden durch in die Blockrandverbauung eingeschobene Wohntürme betont, die Mittelachse durch einen Rundturm. Eine erdgeschoßige Geschäftszeile begleitete die Hauptfront und dient gleichzeitig als Terrasse.

220

Walter Stelzhammer | 12.-3

Eine Lückenverbauung erfordert Umdenken bei der Planung qualitativer Wohnungen. Der Lagequalität des Ortes stehen meistens Beschränkungen des Baugrundstückes gegenüber. Stelzhammer realisierte trotz beengter Hinterhofsituation 19 hochwertige Wohneinheiten. Die Straßenfront wurde durch additive Wölbungen gegliedert, die Hofsituation durch begrüntes Rankgerüst und Brückenstege mit dem Wohnbereich verbunden. „Ein differenzierter Raum- und Lichtplan ermöglichte selbst auf diesem beengten Grundstück eine hohe Wohnqualität. Die Maßnahmen dafür sind Split-level-Typen der Wohnungen, der durchgehende Laubengang an der Hofseite mit der Raumerweiterung des Rankgerüstes an der gegenüberliegenden Feuermauer." (Dietmar Steiner)

**Wohnhaus Mandlgasse
1990**

Mandlgasse 25–27
Besichtigung:
keine
Transport:
U6 (Niederhofstraße)

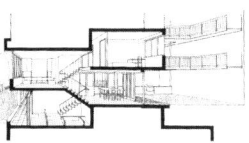

Wilhelm Flattich | 12.-4

Die Wohnhäuser in der Eichenstraße sind ein seltenes Beispiel Wiener Arbeiterhäuser, die speziell durch das sichtbare Ziegelmauerwerk Assoziationen mit englischen Arbeiterwohnbauten hervorrufen. Eine funktionale Zeilenbebauung entlang der Südbahn-Eisenbahntrasse, die trotz ihrer Kleinteiligkeit an die Monumentalität von Industriebauwerken erinnert.

**Arbeiterhäuser der
Südbahngesellschaft
1870**

Eichenstraße 5–21
Besichtigung:
keine
Transport:
U6 (Philadelphiabrücke)

| 12.-5 | *Gustav Peichl*

Rehabilitationszentrum Meidling
1966

Untermeidlinger Straße 26–28,
Kundratstraße
Besichtigung:
keine
Transport:
U4, Bus 10A (UKH – Meidling)

Das Rehabilitationszentrum für Hirnverletzte in Meidling wurde nach medizinischen Gesichtspunkten aufgrund eines Raum- und Funktionsprogrammes des Spezialisten für Nervenkrankheiten, Dr. Mifka, geplant. Die gesamte sternförmige Anlage wurde in Stahlbetonfertigteilen errichtet und enthält eine Bettenstation für 52 Patienten mit den dazugehörigen Forschungsräumen, Rehabilitationseinrichtungen und Beschäftigungstherapien. Pro Etage sind Aufenthaltsterassen vorgelagert.

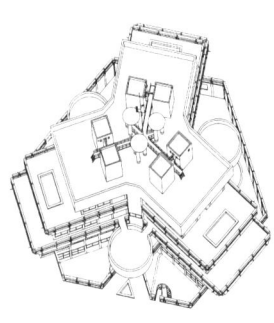

| 12.-6 | *Josef Frank mit Erich Faber*

Siedlung Hoffingergasse
1921

Hoffingergasse, Stegmayer-
gasse, Elsniggasse, Sonner-
gasse, Schneiderhangasse
Besichtigung:
nur Freiflächen
Transport:
L 62 (Altmannsdorfer Straße)

Die Anlage der Siedlung entspricht Franks Prinzip, keinen wie auch immer gearteten Systemzwang zu akzeptieren. Grundsätzlich sind die Siedlungshäuser mit angeschlossenen Kleingärten entlang der Ost-West-Achse orientiert. Wo sich durch den Anschluß an den Straßenverlauf Abweichungen ergeben, wird auf diese mit einer geänderten Ausrichtung reagiert.
Eine zusätzliche Auflockerung erhält die Anlage durch die Allee in der Oswaldgasse. Die Mehrzahl der Häuser hat neben dem Wohnteil einen kleinen Wirtschaftstrakt im Garten.
2000 Arbeitsstunden mußten die zukünftigen Bewohner auf der Baustelle durch Eigenleistung selbst beitragen.

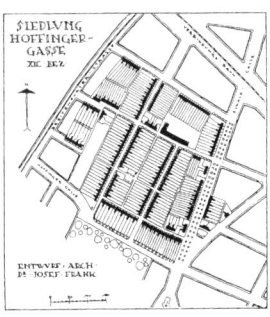

Rüdiger Lainer, Gertraud Auer | 12.-7

An der Kreuzung Hetzendorfer Straße-Rothenburgstraße entstand eine neue Blockrandbebauung durch die Werkstatt Wien (Günther Holnsteiner, Markus Spiegelfeld) und Rüdiger Lainer für einen gemeinsamen Bauträger. Lainer und Auer verteilen die 22 Wohnungen auf zwei Baublöcke, die mit einer Brücke verbunden sind und von einem Stiegenhaus erschlossen werden. Durch Schichtungen und Modellieren der Außenwände entsteht ein plastisches Spiel von Flächen und Kuben, das gemeinsam mit einer differenzierten Färbelung den beiden Häusern eine hohe Identität verleiht.

Wohnhaus
1993

Rothenburgstraße 2
Besichtigung:
keine
Transport:
L62 (Altmannsdorfer Straße)

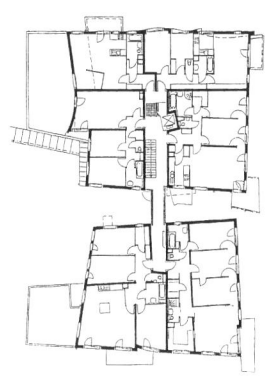

V. Hufnagl, T. u. W. Windbrechtinger u. a. | 12.-8

Mit der Großwohnanlage „Am Schöpfwerk" mit 2.151 Wohnungen war Ende der 60iger Jahre der Versuch unternommen worden, auf die Fehler der 50iger Jahre zu reagieren. Zurückgreifend auf eine kritische Wohnbauausstellung, die Hufnagl und Windbrechtinger im Rahmen der österreichischen Gesellschaft für Architektur durchführten, wurde das Thema der „Wiener Höfe" der Zwischenkriegszeit neu formuliert. Durch eine Wohnungsvielfalt (Terrassenwohnungen, Maisonetten, Split-Level-Wohnungen) und Durchmischung mit öffentlichen Funktionen wurde eine neue Urbanität angestrebt. Architekten: V. Hufnagl, E. Bauer, L. Parenzan, J. Peters, M. Pribitzer, F. Waclawek, T. u. W. Windbrechtinger.

Wohnhausanlage
Am Schöpfwerk
1967

Am Schöpfwerk,
Lichtensterngasse,
Zanschkagasse
Besichtigung:
keine
Transport:
U6 (Am Schöpfwerk)

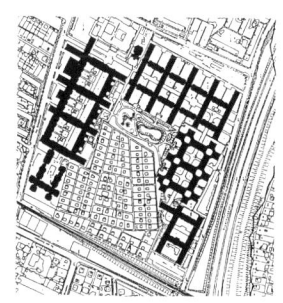

Schule Rohrwassergasse
1993

Rohrwassergasse 2/
Margarete Seemann Weg 1
Besichtigung:
nach Vereinbarung
Transport:
L 62 (Schloß Hetzendorf)

Manfred Nehrer und Reinhard Medek

Die Volksschule Rohrwassergasse gehört zum Typus der Hallenschulen und war zum Zeitpunkt des Entwurfes noch nicht für einen Ganztagesbetrieb geplant. Eine lichtdurchflutete zweigeschoßige Halle mit sichtbarer Trapezblech-Stahldachkonstruktion bildet das Zentrum der gesamten Schule: eine wohnliche, gut proportionierte Raumsituation ermöglicht die Identifikation der Schüler mit „ihrer" Schule.

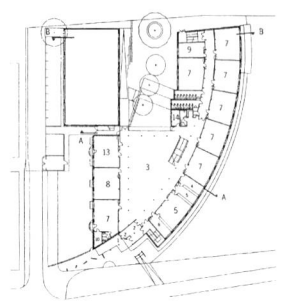

Kleingartensiedlung Rosenhügel
1921

Atzgersdorfer Straße,
Defreggerstraße, Endergasse,
Rosenhügelstraße
Besichtigung:
nur Freibereiche
Transport:
L 62 (Atzgersdorfer Straße)

Hugo Mayer, Emil Krause

Die Anlage – von der Genossenschaft „Pioniere vom Rosenhügel" errichtet – war mit 543 Häusern eine der größten Wiener Selbstversorgersiedlungen. Die Bebauung ist differenziert, es gibt fünf Grundrißtypen mit insgesamt 16 Varianten, die Gartengröße ist gleichbleibend 350 m². Vorbildlich für die Siedlungsstruktur waren mittelbar das Ideal der englischen Gartenstädte und unmittelbar Hannes Meyers Baseler Friedhofssiedlung. Das angeschlossene Genossenschaftshaus ist 1968 abgebrannt.

Boris Podrecca

Platzgestaltung Meidling
1989; 1995

Fußgängerzonen versuchen die Zentren der autobesetzten Städte für die Fußgänger und Einkäufer zurückzugewinnen. Unter dem Druck der an den Stadträndern entstandenen Einkaufszentren eine stadtpolitische und ökonomische Notwendigkeit. Die Fußgängerzone Meidlinger Hauptstraße ist ein beispielhafter Versuch, wo durch die Gestaltung urbane Qualität für den Bezirk wiederentdeckt wurde und durch die Stadtmöblierung neue, städtische Atmosphäre vermittelt – und keine Behübschungsversuche als Wiedergutmachung für verlorengegangenen Stadtraum.

Meidlinger Hauptstraße
Fußgängerzone
Transport:
U4 (Meidling Hauptstraße)

Josef Paul Kleihues, N. Hensel, W. Höfer, K. Becker

Rollingergasse
1985

Bei dieser 180 Einheiten umfassenden Wohnhausanlage zitiert Kleihues ein Hauptwerk der Sozialutopie, das Familistère (ab 1859) von Jean Baptist Godin (1817–88), wo die Erschließung der Wohnungen über einen überglasten Hof erfolgt. Diese Atriumhöfe sollen Gemeinschaft, Familie und Zusammengehörigkeit symbolisieren und werden dadurch zu einem wesentlichen semantischen Credo eines fundamentalen Sozialismus. Die einzelnen Wohnungen entsprechen dem Standard des sozialen Wohnbaus, wodurch die Atriumhöfe zu überdimensionalen Erschließungshallen mutieren. Den Sparmaßnahmen sind Gestaltungsmerkmale zum Opfer gefallen.

Rollingergasse 16–20
Besichtigung:
keine
Transport:
U4, Bus 15A (Ruckergasse)

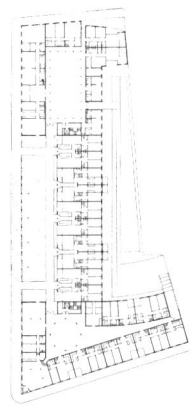

Gartenhotel Altmannsdorf
1994

Hoffingergasse 26–28
Besichtigung:
öffentlich zugänglich
Transport:
L62 (Altmannsdorfer Straße)

Hotelneubauten in Wien leben von der Erwartungshaltung der Gäste: dem traditionellen Wien-Image wird hierbei meistens der Vorzug gegeben. So gesehen ist die Umplanung und Neuplanung des Gartenhotels Altmannsdorf eine erfreuliche Ausnahme: individuell gestaltete Möblierung der Hotelzimmer und individuelle Gestaltung der öffentlichen Hotelbereiche setzen sich wohltuend gegen die Einheitsmöblierung von internationalen Hotelketten ab. Mit vielen Durchblicken und Sichtverbindungen wird auf die Gartensituation reagiert. Farbgestaltung von Oskar Putz, Statik von Oskar Graf. Die Geschichte des Ortes war vielschichtig: Augustinerkloster im 14. Jahrhundert, Wohnhaus der Familie Frankl seit 1819, Dr. Karl-Renner-Institut seit 1976, seit 1981 Hotel.

Erwähnungen

12.14e	Rosenkranzkirche Hetzendorf, Innenraumgestaltung Friedrich Achleitner, Georg Gsteu	1956 Marschallplatz
12.15e	Kindergarten Hetzendorf Johann Georg Gsteu	1968 Marschallplatz 6
12.16e	Stadtbahn-Brücke über die Zeile (Wienzeile-Brücke) Otto Wagner	1895 Gumpendorfer Gürtel, Linke Wienzeile

PLAN NR. 7

13. Bezirk
Hietzing

13. Bezirk, Hietzing Indexnummern: 13.-1 … 13.-36e

Empfehlungen

Sehenswerte Bauwerke – Anregungen von Wiener Architekten:

13. Bezirk:

Adolf Krischanitz:
    Haus Beer, Index-Nr. 13.12

Gustav Peichl:
    Haus Beer, Index-Nr. 13.12

Carl Pruscha:
    Haus Beer, Index-Nr. 13.12

Roland Rainer:
    Werkbundsiedlung, Index-Nr. 13.23

August Sarnitz:
    Wohnhaus Wattmanngasse, Index-Nr. 13.8
    Haus Scheu, Index-Nr. 13.15

| 13.-1 | *Otto Wagner*

**Stadtbahn-Hofpavillon
1898**

Schönbrunner Schloß-Straße
Besichtigung:
Öffnungszeiten
Transport:
U4 (Hietzing)

Der Hofpavillon ist Teil der Wientallinie und datiert aus dem Jahr 1898. Seine Bedeutung ist eher symbolischer Natur, da er nur ein einziges Mal wirklich verwendet wurde, nämlich zur Eröffnung der Wiental-Stadtbahn durch Kaiser Franz Josef. Der oktogonale, kuppelüberwölbte Hauptraum hat im Inneren eine zweite abgehängte Kuppel. Ein großes Bild zeigt die Stadt Wien. Heute wird der Hofpavillon durch das Museum der Stadt Wien als Museum geführt. Renovierung durch Adolf Krischanitz in den achtziger Jahren.

| 13.-2 | *Franz von Segenschmid*

**Schönbrunn-
Palmenhaus
1881**

Schönbrunn-Schloßpark
Besichtigung:
Öffnungszeiten
Transport:
U4 (Hietzing)

Zum Zeitpunkt der Errichtung (1879–82) auf dem Gelände des botanischen Gartens war das Palmenhaus mit 114 m Länge, 25 m Höhe und 29 m Breite weltweit eines der größten seiner Art. Die Vorbilder für den Planer waren englische und französische Glashausbauten der Jahrhundertmitte, die er auf einer Dienstreise studiert hatte. Durch die Verteilung der gläsernen Volumina in einen Mittelpavillon mit Seitenflügeln lehnt sich der Bau typologisch an Schloßbauten an und verbindet damit traditionelle Repräsentationsarchitektur mit den neuen Materialien Glas und Stahl. Im Zweiten Weltkrieg wurde das Glashaus schwer beschädigt, in den 1950er Jahren wiederaufgebaut und nach jahrzehntelanger Vernachlässigung von Herbert Prehsler und dem Nachfolger der Konstruktionsfirma von Wagner-Biró renoviert.

J. B. Fischer v. Erlach, J. E. Fischer v. Erlach, N. Pacassi

Als österreichische Antwort auf Versailles von J. B. Fischer v. Erlach für Kaiser Leopold I. konzipiert. Ursprünglich sollte der Schloßbau auf der Anhöhe stehen, die heute von der „Gloriette" dominiert wird. Aus finanziellen Gründen wurde ein reduzierter Entwurf J. B. Fischer v. Erlachs ausgeführt, der nach dessen Tod von seinem Sohn J. E. Fischer von Erlach weitergeführt und unter Kaiserin Maria Theresia von Nicolaus Pacassi fertiggestellt wurde. Der Schönbrunn-Schloßpark ist eine der bedeutendsten und am besten erhaltenen barocken Gartenanlagen Österreichs. Planung von Jean Trehet (1705). Nebenbauten in den Blickachsen: u. a. die Gloriette (J. F. Hetzendorf von Hohenberg, 1772–75, Umbau in ein Café durch F. Ullmann, 1996), die Menangerie (Jean Nicolas Jadot, 1751). Der Tiergarten (Menagerie) wird z. Z. durch H. Lechner renoviert und neu gestaltet.

Schönbrunn-Schloß
1696
Schönbrunn-Park
1705

Schönbrunner Schloß-Straße
Besichtigung:
öffentlich zugänglich
Transport:
U4 (Schönbrunn)

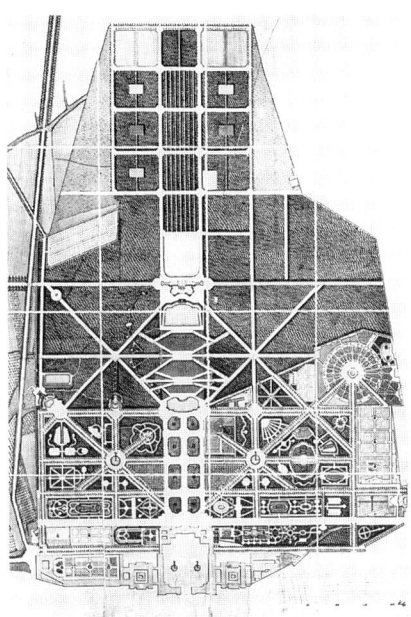

Josef Plečnik und Josef Czastka

Adaptierung des Weidmannhauses
1901

Hietzinger Hauptstraße 6
Besichtigung:
keine
Transport:
U4 (Hietzing)

Der Umbau Josef Plečniks wurde in den frühen 1920er Jahren nochmals durch Rudolf Goebel verändert, der vor allem die Seitenflügel aufstockte. Das Frühwerk, das in seiner „barocken" Konzeption schon Anklänge an die Sensibilität zeigt, mit der Plečnik in seinen späteren Werken lokale Traditionen umzusetzen wußte, zeigt den jungen Slowenen schon als ungewöhnlichen Wagner-Schüler.

Robert Oerley

Villa Wustl
1912

Auhofstraße 15
Besichtigung:
keine
Transport:
L58 (Wenzgasse)

Oerley integrierte ein Glashaus, das noch zum Vorgängerbau – einem Schloß des Herzogs von Braunschweigs – gehörte, in den Neubau einer Villa für den Industriellen Richard Wustl.
Die wesentliche Leistung des Architekten war es, einen Ausgleich zwischen den stark differenzierten Raumformen, die sich auch durchaus am Außenbau abzeichnen, und einer klar lesbaren symmetrischen Fassadengestaltung – z. B. der Gartenseite – zu erzielen. In die Auffahrt sind jene Vasen integriert, die Oerley für den Secessionsbau entworfen hatte. Der Bau wurde im Inneren stark verändert.

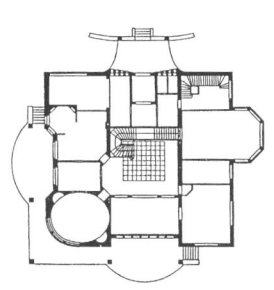

Adolf Loos

Haus Rufer
1922

Wie das Haus Horner ist auch dieses Wohnhaus eine ausgeklügelte Minimalvariante eines Einfamilienhauses. Auf einer Fläche von nur 10 x 10 Metern und um eine tragende Säule in der Mitte entwickelte Loos ein differenziertes räumliches Konzept, das sich auch in die Fassaden einschreibt. Durch Kopien von Fragmenten des Parthenon-Frieses konnte Loos einerseits die Fassadengliederung der Nordfassade harmonisieren, andererseits aber auch dem Begriff der Bauplastik eine erweiterte Dimension geben.

Schließmanngasse 11
Besichtigung:
keine
Transport:
U4 (Braunschweiggasse)

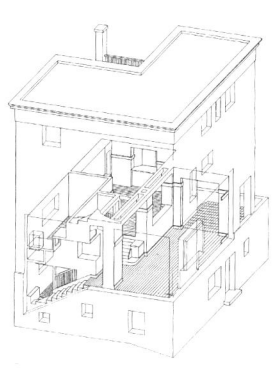

Gunther Wawrik, Hans Puchhammer

Grothusen I
1970

Bürohausbauten in den 70iger Jahren waren dominiert von der Forderung nach Flexibilität und Nutzungsvariabilität. Beide Funktionen sind in diesem kleinen Bürohaus vorbildlich gelöst, eine weitgespannte Betonrahmenkonstruktion ermöglicht die freie Einteilung der Räume. Die transparente Glashaut zeigt die expressive Konstruktion.

Auhofstraße 41a
Besichtigung:
keine
Transport:
U4 (Unter St.Veit)

| 13.-8 |

Ernst Lichtblau

**Wohnhaus
Wattmanngasse
1914**

Wattmanngasse 29
Besichtigung:
keine
Transport:
U4, Bus 56B, Bus 58B
(Tiroler Gasse)

Das Frühwerk des Wagner-Schülers Ernst Lichblau wird von dunklen und plastischen Reliefbändern dominiert. Die Betonung der Horizontale weist allerdings schon jenen aufgeschlossenen und dynamischen Zug auf, den die späteren Arbeiten des Architekten, vor allem sein Pavillon auf der Österreichischen Werkbundausstellung 1930, erreichen werden.

| 13.-9 |

Siegfried C. Drach

**Malfatti-Siedlung
1930**

Franz-Schalk-Platz 1–15
Besichtigung:
keine
Transport:
L 60 (Gloriettegasse)

Die Kleinsiedlung Drachs (1930–32) war eine Parallelaktion zur Wiener Werkbundsiedlung Josef Franks. Die einzelnen Häuser der Reihenbebauung sind durch eine unterschiedliche Behandlung gekennzeichnet und somit individualisiert.
Begehbare Dachterrassen sorgen für zusätzliche Lebensqualität, bei reduzierter Wohnfläche. Das Prinzip der Siedlung ist dem Franks nicht so unähnlich: statt der monotonen Reihe, die zwar ehrlich ihren gleichbleibenden Inhalt (Wohnraum) ausdrückt, aber die psychischen Interessen ihrer Bewohner vernachlässigen kann, wird hier auf Formenvielfalt, wenn auch nicht übertriebenen Formenreichtum, gesetzt.

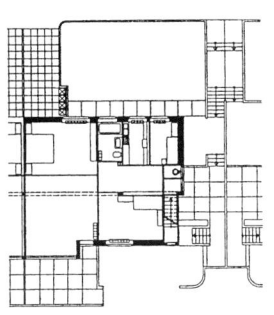

Josef Hoffmann

Villa Skywa-Primavesi
1913

Zwei miteinander korrespondierende Faktoren sind für die Gestaltung der großzügigen Villa ausschlaggebend: die Auflösung eines durchgehenden Mauerwerkes zu Gunsten vielfältiger Schichtungen und die Anlage von verschiedenen Baukörpern an Stelle einer Großform. Die Villa ist der Höhe- und gleichzeitige Endpunkt der verfeinerten Wiener Wohnkultur, die von einem großbürgerlichen Klientel getragen, mit dem Ersten Weltkrieg unterging. Das Selbstbewußtsein, mit dem der Bau seine Bestimmung an den Fassaden zelebriert, wird in den nahegelegenen z. T. früher entstandenen Wohnbauten von Hoffmanns Gegenspieler Adolf Loos schon zurückgenommen und weicht der Konzentration auf die Ausstattung des Innenraumes.

Gloriettegasse 18
Besichtigung:
keine
Transport:
U4, L60 (Gloriettegasse)

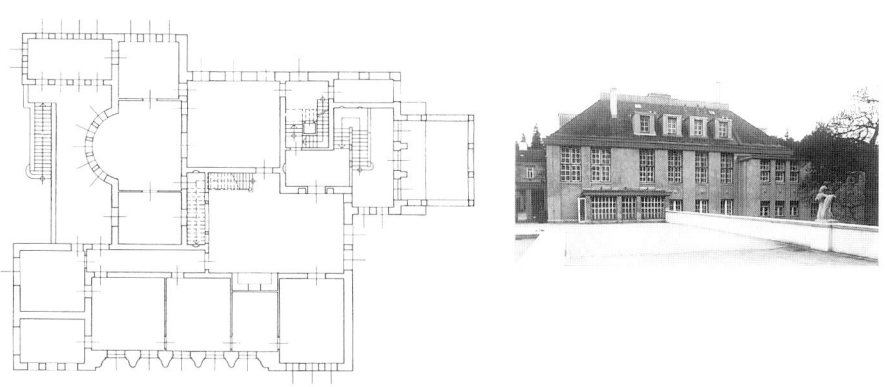

Haus Bösch
Haus Roland Rainer
1968

Weidlichgasse 17,
Weidlichgasse 17a
Besichtigung:
keine
Transport:
U4, Bus 56B (Tiroler Gasse)

Die beiden Häuser Weidlichgasse 17, Wohnhaus Roland Rainer (1964–66) und Weidlichgasse 17a, Wohnhaus Fam. Bösch (1968–70) wurden beide auf einem ursprünglich gemeinsamen Grundstück errichtet. Das Wohnhaus des Architekten entspricht als Atriumhaus den Prämissen seiner Wohnphilosophie.
Zur Straße hin verschlossen, öffnet sich das Haus zum Garten. Eine Hommage an die Tradition der Atriumhäuser Chinas.
Das Wohnhaus Bösch folgt der topographischen Hangsituation.

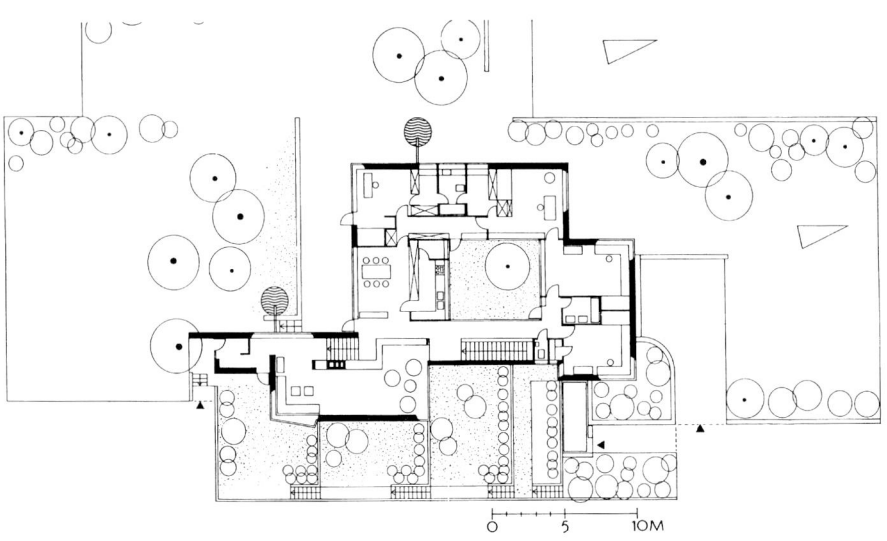

Josef Frank mit Oskar Wlach

**Haus Beer
1929**

Nicht zufällig verfaßte Frank anläßlich der Publikation dieser Villa den Artikel „Das Haus als Weg und Platz", in dem er für Innenraumgestaltung und Städtebau gleichermaßen gültige Kriterien für Wegführung, Maßstäblichkeit aufstellte und vor allem das Ablegen einer für ihn unsinnigen, dogmatischen Regelmäßigkeit propagierte. Der Bau entwickelt sich in distanzierter Abhängigkeit vom Loos'schen Raumplan als sehr viel freiere Abfolge von Räumen, die am Außenbau als „Raumtaschen" (J. Frank) ablesbar sind. (Das ausgeklügelte Innenraumkonzept wird leider durch einen Einbau neueren Datums empfindlich gestört.) Geschlossene Straßenfassade. Die Gartenfassade ist durch eine Vielzahl von Balkonen und Terrassen gestaltet.

Wenzgasse 12
Besichtigung:
keine
Transport:
U3, L60 (Gloriettegasse)

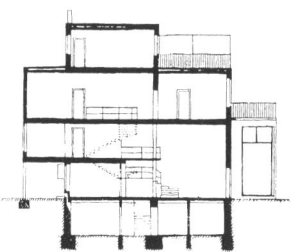

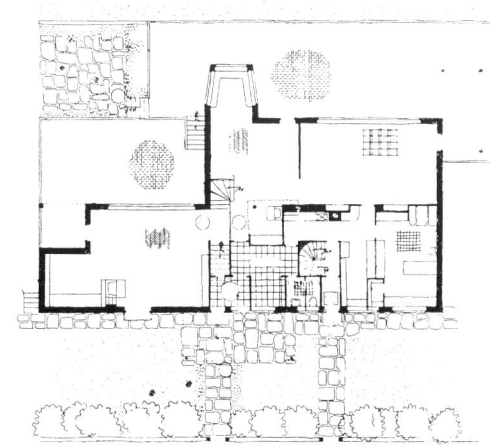

| 13.-13 | *Theiss, Jaksch, Melicher, Schwalm-Theiss, Gressenbauer*

Allgemeine höhere Schule Wenzgasse 1930 (1990)

Wenzgasse 7
Besichtigung:
nach Vereinbarung
Transport:
L60 (Gloriettegasse)

Der Schulbau entstand eigentlich in drei Etappen. 1906–1909 wurde der Altbau des Mädchen-Lyzeums errichtet, an den 1930–31 das Architektenduo Jaksch und Theiss einen Zubau anschlossen. Als Mitarbeiter an diesem für österreichische Verhältnisse ungeheuer modernistischen Bau wurde der junge Bernard Rudofsky beschäftigt. Die großzügige Verwendung von Glas und Glasziegeln sorgt für eine gute Durchlichtung der Räume, die reduzierte Linienführung für die gebotene Sachlichkeit, die aber durch die Materialwahl nie in Nüchternheit kippt. Der Schulbau wurde 1990–95 durch die Architektengruppe Melicher, Schwalm-Theiss & Gressenbauer erweitert und der Altbestand saniert.

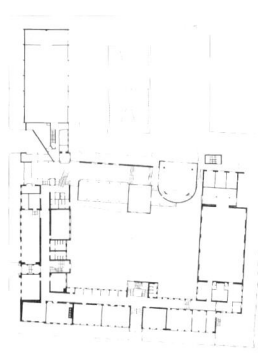

| 13.-14 | *Adolf Loos*

Haus Strasser 1918

Kuppelwiesergasse 28
Besichtigung:
keine
Transport:
L58 (Fleschgasse)

Der Bestand aus dem 19. Jahrhundert wurde von Loos so geschickt in den Umbau eingebunden, daß man ihn kaum noch verorten kann. Der Bau ist eine Vorstufe für die folgenden „Raumpläne" des Architekten. Der Komplexität des Inneren entspricht die Fassadengestaltung, die vollständig aus diesem heraus legitimiert ist. Die „Austülpungen" sind typisch für die frühe Phase des Loos'schen Raumdenkens, sie werden in späteren Entwürfen zugunsten einer „Verblockung" des Baukörpers und einer systematischen Fassadengestaltung wieder zurückgenommen.

Adolf Loos

**Haus Scheu
1912**

Das Einfamilienwohnhaus, das im obersten Stock über eine zusätzliche Wohnung mit eigenem Eingang verfügt, hat vor jedem der ostseitig gelegenen Schlafzimmer eine großzügige Terrasse. Der konsequenten Gliederung des Blocks – die Terrassen springen bei einer Gesamtlänge des Baus von 16 Metern jeweils vier Meter zurück – entspricht die Gestaltung der Fenster, deren unterschiedliche Größe durch Kombinationen von einem Modul erreicht wird. Das Haus stieß bei seiner Planung auf Widerstände von Seiten der Baubehörde, die vom Bauherrn eine vollständige Bewachsung und vom Architekten einen Vorschlag für die Verbauung des Nachbargrundstücks verlangten. Dieser wurde allerdings nie verwirklicht.

Larochegasse 3
Besichtigung:
keine
Transport:
L58 (Fleschgasse)

| 13.-16 | *Josef Plečnik*

Wohnhaus Beckgasse 1900

Plečniks Intervention in den Bau des Wohnhauses erfolgte erst relativ spät. Außer einigen Korrekturen im Inneren konnte er nur mehr die Fassadengestaltung maßgeblich beeinflussen: diese ist aber dementsprechend unorthodox ausgefallen.
Seriell vorgefertigte Schmuckelemente wurden gleichmäßig in den Putz eingebracht. Deutlicher kann man eine angestrebte Trennung von Struktur und Schmuckform wohl kaum formulieren.

Beckgasse 30
Besichtigung:
keine
Transport:
L60 (Gloriettegasse)

| 13.-17 | *Adolf Loos*

Haus Horner 1912

So prätentiös Loos zum Teil bei der Errichtung von Großaufträgen und der Inneneinrichtung seiner Bauten sein konnte, war ihm der preisgünstige Wohnbau immer ein Anliegen. Das Haus Horner ist ein gutes Beispiel für dieses pragmatische Denken: über einer minimalen Fläche von nur 10 x 11 Metern errichtete Loos ein Einfamilienhaus, das lediglich über tragende Außenmauern verfügt, ganz gemäß seiner Vorstellung von einer Wand, die einzig als schützendes und tragendes Element für die Innenausstattung zu dienen hat.

Nothartgasse 7
Besichtigung:
keine
Transport:
U4, Bus 55 B (Tolstoigasse)

Adolf Loos

Ein Haus mit Überraschungseffekt, die Straßenseite mußte aufgrund von Baubestimmungen eingeschossig mit ausgebauter Mansarde gehalten werden, die Gartenfassade ist dagegen dreigeschossig und vielfältig gegliedert. Die Überleitung zwischen beiden Niveaus leistet ein halbtonnenförmiges Dach. Im Inneren klingt trotz der durchgehenden Geschoßebenen aufgrund der unterschiedlichen Raumhöhen ein „Raumplan"-Konzept an. Hinter dem großen Fenster an der Straßenseite lag das Atelier der Bauherrin, der Malerin Lilly Steiner.

**Haus Steiner
1910**

St. Veit-Gasse 10
Besichtigung:
keine
Transport:
L58 (Hummelgasse)

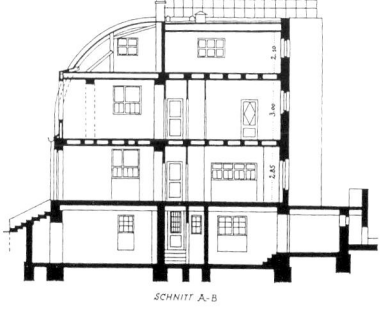

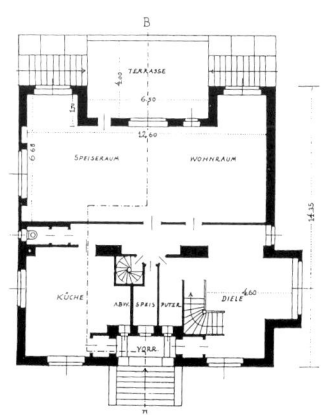

| 13.-**19** | *Luigi Blau*

Haus T.
1983

Dieses Einfamilienhaus reagiert in seiner Grundrißgestaltung sowohl auf die Topographie des Grundstückes als auch auf die Tradition der Wiener Moderne. Ein Nordosthang mit geringer Besonnung und straßenseitiger Terrasse waren die schwierigen Randbedingungen für die Verbauung. Das Haus entfaltet im Innenbereich eine differenzierte, höhengestaffelte Raumsequenz mit überraschenden Durchblicken und Aussichten. Einbaumöbel nach Entwürfen des Architekten.

Gogolgasse 58
Besichtigung:
keine
Transport:
U4, Bus 54 B (Gogolgasse)

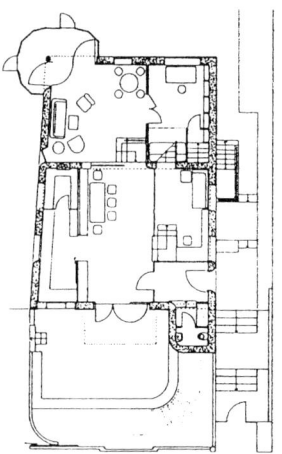

| 13.-**20** | *Josef Lackner*

Konzils-
Gedächtniskirche
1965

Der Kirchenbau der 60iger Jahre war von einer Umbruch- und Aufbruchstimmung innerhalb der Kirche gekennzeichnet. Durch die „Öffnung" und „Demokratisierung" der Institution Kirche wurden auch neue Architekturkonzepte möglich.
Lackner entwickelt hier über einem quadratischen Grundriß einen kontrastreichen Kircheninnenraum mit schweren Außenmauern, die einen Umgang (Kreuzgang) im ersten Obergeschoß beinhalten. Ein rund umlaufendes Oberlichtband bringt genügend Licht in den Innenraum und läßt optisch das Dach schweben.

Lainzer Straße 138
Besichtigung:
öffentlich zugänglich
Transport:
L 60, L 61 (Jagdschloßgasse)

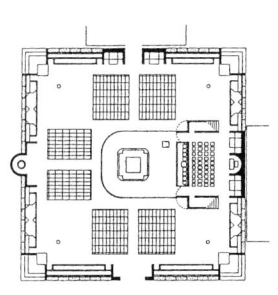

Roland Rainer | 13.-**21**

Der österreichische Rundfunk erhielt in den späten 60iger Jahren eine neue Struktur und ein neues Architekturimage. Auf Länderebene waren dies die ORF-Landesstudios von Gustav Peichl, das ORF-Zentrum am Küniglberg wurde von Roland Rainer realisiert. Entsprechend dem medialen Sendungsauftrag des ORF folgen die Bauwerke einer besonders technischen Architektursprache: Stahlbeton Präfabrikation, funktionelle Gliederung, integrierter Sonnenschutz, etc. Es gelang Rainer, den Großbaukörper durch funktionelle Einzelbaukörper zu gliedern und zu gestalten. Bauzeit 1968–76, laufende Ergänzungen.

**ORF-Zentrum
1968**

Würzburggasse, Küniglberg
Besichtigung:
nach Vereinbarung
Transport:
U4, Bus 58 B (ORF-Zentrum)

Karl Schartelmüller | 13.-**22**

Ein relativ später Versuch eines beamteten Architekten, den Siedlungs-Typ wiederzubeleben. Die Siedlung Lockerwiese ist keine Selbstversorgersiedlung wie viele der früheren Anlagen, sondern eine reine Wohnsiedlung. Die Reihenhäuser mit angeschlossenen Kleingärten verdichten sich gelegentlich zu Blöcken, bilden geschwungene Gassen und kleine Plätze aus und schließen auch öffentliche Grünflächen ein.

**Siedlung Lockerwiese
1928**

Wolkersbergenstraße,
Engelhartgasse,
Versorgungsheimstraße
Besichtigung:
keine
Transport:
L 61, L 62
(Wolkersbergenstraße)

13.-23 J. Frank, G. Rietveld, J. Hoffmann, A. Loos, H. Kulka,

Werkbundsiedlung 1930

Jagdschloßgasse,
Veitingergasse,
Woinovichgasse, Jagicgasse
Besichtigung:
nur Freiflächen
Transport:
U4, Bus 54 B (Gobergasse)

Josef Frank, der Initiator der Wiener Werkbundsiedlung (1930–32), war der einzige Österreicher gewesen, der an der Errichtung der berühmten Siedlung am Stuttgarter Weissehof beteiligt war. Fünf Jahre nach deren Vollendung wurde sein Gegenkonzept als Österreichische Werkbundausstellung 1932 eröffnet. Neben der heimischen Architekturelite waren von Frank auch jene internationalen Größen eingeladen worden, die seiner Meinung nach bei der Konzeption der Stuttgarter Siedlung übergangen worden waren. Das Siedlungskonzept mit seiner gekrümmten Wegführung, die scheinbar natürlich in kleine Plätze mündet, entspricht Franks theoretischen Maximen von geplanter „Zufälligkeit", die die Lebensqualität eines „gewachsenen" Ensembles evozieren soll. Die Siedlungshäuser sollten eine Vielzahl

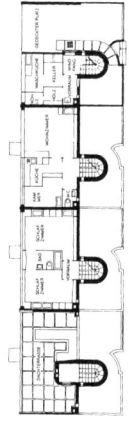

Lurcat

Frank

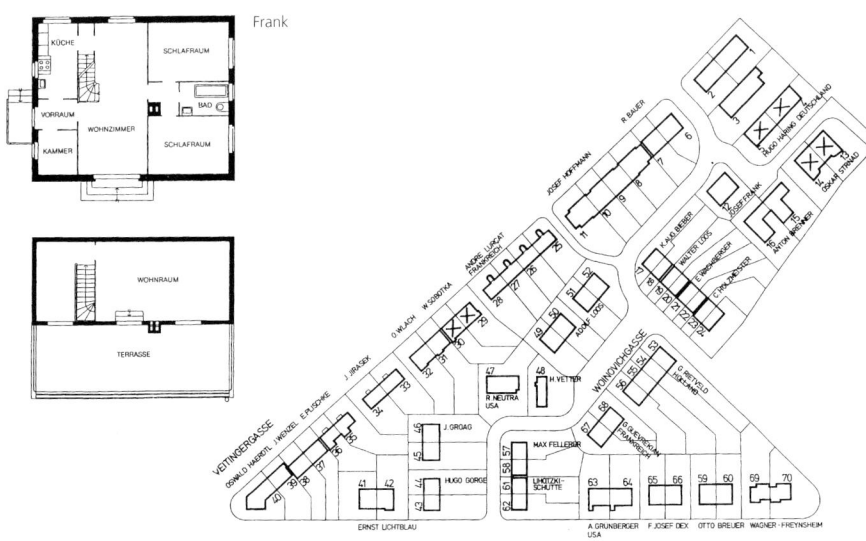

von möglichen Typen vorstellen: von den freistehenden Einfamilienhäusern reicht das Spektrum über Doppelwohnhäuser bis zu Reihenhäusern. Die Innenorganisation der Häuser konnte dem zeitgenössischen Besucher ebenfalls eine große Vielfalt von Wohnmöglichkeiten über sehr reduziert gehaltenen Grundrissen vermitteln. Das Färbelungskonzept wurde vom ungarischen Maler Lazlo Gabor entwickelt. Die Siedlung ist die „dichteste Packung" hochqualitativer Architektur der „klassischen Moderne" in Österreich. Ihren Höhepunkt an Kompaktheit und räumlicher Komplexität findet sie in den beiden Doppelwohnhäusern von Adolf Loos. 1983–85 wurden die Anlage von Adolf Krischanitz und Otto Kapfinger renoviert, wobei sinnvolle, von den Bewohnern angebrachte, Veränderungen beibehalten wurden.

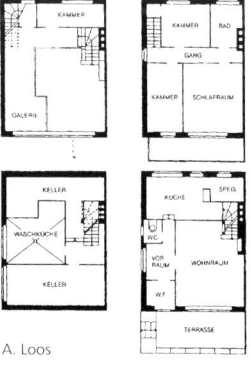

A. Loos

| 13.-24 | | *Gustav Peichl* |

**Konvent der Dominikanerinnen
1963**

Schloßberggasse 17,
Seuttergasse 1
Besichtigung:
keine
Transport:
U4, Bus 53B (Seuttergasse)

Das Konvent für 100 Mädchen versucht den Internatsgedanken durch eine familienähnliche Struktur zu erneuern. Fünf Häuser für je 20 Mädchen bilden eine kammförmige Einheit, welche durch einen „Kreuzgang" mit dem Speisesaal und dem Turnsaal verbunden ist. Die präzise Geometrie ist in Stahlbeton mit Holzfenstern ausgeführt, die Bepflanzung gibt dem Bauwerk sympatische Zeitspuren.

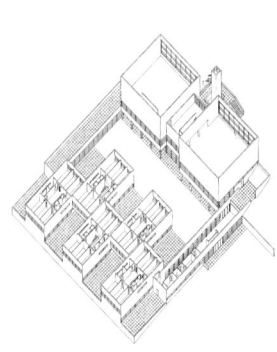

| 13.-25 | | *Carl von Hasenauer* |

**Hermes-Villa
1882**

Lainzer Tiergarten
Besichtigung:
öffentlich zugänglich bei
Veranstaltungen
Transport:
Bus 60B (Lainzer Tor)

Obwohl der Hauptbau der Villa, der als Jagdschloß für die Kaiserin Elisabeth errichtet wurde, ein wenig gewollt malerisch wirkt, ist das gesamte Ensemble überzeugend in die umgebende Landschaft eingebettet.

Fritz Judtmann, Egon Riss | 13.-26

TBC-Pavillon im Lainzer Krankenhaus
1929

Die Krankenhausanlage wurde von Josef Klingsbigl und Johann Nepomuk Scheiringer 1908–13 errichtet. 1929–30 erfolgte eine erste Erweiterung um einen Block zur Behandlung von Tuberkulose-Patienten durch Fritz Judtmann und Egon Riss. Die nüchtern-sachliche, aber nicht unfreundliche Gestaltung dieses architektonisch interessantesten Baus der Anlage mittels großzügiger Durchfensterung und vielfältiger Staffelungen und Schichtungen konnte das Vertrauen in eine moderne Medizin und deren Erfolge ausdrücken.

Wolkersbergenstraße 1,
Lainzer Krankenhaus, Pav. VIII
Besichtigung:
keine
Transport:
L61, L62 (Krankenhaus Lainz)

Elsa Prochazka | 13.-27

Schule Hietzinger Hauptstraße
1992

Dieser Zubau zu einer bestehenden Volksschule aus der Zeit der Monarchie wurde mit großer Sensibilität durchgeführt. Während der Bauphase war der Anbau heftig umstritten, das Ergebnis zeigt einen gut proportionierten Kubus mit Lochfassade und gelben Emailglasplatten. Dadurch wird materialmäßig eine kritische Distanz zur bestehenden Putzfassade erreicht, ohne sich architektonisch der Verpflichtung zu entledigen, die Verbindung zwischen Altbau und Neubau gestalterisch zu lösen. Das Raumprogramm besteht aus vier Unterrichtsklassen, zwei Teilungsräumen, Bibliothek und Nebenräumen. Die ostseitig angelegten Unterrichtsklassen werden durch kleine auskragende verglaste Erker aufgelockert, die konventionellen Klassen bekommen durch diesen Annex eine private Nische.

Hietzinger Hauptstraße 166
Besichtigung:
nach Vereinbarung
Transport:
Bus 53 B (Wolfrathplatz)

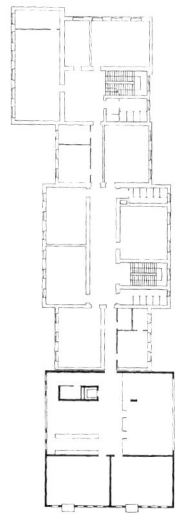

Erwähnungen

13.28e	Bürohaus BKK-2, Christoph Lammerhuber, Axel Linemayr, Franz Sumnitsch, Florian Wallnöfer, Johann Winter, Evelyn Wurster	1991 St. Veitgasse 50	
13.29e	Pavillon für behinderte Kinder im Neurologischen Krankenhaus Rupert Falkner, Anton Schweighofer	1969 Riedelgasse 5, Rosenhügelstraße	
13.30e	Wohnhaus Porpaczy Roland Hagmüller	1984 Wittgensteinstraße 50	
13.31e	Wohnhaus Knobling Heinz Tesar	1985 Grobeckergasse 4	
13.32e	Ekazent Hietzing Wolfgang und Traude Windbrechtinger	1962 Hietzinger Hauptstraße 22	
13.33e	Haus Stoessl Adolf Loos	1911 Matrasgasse 20	
13.34e	Haus Bettelheim Wilhelm Holzbauer	1966 Joseph-Lister-Gasse 22	
13.35e	Wohnhaus Gert M. Mayr-Keber	1989 Schweizertalstraße 44	
13.36e	Wohnhaus Ernst Lichtblau	1922 Meytensgasse	

PLAN NR. 8

14. Bezirk
Penzing

14. Bezirk, Penzing Indexnummern: 14.-1 ... 14.-19e

Empfehlungen

Sehenswerte Bauwerke – Anregungen von Wiener Architekten:

14. Bezirk:

Otto Graf (Kunsthistoriker):
    Kirche am Steinhof (St. Leopold), Index-Nr. 14.9

Rüdiger Lainer – Spazierwege:
    Schrebergärten, am Flötzersteig, zwischen Blümelhubergasse und Steinbruchstr. (Am Weg zu Otto Wagner's Steinhofkirche)

Gustav Peichl:
    Kirche am Steinhof (St. Leopold), Index-Nr. 14.9

Marta Schreieck:
    Schule Kinkplatz, Index-Nr. 14.6

Heinz Tesar:
    Seelsorgezentrum Baumgarten, Index-Nr. 14.4

Franziska Ullmann:
    Kirche und Ensemble am Steinhof (St. Leopold), Index-Nr. 14.9

14.-1 | *Anton Schweighofer*

Muthsamgasse
1986

Muthsamgasse 3
Besichtigung:
keine
Transport:
L49, L10 (Laurentiusplatz)

Anton Schweighofer hat mit seiner Grundrißtypologie des „Zentralraumes" eine wesentliche Bereicherung zum Spektrum des sozialen Wohnbaues geleistet. In diesem Projekt ist den meisten Räumen eine großzügige Loggia vorgelagert, die als gestalt-bestimmende „Loggiawand" ein südländisches Element nach Wien importiert. Die über fünf Geschoße reichenden Eternit-Hohlprofile bewirken eine für den Wohnbau unübliche Monumentalisierung (Kolossalordnung).

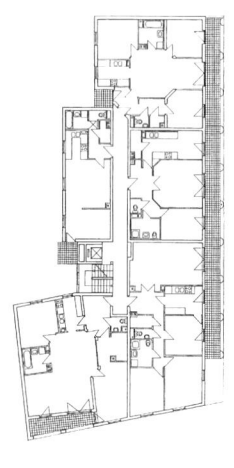

14.-2 | *Robert Oerley*

Zeiss-Werke
1915

Abbegasse 1
Besichtigung:
keine
Transport:
L 46, Bus 48 A
(Waidäckergasse)

Das in exponierter städtebaulicher Lage befindliche Produktionsgebäude der Zeiss-Werke spiegelt die verschiedenen Ausdrucksmöglichkeiten, die der Industriebau in dieser frühe Phase noch harmonisieren konnte, perfekt wider: einerseits ist die profane Nutzung durch die Betonung der konstruktiven Bestandteile klar ausgewiesen, andererseits konnte der Bau durch die – damals noch solitäre – Lage und eine an sakrale Vorbilder erinnernde Verteilung der Massen die Hegemonie des Herstellers von optischen Präzisionsgeräten vermitteln. Heute geänderte Nutzung.

BKK-2, C. Lammerhuber, A. Linemayr, F. Sumnitsch, u. a.

Mit dem „Wohnheim" auf dem Gebäude einer ehemaligen Sargfabrik wurde sowohl in sozialer, konzeptueller, rechtlicher (Wohnheim-Verein) und architektonischer Hinsicht ein neuer Maßstab in Sachen innerstädtisches Wohnen gesetzt. Ausgezeichnet mit dem Adolf-Loos-Preis 1996 zeigt dieses Gebäude eine hybride Struktur von Wohnungen, Restaurant, Seminarräumen, Veranstaltungssaal und Bad mit ca. 2000m^2 Gemeinschaftsflächen und ca. 6000m^2 Wohnnutzfläche.
BKK-2 Team: C. Lammerhuber, A. Linemayr, F. Sumnitsch, F. Wallnöfer, J. Winter, E. Wurster.

Wohnheim Matznergasse 1993

Matznergasse 8/
Goldschlagstraße 169
Besichtigung:
teilweise
Transport:
U3, L 52 (Diesterweggasse)

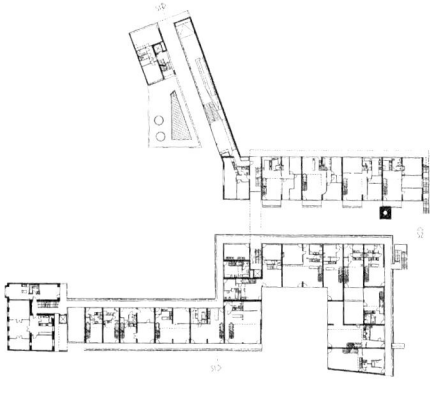

14.-4 | *Johann Georg Gsteu*

Seelsorgezentrum Baumgarten 1960

Hütteldorferstraße 280, Linzer Straße
Besichtigung: nach Vereinbarung
Transport: L 49 (Baumgarten)

Das Konzept der Kirche entfaltet seine räumliche Qualität im Innenraum, wo ein kreuzförmiges Lichtband von der Decke bis zum Boden reicht. Über einem quadratischen Grundriß erhebt sich eine auskragende Stahlbetonkonstruktion, die aufgrund des zentralen Lichtbandes wie ein auseinandergezogener Kubus wirkt. Die äußere Anlage ist ebenfalls symmetrisch angelegt und besetzt mit Pfarrhof, Sakristei, Pfarrsaal und Glockenturm jeweils die vier äußeren Quadrate.

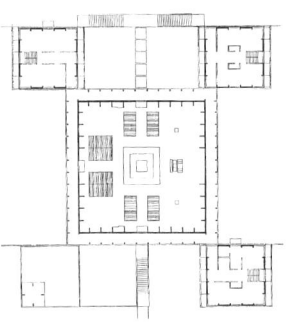

14.-5 | *Otto Schönthal, Boris Podrecca*

**Villa Vojcsik 1901
Atelierhaus GGK 1984**

Linzer Straße 375
Besichtigung: keine
Transport: L49 (Bahnhofstraße)

Otto Wagner vermittelte den Auftrag zur Errichtung der Villa an seinen Schüler Otto Schönthal, der in die typische Vorstadtumgebung der äußeren Linzer Straße einen Bau setzte, der, obwohl er in einer geschlossenen Häuserzeile steht, den Namen Villa nicht umsonst trägt. In Wagner'scher Manier stellt Schönthal den Baukörper frei und bindet ihn nur durch niedrigere Seitenrisalite an die Nachbarbauten an. Die die Dachlinie berührenden Fenster der Risalite errinnern an Josef Hoffmanns gleichzeitigen Großauftrag des Palais Stocklet in Brüssel. Renovierung durch Boris Podrecca (1975–82). Im Garten befindet sich das Atelierhaus GGK (Holzhaus), ebenfalls von Boris Podrecca (1984–86).

Helmut Richter

„Ich wollte eine Schule machen, bei der nicht gleich das Unangenehme, das bei Schulen immer so auffällt, sich bemerkbar macht." (Helmut Richter). Ergebnis dieses Architektenwunsches ist ein transparenter, keilförmiger Glaskubus, der die Schulhalle und die Dreifach-Turnhalle aufnimmt. Im Anschluß daran entwickeln sich kammartig drei konventionelle Klassentrakte, die als Betonskelett mit Fertigteildecken ausgebildet wurden. Mit starker gebäudeplastischer Kraft organisiert Richter das umfangreiche Raumprogramm einer Schwerpunkthauptschule mit 20 Klassen. Die räumliche Offenheit des Schulgebäudes impliziert eine neue Offenheit der pädagogischen Einstellung zum Unterricht.

Schule Waidhausenstraße/ Kinkplatz 1994

Kinkplatz 21
Besichtigung:
nach Vereinbarung
Transport:
L49, Bus 47 A
(Baumgartner Friedhof)

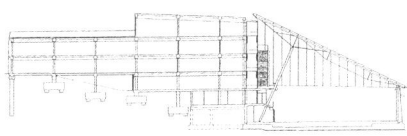

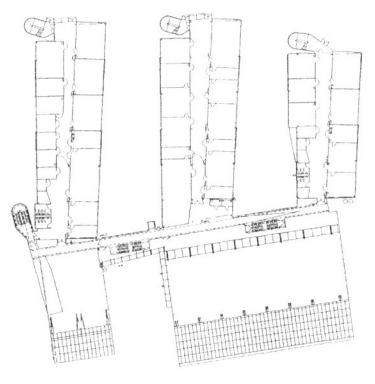

14.-7 | Otto Wagner

Villa Wagner I.
1886

Hüttelbergstraße 26
Besichtigung:
keine
Transport:
L49, Bus 148
(Campingplatz Wien West I)

Diese großzügige Vorstadtvilla in Waldrandlage in Hütteldorf entstand 1886 als Wagners eigenes Wohnhaus im „Stil der freien Renaissance". Die rechte Pergola wurde 1895 verglast, die linke 1899 zu einem Studio umgestaltet. Auf der Straßenfassade befinden sich zwei Inschriften, die Wagners architektonisches Denken verdeutlichen: Sine arte sine amore non est vitae. Sola domina necessitas. Bauwerk heute verändert, Innenräume nicht im Original erhalten.

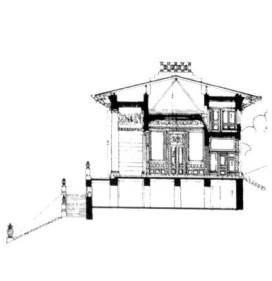

14.-8 | Otto Wagner

Villa Wagner II
1912

Hüttelbergstraße 28
Besichtigung:
keine
Transport:
L49, Bus 148
(Campingplatz Wien West I)

Neben dem Haus aus dem Jahr 1886, das er an den Varietébesitzer Ben Tiber verkauft hatte, setzte Wagner ein Vierteljahrhundert später eine Demonstration gegen den „malerischen" Heimatstil der Jahre vor dem Weltkrieg. Die Baubewilligung wurde am 8. August 1912 erteilt. Wagner verkaufte das Haus am 25. September 1916, da er dort, wo seine Frau gestorben war, nicht mehr leben wollte. (Otto Graf)

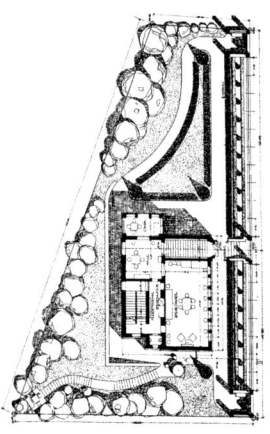
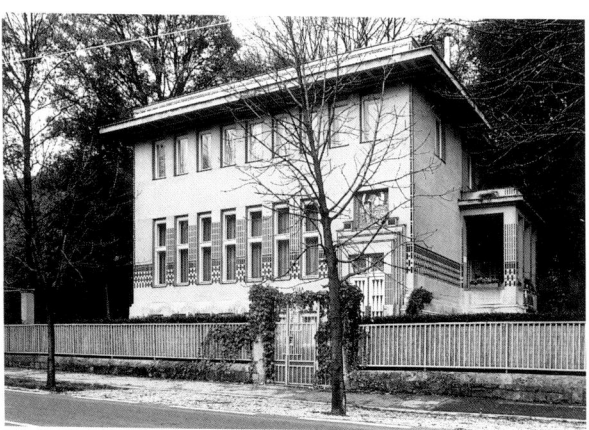

Otto Wagner

Die Neuplanung des psychiatrischen Krankenhauses wurde aufgrund eines Wettbewerbes (1902–04) realisiert, bei dem weitgehend der Lageplan von Otto Wagner realisiert wurde. Von Wagner selbst wurde aber nur die Kirche St. Leopold realisiert, deren Entwurf zwischen November 1903 und März 1904 anzusetzen ist (Otto Graf). Einer Stadtkrone vergleichbar thront die Kirche am Rande des westlichen Wienerwaldes und stellt einen fast mythisch-mystischen Bezug zur Stadt Wien dar.
Ein architektonisches Meisterwerk und ein „absolute must" für jeden Wien-Besucher.

Kirche am Steinhof (St. Leopold)
1905

Baumgartner Höhe 1
Besichtigung:
während der Öffnungszeiten
Transport:
L46, Bus 48A
(Psychiatrisches Krankenhaus)

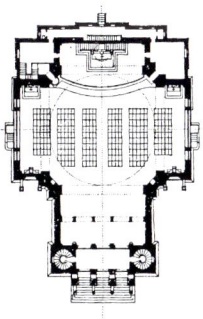

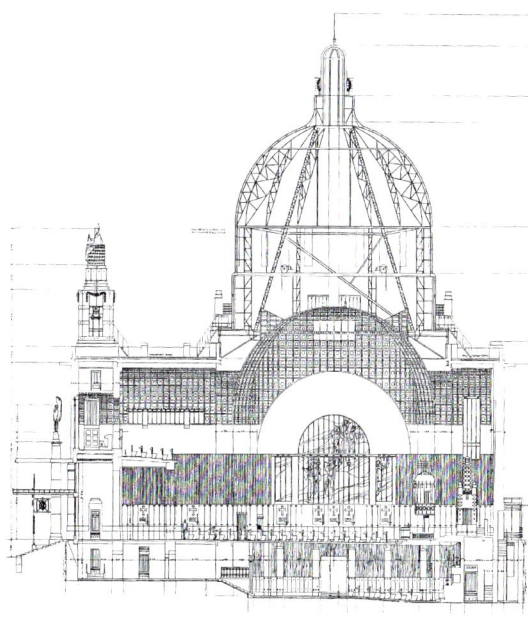

Anton Schweighofer

Stadt des Kindes
1969

Weidlingau, Mühlbergstraße, Hofjägerstraße
Besichtigung:
nach Vereinbarung
Transport:
U4, Bus 151 (Weidlingau)

Die „Stadt des Kindes" ist konzeptuell ein offenes Jugendheim der Gemeinde Wien, wo die Pflegekinder in Familienhäusern mit autonomer Betreuung untergebracht sind. Entlang einer linearen Erschließung befinden sich neben den fünf Familienhäusern eine Bibliothek, Turnsaal, Schwimmhalle, Speiseraum und ein Theaterplatz. Ein symbolischer Ansatz, wo die räumliche Hülle die soziologischen Anforderungen reflektiert.

Erwähnungen

14.11e	Volksschule Diesterweggasse Gustav Peichl	1976 Diesterweggasse 30	
14.12e	Waidhausenstraße Rüdiger Lainer, Gertraud Auer	1987 Waidhausenstraße 24	
14.13e	Wohnhaus Penzinger Straße Karl Fischl	1901 Penzinger Straße 40	
14.14e	Baumgartner Höhe Franz Berger	1902 Baumgartner Höhe 1, Psychiatrisches Krankenhaus Steinhof	
14.15e	Hackinger Steg D. Henke, M. Schreieck, W. Ziesel	1995 Hackinger Kai	
14.16e	Haus Bacher Wilhelm Holzbauer, Friedrich Kurrent, Johannes Spalt (Arbeitsgruppe 4)	1963 Günselgasse 20	
14.17e	Erweiterung Technisches Museum (Eingangshalle) Atelier in der Schönbrunner Straße	1993 Mariahilferstraße 212	
14.18e	Lager-und Bürogebäude Grothusen II Gunther Wawrik	1979 Albert-Schweitzer-Gasse 5	
14.19e	Sebastian Kelch Gasse Josef Frank	1928 Sebastian Kelch Gasse 1–3	

PLAN NR. 9

15. Bezirk
Rudolfsheim-
Fünfhaus
16. Bezirk
Ottakring
17. Bezirk
Hernals
18. Bezirk
Währing

15. Bezirk, Rudolfsheim-Fünfhaus Indexnummern:	15.-**1** ... 15.-**14**e
16. Bezirk, Ottakring Indexnummern:	16.-**1** ... 16.-**10**e
17. Bezirk, Hernals Indexnummern:	17.-**1** ... 17.-**7**e
18. Bezirk, Währing Indexnummern:	18.-**1** ... 18.-**11**e

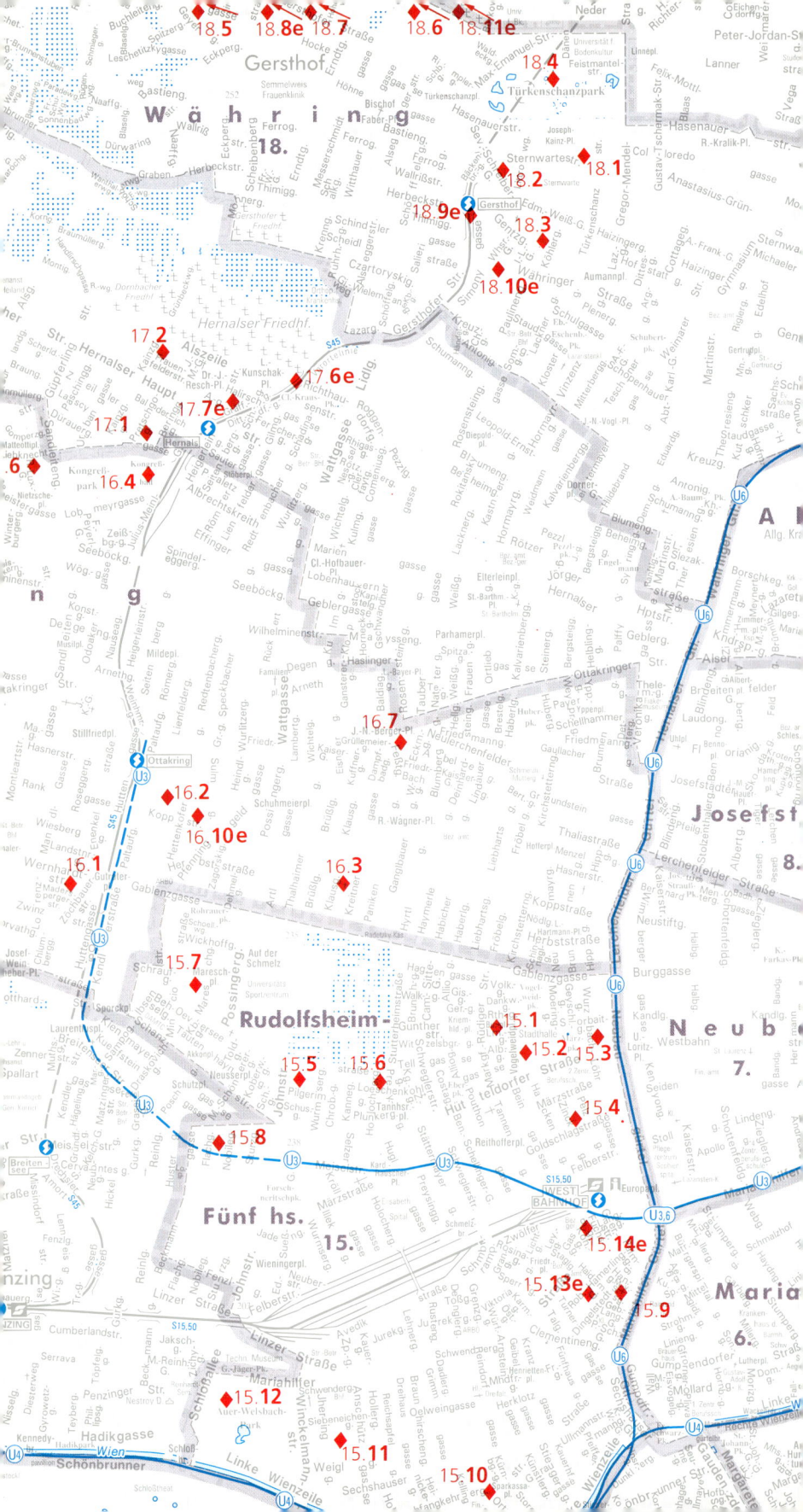

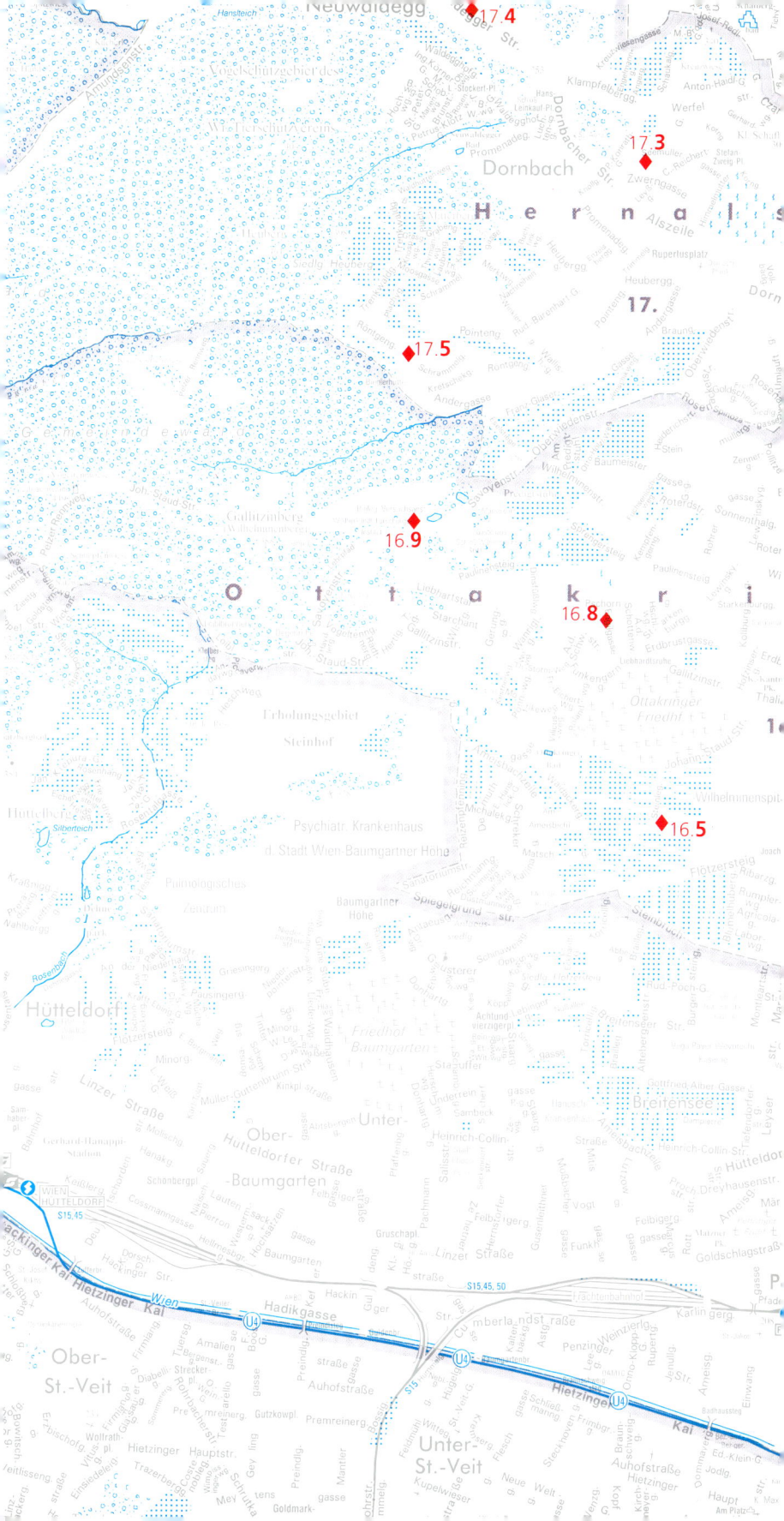

Empfehlungen

Sehenswerte Bauwerke – Anregungen von Wiener Architekten:

15. Bezirk:
Marta Schreieck:
    Stadthalle, Stadthallenbad, Index-Nr. 15.2

16. Bezirk:
Maria Auböck:
    Kongressbad 16. Bezirk, Index-Nr. 16.4
Margarethe Cufer:
    Heiligengeistkirche, Index-Nr. 16.3
Adolf Krischanitz:
    Heiligengeistkirche, Index-Nr. 16.3
Rüdiger Lainer – Spazierwege:
    Wurlitzergasse in Ottakring, zwischen Wilhelminenstr. und Effingergasse
Dietmar Steiner:
    Heiligengeistkirche, Index-Nr. 16.3

17. Bezirk:
Carl Pruscha:
    Heubergsiedlung mit Gärten, Index-Nr. 17.5

Clemens Holzmeister

Seipel-Dollfuß-Kirche (Kanzlerkirche)
1933

Vogelweidplatz 7–8
Besichtigung:
öffentlich zugänglich
Transport:
U6 (Burggasse)

Die Kirche wurde zum Andenken an den 1932 gestorbenen österreichischen Bundeskanzler Ignaz Seipel erbaut. Nach der Ermordung seines Nachfolgers Engelbert Dollfuß bei einem Putschversuch der illegalen Nationalsozialisten wurde auch dieser dort beigesetzt. Der Ort wurde so zu einem Zentrum austrofaschistischer Identitätsbildung, weshalb die beiden Kanzler-Särge nach dem „Anschluß" Österreichs umgehend entfernt wurden. Holzmeister entwickelte den Bau aus der Kloster-Typologie, was sowohl der topografischen Lage auf einer großflächigen Bebauungslücke als auch den Anforderungen als Seelsorgezentrum mit angeschlossenem Pfarr- und Seelsorgehaus entsprach.

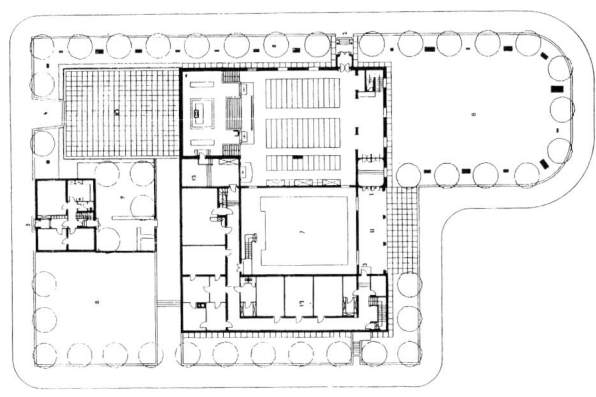

Roland Rainer

**Stadthalle, Halle E, Stadthallenbad
1994**

In unmittelbarer Nähe des Westbahnhofes wurde die Wiener Stadthalle als Ergebnis eines internationalen Wettbewerbes errichtet. Mit einem Fassungsvermögen von 15.000 bis 20.000 Zuschauern ist die Stadthalle der größte Veranstaltungsraum von Österreich. Die zur Mitte hin durchhängende Stahlbeton-konstruktion (Prof. Baravalle) steigt mit zunehmender Höhe der Tribüne an. Von 1971–1974 um eine große Schwimmhalle erweitert, 1994 wurde das Foyer der Haupthalle neu renoviert und eine kleine Veranstaltungshalle (Halle E) neu errichtet.

Vogelweidplatz, Märzstraße, Gablenzgasse
Besichtigung:
öffentlich zugänglich
Transport:
U6 (Burggasse-Stadthalle)

15.-3 | Leopold Bauer

Vogelweid-Hof
1926

Hütteldorfer Straße 2A,
Wurzbachgasse, Sorbaitgasse
Besichtigung:
keine
Transport:
U6 (Burggasse)

Leopold Bauer war Wagner-Schüler, wandte sich aber schon früh von dessen „Rationalismus" ab und einer sehr pittoresken Auffassung zu, der er speziell für den Wohnbau, aber auch wichtige soziale und emotionale Qualitäten koinzidierte. Zur Steigerung dieser Qualitäten setzte er im „Vogelweid-Hof" unter anderem auch auf eine malerische Ausstattung der Laubengänge, deretwegen der Bau auch „Märchen-Hof" genannt wird.

15.-4 | Georg Driendl, Gerhard Steixner

Sonderschule für
sehbehinderte Kinder
Zinckgasse
1992

Zinckgasse 12–14
Besichtigung:
nach Vereinbarung
Transport:
L9, L49 (Beingasse)

Eine Sonderschule für sehbehinderte Kinder als Baulückenverbauung zu realisieren, ist eine zweifache Herausforderung: neben der existierenden funktionellen Komplexität kommt dem Aspekt des Tageslichtes und der Haptik besondere Bedeutung zu. Die 8-klassige Schule versucht auf kleinstem Raum durch Materialvielfalt und ausgeklügelter Lichtführung die Sinnlichkeit der Schüler zu fördern (Materialien: Weichholz, Hartholz, Sichtbeton, Klinker, Terazzo, Keramik, Glas, Putzflächen).

Otto Polak-Hellwig

Heimhof
1921

Der „Heim-Hof" wurde als sogenanntes Einküchenhaus errichtet, bei dem die Versorgung durch eine Zentralküche in einem Speisesaal oder durch Speiseaufzüge erfolgte. Nach einer Erweiterung 1926 umfasste der Hof insgesamt 246 Wohneinheiten. Neben der Zentralküche standen den Mietern ein Kindergarten, Sonnenterrassen und eine Zentralwäscherei zur Verfügung. Initiatorin der Anlage war die Sozialistin Auguste Fickert, die damit eine Verbesserung der Lebenssituation berufstätiger Ehepaare versprach.

Pilgerimgasse 22–24,
Oeverseestraße 25–29,
Wurmsergasse 45–47,
Johnstraße
Besichtigung: nur Freiflächen
Transport:
U3 (Johnstraße)

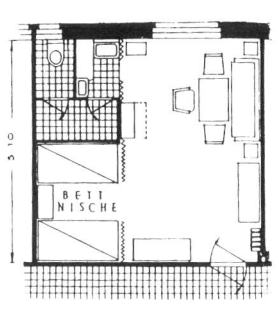

Oskar Strnad

Wohnhausanlage Holochergasse
1931

Oskar Strnads gebautes Ouevre ist verglichen mit dem Einfluß seiner Lehre und seiner Texte relativ gering. Neben wenigen Einfamilienhäusern, u. a. die Villa in der Cottagegasse und die Villa Wassermann, gehören ein Teil des Winarskyhofes und die Wohnhausanlage Holochergasse zu den größten Bauvolumen, die er errichten konnte. Strnad, der in seinen früheren Bauten und vor allem in seinen Einrichtungen zwischen rokokohafter Zartheit und biedermeierlicher Tranparenz chanchierte, orientierte sich hier an der Schlichtheit, die sein langjähriger Partner Josef Frank bei der Errichtung von Wohnbauten der Gemeinde Wien an den Tag legte.

Holochergasse 40,
Loeschenkohlgasse 30–32,
Oeverseestraße,
Preysingstraße
Besichtigung: keine
Transport:
U3 (Johnstraße)

15.-7 | Hugo Mayer

Wohnhausanlage Schmelz 1919

Possingergasse, Gablenzgasse, Minciostraße, Oeverseestraße, Mareschplatz
Besichtigung:
nur Freibereiche
Transport:
U3, Bus 10A (Akkonplatz)

Hugo Mayer war einer der führenden Vertreter der Wiener Gartenstadtbewegung, der auch mit Adolf Loos an der Realisierung der Heuberg-Siedlung arbeitete. Auf der Schmelz kombinierte Mayer eine geschlossenen Randbebauung, die als erster Teil der Anlage errichtet wurde, und freistehenden Blöcken. Die Anlage hatte neben einer Waschküche auch einen Versammlungsraum, Geschäfte und Bäder. Die Ausformulierung hält bodenständige und gestraffte Elemente in der Balance.

15.-8 | Friedrich Kurrent

Wohnhaus Nobilegasse 1985

Nobilegasse 51–53
Besichtigung:
keine
Transport:
U3 (Johnstraße)

Es ist schwierig, gute Beispiele für „Neues Bauen in alter Umgebung" zu finden. Bei dieser Verbauung der 30 m breiten Baulücke in einem Gründerzeitviertel setzte Kurrent das Stiegenhaus gekonnt in die Straßenfassade und bewirkte mit der split-level-Erschließung eine Aufteilung des Baukörpers. Die gleichmäßige Fassade wird somit durch den Stiegenhausturm kontrastiert. (Zitat des Hauses der Grazer Stadtwerke, Steinbüchel-Rheinwall, 1928–32, Hinweis durch Friedrich Achleitner)

Friedrich von Schmidt

Die in unmittelbarer Nähe des Linienwalls (heutiger Stadtbahnverlauf) stehende Kirche ist ein Versuch Friedrich von Schmidts, die grundlegend verschiedenen Typen des Längs- und Zentralraums zur Synthese zu bringen. Der Bau ist eigentlich am besten im Vorbeibewegen zu erfassen, da sich die unterschiedlichen Silhouetten so am besten auffächern.

Fünfhauser Pfarrkirche (Maria vom Siege)
1864

Mariahilfer Gürtel
Besichtigung:
öffentlich zugänglich
Transport:
U6, L6 (Mariahilfer Gürtel)

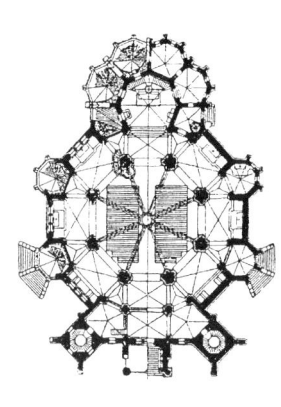

Johann Georg Gsteu

Diese in zwei Etappen (1970–1972 und 1989) erfolgte Adaptierung eines Gründerzeithauses für die Nutzung einer Bankfiliale ist durch eine Reihe von architektonischen und funktionalen Elementen interessant. Die Kreisform der Fenster in der Fassade resultiert funktionell aus der „Druckrohrlösung" und formal aus den Bogenfenstern und dem Uhr-Element des Altbaues. Im Innenraum Differenzierung durch ein Galeriegeschoß. 1989 erfolgte der Einbau des großen Stahl-Glas-Tores.

Sparkasse
1970

Sparkassenplatz 4/
Ullmanstraße
Besichtigung:
öffentlich zugänglich
Transport:
Bus 9A (Sparkassenplatz)

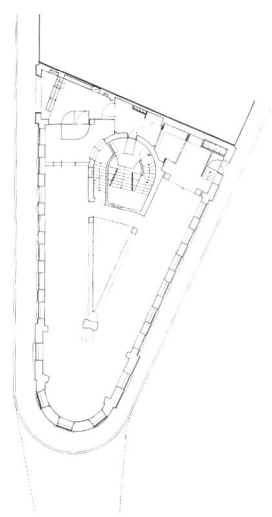

Wohnhausanlage „Wohnen Morgen" 1974

Anschützgasse, Jheringgasse,
Siebeneichengasse,
Weiglgasse
Besichtigung: nur Freibereiche
Transport:
U3, L52, L58 (Anschützgasse)

Unter dem Titel „Wohnen Morgen" wurden in den siebziger Jahren in allen österreichischen Bundesländern Wettbewerbe durchgeführt. Das Siegerprojekt von Wilhelm Holzbauer zeigt einen typologischen Ansatz (Straße und Gartenhof), der eine Durchmischung von öffentlichen und privaten Bereichen sinnvoll organisiert. Die öffentliche Straße wird mit Geschäften durchmischt und durch Laubengänge belebt; die Gartenhöfe erreichen durch eine terassenartige Anlage maximale Privatheit. Ein gelungenes Sanierungsmodell für den urbanen Bereich.

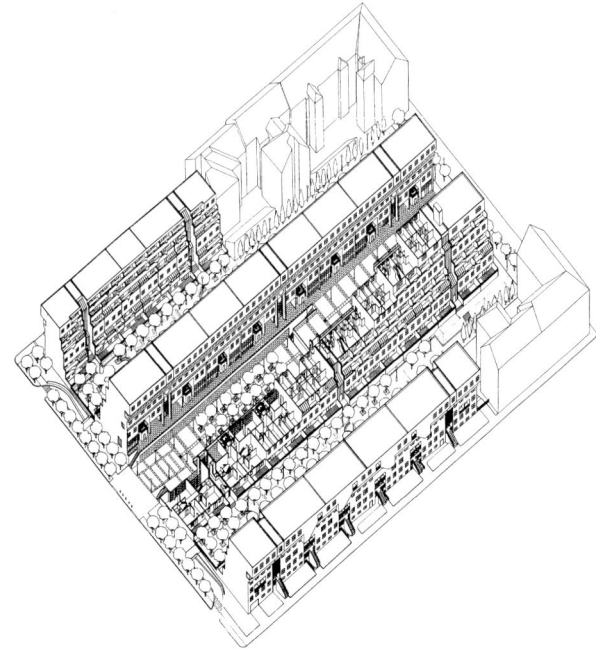

Franz Schuster

Sonderkindergarten Schweizerspende 1948

In der Zeit des Wiederaufbaus hat Franz Schuster mit diesem Bauwerk ein Zeichen humaner und heiterer Architektursprache gesetzt. Ein leicht gebogener Erschließungsbereich mit kammartiger Anordnung der Spielsäle und Spielhöfe überzeugt durch die räumliche Differenzierung von Innen- und Außenraum. Jede Spielgruppe hat zusätzlich zum Haupteingang einen separaten Zugang. Erweiterung durch Dimitris Manikas.

Auer-Welsbach-Park
Besichtigung:
nach Vereinbarung
Transport:
L 52, L 58 (Penzinger Straße)

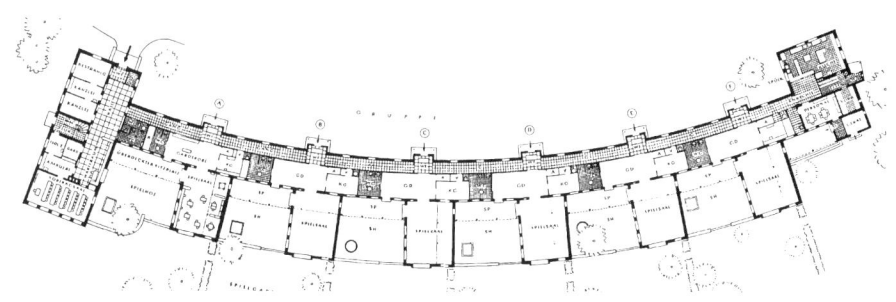

16.-1 Theodor Bach, Leopold Simony

Jubileumshäuser
1898

Maderspergerstraße, Wernhardtstraße, Gutraterplatz, Roseggerstraße
Besichtigung:
keine
Transport:
U4, L 10 (Gutraterplatz)

Die von der „Franz Joseph-Jubiläumsstiftung" errichteten Wohnhäuser waren ein früher Gegenwurf zu den verbreiteten Mietzinshäusern. Zahlreiche Mängel, die das Leben in diesen unerträglich machten, wurden in diesen Neubauten behoben. Um eine bessere Durchlüftung und Belichtung zu sichern, wurden etwa nur 45% der Fläche verbaut, und viele der Wohnungen hatten Innentoiletten, um die sanitären Zustände zu verbessern. Diese Art der Bebauung ist ein Vorläufer der Wohnbauten der Gemeinde Wien: daß auch die konservativ-repräsentative Gestaltung des Äußeren im Gegensatz zur innovativen räumlichen Organisation für die Architekten der Gemeinde vorbildlich wurde, kann nur vermutet werden.

16.-2 Manfred Nehrer und Reinhard Medek

Laborgebäude
1993

Hasnerstraße 127/
Koppstraße 116
Besichtigung:
keine
Transport:
L46 (Possingergasse)

Das ca. 15.000m² große Labor- und Bürogebäude überzeugt durch seine funktionelle Konsequenz. Ein Drittel der Fläche wird von der Austria Tabak als Labor genutzt, zwei Drittel sind flexible, vermietbare Büroflächen mit entsprechender Ausstattung. Die geforderte Flexibilität wird auch in der Gestaltung überall sichtbar umgesetzt: Bandfenster, Stützenraster, Aluminium-Fassadenverkleidung. Die innere Erschließung erfolgt durch drei Atrien (Lift und Stiegen) und zwei linearen Erschließungskorridoren. Überall besteht der Versuch durch natürliche Belichtung eine angenehme Arbeitsplatzsituation zu erreichen.

Josef Plečnik

"Plečnik gelang (...), provoziert durch eine neue Bautechnik, die Weiterentwicklung eines uralten Raumtypus, der mit der Kirche immer verbunden war und hier, für alle nachvollzieh- und erlebbar eine lebendige, ja eine in die Zukunft gerichtete Beziehung einging" (F. Achleitner) Plečniks Kirchenbau weist auf allen Ebenen innovative Momente auf: schon ein Seelsorge-Zentrum in einem Arbeiterbezirk war neuartig. Die Verwendung von Eisenbeton erlaubte dem Architekten nicht nur ein neuartiges Raumkonzept, das den klassischen, basilikalen Typus neu erfaßt, sondern auch die Auslotung der sinnlichen Möglichkeiten dieses Baustoffes. Das „Non-finito" (Fassade) war vom Architekten nicht beabsichtigt, erzeugt aber für die heutige Betrachtung noch zusätzliche Reize.

Heilig-Geist-Kirche (Pfarrkirche Schmelz)
1910

Herbststraße 82
Besichtigung:
öffentlich zugänglich
Transport:
U6, L9 (Koppstraße)

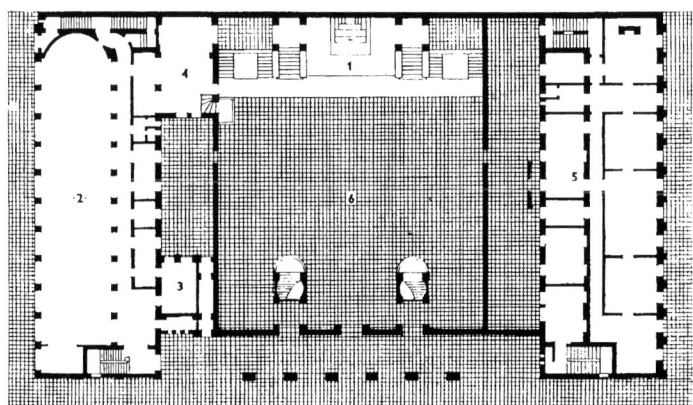

16.-4 | Erich Leischner

**Kongreß-Bad
1928**

Kongreßplatz
Besichtigung:
Öffnungszeiten
Transport:
L 43 (Hernals)

Die Errichtung von Freizeitanlagen war eine Begleitmaßnahme zum Wohnbauprogramm der Gemeinde Wien in der Zwischenkriegszeit. Die Stimmung der Sportanlage als Zentrum der Arbeiterkultur ist heute noch spürbar. Dazu trägt sicherlich auch die Mischung aus Sachlichkeit, etwa der einfachen farbigen Holzverschalungen und Verspieltheit der Details bei. Wenn die großzügige Anlage auch nicht den Luxus der mondänen Seebäder der Zeit ausstrahlt, so spiegelt sich in ihr doch die Weltoffenheit, das Körper- und vor allem Selbstbewußtsein, das die Sozialdemokratische Partei bei ihren Anhängern zu wecken bemüht war.

16.-5 | Otto Wagner

**Heilstätte für
Lupuskranke
1909**

Montléarstraße 37,
Wilhelminenspital-Pavillon 24
Besichtigung:
keine
Transport:
L46 (Rankgasse)

Die „Lupusheilstätte" befindet sich auf dem heutigen Gelände des Wilhelminenspitals. Der im Prinzip H-förmige Grundriß ist funktionell gegliedert, alle Patientenräume sind nach Süden orientiert. Wagners Innovation bestand darin, möglichst kleine Räume zu schaffen um „auch diesbezüglich der Individualität der Kranken Rechnung zu tragen." (Otto Wagner, Erläuterungsbericht). Die Fassade wurde in Terra nuova mit eingelegten, zwei Zentimeter tiefblauen Glasplatten als Dekor ausgeführt.

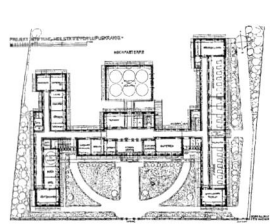

Sandleiten-Hof
1924

Das Großprojekt (1576 Wohnungen) wurde von einem Großaufgebot von Architekten errichtet. Zwei unterschiedliche Bebauungstypen wurden angewandt: Um Monotonie zu vermeiden, wird die geschlossene Verbauung in S-Form um Höfe und Plätze gelegt, die Bebauungslinien folgten durchaus auch topografischen Vorgaben. Im Übergangsbereich zwischen dem Hof und dem angrenzenden Villengebiet ist die geschlossene Verbauung in freistehenden Häusern aufgelöst. Die Anlage war auch durch ihre selbständige Infrastruktur ein Vorzeigeprojekt der Gemeinde Wien, es gab eine Bücherei und ein eigenes Postamt. Architektenteam: E. Hoppe, O. Schönthal, F. Matuschek, S. Theiss, H. Jaksch, F. Krauß, J. Tölk.

Sandleitengasse, Steinmüllergasse, Metschlgasse, Baumeistergasse
Besichtigung: nur Freibereiche
Transport:
L 44 (Sandleitengasse)

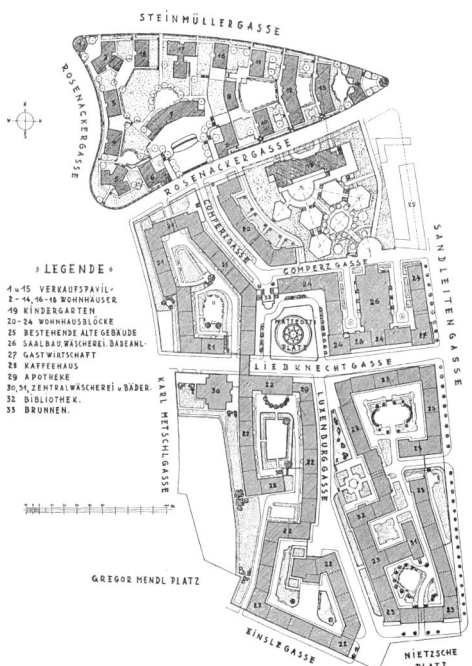

16.-7 | *Ottokar Uhl*

**Wohnhaus Festgasse
1977**

Festgasse 12–14,
J.-N.-Berger-Platz 7–9
Besichtigung:
keine
Transport:
L J (Berger-Platz)

Mit diesem Wohnhaus realisierte Uhl das erste Mitbestimmungsmodell der Gemeinde Wien. Grundraster ist eine Stahlbetonscheibenbauweise, mit 7,60 m und 5,80 m Nettospannweiten und einer Tiefe von 15,0 m (11,4 m bis 16,80 m, abhängig vom Ausbau durch Loggien oder Balkone). Die Küchenschächte waren fixiert, ebenso Bad und WC. Die Mieter konnten die Grundrisse frei mitgestalten, ab dem 4. Obergeschoß ebenso die Fassade. Der Dachgarten ist ein Entwurf von Gunnar Martinsson.

16.-8 | *Adolf Krischanitz*

**Wohnhausanlage
Engilgasse
1992**

Engilgasse
Besichtigung:
keine
Transport:
Bus 45 B (Funkengerngasse)

Auf einem Eckgrundstück in einem locker mit zahlreichen Ein-und Zweifamilienhäusern bebauten Quartier steht das in drei Trakte gegliederte Gebäude. Der Zugang erfolgt von Norden, von der etwas höher gelegenen Pschorngasse und führt über zwei Stege ins Hochparterre der zwischen die Wohntrakte geklemmten Stiegenhäuser. Die drei Wohntrakte haben alle denselben längsrechteckigen Zuschnitt, die äußeren sind zwei-, der mittlere dreigeschoßig. Sie enthalten klar formulierte Dreizimmergrundrisse, deren Wohnräume nach Süden orientiert sind. Jeweils ein Teil des Stiegenhauses ist, soweit möglich, bereits zur Wohnung geschlagen, so daß dieser Vorbereich eine Filterfunktion erhält. Farbgestaltung: Oskar Putz.

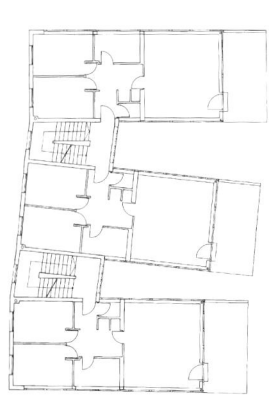

Anton Schweighofer

Das Konrad-Lorenz-Institut für vergleichende Verhaltensforschung der österreichischen Akademie der Wissenschaften enstand durch Umbau, Zubau und Neubauten an die legendäre Biologische Station von Otto Koenig. Anton Schweighofer transformiert eine Streusiedlung in eine neue Gemeinschaft: das Institut besteht aus Labors, Aquarien, Freiflughalle, Bibliothek und Gemeinschaftseinrichtungen. Die hauptsächlichen Baumaterialien sind Holz und Glas.

Konrad-Lorenz-Institut für Verhaltensforschung 1992

Savoyenstraße
Besichtigung:
nach Vereinbarung
Transport:
L 44, Bus 146 B
(Schloß Wilhelminenberg)

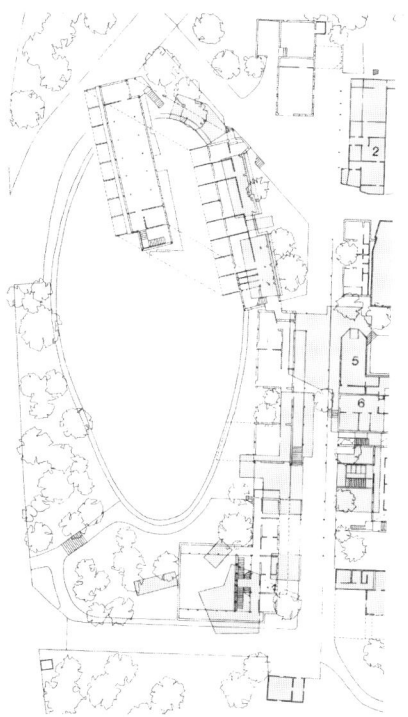

Josef Frank

Wiedenhofer-Hof
1924

Zeillergasse, Beringgasse,
Liebknechtgasse,
Pretschgogasse
Besichtigung: keine
Transport:
U2, L 43 (Hernals)

Für Josef Frank, eigentlich Vertreter der Siedlerbewegung und Kritiker der großangelegten „Volkswohnpaläste", war der Wiedenhofer-Hof schon jenseits der Grenze zulässiger Verdichtung im Wohnbau (er wurde in den 1950er nochmals aufgestockt). Trotzdem kann die zum Kongreßpark orientierte Hauptfront Franks Vorstellungen von Maßstäblichkeit, Formenreichtum und Übersichtlichkeit vermitteln. Wegen seiner roten Färbelung wurde der Hof freundlich als „Paprika-Kiste" und etwas feindseliger als „Rote Burg" bezeichnet.

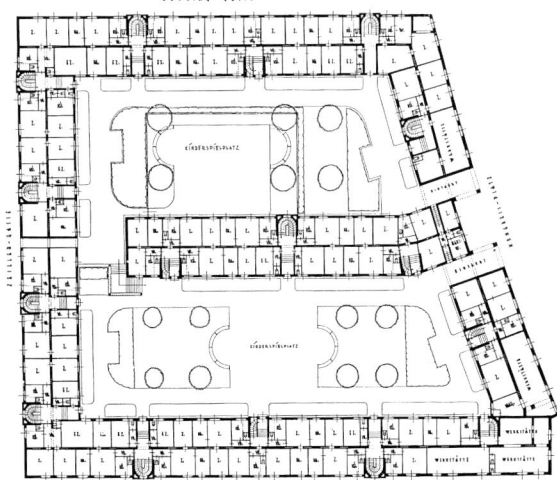

Dieter Henke, Marta Schreieck

Dieses Bauwerk zeigt beispielhaft den neuen Ansatz einer wiederentdeckten Moderne im Wiener Wohnbau. Das Architektenteam hat gemeinsam mit einer Wohnbaugenossenschaft als engagierte Bauherren ein Konzept realisieren können, welches größtmögliche Raumqualität mit einer neutralen Grundrißform verbindet.
Über einen großen offenen Stiegenhausportikus wird das Haus mittels Laubengängen erschlossen; als Wohnungstypen werden Geschoßwohnungen, Maisonetten und Dachgeschoßwohnungen angeboten. Die zweigeschoßigen horizontal verschiebbaren Jalousieelemente vor den Loggien der Maisonettewohnungen reduzieren ästhetisch den Maßstab des sechsgeschoßigen Wohnhauses.

**Wohnbau
Frauenfelderstraße
1991**

Frauenfelderstraße 14
Besichtigung:
keine
Transport:
U2, L43 (Hernals)

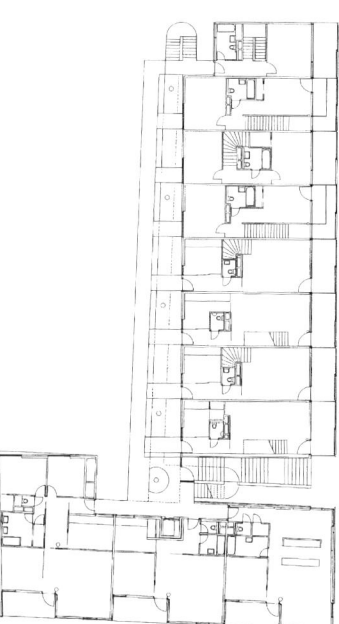

17.-3 | Hermann Czech

**Haus Schmidt
1980**

Seemüllergasse 29
Besichtigung:
keine
Transport:
L 43 (Neuwaldegg)

Dieses private Wohnhaus mit einer psychotherapeutischen Praxis reagiert topographisch (Hanglage, bestehende Baumgruppe, bestehendes Swimmingpool), funktionell (Wohnhaus und Praxis) und kulturell (Wiener Wohntradition: Josef Frank, Adolf Loos). Formal verbindet ein Zylinder (Bibliothek) die zwei kubischen Bauteile. Nutzung aktiver und passiver Solarenergie innerhalb einer konventionalisierten Architektursprache. „Der Bau ist insgesamt ein wienerischer Kommentar zur ‚Postmoderne', die hier sehr früh auf ihre Grenzen und auf eine andere Komplexität des Geschichtlichen verwiesen wird." (Achleitner)

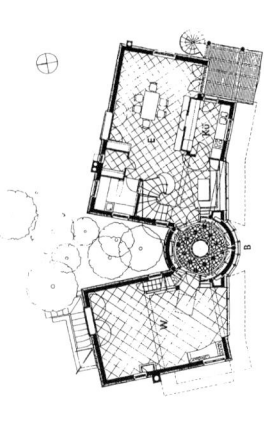

17.-4 | Max Rieder, Wolfgang Tschapeller, Hans Peter Wörndl

**Wohnbau
Wittgensteingründe
1986**

Neuwaldegger Straße 38 A
Besichtigung:
keine
Transport:
L43, Bus 43 B (Geroldgasse)

Im Tal zwischen dem Heuberg und dem Schafberg liegt die Neuwaldegger Straße, die stadtauswärts direkt in den Wienerwald führt. Am Ende dieser Straße befindet sich die Wohnhausanlage, der erste größere Auftrag des damals jungen Architektenteams. Mit seiner zeitgenössischen Architektursprache setzt sich das Bauwerk bewußt gegen die bürgerliche Tradition der Vorstadtvillen. Ausgewogene Materialvielfalt und räumliche Differenzierung.

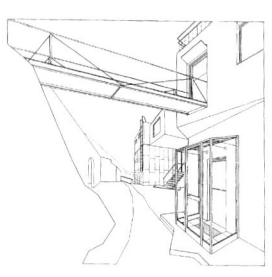

Adolf Loos, Hugo Mayer

Heuberg-Siedlung 1921

Loos war zur Zeit der Planung Chefarchitekt des Wiener Siedlungsamtes und als solcher ein überzeugter Vertreter der kleinstrukturierten „Selbstversorger"-Siedlungen am Stadtrand, von denen er sich eine Verbesserung der Lebenssituation und der Selbsteinschätzung der Arbeiter versprach. Ob der Lageplan der Siedlung von Loos stammt, kann nicht mit Sicherheit festgestellt werden, seine Autorenschaft für die Häuser in der Plachygasse 1–13 ist aber gesichert. Sie wurden auch nach seinem Patent für das „Haus mit einer Mauer" errichtet. 1921 Planung, 1923–24 Ausführung.

Kretschekgasse, Röntgengasse, Schrammelgasse, Plachygasse, Trenkwaldgasse
Besichtigung: Freiflächen
Transport: L 43, Bus 44 B (Siedlung Heuberg)

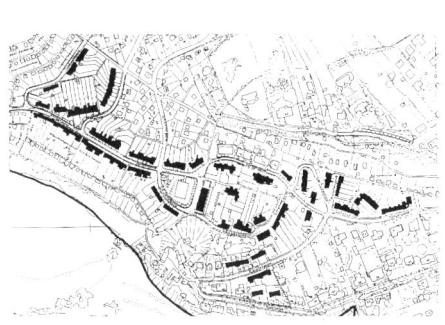

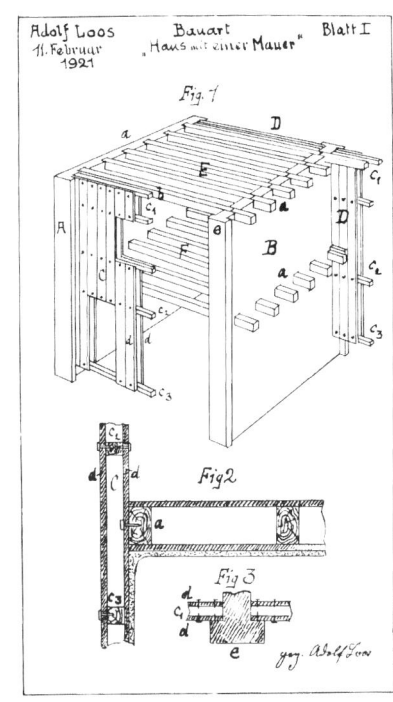

| 18.-1 | *Hubert und Franz Gessner*

Villa Gessner
1907

Sternwartestraße 70
Besichtigung:
keine
Transport:
L 40, L 41 (Gersthof)

Gessners Umgang mit dem Volumen zeigt ein typisches Motiv aus der Wagner-Schule: den blockhaften Baukörper und das sehr weit auskragende Traufgesims. Die einfache Putzfassade mit den an englischen Vorbildern orientierten „bay-windows" ist allerdings unkanonisch und zeigt den zunehmenden Einfluß der Arts & Crafts-Bewegung auf das Wiener Baugeschehen, während die den Bau begrenzenden Pylonen noch an die hieratischen Gestaltungen der Wiener Secessionisten erinnern.

| 18.-2 | *Lois Welzenbacher*

Haus Arnold
1923

Sternwartestraße 83
Besichtigung:
keine
Transport:
L41 (Gersthof)

Schon bei diesem Frühwerk zeigt sich Welzenbachers Sensibilität bei der Einpassung seiner Bauten in ein architektonisches oder oft auch landschaftliches Milieu. Mit dem eingeschwungenen Grundriß reagiert er auf die Grundstücksgrenze, mit dem klassierenden Säulenportikus auf die Lage im Wiener Vorstadtbezirk. Verfremdet wird der „biedermeierliche" Eindruck des Baus durch die „hinuntergesetzten" Kapitelle der Säulen.

Hans Hollein

Volksschule Köhlergasse
1977

Entworfen in den Jahren 1977–78, wurde dieser Schulbau erst 1990 fertiggestellt. Die lange Planungs- und Realisierungsphase verweist auf die komplexe Situation im Wiener Schulbau. Auf engstem Raum hat Hollein hier einen beeindruckenden Reichtum an räumlichen Qualitäten, Materialvielfalt und Lichtführung realisiert: eine kleine Stadt für kleine Menschen, Räume zum Entdecken und Räume für die Geborgenheit. Baukunst als didaktisches Element.

Gentzgasse/Köhlergasse
Besichtigung:
nach Vereinbarung
Transport:
L40, L41 (Weinhauser Gasse)

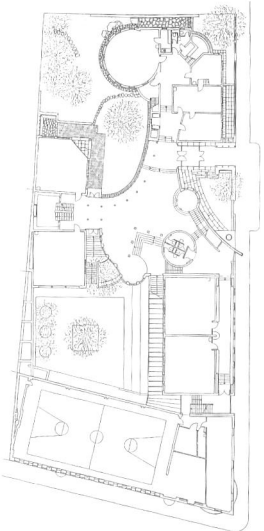

18.-4 | H. v. Ferstel, G. Sennholz, H. Goldemund, W. Hybler

Türkenschanzpark
1885

Gregor-Mendel-Straße,
Hasenauerstraße,
Max-Emanuel-Straße
Besichtigung:
öffentlich zugänglich
Transport:
Bus 37A, Bus 40A
(Gregor-Mendel-Straße)

Der Park wurde anstelle einer Verteidigungsanlage aus der Zeit der Türkenbelagerungen auf Initiative Heinrich von Ferstels errichtet, die planerische Umsetzung erfolgte durch den Stadtgärtner Gustav Sennholz. Vorbild für die gärtnerische Gestaltung war das Flair alpiner Sommerfrischen, deren pittoreske Erscheinung mittels künstlicher Wasserfälle, Kunstfelsen und einer malerischen Felsschlucht heraufbeschworen werden sollte.
Eine Erweiterung der Anlage erfolgte auf allgemeinen Wunsch Anfang des 20. Jahrhunderts.

18.-5 | Adolf Krischanitz

Einfamilienhaus
1989

Franz Barwigweg
Besichtigung:
keine
Transport:
L41 (Pötzleinsdorf)

Zugang und südlicher Teil des Gartens befinden sich zum öffentlichen Erschließungsweg, der private Teil des Gartens ist ein sanft abfallender Nordhang. Krischanitz reagierte auf diese Situation mit einem parabelförmigen Grundriß, der im Süden von einem „Schild" gehalten wird und im Norden – am Scheitel der Parabel – einen verglasten Wintergarten besitzt. Ein konstruktiver Stahlrahmen ermöglicht die umlaufenden Bandfenster. Decken und Wände sind aus Holz, das „Schild" ist ein Mauerwerksbau mit interessanter Lochfassade.

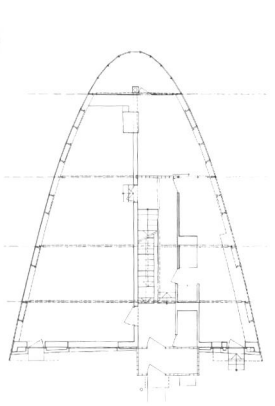

Adolf Loos

Loos lebte bereits in Paris, als er dieses Haus plante. Das Einfamilienhaus integriert sich auch bruchlos in die Reihe der Bauten, die er in der Zeit seiner „Emigration" entwarf. Ähnlich wie etwa im Haus Tristan Tzara in Paris löst sich die strenge, symmetrische Straßenfront mit den eindeutig antropomorphen Zügen in der Raumabfolge des Inneren auf. Der eindeutig als Schaufassade ausgeprägten „öffentlichen" Straßenfront ist eine gelockerte, „private" Gartenseite gegenübergestellt. Nur die Außenmauern des Bauwerkes sind tragend; dadurch wurde das Ineinandergreifen der Räume im Inneren erleichtert.

**Haus Moller
1927**

Starkfriedgasse 19
Besichtigung:
keine
Transport:
L41 (Scheibenbergstraße)

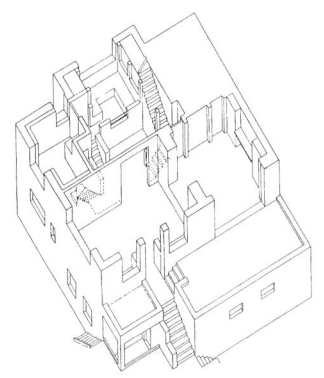

18.-7 | Rudolf Prohazka

**Einfamilienhaus
1988**

Pötzleinsdorfer Höhe 25a
Besichtigung:
keine
Transport:
L 41, Bus 41 A
(Pötzleinsdorfer Höhe)

In Einfamilienhäusern verdichten sich die kulturellen Wertvorstellungen vom Wohnen: die Maßbekleidung für familiäre Behausung. Dieses Wohnhaus artikuliert den Dualismus von privaten Schlafräumen mit Lochfassade in den beiden Untergeschossen und öffentlicher Wohnebene mit transparenter Verglasung auf dem obersten, dritten Geschoß: so wird die Hanglage optimal für die Fernsicht genutzt.

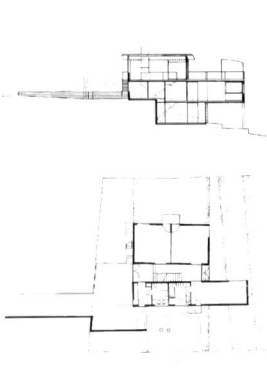

Erwähnungen

15.13e	Wohnhaus Franco Fonatti	1988 Gebrüder Langgasse 16	
15.14e	Bezirksgericht Fünfhaus Günther Oberhofer	1995 Gasgasse 1–7	
16.10e	Hauptschule Atelier 18: Eder, Pal, Weber, Wieden	1994 Koppstraße 110	
17.6e	Vorortelinie-Richthausenbrücke Otto Wagner	1896 Richthausenstraße, Hernalser Friedhof	
17.7e	Holy-Hof Rudolf Perco	1928 Heigerleinstraße 104	
18.8e	Terrassenhausanlage Roland Rainer	1984 Pötzleinsdorfer Straße 178–180	
18.9e	Station Gersthof der Vorortelinie Otto Wagner	1896 Gersthofer Straße, Währinger Straße, Gentzgasse	
18.10e	Hans Radl Schule Viktor Adler	1958 Währingerstraße 173–181	
18.11e	Wohnhaus Hans Glas	1932 Wilbrandtgasse 23	

284

PLAN NR. 10

19. Bezirk
Döbling

19. Bezirk, Döbling Indexnummern: 19.-1 ... 19.-**32**e

Empfehlungen

Sehenswerte Bauwerke – Anregungen von Wiener Architekten:

19. Bezirk:
Heidulf Gerngroß:
 Karl Marx Hof, Index-Nr. 19.25
Hans Hollein:
 Karl-Marx-Hof, Index-Nr. 19.25

19.-1 *Josef Hoffmann*

Klose-Hof
1924

Philippovichgasse 1,
Werkmanngasse,
Fickertgasse, Peezgasse
Besichtigung:
nur Freiflächen
Transport:
L 38 (Glatzgasse)

Josef Hoffmann errichtete den Wohnbau für die Gemeinde Wien mit 140 Wohneinheiten in einem traditionell großbürgerlichen Wohngebiet. Durch das Einfügen eines solitären Wohnturms durchbricht Hoffmann das bewährte Hofschema für Wohnbauten. In der Detailformulierung reduziert er die von ihm gerne verwendeten Klassizismen auf ein der Bauaufgabe angemessenes Ausmaß. Daß dieser Hof zum Feinsten gehört, was der Wiener soziale Wohnbau zu bieten hatte, zeigt auch die Bauplastik, die vom Bildhauer Anton Hanak stammt.

19.-2 *Adolf Loos*

Haus Duschnitz
1915

Weimarer Straße 87
Besichtigung:
keine
Transport:
U4, Bus 10A (Blaasstraße)

Ein Filzfabrikant, der vom Ersten Weltkrieg profitierte, leistete sich noch während der Kriegsdauer den Umbau einer bestehenden Cottage-Villa, in der auch Platz für seine Kunstsammlung und ein Musikzimmer geschaffen werden sollten. Loos veränderte den Altbestand wenig, sondern ergänzte ihn lediglich durch kubische Anbauten, die gleichzeitig Terrassen ausbilden. Im Herrenzimmer wurde eine Decke aus dem 16. Jahrhundert installiert. Der Orgelsalon des Hausherren gehörte zu den aufwendigsten Innenraumentwürfen des Architekten.

Adolf Loos

Daß der Loos'sche Raumplan auch bei Umbauten von Altbeständen zu befriedigenden Lösungen führte, zeigt einmal mehr das pragmatische Denken seines gerne als Dogmatiker angesehenen „Entdeckers". In diesem Fall sind der Cottage-Villa im Süden und Osten Zubauten vorgelagert, die am Äußeren leicht als additive Anbauten zu erkennen sind, im Inneren aber ohne Zäsur in den Altbau übergehen.

Haus Mandl
1916

Blaasstraße 8
Besichtigung:
keine
Transport:
U4, Bus 10A (Blaasstraße)

Josef Frank, Oskar Wlach

Nachdem sich Josef Frank konsequent von den „Zwängen" (wie er es sah) der Symmetrie verabschiedet hatte, begann er auch den geschlossenen Baukörper aufzulösen und die Raumabwicklung in der Ebene auszubreiten. (Im nächsten Schritt wird er dann auch die gerade Linie verwerfen.) Beim Bau des Hauses in der Chimanistraße gruppierten die beiden Architekten die nach Funktionen unterschiedlich dimensionierten Baukörper um eine offene Wohnterrasse, die sich zum Garten hin orientiert.

Haus Bunzl
1936

Chimanistraße 18
Besichtigung:
keine
Transport:
L 38 (Gatterburggasse)

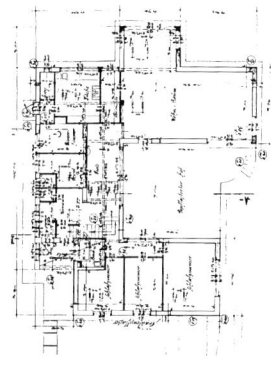

19.-5   Anton Schweighofer

**Wohnhaus
Gatterburggasse
1989**

Gatterburggasse 2c
Besichtigung:
keine
Transport:
L 38 (Gatterburggasse)

Das für die Gemeinde Wien errichtete Wohnhaus in Grinzing thematisiert den von Schweighofer entwickelten Zentralraum – Grundriß. In der Mitte der Wohnung befindet sich ein „undefinierter" quadratischer Raum, der in Abhängigkeit von den Benutzerwünschen seine Funktion erhält: als Speiseraum, als Kinderspielraum oder als Wohnraum. Die anschließenden, fast gleichgroßen Räume sind nutzerneutral und erlauben somit größtmögliche Flexibilität. Äußerlich sind die beiden Wohnbauten als weiß verputzte, zurückhaltende Bauten der Moderne mit gekurvtem Dach gut erkennbar.

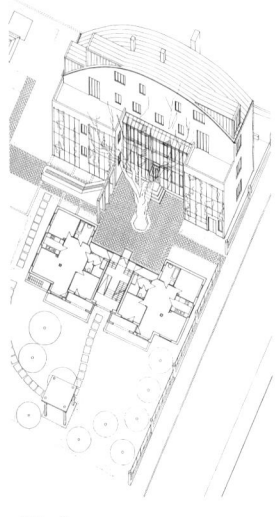

19.-6   Anton Schweighofer

**Institutsgebäude der
Hochschule für
Bodenkultur
1967**

Peter-Jordan-Straße 82
Besichtigung:
nach Vereinbarung
Transport:
U4, Bus 37A (Dänenstraße)

Bauten für den universitären Bereich sind zum einen Funktionsbauten, zum anderen Darstellung einer öffentlichen Baukultur. Als eines der ersten wirklich modernen Institutsgebäude in Wien nach dem 2. Weltkrieg ist seine Bedeutung mit dem der juridischen Fakultät (1969–83, Ernst Hiesmayer) vergleichbar: in beiden Fällen wird durch eine technische Ästhetik der Fortschrittsglaube in der Wissenschaft symbolisiert. Schweighofers „dynamischer" Organismus hat eine Fassade aus vorgerostetem Stahl, der in den 70er Jahren eine technische Novität war. Großzügige Hallen im Inneren und eine übersichtliche Grundrißlösung.

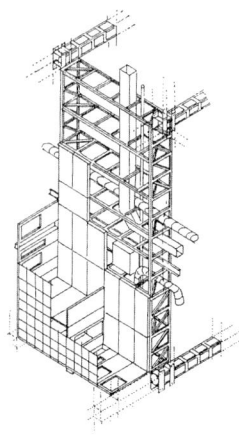

Josef Frank, Oskar Wlach, Oskar Strnad

Häuser in der Wilbrandtgasse 1913

Josef Frank war der federführende Akteur bei der Planung dieses Ensembles, von dem nur zwei Bauten verwirklicht wurden. Das bemerkenswertere Objekt ist das Haus Nr. 3, in dem Frank seine erst sehr viel später schriftlich fixierte Idee einer architektonischen Gestaltung, die so aussehen sollte, als wäre sie dem Zufall unterworfen, anklingen läßt. Die Straßenfassade ist zwar achsial gedacht, aber mit verblüffenden Abweichungen versehen, die dem Bau den Anschein des „Gewachsenseins" verleihen. Das Verhältnis dieser Schaufront zur aufgelockerten und terrassierten Gartenfront ist ähnlich spannungsvoll wie bei dem gut ein Jahrzehnt später entstandenen Haus Moller von Adolf Loos.

Wilbrandtgasse 3 und Wilbrandtgasse 11
Besichtigung:
keine
Transport:
L 41 (Scheibenbergstraße)

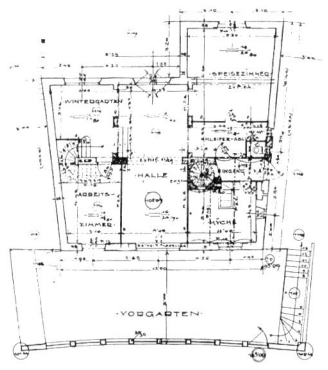
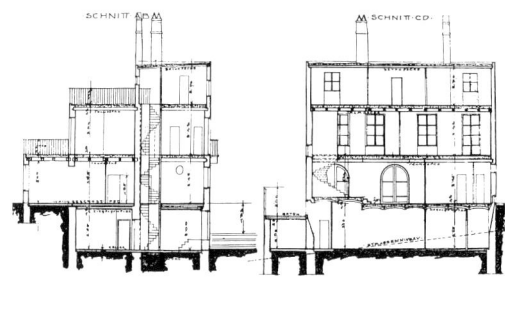

| 19.-8 | **Richter/Gerngroß, Schweighofer, Mang, Mang-Frimmel, u.a.**

Wohnhausanlage Gräf- und Stift-Gründe
1981

Weinberggasse 70–74
Besichtigung:
Freiflächen
Transport:
Bus 35A (Kratzlgasse)

Die Stadt Wien führte im Herbst 1981 einen Architektenwettbewerb für die Wohnbebauung der ehemaligen Gräf- und Stift- Gründe durch. Durch das Zusammenwirken der beauftragten Preisträger ergibt sich ein reichhaltiges Angebot an verschiedenen Wohnformen. Bauteil West: (1) Helmut Richter, Heidulf Gerngroß; (2) Anton Schweighofer; (3) Johann Brennig, Helmut Christen, Michael Stepanek, Christoph Thetter, Helmut Wimmer; Bauteil Ost: Günther Lautner, Peter Scheifinger, Rudolf Szedenik, Walter Hoffellner, Bernd Stanzel, Ernst Hoffmann.

| 19.-9 | **Clemens Holzmeister**

Kirche St. Judas Thaddäus in der Krim
1924

Budinskygasse 19
Besichtigung:
öffentlich zugänglich
Transport:
S 45, Bus 35 A (Rodlergasse)

Holzmeister konnte nur den straßenseitig gelegenen Teil der Kirche vollenden (1924–32). Er setzte bei Beibehaltung der Traufhöhe der umliegenden Bebauung durch den „gelängten" Turm ein markantes Zeichen. Die Kirche wurde im Zweiten Weltkrieg beschädigt und 1957 durch den Bau des Kirchenschiffes fertiggestellt.

Gustav Peichl

**Volksschule in der Krim
1961**

Die 8-klassige Volksschule gruppiert sich um einen Atriumhof und ordnet jeder Schulklasse eine „Freiluftklasse" für den sommerlichen Unterricht in der Natur zu. Mit diesen Mitteln bricht der Architekt die alten Schulmuster auf und bietet eine neue Lösung. Die klare Grundrißdisposition und die sparsame Ausführung (Sichtbeton, Putz, Holz) tragen zur überzeugenden Komposition bei.

Flotowgasse 25
Besichtigung:
nach Vereinbarung
Transport:
U4, S45 (Krottenbachstraße)

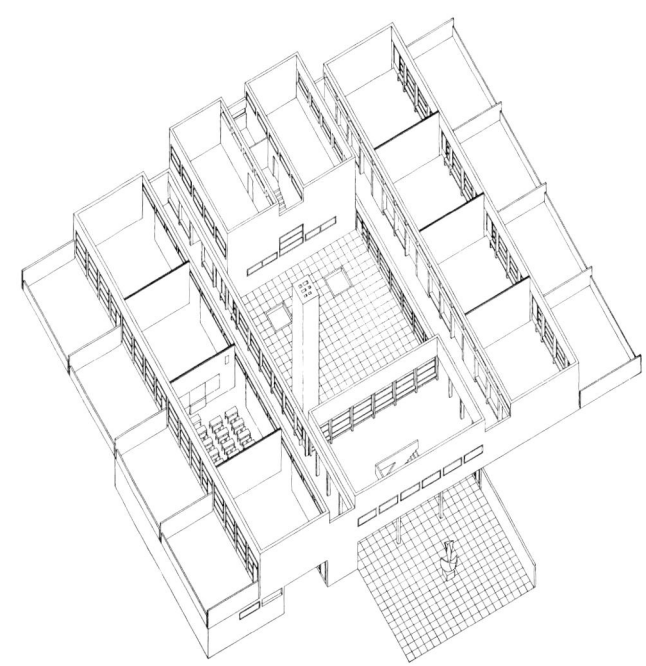

| 19.-11 |

Wohnhausanlage Silbergasse
1951

Silbergasse 2–4
Besichtigung:
keine
Transport:
L 38 (Silbergasse)

Josef Hoffmann, Josef Kalbac

Die bescheidene Wohnhausanlage mit 70 Wohnungen wird um ein „turmartiges" Wohnhaus angelegt, welches das Zentrum der Anlage bildet. Einheitlicher Fenstertypus auch im Bereich des Stiegenhauses. In seiner Schlichtheit entspricht der Entwurf des damals 81-jährigen Josef Hoffmann durchaus den vergleichbaren Gemeindebauten der Nachkriegszeit. Die zur Straße geplante Pergola ist nicht mehr vorhanden.

| 19.-12 |

Zacherlfabrik
1888

Nußwaldgasse 14
Besichtigung:
keine
Transport:
L 38 (Silbergasse)

Karl Mayreder

In den Neubau der Insektenpulver-Fabrik wurde eine Anlage von 1873 integriert. Der Einsatz von persischen Formen ist durch eine Ingredienz des hergestellten Produktes legitimiert, das aus Persien bezogen wurde. Die Fabrikanlage stellt in ihrem Phantasiereichtum ein Unikum in der Wiener Baulandschaft dar.

Josef Hoffmann | 19.-13

Der nur scheinbar schlichte Bau der Villa Sonja Knips lädt zu einer detailgenaueren Besichtigung ein. Hoffmanns Neigung zu plastischen Dekorationen ist einer zeichenhaften, zurückhaltenden Gliederung gewichen, die komplizierten Mauerschichtungen einer glatten, nur durch aufgesetzte Zierelemente unterbrochenen Wand. Die Gartenseite ist stärker gegliedert als die Straßenfassade. Die Villa entwickelt sich hauptsächlich in Längsrichtung, entlang der Straße, selbst an der breitesten Stelle, sind nur zwei Raumschichten hintereinander gelegt.

Haus Knips
1924

Nußwaldgasse 22
Besichtigung:
keine
Transport:
L 37 (Barawitzkagasse)

Jan Kotera | 19.-14

Das einzige bekannte Werk des tschechischen Wagner-Schülers Jan Kotera ist diese Villa von beeindruckenden Ausmaßen. Kotera gliedert dieses Volumen in zwei beinahe selbständige Baukörper, indem er einen Wohntrakt um einen Innenhof gruppierte, dem er einen Wirtschaftstrakt anfügte. Die Fassadengestaltung ist nicht nur durch expressivistische Zierformen, die das klassische Vokabular phantasiereich verfremden, sondern auch durch den Einsatz von Putz und Sichtziegelmauerwerk belebt. Durch die Terracotta-Verkleidung im Obergeschoß bekommt dieses Stockwerk den Charakter einer Mansarde.

Villa Lemberger
1914

Besichtigung:
keine
Transport:
L 38 (An den langen Lüssen)

19.-15 | Siegfried C. Drach

Haus in der Leopold-Steiner-Gasse
1935

Leopold-Steiner-Gasse 45
Besichtigung:
keine
Transport:
L 38 (Paradisgasse)

Das Wohnhaus weist typische Züge der Wiener Variante der „Neuen Sachlichkeit" auf, die von Zeitgenossen gelegentlich mit „charmant" umschrieben wurde. Durch die geschlossenen Mauern, eine fast malerische Auflösung des Baukörpers und die Akzentuierung der Linien durch reduzierte Gesimse setzt der Architekt bei aller evozierter Dynamik auf individualisierte Wohnlichkeit und (sagen wir es doch ruhig einmal) eine gewisse Gemütlichkeit.

19.-16 | Josef Hoffmann

Villenkolonie Kaasgraben
1912

Kaasgrabengasse 30/32, 36/38,
Suttingergasse 12/14, 16/18
Besichtigung:
keine
Transport:
L 38 (Paradisgasse)

Die Zusammenfassung mehrerer Villenbauten zu einem größeren Ensemble mit Siedlungscharakter ist sicherlich als interessanter Versuch zu werten, das Vorstadtbild zu vereinheitlichen, wobei Hoffmann die Schwierigkeiten eines solchen Unterfangens geschickt umgeht. Er ordnet die Bauten an der Grundstücksgrenze an, um so die Großzügigkeit der Freiräume zu erhalten, die einem Villenbau zusteht. Die architektonische Ausformulierung der Baukörper ist zurückhaltend und strahlt eine „gediegene" Bürgerlichkeit aus, ohne allzu bieder zu werden. Die Baudaten sprechen der Anlage allerdings Hohn, denn gerade die mittelständische Schicht, für die sie berechnet war, sollte nach dem Ersten Weltkrieg einen starken finanziellen Einbruch erleiden.

Wilhelm Holzbauer

In der Tradition der großbürgerlichen Villen der Jahrhundertwende entstand dieses postmoderne Haus eines Kunstsammlers mit einem umfangreichen Raumprogramm. Semantisch und formal unterscheidet der Architekt die öffentlichen Bereiche mit einer Marmorfassade (Eingangstempel, Wohnhalle, Speiseraum) von den privaten Schlafbereichen mit einer Putzfassade. Differenzierte Innenräume und exklusive Materialausstattung kennzeichnen die kultivierte Wohnatmosphäre.

Haus eines Kunstsammlers
1978

Kaasgrabengasse 110
Besichtigung:
keine
Transport:
L 38 (Paradisgasse)

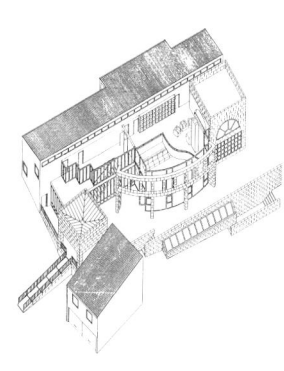

Gustav Peichl

Die äußeren Abmessungen des Hauses resultieren aus den Bebauungsvorschriften der schmalen Hangparzelle. Zur Straße wirkt der weiße, kubische Baukörper zurückhaltend und kommuniziert nur durch ein horizontales Fensterband, die Gartenseite (Südseite) ist komplett verglast und öffnet sich zu den Weinbergen. Beispiel einer Wiener Wohnkultur, die sich an den Prinzipien der klassischen Moderne orientiert.

Haus Peichl
1960

Himmelstraße 47
Besichtigung:
keine
Transport:
L 38 (Grinzing)

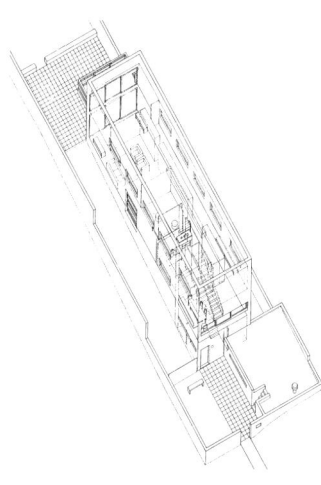

| 19.-**19** | *Adolf Krischanitz*

Wohnhaus in Salmannsdorf 1986

Salmannsdorfer Straße 66
Besichtigung:
keine
Transport:
U6, Bus 35A (Salmannsdorf)

Umbauarbeiten bestehender Wohnsubstanz ist ein wesentlicher Teil der Wiener Wohnkultur. Seit Adolf Loos versucht die Moderne in Wien durch Transformation, Adoption, Regulation und partielle Neuerung einen semantischen Dialog mit der Geschichte zu führen. Das Haus in Salmannsdorf ist hierfür ein treffendes Beispiel: die Innenraumstruktur wurde fast zur Gänze erneuert, die Außenfassade ergänzt, adaptiert und erneuert (Farbgestaltung: Oskar Putz). Farbkontraste und Materialmix sind wegweisend für die neuen Projekte von Krischanitz.

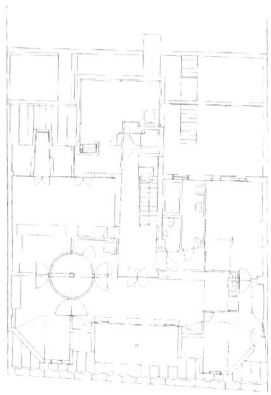

| 19.-**20** | *Oskar Strnad, Oskar Wlach (Josef Frank)*

Haus in der Cobenzlgasse 1910

Cobenzlgasse 71
Besichtigung:
keine
Transport:
Bus 38A
(Oberer Reisenbergweg)

Ein Werk aus der Zeit, als Oskar Strnad mit Oskar Wlach und Josef Frank eng zusammenarbeiteten. Der Bau ist tatsächlich „schon wieder" klassizistisch und nicht „noch immer". Daß dieser Klassizismus aber durchaus reflektiert und gebrochen angewandt wurde, zeigt schon die ungewöhnliche Anlage des Säulenportikus, der eben nicht zur Straßenfassade orientiert ist. Der Geländesprung des Hanggrundstücks wird durch eine mehrfach geteilte Außentreppe überwunden. Der Bau ist ein Initialwerk der Gruppe, die als kritische Instanz das Wiener Baugeschehen der Zwischenkriegszeit begleiten und kommentieren wird.

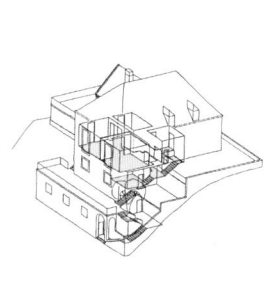

Josef Hoffmann

Das zweite Wohnhaus des Malers Carl Moll (siehe Haus Moser-Moll: 18, Starkfriedgasse 19) liegt in der unmittelbaren Nachbarschaft von Hoffmanns Häusern Brauner und Henneberg. Hoffmann fügte dem über annähernd quadratischen Grundriß errichteten Wohntrakt einen turmartigen Zubau bei, der im Erdgeschoß die Küche und im Obergeschoß das Atelier des Malers aufnahm, und der sich durch die Verwendung von Putz vom eternitverkleideten Hauptbau deutlich abhebt. Der Bau wurde 1928 durch Zubauten verändert und 1971/72 von Erich Boltenstein renoviert.

Haus Moll II.
1906

Wollergasse 10
Besichtigung:
keine
Transport:
L 37 (Geweygasse)

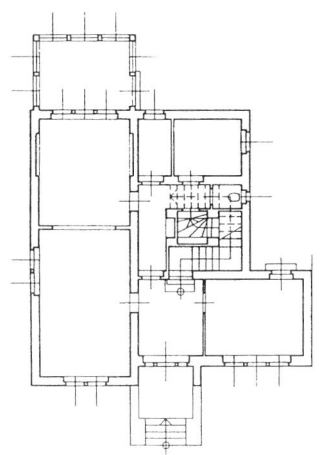

Josef Hoffmann

Haus Ast
1909

Steinfeldgasse 2,
Wollergasse 12
Besichtigung:
keine
Transport:
L 37 (Hohe Warte)

Die Villa Eduard Ast wurde als letzter Beitrag zum „Hoffmann-Konglomerat" auf der Hohen Warte errichtet. Sie liegt auf dem Eckgrundstück zwischen den Häusern Spitzer und Moll. Hoffmann nützte die Ecksituation, um eine erhöhte gemauerte Terrasse mit dem Sockelgeschoß des Baus zu verbinden. Der Hauptbau ist über annähernd quadratischem Grundriß errichtet, nur das Treppenhaus durchbricht die stereometrische Figur. Der geschickte Rhetoriker Hoffmann führt in diesem Bau seine Kenntnis des klassischen Architekturvokabulars auf recht unorthodoxe Weise vor, so überziehen etwa Kanneluren die gesamten Mauerflächen.

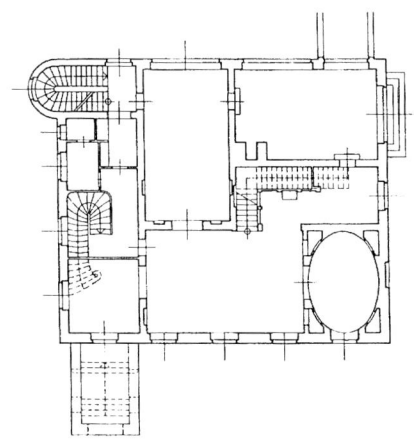

Josef Hoffmann

Wohnhaus Spitzer
1901

Für Josef Hoffmann bildete das Haus Spitzer mit dem Doppelwohnhaus Moll-Moser und dem Haus Henneberg ein Ensemble. Wie in diesen dominieren auch hier Elemente der englischen Arts-and-Crafts-Bewegung den stark gegliederten Baukörper, der noch zusätzlich durch einen ausgelagerten Eingangsbereich, der von oben als Terrasse genutzt werden kann, aufgelockert wird. Der verglaste Erker an der Straßenfassade gehörte zum photographischen Atelier des Bauherrn. Der Bau wurde im Inneren leicht verändert, das Äußere ist aber in gutem Erhaltungszustand.

Steinfeldgasse 4
Besichtigung:
keine
Transport:
L 37 (Hohe Warte)

Josef Hoffmann

Haus Moser-Moll I.
1900

Die Spannung des Doppelwohnhauses für die Wiener Maler Carl Moll und Kolo Moser ergibt sich durch das kalkulierte Abwägen von Homogenität und prononcierter Differenzierung. Walmdach und Fachwerkgiebel und wohl auch der starke Landschaftsbezug – auch im Inneren – stehen mit dem städtischen Typus des Doppelwohnhauses in einem Widerspruch, der die topographische Situation des Baus im Wiener Cottage auf den Punkt bringt. Die Anregungen hierzu bezog Hoffmann aus dem englischen Landhausbau.

Steinfeldgasse 8,
Geweygasse 13
Besichtigung:
keine
Transport:
L 37 (Geweygasse)

19.-25 | *Karl Ehn*

Karl-Marx-Hof und Svoboda-Hof
1926

Heiligenstädter Straße,
Grinzinger Straße, Boschstraße
Besichtigung:
nur Höfe
Transport:
U4 (Heiligenstadt)

Der „Karl-Marx-Hof" gilt als Flaggschiff der Wohnbauten der Gemeinde Wien. Und dies nicht zufällig: er ist zwar nicht die größte Wohnanlage, seine 1325 Wohneinheiten werden vom „Sandleiten-Hof" um gut 200 überboten, aber keiner der anderen „Superblöcke" kann den Machtanspruch der Sozialdemokratie so ungebrochen vermitteln. Seine Monumentalität – vor allem das geschlossene Sockelgeschoß und die turmartigen Aufbauten – wurde von den Austrofaschisten auch prompt mißverstanden und führte 1934 zu blutigen Kämpfen um die „Rote Festung". Die eigentliche architektonische Leistung des Architekten (Wagnerschüler) war die Gliederung der ca 1 km langen Straßenfronten, die er mit großzügiger Geste ordnete.

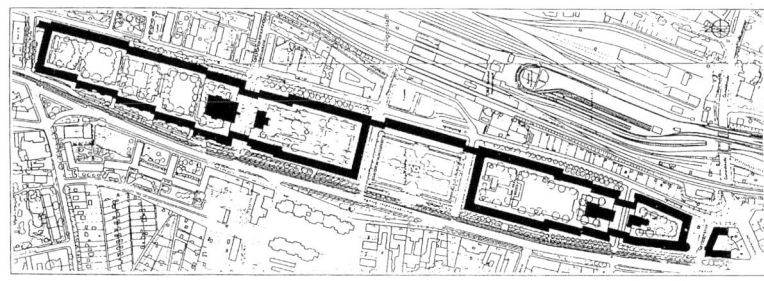

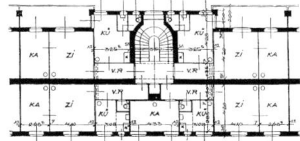

Neumann und Partner

Dieses Bürogebäude wurde mit dem Adolf-Loos-Preis für Architektur (1993) ausgezeichnet und vereinigt die seltene Gelegenheit in Wien, daß Architekt und Bauherr die gleiche Person sind. Neben einem bestehenden Backsteingebäude aus dem Jahr 1897, welches der Architekt als sein eigenes Büro nutzt, entstand ein einfaches, lineares Bürohaus, bei dem mehr Wert auf die gute Ausführung gelegt wurde, als auf scheinbar wertvolle Materialien. Graue Betonsichtziegel mit gleichmäßiger Fenestrierung und einem nach außen versetzten und verglasten Stiegenhaus kennzeichnen die reduzierte Architektur. Im Vergleich zu den üblichen Bürohäusern eine beachtenswerte Leistung.

Bürogebäude 1992

Muthgasse 107
Besichtigung:
keine
Transport:
Bus 11A, 39 A
(Mooslackengasse)

Empfehlungen

Sehenswerte Bauwerke – Anregungen von Wiener Architekten:

20. Bezirk:

August Sarnitz:
    Nußdorfer-Wehr, Index-Nr. 20.1
    Winarsky Hof, Index-Nr. 20.3
    Basler Versicherung, Index-Nr. 20.6

Nußdorfer Wehr- und Schleusenanlage 1894

Beginn des Donaukanals
Besichtigung:
öffentlich zugänglich
Transport:
S40 (Nußdorf)

Die von Otto Wagner geplante Wehranlage (1894–1898) mit dem Verwaltungsgebäude interpretiert das technische Bauwerk gleichzeitig als ein Stadttor am Wasser, wo zwei überdimensionale, fast sechs Meter hohe Löwenpylone die Stadt symbolisch bewachen. Otto Wagner gibt selbst an, ca.1.500 Pläne für die Werke am Donaukanal gezeichnet zu haben. Anfang der siebziger Jahre (1971–1975) wurde zur Erzielung des totalen Hochwasserschutzes für Wien die bestehende Nußdorfer Anlage entsprechend den neuen technischen Anforderungen umgebaut. Das ursprüngliche „Nadelwehr" Otto Wagners wurde im Zuge der Errichtung von zwei Segmentverschlüssen entfernt. Durch die Trassierung der vorbeiführenden Hochstraße nach Klosterneuburg wurde die Bedeutung der Löwenpylone vollends degradiert.

H. Glück, W. Holzbauer, H. Hilmer & C. Sattler

Mit dem Titel „Vollwertwohnen" wurde eine Initiative der Stadt Wien bezeichnet, wo internationale Architekten gemeinsam mit Wiener Architekten zu einem hochwertig ausgestatteten sozialen Wohnbauprogramm eingeladen wurden. Neben dem Wohnbau Rollingergasse (Index-Nr. 12.-5) stellt die Wohnhausanlage Hartlgasse mit Hilmer/Sattler ein Beispiel dieser internationalen Zusammenarbeit dar.
Bauteil Holzbauer: Geschoß-und Maisonettewohnungen;
Bauteil Glück: terrassierte Maisonettewohnungen mit Schwimmbad am Dach;
Bauteil Hilmer/Sattler: Geschoßwohnungen um einen glasgedeckten Lichthof.

Vollwertwohnen Hartlgasse
1985

Hartlgasse, Dammstraße, Pappenheimgasse
Besichtigung:
keine
Transport:
L 33 (Jägerstraße)

P. Behrens, J. Hoffmann, J. Frank, O. Strnad, O. Wlach, u.a.

Für die Errichtung dieses Prestige-Objektes der Gemeinde Wien wurde die Elite der Wiener Architektur aufgeboten. Dementsprechend vielfältig ist auch die Detailformulierung der Blöcke ausgefallen. Die einzelnen Bauten des Winarskyhofes entwickeln sich als ineinander verschachtelte Höfe entlang einer Symmetrieachse, wobei die äußere Bebauung teilweise aufgelockert ist. Für den gleichzeitig errichteten Haas-Hof hatte Adolf Loos ein Terrassenhaus geplant, das nicht verwirklicht wurde. Architektenteam: P. Behrens, J. Hoffmann, J. Frank, O. Strnad, O. Wlach, K. Dirnhuber, F. Schuster, M. Lihotzky.

Winarsky-Hof und Otto-Haas-Hof
1924

Stromstraße 36–38, Winarskystraße, Durchlaufstraße, Pasettistraße
Besichtigung:
keine
Transport:
U6 (Dresdner Straße)

20.-4 | Rudolf Perco

Wohnhausanlage Friedrich-Engels-Platz
1930

Friedrich-Engels-Platz,
Wehlistraße, Leystraße,
Forsthausgasse, Kapaunplatz
Besichtigung:
nur Freiflächen
Transport:
L31 (Friedrich-Engels-Platz)

Die betont großstädtische Architektur dieses Superblocks (1930–33) schließt sehr viel unmittelbarer an die Lehren Otto Wagners an als die meisten der von seinen Schülern errichtete Wohnanlagen der Gemeinde Wien. Für Manfredo Tafuri entspricht die Anlage jener „glücklichen Unterbrechung", die Wagner als Gegenpol zur gleichmäßig strukturierten Stadtanlage vorsah. Nach diesem Prinzip ist auch der Baukörper selbst organisiert: die sparsame und konstante Gliederung der Fassaden durch Bänderungen und Gesimse wird nur an besonders neuralgischen Punkten wie der Eingangssituation mit den achtgeschossigen Wohntürmen durch zusätzliche Akzente überlagert.

20.-5 | Heinz Neumann, Eric Steiner

Wohnbau Handelskai
1994

Handelskai, Friedrich
Engelsplatz
Besichtigung:
Freiflächen
Transport:
L31 (Friedrich-Engels-Platz)

Die Bebauung nimmt die Linearität des Donau-Flusses auf, an dem Eckpunkt zum Engels-Platz gibt es einen Akzent durch einen Turm. Zum Handelskai sind in einem zweigeschossigen Sockelbereich Supermarkt und Parkplätze untergebracht, darüber befindet sich die Erschließungsebene mit Ausblick auf den Donau-Strom. Als „Schwebebalken" bezeichnen die Architekten das Konzept der aufgeständerten Geschoßwohnungen zum Handelskai, zum Engels-Platz zeigt die Fassade Maisonettewohnungen.

Boris Podrecca

Basler Versicherungen Bürogebäude
1990

Der Donaukanal gehört zu den wichtigsten innerstädtischen Zäsuren von Wien. Hier ein Gebäude zu errichten, heißt, sich der Stadtkante sichtbar auszusetzen. Podrecca realisierte mit seinem Verwaltungsbau ein Stück Wiener Architekturreflexion, da jede der drei Fassaden des Eckhauses anders behandelt wurden: verglaster Curtain Wall zum Donaukanal, Bandfassade mit Naturstein und geputzte Lochfassade zu den beiden Nebenstraßen. Die semiöffentliche Funktion des Verwaltungsbaues wird durch den öffentlich zugänglichen Innenhof noch betont.

Brigittenauer Lände 50–54
Besichtigung:
Innenhof und Restaurant
Transport:
U4 (Friedensbrücke)

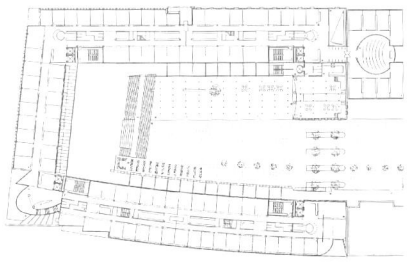

Otto Häuselmayer

**Wohnhaus Wexstraße
1993**

Jägerstraße, Wexstraße,
Leipziger Platz
Besichtigung:
Freiflächen
Transport:
U6 (Leipziger Platz)

Otto Häuselmayer gehört zu jener Architektengeneration, die während der Nachkriegszeit heranwuchs und welche die architektonischen Irrtümer und Fehler jener Zeit miterlebten. Sein eigenes Engagement im Wohnbau ist daher von hauptsächlich zwei Prämissen gekennzeichnet: zum einen der Glaube an die architektonische Qualität der Moderne (sowohl ästhetisch als auch ikonographisch), zum anderen die Umsetzung urbaner Qualitäten im Wohnhausbereich. Bei seiner Bebauung Jägerstraße/Wexstraße war der Maßstab zur Straße ebenso relevant wie die „Öffnung" des Baukörpers zur Grünanlage . Die 7-geschoßige Straßenecke wird durch zwei überdimensionale Stützen betont, die ihrerseits einen erkerartigen Bauteil tragen. Das auskragende, letzte Hauptgeschoß umrahmt den Baukörper und verleiht eine optische Präsenz: dadurch wird das Gebäude zu einer urbanen Orientierung.

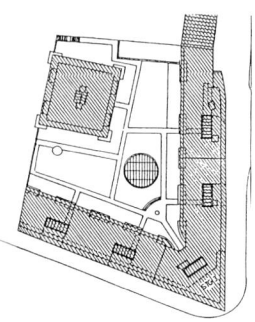

PLAN NR. 12

21. Bezirk
Floridsdorf

21. Bezirk, Floridsdorf Indexnummern: 21.-**1** … 21.-**22**e

21.-1 Hubert Gessner

Karl-Seitz-Hof
1926

Die Blockrandbebauung bildet mit fast imperialer Geste einen exedrenförmigen Vorplatz aus. Der in der Mittelachse gelegene Haupteingang wird noch durch einen überhöhten Torbau betont. Die Pathetik wird duch die sparsame Verwendung von Schmuckformen relativiert.

Jedleseer Straße 66–94,
Voltagasse, Bunsengasse,
Dunantgasse, Edisongasse
Besichtigung:
nur Freiflächen
Transport:
L 26 (Koloniestraße)

21.-2 H. Glaser, K. Scheffel, E. Lichtblau, L. Bauer

Paul-Speiser-Hof
1929

Der großzügig dimensionierte Hof weist gleich mehrere innovative Momente im Zusammenhang mit dem Wohnbauprogramm der Gemeinde Wien auf: die Anlage ist zwar als konventioneller Riesenhof konzipiert, aber die Detailformulierung der Kubaturen und Fassaden weicht besonders bei jenem Bauteil, der von Ernst Lichtblau ausgeführt wurde, vom Üblichen ab. Die Gebäudeecken werden durch Staffelungen aufgelöst und die Symmetrie der Fassaden mittels Abweichungen gebrochen, ein Einfluß Josef Franks darf hier wohl vermutet werden.

Franklinstraße,
Bodenstedtgasse,
Großmannplatz, Freytaggasse
Besichtigung:
nur Freiflächen
Transport:
U6 (Floridsdorf)

PLAN NR. 12

21. Bezirk
Floridsdorf

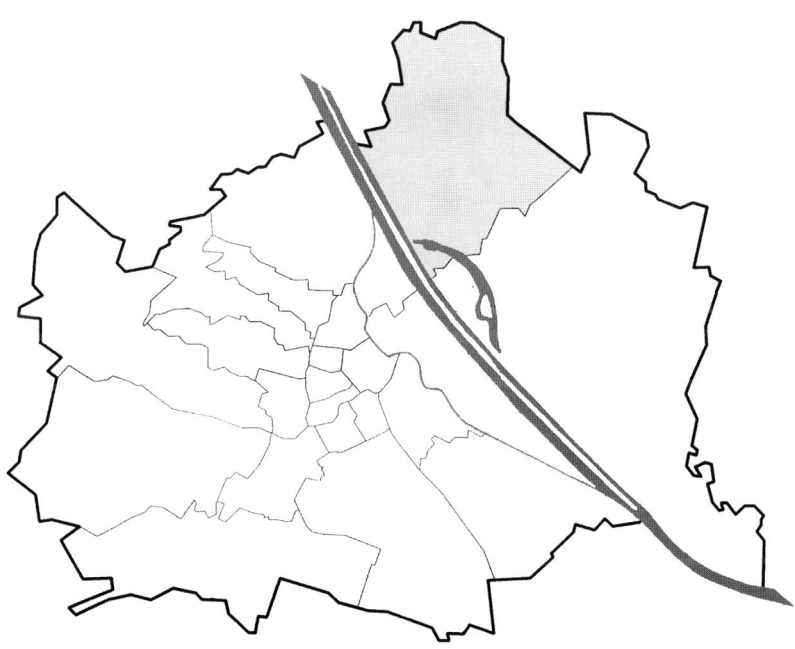

21. Bezirk, Floridsdorf Indexnummern: 21.-1 ... 21.-22e

Empfehlungen

Sehenswerte Bauwerke – Anregungen von Wiener Architekten:

21. Bezirk:

August Sarnitz:
    Bankfiliale Bank Austria Floridsdorf, Index-Nr. 21.3
    Wohnbebauung, Index-Nr. 21.16
    Spaziergang: Siedlung Siemensstraße, Index-Nr. 21.9
    Spaziergang: Paul-Speiser-Hof, Index-Nr. 21.2

21.-1 | Hubert Gessner

Karl-Seitz-Hof
1926

Die Blockrandbebauung bildet mit fast imperialer Geste einen exedrenförmigen Vorplatz aus. Der in der Mittelachse gelegene Haupteingang wird noch durch einen überhöhten Torbau betont. Die Pathetik wird duch die sparsame Verwendung von Schmuckformen relativiert.

Jedleseer Straße 66–94,
Voltagasse, Bunsengasse,
Dunantgasse, Edisongasse
Besichtigung:
nur Freiflächen
Transport:
L 26 (Koloniestraße)

21.-2 | H. Glaser, K. Scheffel, E. Lichtblau, L. Bauer

Paul-Speiser-Hof
1929

Der großzügig dimensionierte Hof weist gleich mehrere innovative Momente im Zusammenhang mit dem Wohnbauprogramm der Gemeinde Wien auf: die Anlage ist zwar als konventioneller Riesenhof konzipiert, aber die Detailformulierung der Kubaturen und Fassaden weicht besonders bei jenem Bauteil, der von Ernst Lichtblau ausgeführt wurde, vom Üblichen ab. Die Gebäudeecken werden durch Staffelungen aufgelöst und die Symmetrie der Fassaden mittels Abweichungen gebrochen, ein Einfluß Josef Franks darf hier wohl vermutet werden.

Franklinstraße,
Bodenstedtgasse,
Großmannplatz, Freytaggasse
Besichtigung:
nur Freiflächen
Transport:
U6 (Floridsdorf)

Friedrich Kurrent, Johannes Spalt

Die Transformation des bestehenden historischen Eckgeländes durch den Zubau ist das Beispiel von intelligentem zeitgenössischen Umgang mit einer historischen Bausubstanz. Der dreigeschossige, hallenartige Zubau erhält zur südseitigen Straße eine Lamellenfassade, wodurch der Lichteinfall in den Kassenraum geregelt werden kann. Beide Bauteile bleiben in ihrer ästhetischen Architektursprache autonom.

Zentralsparkasse Floridsdorf (h.: Bank Austria) 1971

Floridsdorf, Am Spitz 11
Besichtigung:
während der Öffnungszeiten
Transport:
L 31, L 33 (Am Spitz)

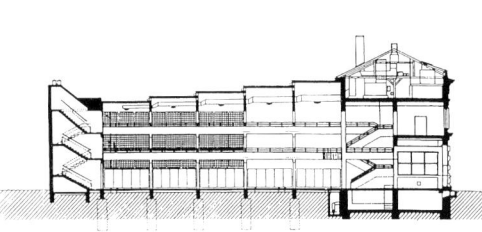

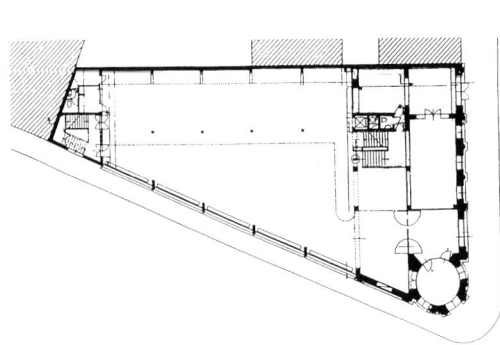

21.-4 | Wilhelm Schütte, Margarethe Schütte-Lihotzky

**Sonderschule
Floridsdorf
1960**

Franklinstraße 27–33
Besichtigung:
nach Vereinbarung
Transport:
U6 (Floridsdorf)

Das Architektenehepaar Wilhelm Schütte und Margarethe Schütte-Lihotzky zählen zu den wichtigen österreichischen Architekturtheoretikern des 20. Jahrhunderts. Vom Haushalt (Frankfurter Küche) bis zur Pädagogik (Kindergärten, Schulen) ist ihr Engagement dokumentiert. Die fast quadratischen Schulklassen haben doppelseitige Belichtung, die freie Bestuhlung war zum damaligen Zeitpunkt eine Innovation. Konzeptueller Schulbau versus formaler Ästhetizismus.

21.-5 | Heidulf Gerngroß, Werkstatt Wien

**Loftsiedlung Wien
Floridsdorf
1994**

Ödenburgerstraße 87
Besichtigung:
keine
Transport:
S 3 (Jedlersdorf)

An der Peripherie von Wien entstand eine Mustersiedlung (1994–97) mit der Bezeichnung „Wiener Loft", wo die Idee einer teilfertigen – aber bezugsfertigen – Loft-Wohnung realisiert wurde. Die Naßzellen mit Küchenzeile und einer Galerietreppe bilden den fixen Kern des Loftes, eine zweite Ebene (Schlafen, Kinder, Arbeiten) kann im Selbstausbau später erfolgen. (2-geschoßige Raumeinheit, 95m² bezugsfertig, bis 127m² ausbaufähig). Dieser Versuch der Kostenexplosion im sozialen Wohnbau entgegenzuwirken, bringt bei diesem Selbstausbaumodell bei gleichen Kosten eine größere Wohnfläche. 17 Lofts sind um einen Innenhof gruppiert, in Ziegelbauweise errichtet und mit kräftiger gelber und neutraler weißer Färbelung versehen.
In unmittelbarer Umgebung: Jugendheim der Gemeinde Wien, nach dem gleichen „Schnellhaus" Prinzip. Adresse: Wien 21., Mitterhofgasse 2

H. Wimmer, E. Reichl mit P. Zauchenberger und K. Koller

Brünner Straße
1993

Das Wohnhaus von Helmut Wimmer und Eva Reichl bildet mit seinen 93 Wohnungen eine typische Wiener Blockrandbebauung. Ausgehend von der Brünner Straße stellt ein Wegesystem eine kontinuierliche Abfolge von Räumen vom urbanen Bereich zur einzelnen Wohnung dar. Durch diese Wegesysteme (Rampen, Freitreppen, Stiegenhäuser, Laubengänge) entsteht eine komplexe räumliche Beziehung zwischen dem horizontalen und vertikalen Stadtraum. Unterschiedliche Wohnungstypen (Geschoßwohnungen, Maisonetten, Laubengangwohnungen) garantieren jene Nutzungsvielfalt, welche städtische Heterogenität auszeichnet. Daß die Nutzungsvielfalt von den Benutzern angenommen wurde, beweist die intensive Nutzung der Loggien und Veranden.

Brünner Straße 31/
Gerichtsgasse 12
Besichtigung:
keine
Transport:
L 31 (Schlingermarkt)

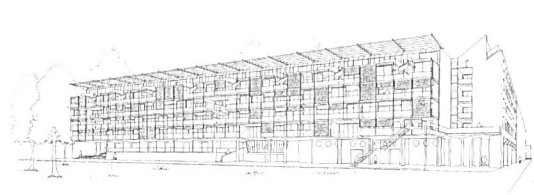

Ottokar Uhl u.a.

Wohnen mit Kindern
1980

Ottokar Uhl, einer der Pioniere des partizipatorischen Bauens in Österreich, hat hier gemeinsam mit sechzehn Familien einen experimentellen und exemplarischen kinderfreundlichen Wohnbau errichtet. Zwei seperate Häuser liegen an einem gemeinsamen Gartenhof mit Gemeinschaftseinrichtungen. Die relativ großen Wohnungen, Geschoßwohnungen und Maisonettenwohnungen sind in Scheibenbauweise mit nichttragenden Außenmauern errichtet, wodurch die Gestaltung der Fassade und die Innenraumaufteilung durch die Nutzer ermöglicht wurde.
Das gesamte Projekt wurde im Rahmen der staatlichen Wohnbauförderung realisiert.

Jeneweingasse 32,
Wienergasse 6
Besichtigung:
keine
Transport:
L 26 (Hopfengasse)

21.-12 | Martin Treberspurg, Georg W. Reinberg, Erich Raith

Wohnhausanlage 1993

Brünnerstraße-Empergergasse
Besichtigung:
keine
Transport:
L 31 (Empergergasse)

Die Wohnhausanlage mit 215 Sozialwohnungen ist Teil eines größeren Stadterweiterungsgebietes im Norden Wiens. Sie ist als Niedrigenergie-Siedlung konzipiert: Sonnenfenster, Pufferräume mit Wintergärten, Lüftungsanlage mit Wärmerückgewinnung und hohe Wärmedämmung ermöglichen einen Energieverbrauch von unter 40kw/m²a. Der 330 Meter lange Riegelbau zur Brünnerstraße schirmt durch mehrere Schichten die hofseitigen Wohnungen ab. Im Osten des Riegels befinden sich in schall- und windgeschützter Lage zehn 3-geschossige Zeilenbauten mit je 4 Reihenhäusern. Eine konsequente, energiesparende Architektur. Energieplanung: Büro Schmied-Schwelch.

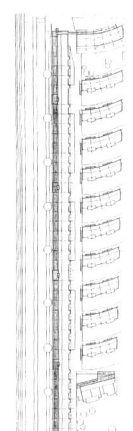

21.-13 | Häuselmayer, Melicher, Schwalm-Theiss, Gressenbauer

Wohnbau Ocwirkgasse 1994

Ocwirkgasse 7
Besichtigung:
keine
Transport:
L 31, L 33 (Empergergasse)

Die große Wohnhausanlage an der äußeren Brünner Straße ist primär eine Ansammlung von vielen Wohnungen. Weder das planerische Konzept noch die architektonische Gestaltung finden eine größere Resonanz. Bemerkenswert sind einige, kleinere Bauaufgaben. Als Versuch einer Zentrumsfunktion könnte die kleine Kirche von Häuselmayer angesehen werden. Mit einem kleinen Vorplatz ausgestattet, entwarf Häuselmayer hier eine Weiterentwicklung seiner Kirche am Wienerberg mit tonnenförmigem Dach. In unmittelbarer Nähe ein bemerkenswerter Wohnbau von Melicher/Schwalm-Theiss und Gressenbauer, der durch seine Maßstäblichkeit und Differenziertheit Rücksicht auf alltägliche Wohnansprüche nimmt.

H. Wimmer, E. Reichl mit P. Zauchenberger und K. Koller

Brünner Straße
1993

Das Wohnhaus von Helmut Wimmer und Eva Reichl bildet mit seinen 93 Wohnungen eine typische Wiener Blockrandbebauung. Ausgehend von der Brünner Straße stellt ein Wegesystem eine kontinuierliche Abfolge von Räumen vom urbanen Bereich zur einzelnen Wohnung dar. Durch diese Wegesysteme (Rampen, Freitreppen, Stiegenhäuser, Laubengänge) entsteht eine komplexe räumliche Beziehung zwischen dem horizontalen und vertikalen Stadtraum. Unterschiedliche Wohnungstypen (Geschoßwohnungen, Maisonetten, Laubengangwohnungen) garantieren jene Nutzungsvielfalt, welche städtische Heterogenität auszeichnet. Daß die Nutzungsvielfalt von den Benutzern angenommen wurde, beweist die intensive Nutzung der Loggien und Veranden.

Brünner Straße 31/
Gerichtsgasse 12
Besichtigung:
keine
Transport:
L 31 (Schlingermarkt)

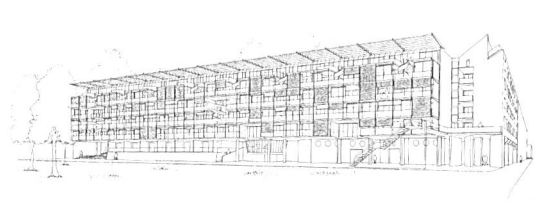

Ottokar Uhl u.a.

Wohnen mit Kindern
1980

Ottokar Uhl, einer der Pioniere des partizipatorischen Bauens in Österreich, hat hier gemeinsam mit sechzehn Familien einen experimentellen und exemplarischen kinderfreundlichen Wohnbau errichtet. Zwei seperate Häuser liegen an einem gemeinsamen Gartenhof mit Gemeinschaftseinrichtungen. Die relativ großen Wohnungen, Geschoßwohnungen und Maisonettenwohnungen sind in Scheibenbauweise mit nichttragenden Außenmauern errichtet, wodurch die Gestaltung der Fassade und die Innenraumaufteilung durch die Nutzer ermöglicht wurde.
Das gesamte Projekt wurde im Rahmen der staatlichen Wohnbauförderung realisiert.

Jeneweingasse 32,
Wienergasse 6
Besichtigung:
keine
Transport:
L 26 (Hopfengasse)

21.-8 Heinz Neumann

Bürohaus
1991

Ignaz Köck Straße/Lundenburgergasse
Besichtigung:
nach Vereinbarung
Transport:
L 31, L 33 (Shuttleworthstraße)

Das Bürogebäude für den Medienkonzern von Kurt Falk repräsentiert jene Metapher zur Schiffsarchitektur, die zu Beginn der Moderne als literarisches Zitat diente. Das scheinbar vor Anker liegende Haus mit seinen vor der Glasfassade umlaufenden Service-Balkonen setzt sich konstruktiv von den Produktionshallen ab. Einer Kommandobrücke gleich ragen die drei Bürogeschoße über dem Eingang vor. Eines der wenigen Beispiele von neuerer Bürohausarchitektur in Wien.

21.-9 Franz Schuster

Siedlung Siemensstraße
1950

Siemensstraße, Ruthnergasse, Scottgasse, Wankläckergasse
Besichtigung:
keine
Transport:
Bus 30A, 31A (Ruthnergasse)

In den Jahren 1950–53 von Franz Schuster nach den Prinzipien des Siedlungsbaues entwickelt, die den Gedanken des „Gartenstadtkonzeptes" vergleichbar sind. Die zweigeschoßigen Häuserzeilen mit Kleinwohnungen hatte der Architekt für eine spätere Zusammenlegung bereits technisch vorgerüstet.
Mit einfachsten baulichen Mitteln und einer entsprechenden Bepflanzung ein Beispiel sozial engagierten Bauens.

Viktor Hufnagl | 21.-**10**

In ähnlicher Weise wie bei der Wohnhausanlage „Am Schöpfwerk" werden Referenzen der Wiener Architektur der Wohnhöfe zitiert. Die Umsetzung vom Wettbewerb der 1. Baustufe (1973) bis zur Fertigstellung (1982) dauerte fast ein Dezennium.
Die einzelnen Höfe sind miteinander verbunden und reagieren auf die Dimensionen und Proportionen der bestehenden Siedlungsstruktur. Aufgrund der relativ geringen Verbauungsdichte eine angenehme Maßstäblichkeit.

Wohnanlage Gerasdorfer Straße 1980

Gerasdorfer Straße 61
Besichtigung:
keine
Transport:
Bus 32A (Ratzenhofergasse)

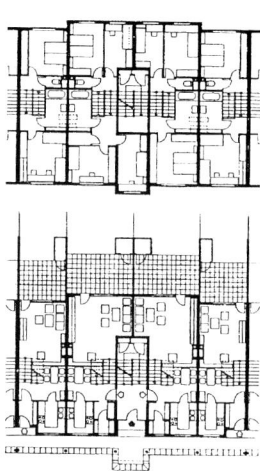

Atelier 18 – Eder, Pal, Weber, Wieden | 21.-**11**

Eine angerartige Grünfläche bildet das Rückgrat dieser zwei- und dreigeschossigen Siedlung, die jedoch an Kreuzungsbereichen und an Torsituationen viergeschossig ausgebildet ist.
Alle Gemeinschaftseinrichtungen sind fußläufig erreichbar (Schule und Kindertagesheim). Behindertengerechte Wohnungen im Erdgeschoß und Mietergärten versuchen die Qualität der Siedlungsideologie der zwanziger Jahre aufzugreifen.

Wohnhausanlage Ernst Theumerhof 1977

Empergergasse, Koschiergasse
Besichtigung:
keine
Transport:
L 31(Empergergasse)

21.-12

Wohnhausanlage 1993

Brünnerstraße-
Empergergasse
Besichtigung:
keine
Transport:
L 31 (Empergergasse)

Martin Treberspurg, Georg W. Reinberg, Erich Raith

Die Wohnhausanlage mit 215 Sozialwohnungen ist Teil eines größeren Stadterweiterungsgebietes im Norden Wiens. Sie ist als Niedrigenergie-Siedlung konzipiert: Sonnenfenster, Pufferräume mit Wintergärten, Lüftungsanlage mit Wärmerückgewinnung und hohe Wärmedämmung ermöglichen einen Energieverbrauch von unter 40kw/m^{2}a. Der 330 Meter lange Riegelbau zur Brünnerstraße schirmt durch mehrere Schichten die hofseitigen Wohnungen ab. Im Osten des Riegels befinden sich in schall- und windgeschützter Lage zehn 3-geschossige Zeilenbauten mit je 4 Reihenhäusern. Eine konsequente, energiesparende Architektur. Energieplanung: Büro Schmied-Schwelch.

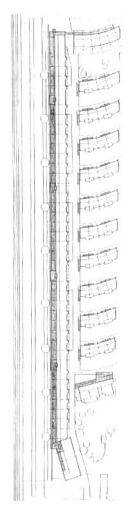

21.-13

Wohnbau Ocwirkgasse 1994

Ocwirkgasse 7
Besichtigung:
keine
Transport:
L 31, L 33 (Empergergasse)

Häuselmayer, Melicher, Schwalm-Theiss, Gressenbauer

Die große Wohnhausanlage an der äußeren Brünner Straße ist primär eine Ansammlung von vielen Wohnungen. Weder das planerische Konzept noch die architektonische Gestaltung finden eine größere Resonanz. Bemerkenswert sind einige, kleinere Bauaufgaben. Als Versuch einer Zentrumsfunktion könnte die kleine Kirche von Häuselmayer angesehen werden. Mit einem kleinen Vorplatz ausgestattet, entwarf Häuselmayer hier eine Weiterentwicklung seiner Kirche am Wienerberg mit tonnenförmigem Dach. In unmittelbarer Nähe ein bemerkenswerter Wohnbau von Melicher/Schwalm-Theiss und Gressenbauer, der durch seine Maßstäblichkeit und Differenziertheit Rücksicht auf alltägliche Wohnansprüche nimmt.

Gustav Peichl, Rudolf F. Weber | 21.-14

Das große Schulzentrum Hanreitergasse von Gustav Peichl und Rudolf F. Weber setzt sich aus fünf funktionell differenzierten Baukörpern um einen schönen Schulhof zusammen und bildet somit eine kleine „Schulstadt": elliptischer, metallverkleideter Eingangsbau; begrünter, tonnenförmiger Turnsaalbereich; zwei Schultrakte mit Süd-Ost Orientierung; Tagesheim mit Nord-West Orientierung. Mittels transparenter Glasbrücken wird der Eingangsbau mit den Schultrakten verbunden. Die klare Ordnung wird durch sensible Materialverwendung versinnlicht.

Volks-und Hauptschule Hanreitergasse 1994

Hanreitergasse 2, Ocwirkgasse
Besichtigung:
nach Vereinbarung
Transport:
L 31 (Brünner Straße/ Gerasdorfer Straße)

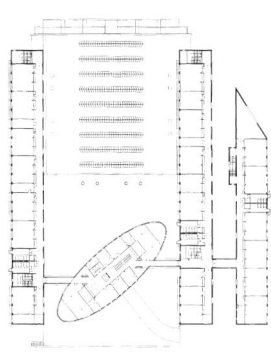

Stefan Hübner/Peter Leibetseder | 21.-15

Gemeinsam mit der schräg gegenüber liegenden Kirche von Otto Häuselmayer bildet diese Volksschule mit Musikschule das geistige Zentrum der neuen Wohnbebauung Brünner Straße. An der Peripherie der Städte übernehmen die Schulen den Anspruch öffentlicher Baukunst: hier im Sinne einer heterogenen, differenzierten und collagierten Architektursprache, zwischen postmodernem und fragmentischem Gestaltungsansatz.

Volksschule, Musikschule Schumpeterweg 1992

Schumpeterweg 3
Besichtigung:
nach Vereinbarung
Transport:
L 31 (Empergergasse)

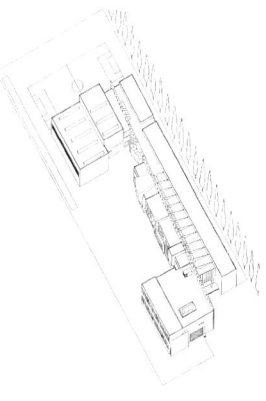

21.-16 | Jean Nouvel

Wohnbebauung
1994

Leopoldauerstraße 168
Besichtigung:
keine
Transport:
Bus 29A (Eipeldauerstraße)

Auf private Initiative einer Wohnbaugesellschaft hin wurde Jean Nouvel zu dieser Wohnbebauung eingeladen und realisierte im Rahmen des geförderten Wiener Wohnbaus und der Wiener Bauordnung einen interessanten Loft-Typus mit maisonetteartiger Erschließung. Mittels eines „durchgesteckten" Stiegenhauses, Maisonetten und Laubengang entwickelt Nouvel ein für den Wiener Wohnbau völlig neues Wohnmuster. Vertikal bepflanzte Wandscheiben dienen als Sichtschutz zum Nachbarn.

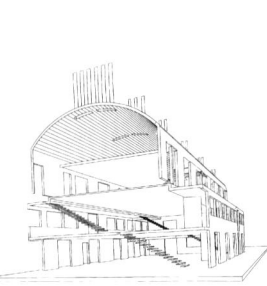

21.-17 | Kurt Heidecker, Herbert Neuhauser

Interkulturelles Wohnen
1994

Satzingerweg
Besichtigung:
Freiflächen
Transport:
Bus 31A (Doeltergasse)

Zielsetzung dieses Projektes war ein Wohnbau mit günstiger Voraussetzung für die Entstehung nachbarschaftlicher Beziehungen. Vom Hof aus werden die Wohnungen über großzügige Laubengänge erschlossen. Die breiten Vorplätze bei den Wohnungseingängen schaffen eine räumliche Gliederung und ermöglichen zusätzliche Nutzungen. Eine große Öffnung in der Eßküche verbindet den Laubengang mit den Wohnungen.
Das Projekt „Interkulturelles Wohnen" mit 51 Wohnungen wurde vom Forschungsteam Leitner, Reppé und Appelt betreut.

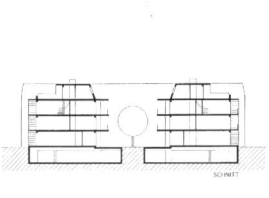

Ullmann, Peretti, Podreka, Prochazka, Auböck

Frauen-Werk-Stadt
1994

Initiiert vom Frauenbüro der Stadt Wien wurden im Herbst 1993 acht Architektinnen zum Expertinnenverfahren „Frauen-Werk-Stadt" zur Erarbeitung von Struktur-, Nutzungs- und Bebauungsvorschlägen unter Berücksichtigung eines frauengerechten Städtebaus eingeladen. Das von der Jury ausgewählte städtebauliche Leitprojekt ist von der Architektin Franziska Ullmann. Das Konzept von 350 Wohnungen und einer Kindertagesstätte (Elsa Prochazka) wird von unterschiedlichen Wohnbauträgern realisiert. Das Projekt „Frauen-Werk-Stadt" wurde anläßlich des 100. Geburtstages der Architektin in den „Margarete Schütte-Lihotzky Hof" unbenannt.

Donaufelderstraße
Besichtigung:
nur Freiflächen
Transport:
U6, L 26 (Alfred-Nobel-Straße)

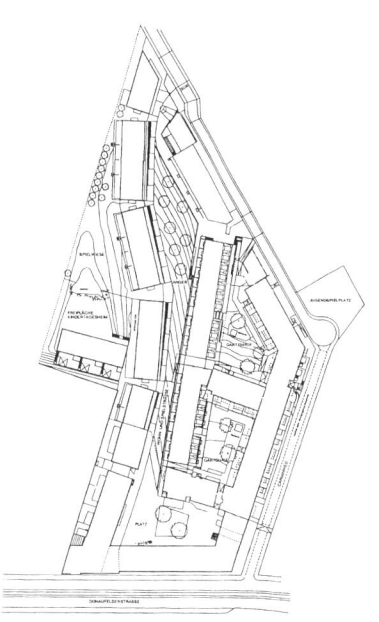

21.-19 | ARTEC: Bettina Götz/Richard Manahl

**Volksschule
Zehdengasse
1993**

Diese kammförmige zwei- und dreigeschossige Volksschule für Ganztagsbetreuung mit stark bauplastischer Akzentuierung der einzelnen Funktionen nimmt das trapezförmige Grundstück vollständig in Besitz: Freiflächen und Baukörper ergänzen sich zu einer dichten Packung. Die Zinkblechfassade bildet zusammen mit einer Lochfassade einen kontrapunktischen Rhytmus; einzelne Gangbereiche hingegen sind vollständig verglast.

Zehdengasse
Besichtigung:
nach Vereinbarung
Transport:
Bus 31A (Doeltergasse)

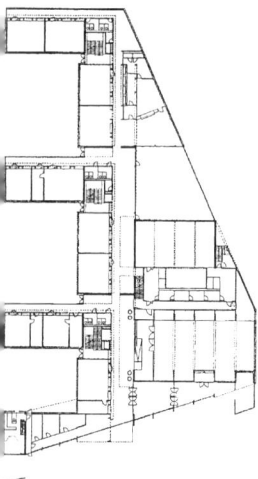

Erwähnungen

21.20e	Wohnhaus Anton-Böck Gasse Eva Ceska, Friedrich Priesner	1993 Anton-Böck Gasse 4	
21.21e	Dorotheum Floridsdorf Egon Kastner, Fritz Waage	1931 Pitkagasse 4	
21.22e	Kindertagesheim der Stadt Wien Markus Geiswinkler	1993 Gschweidlgasse 1	

PLAN NR. 13

22. Bezirk
Donaustadt

22. Bezirk, Donaustadt Indexnummern: 22.-1 ... 22.-37e

22.-1 | Johann Staber

**UNO-City (Internationales Zentrum)
1973**

Wagramer Straße,
Donaupark
Besichtigung:
nach Vereinbarung
Transport:
U1 (Kaisermühlen)

Die Bemühungen des österreichischen Bundeskanzlers Bruno Kreisky, Wien neben New York und Genf als dritten UNO-Standort anzuerkennen, führte 1970 zur Ausschreibung eines internationalen Wettbewerbs zur Errichtung des UNO-Zentrums. Obwohl die Jury einen 1. Preis vergab, wurde der 4. Preis von Johann Staber realisiert. Die im Grundriß signifikante Ypsilon-Form der Gebäude ist räumlich nicht relevant und städtebaulich umstritten. Das als „Vienna International Center" bezeichnete Gebäude wurde später um ein großes Konferenzzentrum erweitert (1983–87).

22.-2 | Cufer, Czech, Delugan, Delugan-Meissl, Loudon (Leitprojekt)

**Donau-City
1992**

Wagramer Straße
Besichtigung:
keine, nur Freiräume
Transport:
U1 (Kaisermühlen)

Mit der Öffnung der ehemaligen Ost-Staaten wurde in Wien eine „Neue Gründerzeit" proklamiert: Bevölkerungswachstum, Konjunkturaufschwung und eine neue Vermittlerrolle Wiens zwischen Ost und West wurden erwartet. Die „Donau-City", als bipolares, zweites Zentrum sollte der Stadt neue Impulse bringen. Im Rahmen der für 1995 geplanten Weltausstellung „Wien-Budapest", die aufgrund eines Volksentscheides abgesagt wurde, wurde dieses Gelände früher als geplant für eine Nutzung frei. Flächenwidmungsplan laut einer Konzeption von Hans Hollein/Coop Himmelblau, Masterplan von Adolf Krischanitz/Heinz Neumann. Objektplanungen unter anderem von Holzbauer (Hochhaus), Hollein (Volksschule), Wohnbauten (Cufer, Delugan, Laudon u.a.)

Wilhelm Holzbauer

Hochhaus Andromeda
1993

Das Diplomatencenter mit Büros und Wohnungen (1993–97) nimmt innerhalb des gesamten geplanten Donaucity-Bereiches eine besondere Stellung als städtebaulicher Merkpunkt im Sinne einer Torsituation ein. Die elliptische Form des Hochhauses reagiert formal auf die konkav geformten Baukörper der UNO-City. Die Außenhaut wird zweimal durch eine über drei Geschoße „gekippte" Glaswand durchbrochen, hinter der sich mehrgeschoßige Foyerräume befinden. In den obersten vier Geschoßen sind Wohnungen, deren Terrassen in den elliptischen Baukörper eingeschnitten sind.

Wagramer Straße
Besichtigung:
keine
Transport:
U1 (Kaisermühlen)

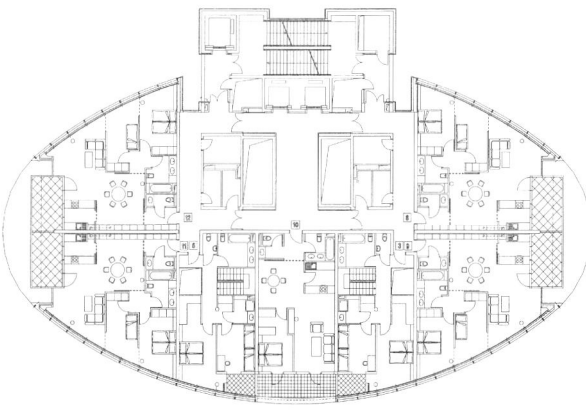

Wohnhochhäuser Wagramerstraße
1994

Coop Himmelblau; G. Peichl, R. F. Weber; NFOG

Wagramerstraße / Kratochwjlestraße
Besichtigung: keine
Transport: U1 (Kaisermühlen)

Zwischen Wagramerstraße und Krotochwilstraße in unmittelbarer Nähe der U-Bahn entstehen drei bemerkenswerte 25-geschoßige Wohnhochhäuser. Der Lageplan ist so abgestimmt, daß es möglichst geringe Beschattung gibt, aber eine optimale Fernsicht. Konstruktiv und technologisch ist der Wohnturm von Coop Himmelblau der aufwendigste (Klimafassade, Skylobby für die Bewohner, Wärmespeicher, Wintergärten), den Wohnungen liegt ein Loftkonzept mit offenen Grundrissen zugrunde. Gustav Peichls Wohnhochhaus, „Der runde Wagramer", überzeugt durch seine konsequente Zylinderform, welche die Hochhausform noch betont, während NFOG (Nigst, Fonatti, Ostertag, Gaisrucker) das Hochhaus mit einer differenzierten Sonnenschutzfassade gestalten.

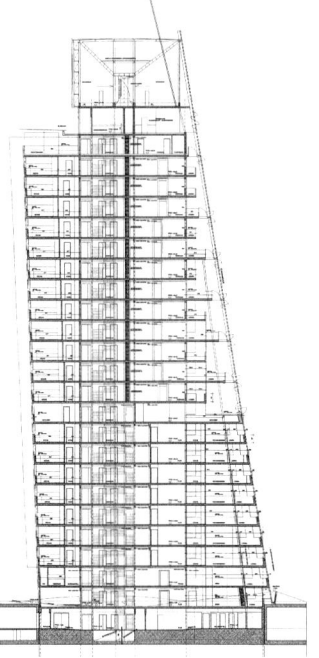

Coop-Himmelblau

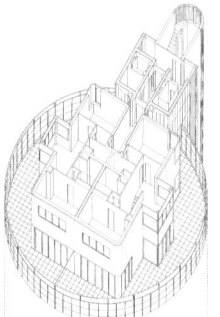

Peichl

Max Fellerer, Eugen Wörle

**Strandbad Gänsehäufel
1948**

Die erste große Badeanlage nach dem zweiten Weltkrieg mit einem Platzangebot für 30.000 Besucher. Ein orthogonales Erschließungskonzept überlagert sich mit den biomorphen Formen der Insel. Die Gebäude sind zwischen und teilweise um die Bäume herum gebaut. Umkleidepavillons als Stahlbetonskelettbauten ausgeführt.

Moissigasse 21
Besichtigung:
öffentlich zugänglich
Transport:
Bus 90A (Gänsehäufel)

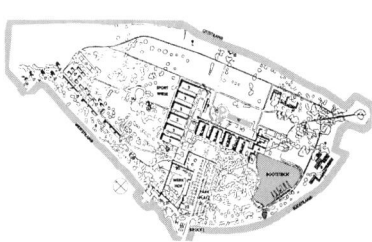

Sepp Müller mit Alfred Berger und Werner Krismer

Eissporthalle
1990

Dr.-Adolf-Schärf-Platz
Besichtigung:
öffentlich zugänglich
Transport:
U1(Donauzentrum)

Die Genealogie zur Eissporthalle Wien-Donaustadt reicht bis in das Jahr 1990 zurück, als im Rahmen der geplanten Weltausstellung „Wien Budapest Expo 95" eine neue Sporthalle gebaut werden sollte. Das Siegerprojekt – als Ergebnis eines österreichweit offenen Wettbewerbes mit internationalen Zuladungen – von Müller/Berger/Krismer wurde nach einer Phase der Abstimmung in nur 20 Monaten Bauzeit realisiert. Entstanden ist ein großartiger Glaspalast, dessen technische Perfektion und formale Klarheit sich wohltuend sowohl auf die Sportler als auch auf die Besucher auswirkt. Das Programm bestand aus der Schaffung von zwei gleich großen Eisflächen, eine Trainingsfläche ohne Zuschauertribünen und eine Eishalle mit 4350 Sitz-und Stehplätzen.

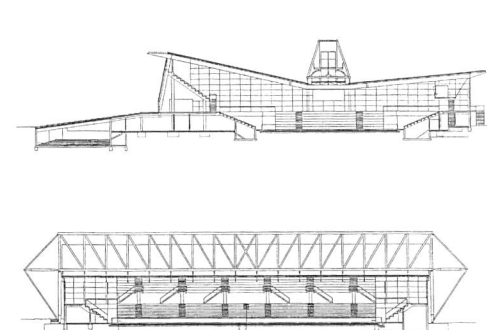

Karl Schartelmüller

Eine Gartensiedlung, bei deren Anlage Wert auf höchstmögliche Heterogenität gelegt wurde. Eine gekrümmte Hauptstraße führt durch das Siedlungsgebiet und wird durch einen kleinen Platz ergänzt. Die Kleinhäuser mit angeschlossenen Gärten sind zumeist in Zeilen organisiert oder bilden Höfe aus. Entsprechend der Siedlungsstrategie sind mehrere Haustypen verwendet worden, die in Summe 1042 Wohnungen bereitstellten.

Siedlung Am Freihof
1923

Kagraner Platz, Siebenbürgenstraße, Steigenteschstraße, Polletstraße
Besichtigung: keine
Transport:
L 25, L 26 (Steigenteschgasse)

22.-8

Josef-Bohmann-Hof
1973

Ehrlichweg, Ohnsorgweg,
Absolonweg, Urteilweg,
Boeklweg, Kubinplatz
Besichtigung:
nur Freiflächen
Transport:
Bus 31A (Doeltergasse)

E. Frauendorfer, J. Gsteu, E. Mang, K. Mang, u.a.

Aufbauend auf einem gemeinsamen Grundkonzept individueller Architektur der einzelnen Baukörper. Bemerkenswert der Bauteil von Johann Gsteu, wo ein Wohnhaus mit Mittelgangerschließung durch eine Sozialisierung der Gangfläche (Gemeinschaftsraum) und einem konsequenten Wohnungsgrundriß über die durchschnittliche Qualität des sozialen Wohnens verweist.
Die zentrale Gruppierung von Küche, Wohnraum und Loggia innerhalb der Wohnungen führt zu minimalen „Verkehrsflächen". Partielle Nutzung der Dachflächen als kommunale Freiflächen.
Architektenteam: E. Frauendorfer, J. Gsteu, E. Mang, K. Mang, A. Obermann, A. Pal, U. Schrittwieser, G. Schuster, M. Stein.

22.-9

**Wohnhaus
Varnhagengasse
1984**

Varnhagengasse 9
Besichtigung:
keine
Transport:
L 25 (Konstanziagasse)

Johannes Spalt

Das Gebäude nimmt den Maßstab der zwei angrenzenden Gebäude auf und erfährt seine spezifische Charakteristik aus den auskragenden Sitzerkern (Holzkonstruktion), die den Wohnzimmern auf der südlichen Straßenseite vorgebaut wurden. Eine Besonderheit sind die unterschiedlichen Raumhöhen (Schlafräume 2,50m, Wohnräume 2,75m) und die daraus resultierenden Split-levels. Interessante räumliche Schnittführung.

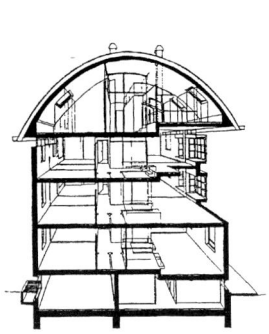

Michael Loudon

Wohnbau Heinrich Lefler Gasse
1994

Der bestimmende Faktor beim Entwurf dieses Wohnhauses waren die Grundrisse. Grundlegend für die Auffassung war das Angebot von möglichst nutzungsneutralen Räumen. Die große Flexibilität und Nutzungsvielfalt im Inneren des Hauses kontrastiert mit einer geordneten und zurückhaltenden Fassade, welche sich mit großer Selbstverständlichkeit als zeitgemäße Baukultur darstellt. Nur wer auch schweigen kann, ist offen für den Dialog.

Heinrich Lefler Gasse 24
Besichtigung:
keine
Transport:
U1, L 25 (Langobardenstraße)

22.-11

Wohnbebauung Mühlgrundweg
1993

Hardeggasse 69
Besichtigung:
keine
Transport:
U1, L 25, Bus 92A
(Strandbad Stadlau)

Stelzhammer, Katzberger, Bily, Melicher, Schwalm-Theiss, u.a.

Die Siedlung umfaßt 180 Wohnungen und 28 Reihenhäuser; dem städtebaulichen Leitprojekt der Architekten Melicher, Schwalm-Theiss und Gressenbauer entsprechend staffeln sich die Baukörper nach Süden hin ab. Das Punkthaus und Langhaus von Paul Katzberger und Karin Bily zeichnet sich durch flexible Grundrisse aus, die Reihenhäuser von Walter Stelzhammer nützen durch Innentreppen im Sinne des Raumplanes das Geländeniveau aus.

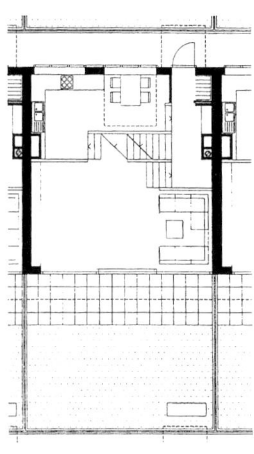

22.-12

Kamillenweg
1989

Kamillenweg/Pappelweg/
Haselnußweg
Besichtigung:
keine
Transport:
U1, L 25, Bus 96B
(Kanalstraße)

G. Reinberg, M. Treberspurg, E. Raith, Kislinger u. Trudak

Mit der Bezeichnung Ökologisches Bauen wird seit dem „Ölschock" im Jahr 1973 von Architekten der Versuch unternommen, die Energiebilanzen ihrer Bauphysik genauer zu kontrollieren. Die Solarhäuser mit aktiver und passiver Solarnutzung sind ein wichtiger Beitrag zum ökologischen Wohnen. Die zehn Häuser dieser Siedlung gehören zu den meistdokumentierten Beispielen in Wiener Fach- und Populärmedien und gelten als wegweisend für den neuen Siedlungsbau. (Typus der Veranda-Häuser: Leichtkonstruktion mit Wintergärten nach Süden, massive Nordseite).

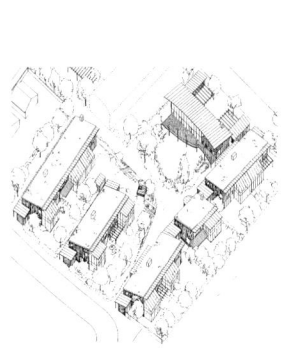

Roland Hagmüller

| 22.-13

Mit dem Adolf-Loos-Preis ausgezeichnet wurde diese Wohnbebauung von Roland Hagmüller in Stadlau (1990–92). Die Mischung von Reihenhäusern und Geschoßwohnungen auf einem länglichen Grundstück ist besonders im Hinblick auf die Raumreserven der „Dachateliers" und die Bauausführung bemerkenswert: das Fertigteilbetonskelett der Reihenhäuser ist mit Holzwänden ausgefacht.

**Pappelweg
1990**

Pappelweg 1–34
Besichtigung:
keine
Transport:
U1, L 25, Bus 96B
(Kanalstraße)

Boris Podrecca/Gotthard Eiböck

| 22.-14

Im Umfeld der Wiener Peripherie nördlich der Donau setzte Boris Podrecca mit seiner Wohnbebauung „Kapellenweg" (1986–93) einen städtebaulichen Akzent, vergleichbar mit den großen Wohnbauten der Wiener Zwischenkriegszeit: ein 200 Meter langes Wohnhaus bildet den Auftakt zur neuen Verbauung der Wulzendorfstraße in Wien-Aspern. Im fünfgeschossigen Wohnhaus sind Geschoßwohnungen, Duplex- und Triplexwohnungen untergebracht.

**Kapellenweg
1986**

Kapellenweg 36–38
Besichtigung:
keine
Transport:
L 25 (Langobardenstraße)

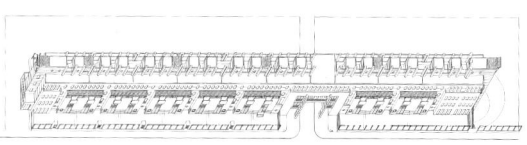
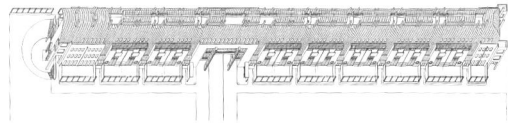

| 22.-15 | | *Viktor Hufnagl* |

Wohnbau Zschokkegasse 1992

Zschokkegasse 91
Besichtigung:
keine
Transport:
U1, L 25 (SMZ Ost)

In direkter Nachbarschaft zu Roland Rainers Siedlung Tamariskengasse befindet sich die viergeschoßige Wohnbebauung von Hufnagl. Im Gegensatz zu vielen Wohnhäusern an der Peripherie wird hier ein Typus vorgestellt, der seine Wohnqualität aus einer inneren Erschließungsstraße mit glasüberdachten Innenhöfen bezieht. Durch Balkone und Terrassen wird dieser Bereich vielfältig gegliedert, es entsteht ein kontrollierter, halböffentlicher Bereich. In Ansätzen werden hier auch wieder die Gedanken der Sozialutopie (Familistère, ab 1859) von Jean Baptiste Godin (1817–88) aufgegriffen.

| 22.-16 | | *Roland Rainer* |

Siedlung Tamariskengasse 1993

Tamariskengasse 102
Besichtigung:
keine
Transport:
U1, L 25 (SMZ Ost)

Der verdichtete Flachbau ist Roland Rainers überzeugende Antwort auf die Bebauungsform der Stadtrandgebiete und der Versuch, das Bedürfnis nach dem Einfamilienhaus zu befriedigen: ebenerdige Atriumhäuser und zweigeschossige Reihenhäuser mit Gartenanteil für das familiäre Wohnen, Geschoßwohnbauten mit Garconnieren und darüberliegenden Maisonetten für kinderlose Familien. Die Siedlung Tamariskengasse wird fußläufig erschlossen, im Zentrum befindet sich ein Kindergarten sowie Seniorenwohnungen (halbkreisförmige Bebauung).

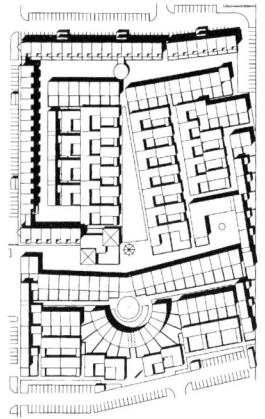

Ablinger-Vedral, W. Stelzhammer, M. Cufer | 22.-17

Wohnhausanlage Wulzendorf (West) 1993

Das städtebauliche Leitbild für die „Wohnhausanlage Ostarichi" wurde von Walter Stelzhammer 1991 entwickelt. Das Konzept verfolgt eine größtmögliche hofbildende Einbeziehung des westlichen Grünraumes; die Bergengasse wird durch Wohnbrücken rhythmisch gegliedert. Dabei folgen die Baukörper einem orthogonalen Ordnungsprinzip: ein 3-geschossiger Nord-Süd-Baukörper (Walter Stelzhammer) wird von vier 4-geschossigen Ost-West-Baukörpern (Architektenteam Ablinger-Vedral) gekreuzt. In den Höfen befinden sich Reihenhäuser (Margarethe Cufer), als nördlicher Abschluß ein Wohnhaus mit Kindergarten (Cufer) sowie dazwischen ein Seelsorgezentrum (Stelzhammer). Insgesamt 204 Wohnungen mit 24 Reihenhäusern.

Bergengasse
Besichtigung:
keine
Transport:
L 25 (Oberdorfstraße)

Sarnitz, Haselwanter, Linsberger, Wimmer, Spiegelfeld, Holnsteiner | 22.-18

Wohnhausanlage Wulzendorf (Ost) 1993

Die östliche Bebauung für die Bergengasse übernimmt ebenfalls das städtebauliche Leitbild von Walter Stelzhammer, allerdings werden drei Wohnhöfe und eine Reihenhauszeile geplant. Der große Wohnhof im Norden wurde von August Sarnitz geplant (Geschoßwohnbauten mit Maisonetten als Dachwohnungen), der Wohnhof an der Straßenkreuzung von Helmut Wimmer (flexible Schiebewände in den Wohnungen) der anschließende Wohnhof von Günther Holnsteiner und Markus Spiegelfeld.
Die Reihenhauszeile (mit Lamellensonnenschutzfassade) vom Architektenteam Haselwanter / Linsberger. Durch die gemeinsame weiße Putzarchitektur ergibt sich ein zusammenhängender Maßstab. Insgesamt 180 Wohnungen.

Bergengasse 4
Besichtigung:
keine
Transport:
L 25 (Oberdorfstraße)

| 22.-19 | **G. Peichl, M. Kohlbauer, P. Katzberger, NFOG u.a.**

**Siedlung
Erzherzog Karl Stadt
1994**

Besichtigung:
nur Freiflächen
Transport:
L 25 (Oberdorfstraße)

In dem gemeinsam von Peichl und Kohlbauer erstellten Leitprojekt sind in mehreren Bauetappen 2.000 Wohnungen vorgesehen. Die vielfältigen Außenräume versprechen eine angenehme Wohnqualität. Doppeltrakthäuser, Geschoßwohnbauten, Reihenhäuser und ein rundes Turmhaus bieten unterschiedliche Wohnungen. Beteiligte Architekten: Gustav Peichl, Rudolf F. Weber, Martin Kohlbauer, Peter Nigst, Paul Katzberger, Karin Bily, Michael Loudon, NFOG (Nigst, Fonatti, Ostertag, Gaisrucker), Gruppe ARCA.

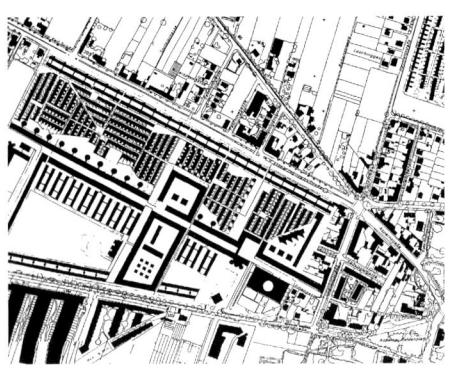

| 22.-20 | **Martin Kohlbauer**

**Hauptschule Eibengasse
1992**

Eibengasse 56–58
Besichtigung:
nach Vereinbarung
Transport:
L 25 (Oberdorfstraße)

Diese Hauptschule ist als Siegerprojekt einer der wenigen bundesweit offenen Wettbewerbe entstanden. Der kompakte, weiß verputzte Baukörper vereinigt alle divergierenden Nutzungen einer Schule in einem kubischen Gebäude, wobei ein zentraler, runder Innenhof für gestalterische Spannung sorgt. In der inneren Organisation wird die optische Zentralität des Gebäudes (Rundhof) geschickt aufgebrochen und funktionell gegliedert.

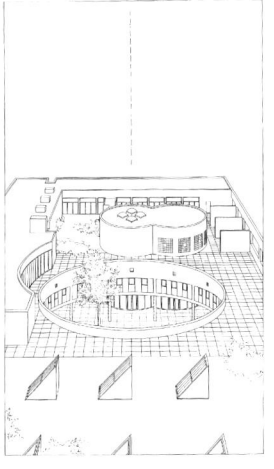

„Mit dem Biberhaufenweg wurde so der Beginn eines neuen architektonischen Anspruchs im Wiener sozialen Wohnungsbau gesetzt. Historisch gesehen gehört er noch zur Periode der ‚Little Architecture', wo anhand kleinster Aufgabenstellungen grunsätzliche Fragen der Architektur exemplarisch abgehandelt wurden" (Dietmar Steiner). Die drei typologischen Grundformen städtischer Entwicklung – Platz, Straße, Anger – sind hier von den drei Architekten Häuselmayer, Pruscha und Tesar mit differenziertem Anspruch persönlicher Handschrift realisiert worden, wobei eine einheitliche Wahl von Farben und Materialien dem Projekt eine zusätzliche Koheränz gibt.

Siedlung Biberhaufenweg
1981

Biberhaufenweg
Besichtigung:
nur Freiflächen
Transport:
Bus 85A, Bus 93A
(Benjowskygasse)

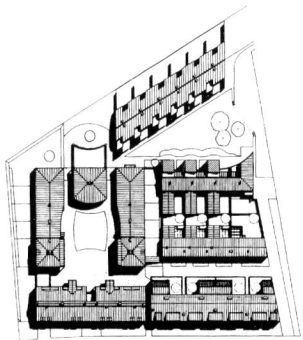

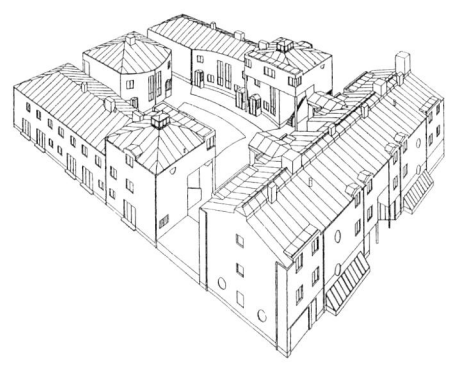

Rüdiger Lainer und Gertraud Auer

22.-22 | Wohnhaus Siegesplatz/Benjowskygasse 1991

Siegesplatz 21/
Benjowskygasse 11
Besichtigung: keine
Transport:
U1, Bus 26A
(Aspern Siegesplatz)

Das Grundstück an der Südfront des Siegesplatzes liegt im alten Ortskern von Aspern, die schmale, lange Grundstücksform (20 x 130 m) mit unterschiedlichen Bebauungsbestimmungen führte zu einer typologisch differenzierten Lösung. Verschiedene Haustypen (Haus am Siegesplatz, Torhäuser, Reihenhäuser, Geschoßbau Benjowskigasse) stehen paradigmatisch als „pars pro toto" für eine mögliche städtebauliche Gesamtsituation.

22.-23 | Günther Domenig

Hauptschule Simonsgasse 1993

Simonsgasse
Besichtigung:
nach Vereinbarung
Transport:
Bus 26A (Eßling Schule)

Günther Domenig, der Hauptvertreter der Grazer Schule, hat mit dieser Hauptschule einen Hauch steirischer Architektur nach Wien importiert. Insgesamt hat Domenig sich durchaus auf sparsame Mittel beschränkt. „Selbst der Gebäudeschwung bleibt nur auf einen vergleichsweise kurzen Teil der gesamten Traktlänge beschränkt. In der Hauptsache überwiegt auch bei diesem auf den ersten Blick organisch geformten Bauteil die Rationalität des rechten Winkels." (W. M. Chramosta)

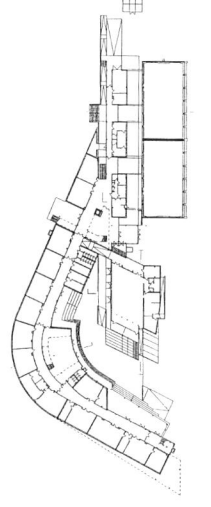

A. Krischanitz, Herzog & de Meuron, O. Steidle & Partner

Siedlung Pilotengasse
1989

Mit 200 Wohnungen handelt es sich bei der Siedlung Pilotengasse um eine mittelgroße Siedlung. Im Gegensatz zur nicht weit entfernten Siedlung Biberhaufenweg wird die Siedlung Pilotengasse durch ein strenges System linearer Baukörper geprägt: nicht durch eine typologische Ordnung wie beim Biberhaufenweg, sondern durch ein System der Reihung um eine fiktive Mitte erhalten die Baukörper ihren Zusammenhalt. Die drei Architektenteams, Herzog und de Meuron, Krischanitz, sowie Steidle und Partner entwickeln eine subtile Interpretation des Reihenhauses, wobei Krischanitz in Zusammenarbeit mit Oskar Putz eine stark differenzierende Farbgebung für die einzelnen Reihenhäuser festlegte.

Pilotengasse/Hausfeldstraße
Besichtigung:
allgemeine Freiflächen
Transport:
U1, L 25, Bus 97A
(Goldregengasse)

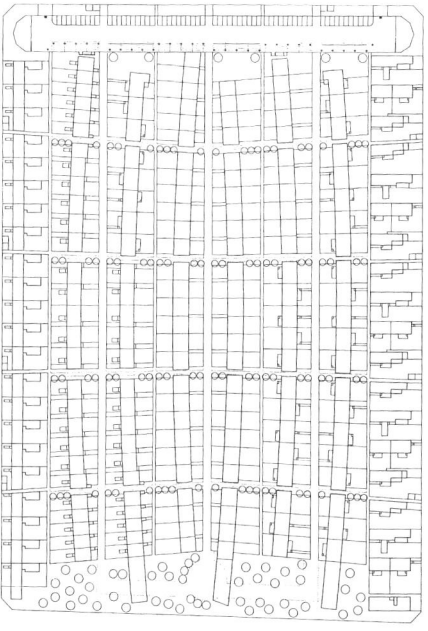

22.-25 | Hempel, Fonatti, Baldass, Weiser, Gerngroß

**Wohnbau
Wiethestraße 84
1991**

Wiethestraße
Besichtigung:
keine
Transport:
Bus 99B (Wiethestraße)

Das Siedlungsprojekt Wiethestraße mit dem städtebaulichen Konzept von Helmut Hempel hat die Herausforderung angenommen, an der Peripherie eine neue Identität zu verorten: drei Architektenteams unter der Leitung eines Projektmanagements (Markus Spiegelfeld von der Werkstatt Wien) entwickelten eine neue Typologie von Reihenhäusern und errichteten anstelle von additiver Invarianz eine Siedlung mit synthetischer Kohärenz. Sowohl die Grundrisse als auch die Raumaufteilung der Reihenhäuser bieten räumliche Besonderheiten für den sozialen Wohnbau: split-level und zum Teil zweigeschossige Räume.

22.-26 | Helmut Hempel, Franco Fonatti

**Siedlung Gladiolenweg
1983**

Gladiolenweg 21
Besichtigung:
keine
Transport:
Bus 95B, Bus 96B
(Gladiolenweg)

Die aus acht Reihenhäusern bestehende Zeile befindet sich im Umfeld einer Siedlungsanlage aus den zwanziger Jahren.
Das Thema Reihenhaus wurde innovativ, unter Berücksichtigung passiver Solarenergie und biologisch vertretbaren Baumaterialien, neuinterpretiert. Die räumlich differenzierte innere Organisation inkludiert einen bepflanzbaren, glasüberdachten Innenhof und einen atelierartigen Dachraum; Wohnraum mit größerer Raumhöhe.

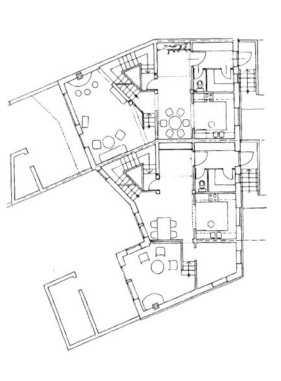

IGIRIEN: W. Appelt, E. Kneissl, E. Prochazka

**Mehrzweckhalle und Pfarrhaus
1984**

Das Wohnen an der Peripherie stellt auch neue Anforderungen an den Kirchenbau. Ohne die traditionelle Raumabfolge einer Zentralkirche mit Vorhalle, Nartex und Hauptraum aufzugeben, gelang es der Architektengruppe durch Verwendung einer Architekturcollage aus traditionellen Motiven (Rundbogen) und zeitgenössischer Bautechnologie (Betonfertigteile) ein von den Bewohnern angenommenes kirchliches Zentrum als Haus der Gemeinschaft zu errichten. Im Untergeschoß befinden sich Versammlungsräume und eine Küche.

Quadenstraße 53
Besichtigung:
öffentlich zugänglich
Transport:
Bus 95, Bus 96B
(Am Heidjöchl)

(Quadenstraße)

(Rennbahnweg)

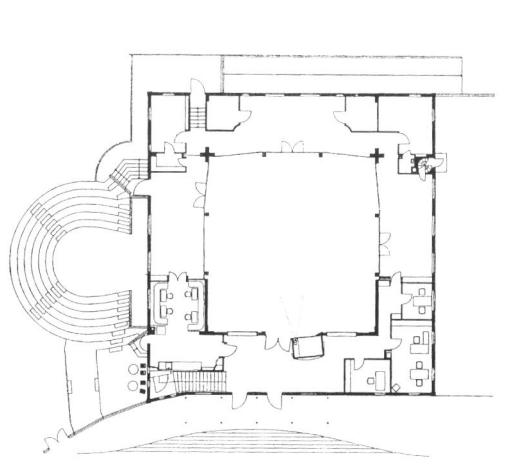

2.-28 | Atelier 4

**Volksschule
Pastinakweg
1991**

Zweigeschossige 12-klassige Volksschule für Ganztagsbetrieb mit zentraler zweigeschossiger Erschließungshalle, U-förmig um einen Innenhof gegliedert. „Dem Atelier 4 gelingt am Pastinakweg eine respektable Schule, die vorrangig auf die Akzeptanz der Kinder abzielt und nicht auf jene der Architekturkritik oder anderer Architekten" (W. M. Chramosta). Architektenteam: Atelier 4 – K. P. Erblich, Z. Vesselinov, M. Hirschler, P. Scheufler, G. Schweighofer.

Pastinakweg 10
Besichtigung:
nach Vereinbarung
Transport:
Bus 86A (Korianderweg)

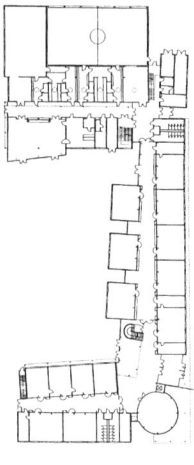

Erwähnungen

2.29e	Siedlung Süßenbrunn Otto Häuselmayer	1995
2.30e	Allgemeine höhere Schule Kagran Roland Rainer	1967 Bernoullistraße 3
2.31e	Volksschule Viktor Wittner-Gasse Sepp Frank	1993 Viktor Wittner-Gasse 50
2.32e	Haus Hinterberger Andreas und Gerda Gerner	1993 Plankenmaisstraße 43
2.33e	Wohnhaus BKK-2, Christoph Lammerhuber, Axel Linemayr, Franz Sumnitsch, Florian Wallnöfer, Johann Winter, Evelyn Wurster	1991 Schiffmühlenstraße 48
2.34e	Arbeitsmarktservice Jobcenter Bernhard Denkinger	1996 Prandaugasse 58
2.35e	Zentralsparkasse Stadlau Johann Georg Gsteu	1978 Stadlauer Straße, Langobardenstraße
2.36e	Volksschule NFOG (Nigst, Fonatti, Ostertag, Gaisrucker)	1994 Wagramerstraße 45
2.37e	Wohn- und Geschäftshaus Ernst Hoffmann	1993 Am Kaisermühlendamm 87–92

PLAN NR. 14

23. Bezirk
Liesing

23. Bezirk, Liesing Indexnummern: 23.-**1** ... 23.-**13**e

Empfehlungen

Sehenswerte Bauwerke – Anregungen von Wiener Architekten:

23. Bezirk:

Luigi Blau:
　　Arbeitsamt Liesing, Index-Nr. 23.2

August Sarnitz:
　　Wohnbau Brunner Straße, Index-Nr. 23.4
　　Kirche „Zur Heiligsten Dreifaltigkeit", Index-Nr. 23.7

U-Bahn Station U6
1990

Perfektastraße
Besichtigung:
öffentlich zugänglich
Transport:
U6 (Perfektastraße)

Johann Georg Gsteu

1990 begann Johann Georg Gsteu mit der architektonischen Gestaltung der U6/Süd, als die technische Planung im Wesentlichen schon abgeschlossen war. Trotzdem beschränkte sich seine Arbeit nicht nur auf Fassadenkosmetik. Mit der Eröffnung der U6/Süd im Jahr 1995 ist das Wiener U-Bahnnetz um 5,2 Kilometer länger und um fünf signifikante Stationsgebäude und jeweils zwei Betriebshallen reicher geworden. Die Verwendung von Aluminiumtrapezblech (Technologie: Einziehverfahren), blau lasiertem Beton und Glas geben den Stationen eine markante Signalwirkung. Ähnlich wie Otto Wagner einhundert Jahre früher, versucht Gsteu die Gestaltung aus dem technischen Verfahren und seiner Herstellung zu legitimisieren.

Ernst Plischke

Arbeitsamt Liesing
1932

Ein deutlicheres Bekenntnis zu einer modernen Architektur in der Bauhaus-Tradition hat es in der Wiener Architektur der Zwischenkriegszeit nicht gegeben. Die weitgehend transparente Straßenfront mit dem luziden Stiegenhausanbau steht einer geschlosseneren Gartenseite gegenüber. Diese einseitige Öffnung war durchaus auch inhaltlich gedacht. Den Publikumsverkehr konzentrierte Plischke im Erdgeschoß, wobei die Warteräume um eine zentrale Abwicklungshalle gruppiert sind. Der Bau brachte mehr internationale als nationale Anerkennung. Diese Gleichgültigkeit hielt sich von offizieller Seite bis in die 90er Jahre, in der Zwischenzeit hat Hermann Czech das Gebäude vorbildlich renoviert (1998).

Dr.-Neumann-Gasse 7
Besichtigung:
keine
Transport:
Bus 60A
(Dr.-Neumann-Gasse)

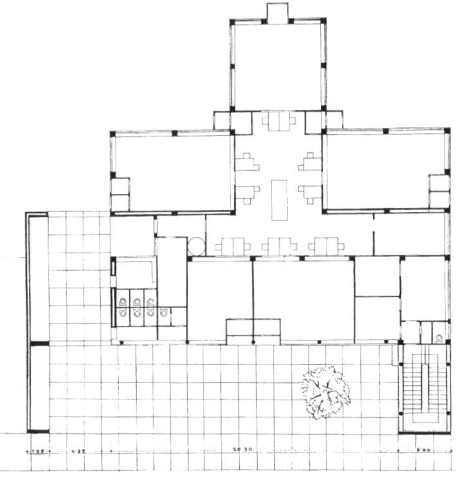

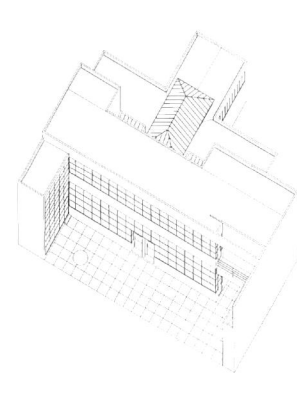

Schule Dirmhirngasse
1990

Dirmhirngasse 138
Besichtigung:
nach Vereinbarung
Transport:
S1, S2 (Liesing)

Die Schule Dirmhirngasse von Boris Podrecca fungiert als Erweiterungsbau für das kleine Schulgebäude aus Backstein auf der gegenüberliegenden Straßenseite. Mittels einer Glasbrücke werden beide Gebäude funktionell und optisch verbunden. Der Neubau besteht aus zwei Teilen, welche durch die Haupttreppe und die verglaste Halle separiert werden. Aus Platzgründen wurde die Turnhalle unterirdisch im Hof untergebracht, um auf dem Dach einen zusätzlichen Freiraum für die Schüler zu erhalten.

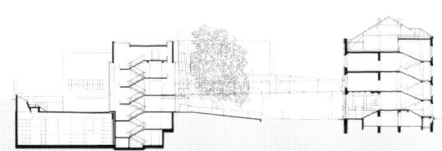

Helmut Richter

Brunner Straße
1986

Die Brunner Straße in Wien-Liesing gehört zu den wichtigsten Hauptverkehrsstraßen im Süden von Wien. Direkt an dieser Straße wurde einer sozialen Wohnbaugenossenschaft ein Grundstück angeboten. Der Architekt Helmut Richter schlug vor, das eigentliche Wohnhaus zu setzen, um so einen wirksamen Schwellenbereich gegen den Verkehrslärm aufzubauen.
Die Wohnungen selbst besitzen einen kleinen lärmgeschützten Innenhof und orientieren sich ausschließlich in den Gartenbereich. Funktionell und materialmäßig ein konsequentes Bauwerk im Sinne der Moderne.

Brunner Straße 26–32,
Autofabrikgasse 7
Besichtigung:
keine
Transport:
Bus 66A (Carlbergergasse)

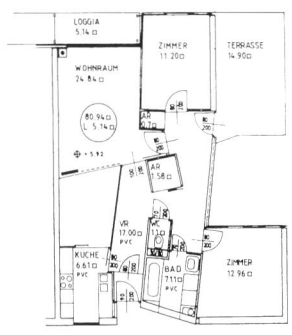

23.-5 | Rob Krier, Hedwig Wachberger und Peter Gebhart

Breitenfurter Straße
1981

Breitenfurter Straße 380–413
Besichtigung:
Freiflächen
Transport:
Bus 253, Bus 254, Bus 354
(Hoferstiege)

Nach einem Gesamtkonzept von Rob Krier entstand im Süden von Wien eine Wohnhausanlage im Sinne Krier'scher Stadtplanung. Der zentrale Rundbau sowie die beiden Randbauten sind von Krier selbst. Hier entfaltet sich im Bereich des sozialen Wohnbau jenes postmodernes Architekturvokabular, mit dem Krier sein Konzept des „Urbanen Raumes" definierte: Straße, Platz und Block. Am Stadtrand von Wien eine kleine, synthetische Stadt.

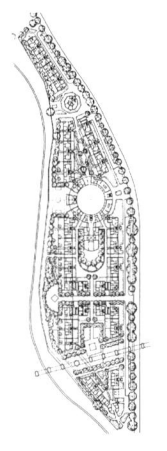

23.-6 | Roland Rainer

Siedlung Mauerberg
1956

Rodauner Straße, Mauerbergstraße, R. Waisenhorngasse, Lerchthalergasse
Besichtigung:
nur Freiflächen
Transport:
Bus 60A (Maurer Berg)

Roland Rainers Philosophie des verdichteten Flachbaus wurde auf diesem Hanggrundstück exemplarisch umgesetzt. Das nach Süden abfallende Hanggrundstück galt als unbebaubar. Rainer realisierte einen Wohntypus nach ökologischen Grundsätzen, der in seiner Konsequenz bis heute seine Gültigkeit nicht verloren hat.

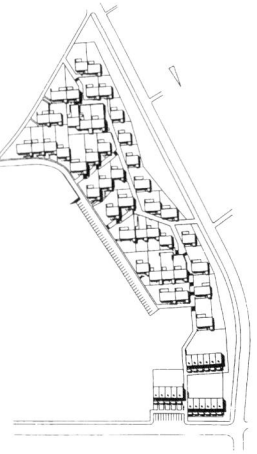

Fritz Wotruba, Fritz G. Mayr | 23.-**7**

Dem Bildhauer Fritz Wotruba gelang es, den Mythos des kleinen Berges durch die archaisch anmutenden Betonkuben der Kirche noch zu steigern. Die äußere Bauskulptur läßt die plastischen Vorstellungen des Bildhauers erkennen, die innere Raumskulptur wird durch die glatte Betondecke ihrer räumlichen Qualität weitgehend beraubt. Bauliche Realisierung durch den Architekt Fritz G. Mayr.

Kirche „Zur Heiligsten Dreifaltigkeit"
1965

Georgenberg, Maurer Lange-Gasse 137, Rysergasse
Besichtigung:
öffentlich zugänglich
Transport:
Bus 60A (Kaserngasse)

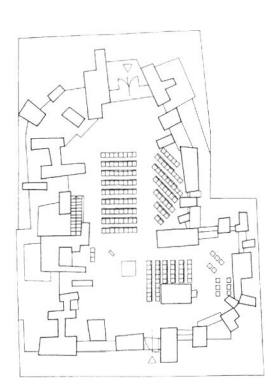

Martin Kohlbauer | 23.-**8**

Die Aufgabenstellung, ein Heizkraftwerk im südlichen Wiener Becken zu situieren, erfordert eine adäquate städtebauliche Gestalt und eine zeitgenössische Interpretation einer verlorengegangenen Industrie-Baukultur. Durch ein großes Tonnendach sowie ein 10 Meter tiefes Eingraben in die Erde organisierte der Architekt die zwei gigantischen Durchlauferhitzer, die Pumpenhalle sowie die gesamte Servicestation samt Verwaltung.

Heizkraftwerk
1993

Heizwerkstraße
Besichtigung:
keine
Transport:
Bus 67A (Heizwerkstraße)

23.-9 | Melicher, Schwalm-Theiss, Gressenbauer, Cufer, u.a.

**Wohnhaussiedlung
Othellogasse
1986**

Othellogasse,
Jochen-Rindt-Straße
Besichtigung:
nur Freibereiche
Transport:
Bus 67A
(Birostraße, J.-Rindt-Straße)

Das von Melicher, Schalm-Theiss und Gressenbauer konzipierte städtebauliche Leitbild entwickelt eine nach Norden abschließende, nach Süden offene Kammstruktur. „Die ebene, trapezförmige Parzelle trägt zwei große, städtebauliche Einheiten: den Platz auf der Tiefgarage, der zwischen Randbebauung und gekrümmter Zeile aufgespannt ist, und die Schar der Einzelhäuser. Damit wird das Generalthema jeder urbanen Wohnsituation, der Maßstabwechsel von der Fahr- in die Gehwelt, elegant bewältigt." (W. M. Chramosta). Architektenteam: Melicher, Schwalm-Theiss und Gressenbauer, Cufer, Gruss und Gruss, Schandl.

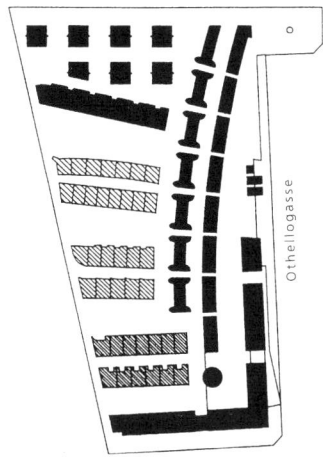

Raimund Abraham (Masterplan), Carl Pruscha, u.a.

Siedlung Traviatagasse
1991

Der Masterplan von Abraham für die vier Architektengruppen (Abraham, Buck/Giencke, Lautner/Scheifinger/Szedenik/Schindler, Pruscha) war das Ergebnis eines Gutachterverfahrens. Mittels rigider Geometrie verordnet Abraham der gestaltlosen Peripherie eine neue Identität. Die Architekten beantworten die Aufgabe mit typologischen und zum Teil traditionellen Wohnformen: Abraham antwortet mit dem vertikalen Wohnen im Reihenhaus, Pruscha organisiert ein introvertiertes, mehrgeschoßiges Einfamilien-Hofhaus, Buck/Giencke verarbeitet den Typus des Terassenhauses und Lautner/Scheifinger/Szedenik/Schindler antworten mit einer gemischten Wohnform. Die Geometrie und die zum Teil starke Introvertiertheit des Wohnens ist untypisch für Wien.

Traviatagasse, Pfarrgasse, Kolpingstraße
Besichtigung: keine
Transport:
Bus 16A
(Pfarrgasse/Traviatagasse)

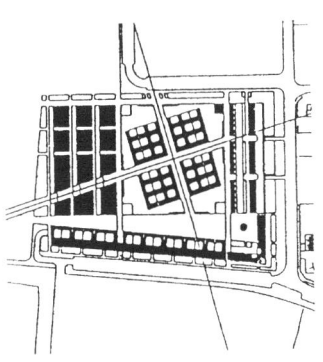

Erwähnungen

23.11e Johann-Gottek-Siedlung 1979
 Helmar Zwick Johann-Gottek-Gasse

23.12e Haus Widtmann 1966
 Hans Puchhammer, Gunther Wawrik Lechthalergasse 21

23.13e Wohnhaus in Wien-Mauer 1983
 Dieter Henke, Marta Schreieck Rudolf-Waisenhorn-Gasse 148

Wien Umgebung

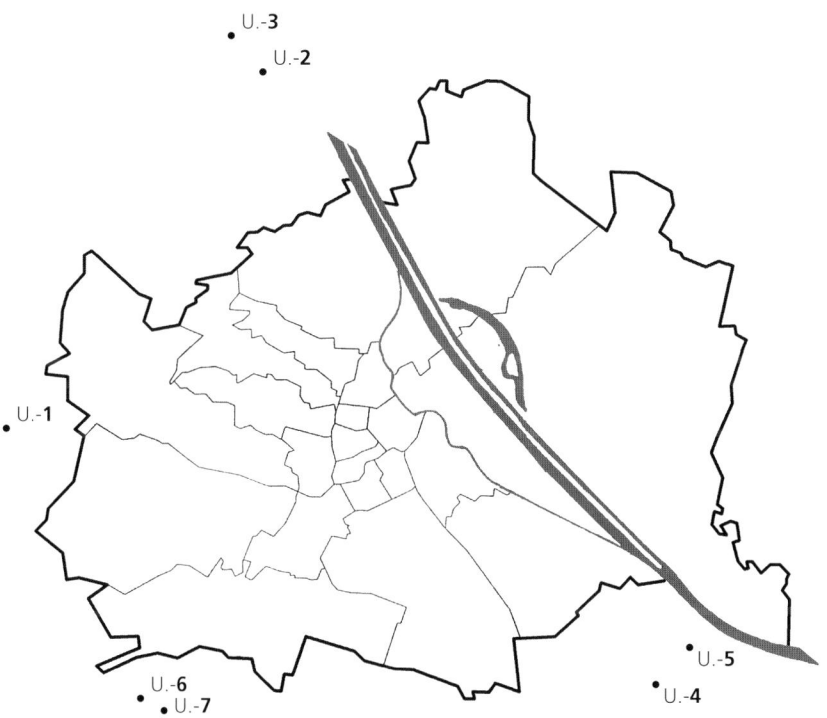

Wien Umgebung Indexnummern: U.-1 ... U.-9e

U.-1 | Josef Hoffmann

Sanatorium Purkersdorf
1904

Purkersdorf, Wiener Straße 74
Besichtigung:
keine

Das Hauptwerk von Josef Hoffmann in Wien ist „in Klarheit der Disposition, Folgerichtigkeit der formalen Durcharbeitung und vor allem in der äußersten Einfachheit seiner kubischen Formen für 1904 ebenso bahnbrechend wie Frank Lloyd Wrights Larkin Building in Buffalo, die Scotland Street School in Glasgow von Mackintosh oder Otto Wagners Postsparkassenamt" (Eduard Sekler). Geplant für Direktor Viktor Zuckerhandl als Kuranstalt für Heilbäder und physikalische Theraphie. Stahlbetonbau mit zum Teil sichtbarer Konstruktion (Treppenhaus, Speisesaal), Ausstattung der Innenräume von der Wiener Werkstätte, die Möbelentwürfe zählen zu den bedeutendsten ihrer Zeit. Nach einer Generalsanierung (1995) wieder in ursprünglichem Zustand zu besichtigen.

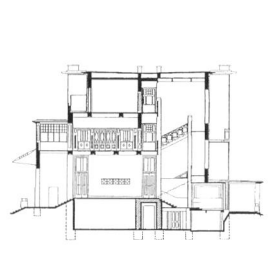

U.-2 | Heinz Tesar

Schömer-Zentrale
1985

Klosterneuburg,
Aufeldstraße 17–23
Besichtigung:
nach Vereinbarung

Als Ergebnis eines geladenen Gutachtens wurde von Heinz Tesar (1985–87) das Verwaltungshaus der Firma Schömer errichtet. Der viergeschoßige Baukörper überrascht den Besucher durch eine großzügige, über alle Geschoße reichende, zentrale Halle, die als Gemeinschaftsraum für das ganze Haus gedacht ist. Alle Büros sind von dieser Halle aus zugänglich. Das bauliche Kernstück der Halle bildet die zweiläufige Haupttreppe, welche in ihrer Gestalt das Skelettale bildet; dieses Element ist Nutz- und Bildwerk in einem. An den Wänden der zentralen Halle befindet sich eine umfangreiche Sammlung österreichischer Gegenwartskunst (Sammlung Essel).

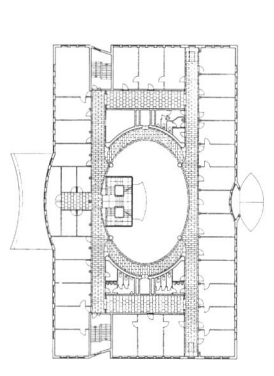

Heinz Tesar

Evangelische Kirche Klosterneuburg
1992

Grundgedanke dieses Projektes ist die Schaffung eines Gemeindezentrums für die evangelische Kirchengemeinde Klosterneuburg. Gemeinsam mit dem bestehenden Pfarrhaus (1907) erfüllt der Kirchenneubau diese Aufgabe: ein kleiner, elliptischer Baukörper für etwa 150 Personen wurde mit beinahe barocker Lichtfülle ausgestattet, indem sowohl durch quadratische Fenster an der Südfassade als auch durch runde Oberlichter in der Sichtbetondecke natürliches Licht in den Kirchenraum einfallen kann. Resultat ist ein intensives Licht- und Schattenspiel, welches das immaterielle Licht als Metapher einer Göttlichkeit darstellt. In unmittelbarer Umgebung befindet sich ein Doppelwohnhaus (1991–94) von Heinz Tesar, Klosterneuburg, Am Ölberg 26–30.

Klosterneuburg
Franz Rumpler Straße 14
Besichtigung:
während der Öffnungszeiten

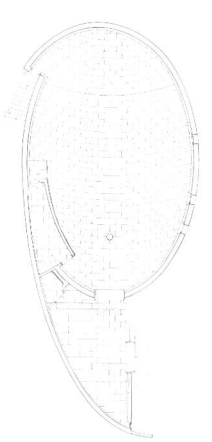

Hermann Czech

Haus M.
1977

Die Entstehung dieses Hauses ist ohne das Wissen über die theoretischen Arbeiten von Hermann Czech über Adolf Loos und die Wiener Moderne nicht verständlich. Ein manieristischer Ansatz verbindet hier die Ideen eines Raumplanes von Adolf Loos mit den Gedanken zur Bekleidungstheorie in der Architektur von Gottfried Semper. Das scheinbar zufällige Vorstadthaus am Rande einer Wohnsiedlung ist in Wahrheit eine architektonische Fuge zur Wiener Architekturtheorie von Semper, Loos und Frank.

Schwechat, Kranichgasse 7
Besichtigung:
keine

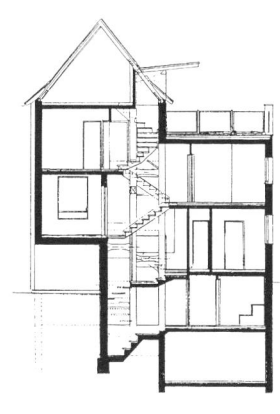

U.-5 | Waagner-Biró

Rohrleitungsbrücke der OMV
1958

Besichtigung:
öffentlich zugänglich

Die Raffinerie Schwechat, betrieben von der OMV (früher ÖMV, Österreichische Mineralöl Verwaltung), ist ein Mischkonzern, der im Bereich der Mineralölverarbeitung tätig ist und ein Tankstellennetz in ganz Österreich betreibt. Abgesehen davon, daß die gesamte Raffinerieanlage – speziell in der Nacht – ein einzigartiges Architekturlichtspiel darstellt, sind die Rohrleitungsanlagen ein spezifisches Charakteristikum. Besonders beachtenswert dabei ist die Hängebrücke auf Ypsilon-Stützen, die als einziges Beispiel anonymer Ingenieurgestaltungen der Nachkriegszeit gelten kann. Dient zur Verbindung der Raffinerie mit dem Ölhafen Lobau bei Schwechat-Mannswörth, Stromkilometer 1.914,3.

U.-6 | Hans Hollein

Rathaussaal Perchtoldsdorf
1975

Perchtoldsdorf, Marktplatz, Rathaus
Besichtigung:
nach Vereinbarung

Entstanden in den Jahren 1975–76 überzeugt dieses Jugendwerk von Hollein durch die großzügige Gesamtlösung und die präzise Durcharbeitung im architektonischen Detail. Im alten, denkmalgeschützten Rathaus von Perchtoldsdorf wurde durch die neue Gemeinderatsordnung eine Adaptierung der Räume notwendig. Das Prinzip des Umbaues war eine Integration moderner Gestaltungselemente in den bestehenden Altbau. Für den Umbau wurden alle Möbel vom Architekten speziell entwickelt, der große Sitzungstisch, Sitzgruppen, Stühle und Vitrinen.

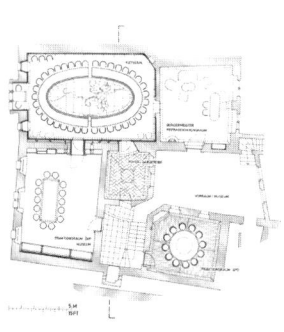

364

Heinz Tesar

Feuerwehrzentrale
1981

Die kleinteilige Struktur der Stadt Perchtoldsdorf suggerierte die Aufteilung der Feuerwehr in drei Bereiche: die Rettung als eigenen Baukörper an der Donauwörtherstraße, anschließend der überdachte Festplatz und das eigentliche Feuerwehrgebäude. Das Dach über dem Festplatz stellt das bauliche Gelenk zwischen Rettung und Feuerwehr dar. Funktionell und aus Sicherheitsgründen wurden die Zufahrten und Ausfahrten voneinander getrennt. Realisierung 1981–83. „Grundidee ist es, ein Gebäude zu erstellen, welches den Maßstab der Ortsstruktur in sich trägt und welches als Teil eines übergeordneten Ganzen erlebbar ist."
(Heinz Tesar)

Perchtoldsdorf,
Donauwörther Straße 29
Besichtigung:
nach Vereinbarung

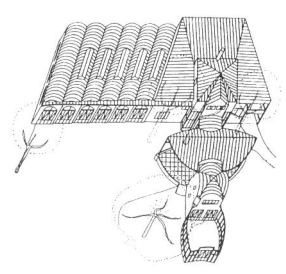

Erwähnungen

U8e	Beamtensiedlung Rannersdorf Heinrich Tessenow, Mayer, Mang	1921 Schwechat-Rannersdorf, Stankagasse 8-18
U9e	Gemeindeamt Perchtoldsdorf IGIRIEN, Werner Appelt, Franz Eberhard Kneissl, Elsa Prochazka	1984 Perchtoldsdorf, Marktplatz 11

Siegfried Mattl

Anmerkungen zur Wiener Zeitgeschichte

Wien ist in seiner dominanten Erscheinung bis heute eine typische Hauptstadt des 19. Jahrhunderts geblieben. Als Mittelpunkt des Habsburger-Reiches vereinte es ökonomische Funktionen und finanzielle Dienstleistungen mit den kulturellen Repräsentationsbedürfnissen des Bürgertums und der Nachfrage nach Industrie- und Kulturgütern in großem Maßstab. Die Haupt- und Residenzstadt, diese „unendliche Großstadt", für die Otto Wagner seine urbanistischen Visionen entwickelt hat, ging 1918 essentieller Aufgaben verlustig. Mit dem Zerfall der Habsburger-Monarchie büßte Wien, das sich stets mit den dynamischen Kapitalen Berlin und Paris verglichen hatte, seine Geltung als Metropole ein. 1945 wurde Wien mit der Teilung Europas zu einer Art Grenzstadt, die von Überalterung und Versteinerung bedroht war. Wien begann aus seiner Geschichte zu leben. 1989, mit dem Fall des „Eisernen Vorhangs", ist Wien ins Zentrum Europas zurückgekehrt. Diese Rückkehr ist vorerst ein rein geographisches Phänomen geblieben, obwohl sich an die Öffnung der osteuropäischen Staaten sogleich politische Hoffnungen knüpften, Wien könne neuerlich zur Metropole der Länder der ehemaligen Habsburgermonarchie werden. Berlin, aber auch Prag und Budapest haben sich jedoch als überlegene oder zumindest ernsthafte Konkurrenten erwiesen. Wien zeigt zuwenig Dynamik und Offenheit, um das Vertrauen großer Entwicklungsgesellschaften, internationaler Unternehmen oder transnationaler Institutionen zu erringen.

„In Schönheit gealtert", titelte eine Wiener Tageszeitung anläßlich der Präsentation eines Standortvergleichs mit deutschen Städten im Jänner 1995. Letzteren wurden qualifiziertere Arbeitsmärkte, ein höheres technologisches Niveau, ein wirtschaftlicheres Angebot an Wohn- und Büroflächen und bessere Verkehrsstrukturen bescheinigt. Die Kultur, ein traditionelles Werbeargument Wiens, sei zu wenig modernistisch, hieß es weiter, und die hohe Umweltqualität allein kein wirksamer Standortfaktor. Politische Slogans von einer „Neuen Gründerzeit", von einem „Grenzenlosen Wien" wurden damit auf den Boden der Realität zurückgeholt. Die Suche nach einer neuen Identität für Wien hat jedoch noch nicht eingesetzt. Kursnahme auf eine Metropole, das ist unbestritten, kann kein kommunalpolitischer Selbstzweck sein und beinhaltet das Risiko sozialer Konflikte und politischer Unsicherheit. Aber die mögliche Entscheidung gegen diese Orientierung verträgt sich wiederum schlecht mit dem Selbstwertgefühl Wiens (und der Wiener), als ehemals imperiale Stadt unter den „Weltstädten" fest etabliert und von internationaler Bedeutung zu sein.

Die Skepsis hinsichtlich der Entwicklungsmöglichkeiten Wiens zu einer europäischen Metropole hat viele Ursachen, die nur zum Teil im Einflußbereich der Stadt liegen. Unter denjenigen Faktoren, die von der Kommunalpolitik selbst zu verantworten sind, stechen die Unsicherheiten hervor, welchen Weg die Stadt nun tatsächlich gehen soll. Unter dem Eindruck der spektakulären urbanen Projekte wie der „grands travaux" in Paris unter Mitterand, den Docklands in London oder dem Reichstagsgelände in Berlin macht sich immer wieder das frühere Selbstbewußtsein geltend, Großstadt mit Weltfunktion zu sein. Planungsvorgaben für städtebauliche Großvorhaben wie jenes zur Errichtung eines neuen, technologisch hochgerüsteten Stadtteils am Nordufer der Donau, haben ihren Ausgangspunkt. Andrerseits hat schon vor mehr als 50 Jahren der Kunsthistoriker und Publizist Hans Tietze in seiner Geschichte Wiens festgestellt, daß Mentalität und politischer Horizont seiner Bevölkerung durch die Zeiten metropolitanen Wachstums hindurch kleinstädtisch geblieben sind. Von dieser Grundlage aus erheben sich immer wieder Einwände gegen bedeutende Eingriffe ins Stadtbild; zuletzt etwa gegen die Repräsentationskraft architektonischer Elemente des neuzuerrichtenden Museumsquartiers im ehemaligen Messepalast, das als Demonstration einer zukunftsorientierten und demokratischen Kulturpolitik gedacht war. Dies und die Geschichte zahlreicher gescheiterter Unternehmungen, Wien „modern" zu machen, bilden den Ausgangspunkt der folgenden Anmerkungen zur Zeitgeschichte Wiens.

Während viele der älteren städtebaulichen Vorhaben, wie etwa Otto Wagners Projekt zur Regulierung des Karlsplatzes, an finanziellen oder bürokratischen Hindernissen gescheitert sind, treffen neuere Projekte auf einen diffusen Widerstand; diffus deshalb, weil es selten zu manifesten Kundgebungen der Bevölkerung gegen die Vorhaben kommt, noch zu grundsätzlichen Debatten zwischen Befürwortern und Gegnern in der Öffentlichkeit. Möglicherweise handelt es sich hier um die Folge eines Haftsyndroms: Vor 100 Jahren schon hat der Architekt Karl Mayreder geklagt, daß die Monotonie des historistischen Fassadenzwanges der Stadt etwas „kasernenhaftes" gäbe. Inzwischen scheinen sich die Konfinierten so an diese Ästhetik gewöhnt zu haben, daß allein das Wort „modern" im Zusammenhang mit Architektur Ressentiments aufkommen läßt. Zur Erklärungsbedürftigkeit der Wiener Ausprägung von Konflikten rund um das Stadtbild gehört, daß sie unter Bedingungen außergewöhnlicher politischer Stabilität ablaufen. Auf rund 20 Jahre ungestörter christlichsozialer Verwaltung zwischen 1897 und 1918 folgten 70 Jahre absolute Mehrheit der Sozialdemokratischen Partei. Diese wurde nur durch zwei aufeinanderfolgende Diktaturen von 1934 bis 1945 unterbrochen und durch die Aufteilung in 4 Besatzungszonen zwischen 1945 und 1955 beeinträchtigt. Angesichts solcher Dauerhaftigkeit der politischen Lenkung einer Stadt wird der emotionelle Aufruhr, der viele zeitgenössische Architekturvorhaben blockiert, als Syndrom verständlich, als Möglichkeit, Unzufriedenheit mit Veränderungen allgemeiner Art, mit Einbrüchen von Modernität und Tempo der Modernisierung auszudrücken, ohne das Risiko politischer Instabilität einzugehen.

Der ressentimentbeladene Stil der Wiener Kommunalpolitik geht auf Karl Lueger (1844–1910) zurück, den legendenumwobenen Populisten, und dessen christlichsoziales Kommunalexperiment am Ende des vorigen Jahrhunderts. Unter Bürgermeister Lueger kam es, so wie in anderen Großstädten seiner Zeit auch, zum raschen Ausbau der Verwaltung und zur Professionalisierung der städtischen Dienstleistungen. Die Zahl der städtischen Bediensteten erfuhr ein im europäischen Vergleich außerordentliches Wachstum. Vor der Ära Lueger gab es 2000 Beamte und einige hundert Arbeiter, danach 30.000 (und heute rund 70.000) – die Stadt war damit nach dem Staat der größte Arbeit- und ein bedeutender Auftraggeber in Wien geworden. Dafür waren neben der allgemeinen Zunahme der Dienstleistungen die großen kommunalpolitischen Reformen verantwortlich, etwa die Kommunalisierung der Energieversorgung und des öffentlichen Verkehrs. Die christlichsoziale Partei – das begann in Wien die Vorstellung von der Funktionsweise der Kommunalpolitik zu prägen – behandelte die Bürokratie als politische Machtquelle. Anstellungen und Beförderungen sowie die Vergabe öffentlicher Arbeiten an Privatfirmen dienten der Belohnung von alten und der Rekrutierung von neuen Parteigängern. Von der Ebene der Bezirke bis zu derjenigen der Stadtregierung kam es zu Interessensüberlagerungen zwischen Verwaltung und regierender Partei. Da die Stadt in dieser Zeit auch erstmals als Bauherr im Wohnbau auftrat und auch nicht unbedeutende soziale Unterstützungen zu verteilen hatte, öffnete sich die Stadtverwaltung einem feingliederigen Lobbyismus, der über wirtschaftliche Machtgruppen wie in den amerikanischen Städten hinaus die ganze heimat- und wahlberechtigte Bevölkerung erfaßte. Zwei Eigenschaften im öffentlichen Leben Wiens sind bis heute davon geprägt: Nach wie vor gibt es starke Bindungen an Stadtviertel und ältere Bezirksteile, deren beinahe dörfliches Gemeinschaftsgefühl auf die Blütezeit des kleinbürgerlichen christlichsozialen Vereinswesen und dessen Sinn für Kontinuität zurückzugehen scheint. Wien kennt also zwei rivalisierende Identitäten – jene des Großstädters, und die des folkloristisch akzentuierten „Josefstädters", des „Währingers" oder des „Ottakringers". Zweitens ist Wien in der Lueger-Zeit zu einer politischen Stadt geworden, in dem Sinn, wie Urbanisten paradoxerweise vormoderne Städte bezeichnen. Luegers Kommunalpolitik hat die Vorstellung herbeigeführt, daß die vorsorgende und fürsorgliche Tätigkeit der Stadtregierung die Lebensverhältnisse und die Handlungsweise ihrer Bürger massiv beeinflussen kann. Es gehört heute noch zur Wiener Mentalität, an eine absolute Regulierungsfähigkeit des Bürgermeisters zu glauben, und – als dessen unangenehmere Kehrseite – an dessen Verantwortung für alle urbanen Erscheinungen, von der Immigration über den Verkehrsstau bis zur Ästhetik des Stadtbildes. 1919 kam es zur Ablöse der Christlichsozialen durch eine sozialdemokratische Verwaltung, die seitdem und bis vor kurzem mit absoluten Mehrheiten regieren konnte. Die Verbindung von Stadtregierung, Bürokratie, Partei und Wirtschaftsinstitutionen wurde noch enger, zwangsweise, denn mit dem Zusammenbruch der Habsburgermonarchie kam es zum Ruin der vermögenden Klassen und damit zum Stillstand vieler Funktionen der kommunal wirksamen Marktwirtschaft. In der Zeit zwischen den Kriegen wurde das System als „Rotes Wien" bekannt und berühmt, insbesondere wegen der anspruchsvollen und sozial ausgerichteten kommunalen Wohnbaupolitik, die in wenigen Jahren zur Errichtung von über 60.000 Wohnungen führte, und wegen eines leistungsstarken Fürsorgesystems. Der Einfluß der Stadt, die 1920 ein eigenes Bundesland geworden war, erstreckte sich von kommunalen Bankinstituten (Zentralsparkasse) bis zur Kinokette (KIBA), von Restaurants und Gaststätten (WÖK) bis zu gemeindeeigenen Bädern und Sportplätzen, von Kindergärten bis zum Aufsichtsrat des öffentlichen Rundfunks und zum größten Werbeunternehmen der Stadt (Gewista). Eine solche Machtkonzentration ist demokratiepolitisch nicht unbedenklich, sie wurde im Fall des „Roten Wien" aber nicht nur bei so gut wie allen Wahlgängen durch überlegene Mehrheiten legitimiert, sondern durch die aktive Teilnahme erheblicher Teile der Bevölkerung gestützt – jeder zweite (!) Wähler war Mitglied der Sozialdemokratie. Die ehrenamtliche Tätigkeit tausender Funktionäre in Kultur-, Sport-, Bildungs- und karitativen Vereinen, die die Aufgaben der Stadtverwaltung unterstützten, verliehen der sozialdemokratischen Gemeindepolitik eine kaum hinterfragbare Autorität. In politisch kritischen Phasen, wie im Wahljahr 1927, stellten sich sogar parteiferne Menschen des öffentlichen Lebens wie Sigmund Freud und Robert Musil hinter die Wiener Sozialdemokratie. In den 1970er und 1980er Jahren wurde die Vermengung von politischer Administration, gemeindenaher Unternehmen und Partei aber zunehmend skeptischer beurteilt. Für einen Bezirk, für Wien-Favoriten, wurde ein Profil erhoben, wonach die Hälfte der sozialdemokratischen Parteifunktionäre Bundes- oder Gemeindebedienstete waren. Leitende Angestellte von Banken, Versicherungen und anderen gemeindeeigenen Unternehmen waren unter den höheren Funktionsträgern extrem überrepräsentiert.[1] Interessenskollisionen waren unumgänglich: Ein SPÖ-Bezirksparteiobmann etwa konnte nicht nur Bezirksvorsteher und Vizebürgermeister sein, sondern auch Vorstand eines gemeinnützigen Bauträgers, der massive Interessen im Heimatbezirk des Mandatars verfolgte und dabei mit der lokal ansässigen Bevölkerung in Konflikt kam. Es bestand die Tendenz, so lautete die Kritik, daß die sozialdemokratische Partei ihre Funktion als Medium zwischen großen Gruppen der Bevölkerung und der Stadtverwaltung verlor und als Anwalt der Bürokratie agierte.

Das Bild vom „Roten Wien" wurde nach 1945 von einem zweiten, ebenso starken, begleitet. „Der Dritte Mann", mit Orson Welles als zynischem Gangster, der sich die Spannungen zwischen den Besatzungsmächten zunutze macht, führte in eine Stadt ohne Zukunft. Und noch bei John Irving, der 1964 in Wien studiert hat, trägt der Verfall der City die Handlung seines Romans „Hotel Newhampshire". Obskure Bars und schmutziggraue Herbergen an der früher so renommierten Kärntnerstraße sind das Revier altgedienter Prostituierter. Folgerichtig arbeitet im „Newhampshire" eine Gruppe gemütlicher Anarchisten an einem Attentat auf die Oper und deren antiquiertes Zeremoniell, das dem Untergang der Stadt noch letzten ästhetischen Reiz verleiht. Tatsächlich hatte Wien bzw. sein Zentrum das Flair einer Weltstadt verloren, und es fehlte auch an Anstrengungen, dies rückgängig zu machen. Auch hier mangelt es nicht

---

1 vgl. Herbert Stammer: Parteiorganisation am Beispiel der SPÖ-Bezirksorganisation Favoriten, phil.Diss., Wien 1979

an Erklärungen, die aus den spezifischen politischen Eigenschaften Wiens hergeleitet werden: 90 Prozent der Bezirke waren in Händen der SPÖ, die Innere Stadt jedoch, die „City", blieb konservativ. Diese politische Machtverteilung prägte bis vor wenigen Jahren die allgemeine Ausrichtung der Stadtplanung. Die sozialdemokratische Stadtratsmehrheit betrachtete die Innere Stadt als feindliches Territorium – so sahen es zumindest die konservativen Bezirksvorsteher der City. Durch die Einstellung innerstädtischer Buslinien, durch Sondersteuern für das Gastgewerbe, durch unterlassene Investitionen und kleinliche Nachtruhebestimmungen wurde das Leben in der „City" demjenigen in Provinzstädten angenähert. Zumindest klagten so die konservativen Politiker und die Hoteliers, Geschäftsleute und Immobilienhändler. In den 60er Jahren war eine große Zahl von Gaststätten und Cafés geschlossen worden und statt wie einstens 100.000 lebten nur noch 25.000 Menschen im 1. Bezirk. Auch liberal-progressistische Stimmen nahmen die Kritik auf. So hieß es im neugegründeten Wochenmagazin „Profil", das Anfang der 70er Jahre mit der Aufdeckung zahlreicher Mißstände und Korruptionsfälle großen Einfluß auf die Wiener Politik auszuüben begann: „Anders als in zerbombten deutschen Städten setzte die Planung im – nicht ganz zerbombten – Wien nicht im Zentrum ein (um die Stadt womöglich harmonisch von innen nach Außen zu entwickeln), sondern – so, als suchte man Experimentiergelände – an der Peripherie." Als ein sozialdemokratischer Stadtrat die Idee vertrat, den Stephansplatz mit alten Grabplatten zu pflastern, lagen die ätzenden Vergleiche der „City" mit Stätten der letzten Ruhe auf der Hand.

Der zeitweilige Verfall der „City" und dessen Charme ist aber nicht nur auf politische Machtkämpfe zurückzuführen. Darin drückt sich auch das innere Bild aus, das die Wiener von ihrer Stadt haben. Kartographie, Fremdenverkehrswerbung, Literatur und Film haben – gemeinsam mit der Architektur – seit über 100 Jahren die Stadtfigur eines Kegels herausgearbeitet, um dessen religiösen Mittelpunkt herum sich in konzentrischen Kreisen die Politik, die Kultur, Wohnen, Freizeit und Industrie anlagern. In diesem Bild wird die Stadt nicht als Mechanismus vorgestellt, sondern als natürlich gegliederter Organismus. Eingriffe in die hierarchische Ordnung dieses Organismus müssen Unsicherheit und Orientierungsverlust herbeiführen, und deshalb konnte die Musealisierung des Stadtzentrums auf das diskrete Einvernehmen mit der Bevölkerung vertrauen. Die Stadt ist fertig gebaut, man kann sie nur noch zeitgemäß ergänzen. Schon die Erbauer der Ringstraße, oftmals fehlerhafter Weise mit der Dekonstruktion des alten Paris durch Baron Haussmann verglichen, haben sich an diesen Grundsatz gehalten und nur behutsam das unverbaute, militärisch, jedoch nicht politisch-repräsentativ definierte Glacis mit den Kulturbauten der liberal-demokratischen Ära verbaut. Und schon einige wenige Straßenbegradigungen haben Karl Kraus um 1900 zur leidenschaftlichen Warnung bewogen, daß die Wiener Literatur, die in vom Abriß bedrohten Kaffeehäusern beheimatet war, ein Opfer der Modernität und des Verkehrs werden könnte. Dem Mindesterfordernis moderner Urbanität war in der Wiener Vorstellungswelt mit der „Sirk-Ecke" bei der Oper Genüge getan, und den Sozialdemokraten verblieb die Restaufgabe der Wohnraumbeschaffung in den Zonen zwischen Vorstadt und Naturraum.

Bis zum Ende der 60er Jahre ist Wien eine verhältnismäßig leicht regierbare Stadt. Dann jedoch machen sich so wie in anderen Großstädten auch neue Formen des politischen Lebens geltend. Und genau gesehen beginnt hier die Erosion des Stadtmodells namens „Rotes Wien", das die risikoreiche Urbanität gegen soziale Sicherheit und kulturelle Stabilität eingetauscht hat. Im Mai 1973 verlor die Wiener SPÖ die erste Volksabstimmung, die je in Wien stattgefunden hat. Es ging um die Schlägerung von 40 Parkbäumen zwecks Baulandbeschaffung für ein Universitätsinstitut. Die Beispielswirkung konnte nicht größer sein, denn erstmals hatte ein ökologisches Thema von vergleichsweise bescheidener Dimension die soziale Verträglichkeit hochrangiger öffentlicher Bauvorhaben infrage gestellt. Die politische Verunsicherung war um so größer, als die Volksabstimmung über den „Sternwarte-Park" massiv von einer marktbeherrschenden Zeitung beeinflußt worden ist. Gegenüber der geschriebenen

Stadtverfassung stellte sich die Frage der politischen Repräsentation auf neue Weise: Wie weit konnte eine Partei in der von Medien regierten „Erlebnisgesellschaft" gegen momentane Stimmungslagen noch Planung auf zwei, drei Jahrzehnte hinaus riskieren? Und war die Stadtbevölkerung noch homogen genug, um eine schematische Stadtplanung in den Dimensionen Bevölkerungswachstum, Verkehrsaufkommen und Wohnraumbeschaffung zu akzeptieren? Die SPÖ war schon gewarnt: Für die Landtagswahlen 1964 hatte sie erstmals eine Wählerbefragung in Auftrag gegeben, die die Stellung der Wiener zur Assanierung alter Stadtgebiete und zur Wohnbautätigkeit der Gemeinde erfassen sollte. Entgegen den Prioritäten der Stadtregierung votierte die Mehrheit aus Traditionsverbundenheit gegen den Abriß von Gründerzeitvierteln und den Wohnungsneubau auf diesen Flächen. Neue Anforderungen kamen hinzu: Verkehrslärm und schlechte Luft wurden als vorrangige Probleme genannt. Der Bau von Altersheimen und Spitälern, die Sicherung der Wasserqualität und der Schutz des Wald- und Wiesengürtels rangierten in der Wählergunst bereits gleichauf mit dem Wohnbau.[2] Die Nachfrage nach kommunaler Sozial- und Fürsorgepolitik, womit das Image des „Roten Wien" so eng verbunden gewesen war, nahm dagegen stark ab. Die Ergebnisse dieser Umfrage stürzten die regierende Stadtpartei in Verlegenheit, denn sie hatte ihr Image essentiell auf dem kommunalen Wohnbau begründet. Mit den 70ern kamen nun ältere Vorstellungen von „Stadt" wieder zum Vorschein. Lokale Identitätsbestrebungen wurden politikfähig. Die konservative Oppositionspartei setzte nicht ohne Erfolg in den folgenden Jahren auf kulturelle Initiativen, die vormoderne Formen städtischen Lebens wiederbelebten. Dabei spielten Gasthäuser und Lokale in der nächsten Wohnumgebung eine große Rolle, die als Veranstalter von Dichterlesungen, Diskutierstunden und Kabarettveranstaltungen urbane Vergnügungen mit Übersichtlichkeit und Vertrautheit verbinden sollten. Man griff damit – bewußt oder unbewußt – auf ein zählebiges Element der Wiener Stadtstruktur zurück, denn Wien ist geprägt von den „kleinen Einheiten", von den kleinen Lebensmittelgeschäften, Cafés, Gaststätten, Zigarettenläden, bis hin zu hochspezialisierten Verkaufs- und Dienstleistungsbetrieben in engen Gassenlokalen. Die Urheber dieser „Quartiers-Kultur" – im Wienerischen spricht man präziser von „Grätzel-Kultur", um die beinahe familiäre Atmosphäre in einzelnen Bezirksteilen zu benennen – dürften selbst davon überrascht worden sein, entscheidende Impulse zur Re-Urbanisierung Wiens gegeben zu haben. Denn in den 80er Jahren ist die neubelebte kleinteilige Konsum- und Unterhaltungsstruktur zu einem fremdenverkehrswirksamen Imageträger Wiens geworden und die zahlreichen neuen Cafés, Restaurants und Bars zum Experimentierfeld der unterbeschäftigten Architektenavantgarde.

Vor dem Hintergrund des Meinungsumschwungs weg von der Magie der Großen Zahl im Wohnbau und hin zu Fragen der städtischen Lebensqualität erfolgte in den 70er Jahren die Umorientierung auf ökologische Themen in der Kommunalpolitik. Der Architektur als Zeichen wurde eine wichtige Legitimationsfunktion zugemessen, ganz im Sinne einer „sprechenden Architektur", die stets Gefahr läuft, in Plattheiten auszuarten. Bahnbrechend war die Beauftragung des Malers, Ökologen und Phantastischen Realisten Friedensreich Hundertwasser 1977 mit dem Bau eines Hauses der Gemeinde, an dem er seine Anti-Architektur verwirklichen durfte und das seitdem als Fixpunkt bei Wiener Besichtigungstouren gilt. Denn Hundertwasser ist bekannt geworden als Autor des „Verschimmelungsmanifestes" gegen den Rationalismus in der Architektur, dem er mit bunter Fensterrahmung, unebenen Böden, aus den Winkeln geratenen Wänden und der Düngung von Hausgärten aus hauseigenen Abwässern zuleibe rücken wollte. Seit diesem Sprung über den eigenen Schatten beschäftigt die Stadt regelmäßig Künstler der Richtung des „Wiener Phantastischen Realismus" mit Haus- und Fassadengestaltung unter der Aufsicht von Ingenieuren. Die stadttheoretisch bedeutendere ökosoziale

---

2 Sozialwissenschaftliche Studiengesellschaft. 32.Bericht, August 1964, Bericht über Meinungsumfragen, betreffend Wiener Probleme, S.5

Alternative zu diesem nicht unproblematischen ästhetischen Radikalismus stellte der Architekt Harry Glück bei, dessen Wohnparks – der bekannteste steht in Alt-Erlaa und birgt 3.031 Wohnungen – auf der EUROPALIA '87 in Antwerpen offiziell als Weiterentwicklung des Wiener Sozialen Wohnbaus präsentiert worden sind. Die terrassierten Wohnhochbauten mit Swimming-Pool am Dach, gemeinschaftlichen Erholungseinrichtungen und integriertem Grünraum legitimierten sich ethologisch. Sie versuchten die Quadratur des Kreises, nämlich Stadt und Natur zu harmonisieren.[3]

Stadtplanung und Stadtentwicklung ist schwierig geworden, seit in der postindustriellen Gesellschaft die Vielfalt an Lebensstilen und Interessenslagen stark zugenommen hat. Auf der Suche nach möglichen neuen Bezugsgrößen treten Stadt-Marketing und Standort-Management immer stärker in den Vordergrund. Die Kommerzialisierung, bei der der Tourismus nur mehr ein Element unter vielen darstellt, drängt zu neuen Formen der Ästhetisierung und Emotionalisierung der Ware Stadt. Kommunalpolitik schwankt, auch in Wien, zwischen struktureller Planung und Architekturmoden. Urbane Projekte und Leitideen wechseln einander in rascher Folge ab. Auf die ökosoziale Orientierung in den 70ern folgte in den 80er Jahren die paradoxe Doppeloption für die Stadterweiterung nördlich der Donau und die Stadterneuerung im Inneren. In den 90ern dominieren wieder imageträchtige Einzelprojekte die Debatten – Bauten wie Hans Holleins Shopping-Center am Stephansplatz, mit denen spät auf die internationale Stadtkonkurrenz im Zeichen der Postmoderne reagiert worden ist, und Stadtteil-Projekte, die gleichfalls vom Renommée der planenden Architekten getragen werden und nach dem Ende der großmaßstäblichen und linearen Sozialplanung einer wachsenden sozialen Fragmentierung der Stadt nach Alter, Geschlecht, Kultur u.a. nachkommen sollten: „Sun City", „Interkulturelles Wohnen", „Frauen-Werk-Statt" ...

Wien ist gezwungen, zwischen dem politischen Einigelungsverhalten seiner Bürger und den Ansprüchen an eine „Weltstadt" zu vermitteln. In den letzten Jahren wählt man Formen von Entertainment, um zumindest das Großmaßstäbliche zu realisieren, das mit zur Weltstadt gehört. Zu diesem neuen urbanen Entertainment zählen die Freiluft-Opernfilmwochen vor dem Rathaus im Sommer, der künstliche Eislaufplatz ebendort, das Donauinsel-Festival, Schisprung- und Snowboard-Wettbewerbe am Helden- und am Karlsplatz, die weit über die Saison hinaus verlängerten Weihnachtsmärkte u.s.w., alles begleitet von einer indirekt subventionierten Gastronomie. Stadtpolitik wird weniger konzipiert denn inszeniert. Doch das war schon das Geheimnis des Erfolges von Karl Lueger.

---

3 vgl. Wohnen in Wien. Wohnbau mit Gesinnung, Wien 1987 (Beitrag auf der Europalia 1987, Antwerpen)

Chronologie

Index	Bauwerk	Entwurf oder Baubeginn	Architekt
		1161–1918	
1.77	Ruprechtskirche	1161	
1.14	Michaelerkirche	1220	Antonio Beduzzi, Ernest Koch
1.1	Stephansdom	1230	Hans von Prachatitz, Hans Puchspaum, u.a.
1.16	Hofburg		
	Hofburg-Schweizerhof, Burgkapelle	1279	Jean-Nicolas Jadot de Ville-Issey, u.a.
	Hofburg-Leopoldinischer Trakt	1547	Philiberto Luchese, Burnacini, u.a.
	Hofburg-Stallburg	1558	
	Hofburg-Amalienburg	1575	Ferrabosco, Nicolaus Pacassi, u.a.
	Hofburg-Nationalbibliothek	1719	Johann Bernhard Fischer von Erlach, u.a.
	Hofburg-Reichskanzlei	1723	Johann Lucas von Hildebrandt, Josef Emanuel Fischer von Erlach, u.a.
	Hofburg-Michaelertrakt	1723	Josef Emanuel Fischer von Erlach, u.a.
	Hofburg-Winterreitschule	1729	Josef Emanuel Fischer von Erlach
	Hofburg-Äußeres Burgtor	1821	Luigi Cagnola, Peter von Nobile
	Neue Hofburg	1869	Gottfried Semper, Carl Hasenauer, u.a.
1.18	Augustinerkirche	1330	Dietrich Ladtner von Pirn, Johann Ferdinand Hetzendorf von Hohenberg
1.58	Minoritenkirche	1339	
1.67	Maria am Gestade	1343	Michael Knab, Friedrich von Klinkowström
1.44	Alte Jesuitenkirche	1386	Carlo Antonio Carlone
2.11	Prater	1403	
10.24e	Spinnerin am Kreuz	1451	Hans Puchspaum
1.56	Ensembles	1535	
11.5	Neugebäude	1569	Colin, Spranger, Jacopo da Strada, Pietro Ferrabosco
1.41	Franziskanerkirche	1603	Bonaventura Daum
4.7	Theresianische Akademie	1615	Giovanni Battista Carlone
1.86	Jesuitenkirche (Universitätskirche)	1626	Andrea Pozzo
1.109e	Dominikanerkirche	1626	Antonio Canevale, u.a.
9.13	Servitenkirche	1651, (1667–77, 1754–56)	Carlo Martino Carlone, Franz und Carlo Canevale, Franz Sebastian Rosenstingl
1.9	Pestsäule	1682	Johann Bernhard Fischer von Erlach, Ludovico Burnacini, Paul Strudel
1.22	Palais Lobkowitz	1685	Giovanni Pietro Tencala, Johann Bernhard Fischer von Erlach
1.47	Palais Harrach	1690	Domenico Martinelli
9.14	Gartenpalais Liechtenstein (h.: Museum moderner Kunst)	1691, (1705–06)	Domenico Martinelli, Domenico Egidio Rossi
1.65	Palais Liechtenstein	1694	Domenico Martinelli, Gabriel de Gabriele
1.38	Stadtpalais des Prinzen Eugen (h.: Finanzministerium)	1695	Johann Bernhard Fischer von Erlach
13.3	Schönbrunn-Schloß	1696	Johann Bernhard Fischer von Erlach, Josef Emanuel Fischer von Erlach, Nicolaus Pacassi
3.6	Palais Schwarzenberg	1697, (1716–18), 1722, 1751, 1928	Johann Lukas von Hildebrandt, Johann Bernhard Fischer von Erlach, Josef Emanuel Fischer von Erlach, Andrea Altomonte, C. Schmidt
1.51	Palais Batthyány-Schönborn	1698	Johann Bernhard Fischer von Erlach
3.7	Belvedere	1700	Johann Lukas von Hildebrandt
4.8e	Gartenpalais Starhemberg-Schönburg	1700	Johann Lukas von Hildebrandt
1.8	Peterskirche	1702	Gabriele Montani, Johann Lukas von Hildebrandt
13.3	Schönbrunn-Park	1705	Jean Trehet Ferdinand v. Hohenberg
1.104e	Böhmische Hofkanzlei (h.: Verfassungs- und Verwaltungsgerichtshof)	1708	Johann Bernhard Fischer von Erlach
7.3	Palais Trautson	1710	Johann Bernhard Fischer von Erlach
1.48	Palais Kinsky (ehem.: Palais Daun)	1713	Johann Lukas von Hildebrandt

Index	Bauwerk	Entwurf oder Baubeginn	Architekt
4.3	Karlskirche	1715, (1722–39)	Johann Bernhard Fischer von Erlach, Josef E. Fischer von Erlach
8.3	Piaristenkirche	1716	Johann Lukas von Hildebrandt
1.57	Bundeskanzleramt	1717	Johann Lukas von Hildebrandt
7.1	Messepalast (ehem. Hofstallgebäude)	1719, (1721–23)	Johann Bernhard Fischer von Erlach, Josef Emanuel Fischer von Erlach
1.105e	Vermählungsbrunnen (Josefs-Brunnen)	1729	Josef Emanuel Fischer von Erlach
1.45	Bürgerliches Zeughaus (h.: Feuerwehrzentrale)	1731	Anton Ospel
1.23	Donnerbrunnen	1737	Georg Raphael Donner
1.21	Albertina	1745	Louis von Montoyer, Josef Kornhäusel
1.87	Akademie der Wissenschaften (ehem. Universitätsaula)	1753	Jean-Nicolas Jadot de Ville-Issey
9.7	Allgemeines Krankenhaus – Narrenturm	1783	Isidor Canevale, Josef Gerl
9.9	Josephinum (Chirurgisch-medizinische Akademie)	1783	Isidor Canevale
1.20	Palais Pallavicini	1783	Johann Ferdinand Hetzendorf von Hohenberg
6.3	Theater an der Wien	1797	Josef Reymund d. Ä., Franz Jäger
3.11	Palais Rasumovsky (h.: Geologische Bundesanstalt)	1803, 1814	Louis Montoyer, Joseph Meißl jun.
4.1	Technische Universität Wien	1816	Hofbaudirektion, Josef S. von Leytenbach, Peter von Nobile
1.60	Volksgarten, Theseustempel, Kaiserin-Elisabeth-Denkmal	1819 (1904)	Ludwig Remy, Peter Nobile, Friedrich Ohmann
8.2	Theater in der Josefstadt	1822	Joseph Allio, Josef Kornhäusel, u.a.
3.10	Sünnhof	1823	Peter Gerl
1.82	Synagoge	1824	Josef Kornhäusel
1.82	Seitenstettenhof	1825	Josef Kornhäusel
1.50	Schottenhof	1826	Josef Kornhäusel
4.4	Zinshaus Dittmann	1831	Josef Kornhäusel
1.52	Niederösterreichisches Landhaus	1832	Alois Pichl
3.20e	Miethaus Hoffmann	1833	Josef Kornhäusel, Anton Hoppe
3.2	Hauptmünzamt	1835	Paul Sprenger
2.13e	Johann-Nepomuk-Kirche	1841	Carl Rösner
6.4	Evangelische Kirche (Gustav-Adolf-Kirche)	1846	Ludwig Förster, Theophil von Hansen
7.5	Altlerchenfelder Kirche	1846, (1849–61)	Paul Sprenger, Johann Georg Müller, Franz Sitte
3.8	Arsenal, Heeresgeschichtliches Museum	1849, (1852)	Sicardsburg, Nüll, Roesner, Rigel, Förster, Hansen, Mayr
11.13e	Mautner-Markhof Fabrik	1850	
1.46	Palais Ferstel (ehem. Österreichisch-Ungarische Nationalbank)	1856	Heinrich von Ferstel
9.1	Votivkirche	1856	Heinrich von Ferstel
10.21e	Evangelische Friedhofskirche	1857	Theophil von Hansen
1.83	Griechische nichtunierte Kirche	1858	Theophil von Hansen
1.28	Palais Todesco	1861	Ludwig Förster und Theophil von Hansen
1.29	Staatsoper	1861	Eduard van der Nüll und August Sicard van Sicardsburg
1.93	Palais des Hoch-und Deutschmeisters Erzherzog Wilhelm	1864	Theophil von Hansen
15.9	Fünfhauser Pfarrkirche (Maria vom Siege)	1864	Friedrich von Schmidt
9.12	Roßauerkaserne	1865	Oberst Karl Pilhal, Major Karl Markl
1.37	Musikvereinsgebäude	1866	Theophil von Hansen
1.91	Hochschule und Museum f. angewandte Kunst	1867	Heinrich von Ferstel, Ludwig Baumann
9.5	Chemisches Institut der Universität	1868	Heinrich von Ferstel
1.66	Palais Epstein (h.: Stadtschulrat)	1868	Theophil von Hansen

Index	Bauwerk	Entwurf oder Baubeginn	Architekt
12.4	Arbeiterhäuser der Südbahngesellschaft	1870	Wilhelm Flattich
11.6	Zentralfriedhof, Lueger-Gedächtniskirche	1870, 1908	Karl Jonas Mylius und Alfred Friedrich Bluntschli, Max Hegele
9.11	Rudolfshof	1871	Theophil von Hansen
1.19	Kunsthistorisches und Naturhistorisches Museum	1871	Gottfried Semper, Carl von Hasenauer
1.31	Akademie der bildenden Künste	1871	Theophil von Hansen
1.71	Börse	1871	Theophil von Hansen
1.63	Parlament	1871	Theophil von Hansen
1.62	Rathaus	1872	Friedrich von Schmidt
1.54	Universität	1873	Heinrich von Ferstel
1.106e	Wohnhaus Alois Hauser	1874	Alois Hauser
1.64	Burgtheater	1874	Gottfried Semper, Carl von Hasenauer
6.1	Kulissen-und Dekorationsdepot der Hoftheater (h.: Atelierhaus der Akademie der bildenden Künste)	1875,1993	Gottfried Semper, Carl von Hasenauer, Carl Pruscha
1.74	Miethaus Schottenring	1877	Otto Wagner
9.18e	Markthalle Nußdorfer Straße	1879	Friedrich Paul
13.2	Schönbrunn-Palmenhaus	1881	Franz von Segenschmid
1.61	Miethäuser Stadiongasse	1882	Otto Wagner
1.73	Länderbank	1882	Otto Wagner
13.25	Hermes-Villa	1882	Carl von Hasenauer
2.9	Galopprennbahn Freudenau	1885	Carl von Hasenauer, Adolf Feszty, Anton u. Josef Drexler
18.4	Türkenschanzpark	1885	Heinrich von Ferstel, Gustav Sennholz, Heinrich Goldemund, Wenzel Hybler
14.7	Villa Wagner I.	1886	Otto Wagner
9.4	Universitätsstraße Wohnhaus	1887	Otto Wagner
1.2	Palais Equitable	1887	Andreas Streit
7.2	Volkstheater	1887	Ferdinand Fellner, Hermann Helmer
1.40	Ronacher	1887, (1991)	Ferdinand Fellner, Hermann Helmer, Luigi Blau
19.12	Zacherlfabrik	1888	Karl Mayreder
3.5	Miethäuser Rennweg	1890	Otto Wagner
1.4	Ankerhaus	1894	Otto Wagner
20.1	Nußdorfer Wehr- und Schleusenanlage	1894	Otto Wagner
12.16e	Stadtbahn-Brücke über die Zeile (Wienzeile-Brücke)	1895	Otto Wagner
9.10	Joanniskapelle	1895	Otto Wagner
2.4	Riesenrad	1896	Walter B. Basset, Ing. Hitchins
11.1	Gasbehälter Simmering	1896	Dr. Franz Kapaun
18.9e	Station Gersthof der Vorortelinie	1896	Otto Wagner
17.6e	Vorortelinie-Richthausenbrücke	1896	Otto Wagner
9.21e	Stadtbahnstation Alser Straße	1896	Otto Wagner
13.1	Stadtbahn-Hofpavillon	1896	Otto Wagner
1.36	Stadtbahn und Vorortelinie	1896	Otto Wagner
1.35	Secession	1897	Joseph Maria Olbrich
1.36	Stadtbahnstation Stadtpark	1897	Otto Wagner
16.1	Jubileumshäuser	1898	Theodor Bach, Leopold Simony
1.36	Stadtbahnstation Karlsplatz	1898	Otto Wagner
6.2	Wienzeilehäuser	1898	Otto Wagner
3.15	Wohn- und Geschäftshaus Portois & Fix	1899	Max Fabiani
1.13	Artaria-Haus	1900	Max Fabiani
13.16	Wohnhaus Beckgasse	1900	Josef Plečnik
19.24	Haus Moser-Moll I.	1900	Josef Hoffmann
9.19e	Stadtbahnstation Roßauer Lände	1900	Otto Wagner
1.43	Engel-Apotheke	1901	Oskar Laske

Index	Bauwerk	Entwurf oder Baubeginn	Architekt
14.13e	Wohnhaus Penzinger Straße	1901	Karl Fischl
13.4	Adaptierung des Weidmannhauses	1901	Josef Plečnik und Josef Czastka
19.23	Wohnhaus Spitzer	1901	Josef Hoffmann
5.1	Miethaus Steggasse	1901	Josef Plečnik
14.5	Villa Vojcsik; Atelierhaus GGK	1901, 1984	Otto Schönthal, Boris Podrecca
14.14e	Baumgartner Höhe	1902	Franz Berger
5.10e	Rüdiger Hof	1902	Oskar Marmorek
1.94	Wienflußbauten	1903	Friedrich Ohmann, Josef Hackhofer
1.68	Hohe Brücke	1903	Josef Hackhofer
1.70	Zacherlhaus	1903	Josef Plečnik
1.94	Zollamtssteg	1903	Friedrich Ohmann, Josef Hackhofer
1.88	Postsparkasse	1903	Otto Wagner
U1	Sanatorium Purkersdorf	1904	Josef Hoffmann
3.13	Karl-Borromäus-Brunnen (Lueger Brunnen)	1904	Josef Engelhart, Josef Plečnik
14.9	Kirche Am Steinhof (St. Leopold)	1905	Otto Wagner
8.4	Handelsakademie	1906	Wunibald Deininger
19.21	Haus Moll II.	1906	Josef Hoffmann
2.1	Schützenhaus	1906	Otto Wagner
5.2	Druck-und Verlagsanstalt „Vorwärts"	1907	Hubert und Franz Gessner
18.1	Villa Gessner	1907	Hubert und Franz Gessner
8.1	Sanatorium Auersperg	1907	Robert Oerley
11.6	Lueger-Gedächtniskirche	1908	Max Hegele
1.26	Kärntner-Bar (Loos-Bar)	1908	Adolf Loos, Renovierung: Hermann Czech, Burkhardt Rukschcio
1.90	Urania	1909	Max Fabiani
1.15	Looshaus (ehem. Schneiderfirma Goldman & Salatsch)	1909	Adolf Loos
19.22	Haus Ast	1909	Josef Hoffmann
7.4	Miethäuser Döblergasse-Neustiftgasse	1909	Otto Wagner
16.5	Heilstätte für Lupuskranke	1909	Otto Wagner
2.5	Trabrennverein Krieau	1910	Emil Hoppe, Marcel Kammerer, Otto Schönthal
9.15	Strudlhofstiege	1910	Theodor Jäger
13.18	Haus Steiner	1910	Adolf Loos
19.20	Haus in der Cobenzlgasse	1910	Oskar Strnad, Oskar Wlach (Josef Frank)
1.10	Schneidersalon Knize	1910	Adolf Loos
16.3	Heilig-Geist-Kirche (Pfarrkirche Schmelz)	1910	Josef Plečnik
1.5	Trattnerhof	1911	Rudolf Krauß
13.33e	Haus Stoessl	1911	Adolf Loos
13.5	Villa Wustl	1912	Robert Oerley
13.17	Haus Horner	1912	Adolf Loos
13.15	Haus Scheu	1912	Adolf Loos
19.16	Villenkolonie Kaasgraben	1912	Josef Hoffmann
14.8	Villa Wagner II	1912	Otto Wagner
1.102e	Tuchlaubenhof	1912	Ernst Spielmann, Alfred Teller
1.103e	Buchhandlung Manz	1912	Adolf Loos
19.7	Häuser in der Wilbrandtgasse	1913	Josef Frank, Oskar Wlach, Oskar Strnad
13.10	Villa Skywa-Primavesi	1913	Josef Hoffmann
9.3	Nationalbank	1913	Leopold Bauer
7.7	Zentralsparkasse Mariahilf-Neubau	1914	Adolf Loos
13.8	Wohnhaus Wattmanngasse	1914	Ernst Lichtblau
19.14	Villa Lemberger	1914	Jan Kotera
14.2	Zeiss-Werke (h.: Philips)	1915	Robert Oerley

Index	Bauwerk	Entwurf oder Baubeginn	Architekt
19.2	Haus Duschnitz	1915	Adolf Loos
19.3	Haus Mandl	1916	Adolf Loos
13.14	Haus Strasser	1918	Adolf Loos
		1918–1945	
15.7	Wohnhausanlage Schmelz	1919	Hugo Mayer
U8e	Beamtensiedlung Rannersdorf	1921	Heinrich Tessenow, Mayer, Mang
15.5	Heimhof	1921	Otto Polak-Hellwig
11.7	Krematorium	1921	Clemens Holzmeister
12.6	Siedlung Hoffingergasse	1921	Josef Frank mit Erich Faber
12.10	Kleingartensiedlung Rosenhügel	1921	Hugo Mayer, Emil Krause
17.5	Heuberg-Siedlung	1921	Adolf Loos, Hugo Mayer
11.4	Siedlung Weißenböckstraße	1922	Franz Kaym, Alfons Hetmanek
13.6	Haus Rufer	1922	Adolf Loos
13.36e	Wohnhaus	1922	Ernst Lichtblau
10.9	Quarin-Hof	1923	Siegfried Theiss, Hans Jaksch
18.2	Haus Arnold	1923	Lois Welzenbacher
10.8	Amalienbad	1923	Otto Nadel, Karl Schmalhofer
22.7	Siedlung Am Freihof	1923	Karl Schartelmüller
8.6	Ludo-Hartmann-Hof	1924	Caesar Poppovits
10.14	Siedlung Am Wasserturm	1924	Franz Schuster, Franz Schacherl
17.1	Wiedenhofer-Hof	1924	Josef Frank
19.13	Haus Knips	1924	Josef Hoffmann
19.1	Klose-Hof	1924	Josef Hoffmann
20.3	Winarsky-Hof und Otto-Haas-Hof	1924	Peter Behrens, Josef Hoffmann, Josef Frank, Oskar Strnad, Oskar Wlach, Karl Dirnhuber, Franz Schuster, Margarete Lihotzky
5.7	Reumann-Hof	1924	Hubert Gessner
16.6	Sandleiten-Hof	1924	Emil Hoppe, Otto Schönthal, Franz Matuschek, Siegfried Theiss, Hans Jaksch, Franz Krauß, Josef Tölk
19.9	Kirche St. Judas Thaddäus in der Krim	1924	Clemens Holzmeister
12.2	Bebel-Hof	1925	Karl Ehn
3.18	Raben-Hof	1925	Heinrich Schmid, Hermann Aichinger
15.3	Vogelweid-Hof	1926	Leopold Bauer
21.1	Karl-Seitz-Hof	1926	Hubert Gessner
3.12	Haus Stonborough-Wittgenstein (h.: Bulgarische Kulturvereinigung)	1926	Paul Engelmann, Ludwig Wittgenstein
19.25	Karl-Marx-Hof und Svoboda-Hof	1926	Karl-Ehn
3.16	Wohnhaus Klopsteinplatz	1927	Walter Sobotka
18.6	Haus Moller	1927	Adolf Loos
10.11	George-Washington-Hof	1927	Karl Krist, Robert Oerley
2.2	Augartenbrücke	1928	Hubert Gessner
5.4	Wohnhaus Diehlgasse	1928	Fritz Judtmann, Egon Riss
10.1	Umspannwerk	1928	Eugen Kastner, Fritz Waage
10.13	Karmeliterkirche	1928	Hans Prutscher
13.22	Siedlung Lockerwiese	1928	Karl Schartelmüller
16.4	Kongreß-Bad	1928	Erich Leischner
5.5	Arbeitsamt für die Metall- und Holzindustrie	1928	Hermann Stiegholzer, Herbert Kastinger
14.19e	Sebastian Kelch Gasse	1928	Josef Frank
17.7e	Holy-Hof	1928	Rudolf Perco
13.12	Haus Beer	1929	Josef Frank mit Oskar Wlach
13.26	TBC-Pavillon im Lainzer Krankenhaus	1929	Fritz Judtmann, Egon Riss
21.2	Paul-Speiser-Hof	1929	Hans Glaser, Karl Scheffel, Ernst Lichtblau, Leopold Bauer

Index	Bauwerk	Entwurf oder Baubeginn	Architekt
2.8	Prater-Stadion, Ernst Happel Stadion	1929, 1956, 1985	Otto Ernst Schweizer, Theodor Schöll, Erich Frantl
13.9	Malfatti-Siedlung	1930	Siegfried C. Drach
13.23	Werkbundsiedlung	1930	Josef Frank, Gerrit Rietveld, Josef Hoffmann, Adolf Loos, Heinrich Kulka, André Lurcat, Ernst A. Plischke, Hugo Häring, Anton Brenner, Oswald Haerdtl, Oskar Strnad, Walter Sobotka
20.4	Wohnhausanlage Friedrich-Engels-Platz	1930	Rudolf Perco
13.13	Allgemeine höhere Schule Wenzgasse	1930 (1990)	Siegfried Theiss, Hans Jaksch, Umbau: Theophil Melicher, Georg Schwalm-Theiss, Horst Gressenbauer
1.49	Hochhaus Herrengasse	1931	Siegfried Theiss, Hans Jaksch
12.1	Leopoldine-Glöckel-Hof	1931	Josef Frank
15.6	Wohnhausanlage Holochergasse	1931	Oskar Strnad
21.21e	Dorotheum Floridsdorf	1931	Egon Kastner, Fritz Waage
1.96e	Geschäft Altmann & Kühne	1932	Josef Hoffmann und Oswald Haerdtl
23.2	Arbeitsamt Liesing	1932	Ernst Plischke
18.11e	Wohnhaus	1932	Hans Glas
15.1	Seipel-Dollfuß-Kirche (Kanzlerkirche)	1933	Clemens Holzmeister
1.113e	„Zum Römertor"	1934	Heinrich Schmid, Hermann Aichinger
3.4	Wohnhaus Neulinggasse	1935	Siegfried C. Drach, Alexander Osterberger
10.6	Friedenskirche	1935	Robert Kramreiter
19.15	Haus in der Leopold-Steiner-Gasse	1935	Siegfried C. Drach
4.5	Funkhaus; Landesstudio Wien und Niederösterreich	1935	Clemens Holzmeister, Heinrich Schmid, Hermann Aichinger; Gustav Peichl
19.4	Haus Bunzl	1936	Josef Frank, Oskar Wlach
2.3	Flakturm Augarten	1942	Friedrich Tamms
		1945–1974	
10.15	Per-Albin-Hansson-Siedlung West	1947	Franz Schuster, Friedrich Pangratz, Stefan Simony, Eugen Wörle
22.5	Strandbad Gänsehäufel	1948	Max Fellerer, Eugen Wörle
15.12	Sonderkindergarten Schweizerspende	1948	Franz Schuster
21.9	Siedlung Siemensstraße	1950	Franz Schuster
19.11	Wohnhausanlage Silbergasse	1951	Josef Hoffmann, Josef Kalbac
1.108e	Haus der Magnesitwerke	1951	Erich Boltenstern
1.75	Ringturm	1953 (1990)	Erich Boltenstern, Boris Podrecca
1.34	Historisches Museum der Stadt Wien	1954	Oswald Haerdtl
1.59	Volksgarten	1954	Oswald Haerdtl
1.107e	Café Prückel	1955	Oswald Haerdtl
9.16	PVA, Pensionsversicherungsanstalt der Arbeiter	1955	Franz Schuster
12.14e	Renovierung Rosenkranzkirche	1956	Johann Georg Gsteu, Friedrich Achleitner
1.32	Böhler-Haus	1956	Roland Rainer
23.6	Siedlung Mauerberg	1956	Roland Rainer
1.110e	Studentenkapelle Ebendorferstraße	1956	Ottokar Uhl
18.10e	Hans Radl Schule	1958	Viktor Adler
U5	Rohrleitungsbrücke der OMV	1958	Waagner-Biró
3.9	Museum des 20. Jahrhunderts	1959	Karl Schwanzer
14.4	Seelsorgezentrum Baumgarten	1960	Johann Georg Gsteu
19.18	Haus Peichl	1960	Gustav Peichl
21.4	Sonderschule Floridsdorf	1960	Wilhelm Schütte, Margarete Schütte-Lihotzky
3.26e	Hoffmann-La Roche	1960	Georg Lippert

Index	Bauwerk	Entwurf oder Baubeginn	Architekt
19.10	Volksschule in der Krim	1961	Gustav Peichl
5.6	Pfarrkirche St. Florian	1961	Rudolf Schwarz
11.3	Evangelische Glaubenskirche	1962	Roland Rainer
15.2	Stadthalle, Halle E,Stadthallenbad	1962, 1994	Roland Rainer
10.12	Philips-Haus	1962	Karl Schwanzer
13.32e	Ekazent Hietzing	1962	Wolfgang und Traude Windbrechtinger
13.24	Konvent der Dominikanerinnen	1963	Gustav Peichl
10.22e	Montagekirche Kundratstraße	1963	Ottokar Uhl
3.22e	Deutsche Botschaft	1963	Rolf Gutbrod
14.16e	Haus Bacher	1963	Wilhelm Holzbauer, Friedrich Kurrent, Johannes Spalt (Arbeitsgruppe 4)
1.11	Kerzengeschäft Retti	1964	Hans Hollein
10.3	Pfarrkirche zur Heiligen Familie	1964	Clemens Holzmeister
13.20	Konzils-Gedächtniskirche	1965	Josef Lackner
23.7	Kirche „Zur Heiligsten Dreifaltigkeit"	1965	Fritz Wotruba, Fritz G. Mayr
12.5	Rehabilitationszentrum Meidling	1966	Gustav Peichl
23.12e	Haus Widtmann	1966	Hans Puchhammer, Gunther Wawrik
1.25	CM Boutique	1966	Hans Hollein
13.34e	Haus Bettelheim	1966	Wilhelm Holzbauer
12.8	Wohnhausanlage Am Schöpfwerk	1967	Viktor Hufnagl, E. Bauer, L. Parenzan, J. Peters, M. Pribitzer, F. Waclawek, T. u. W. Windbrechtinger
22.30e	Allgemeine höhere Schule Kagran	1967	Roland Rainer
19.6	Institutsgebäude der Hochschule für Bodenkultur	1967	Anton Schweighofer
1.76	Juridische Fakultät der Universität	1968	Ernst Hiesmayr
13.11	Haus Bösch, Haus Roland Rainer	1968	Roland Rainer
13.21	ORF-Zentrum	1968	Roland Rainer
12.15e	Kindergarten Hetzendorf	1968	Johann Georg Gsteu
11.12e	Kindergarten	1968	Margarete Schütte-Lihotzky
13.29e	Pavillon für behinderte Kinder im Neurologischen Krankenhaus	1969	Rupert Falkner, Anton Schweighofer
5.9e	Zentralsparkasse Reinprechtsdorfer Straße	1969	Friedrich Kurrent und Johannes Spalt
14.10	Stadt des Kindes	1969	Anton Schweighofer
1.42	Kleines Café	1970	Hermann Czech
1.98e	Galerie Dorotheergasse	1970	Luigi Blau
13.7	Grothusen I	1970	Gunter Wawrik, Hans Puchhammer
15.10	Bankfiliale Sparkassaplatz	1970	Johann Georg Gsteu
10.7	Wohnhausanlage Inzersdorfer Straße-Angeligasse	1971	Harry Glück & Partner (W. Höfer, R. Neyer, T. Spychala)
1.79	U-Bahn-Station Schottenring	1971	Wilhelm Holzbauer, Heinz Marschalek, Georg Ladstätter, Norbert Gantar (Architektengruppe U-Bahn)
21.3	Zentralsparkasse Floridsdorf (h.: Bank Austria)	1971	Friedrich Kurrent, Johannes Spalt
1.6	Juwelier Schullin I (h.: Juwelier Deutsch)	1972	Hans Hollein
22.8	Josef-Bohmann-Hof	1973	Egon Frauendorfer, Johann Gsteu, Eva Mang, Karl Mang, Annemarie Obermann, Alfred Pal, Udo Schrittwieser, Günther Schuster, Manfred Stein
22.1	UNO-City (Internationales Zentrum)	1973	Johann Staber
15.11	Wohnhausanlage „Wohnen Morgen"	1974	Wilhelm Holzbauer

1975–1997

1.84	Wunderbar	1975	Hermann Czech
10.2	Zentralsparkasse Favoriten (h.: Bank Austria)	1975	Günther Domenig

Index	Bauwerk	Entwurf oder Baubeginn	Architekt
U6	Rathaussaal Perchtoldsdorf	1975	Hans Hollein
19.31e	Haus S. F.	1975	Luigi Blau
10.18	Salvatorkirche am Wienerfeld	1976	Johannes Spalt
14.11e	Volksschule Diesterweggasse	1976	Gustav Peichl
21.11	Wohnhausanlage Ernst Theumerhof	1977	Atelier 18: Eder, Pal, Weber, Wieden
1.24	Reiss-Bar	1977	Coop Himmelblau – Wolf Prix und Helmut Swiczinsky
U4	Haus M.	1977	Hermann Czech
18.3	Volksschule Köhlergasse	1977	Hans Hollein
1.75	Filiale des Österreichischen Verkehrsbüros	1977	Hans Hollein
16.7	Wohnhaus Festgasse	1977	Ottokar Uhl
10.16	Wohnhausanlage Wienerberg	1978	Otto Häuslmayer, Rudolf Lamprecht, Günther Oberhofer, Werner Oberman, Gustav Peichl, Otto Steidle, Helmut Wimmer
19.17	Haus eines Kunstsammlers	1978	Wilhelm Holzbauer
22.35e	Zentralsparkasse Stadlau	1978	Johann Georg Gsteu
23.11e	Johann-Gottek-Siedlung	1979	Helmar Zwick
14.18e	Lager-und Bürogebäude Grothusen II	1979	Gunther Wawrik
17.3	Haus Schmidt	1980	Hermann Czech
21.10	Wohnanlage Gerasdorfer Straße	1980	Viktor Hufnagl
21.7	Wohnen mit Kindern	1980	Ottokar Uhl u.a.
1.53	Teehaus Demmer	1981	Luigi Blau
1.78	Bar-Restaurant Salzamt	1981	Hermann Czech
1.12	Juwelier Schullin II	1981	Hans Hollein
23.5	Breitenfurter Straße	1981	Rob Krier, Hedwig Wachberger und Peter Gebhart
U7	Feuerwehrzentrale	1981	Heinz Tesar
22.21	Siedlung Biberhaufenweg	1981	Heinz Tesar, Otto Häuselmayer, Carl Pruscha, Franz und Wilfried Wafler
5.8	Wohnhaus Einsiedlergasse	1981	Heinz Tesar
19.8	Wohnhausanlage Gräf und Stift-Gründe	1981	Helmut Richter/, Heidulf Gerngroß, Anton Schweighofer, Karl Mang, Eva Mang-Frimmel, Johann Brennig, u.a.
3.19	Hundertwasserhaus	1982	Friedensreich Hundertwasser
13.19	Haus T.	1983	Luigi Blau
22.26	Siedlung Gladiolenweg	1983	Helmut Hempel, Franco Fonatti
23.13e	Wohnhaus in Wien-Mauer	1983	Dieter Henke, Marta Schreieck
10.4	Wohnhaus Schrankenberggasse	1983	Rob Krier
1.97e	Galerie Tromayer	1983	Anna-Lülja Praun
3.21e	Z-Zweigstelle Radetzkyplatz	1984	Luigi Blau
13.30e	Wohnhaus Porpaczy	1984	Roland Hagmüller
22.27	Mehrzweckhalle und Pfarrhaus	1984	IGIRIEN: Werner Appelt, Eberhard Kneissl, Elsa Prochazka
U9e	Gemeindeamt Perchtoldsdorf	1984	IGIRIEN: Werner Appelt, Franz Eberhard Kneissl, Elsa Prochazka
6.7e	Wohnhaus Gumpendorfer Straße	1984	Timo Penttilä
6.8e	Schuh-Geschäft Casa Piccola	1984	Boris Podrecca
9.8	Wohnhaus Wasagasse	1984	Hans Puchhammer
18.8e	Terrassenhausanlage	1984	Roland Rainer
1.81	Restaurant Kiang	1984	Helmut Richter, Heidulf Gerngroß
22.9	Wohnhaus Varnhagengasse	1984	Johannes Spalt
1.72	Atelier Baumann	1985	Coop Himmelblau – Wolf Prix und Helmut Swiczinsky
1.99e	Wahliss Passage	1985	Coop Himmelblau – Wolf Prix und Helmut Swiczinsky
1.94	Fußgängerbrücke Stadtpark	1985	Hermann Czech, Alfred Pauser
9.2	Café-Restaurant Stein	1985	Gregor Eichinger, Christian Knechtl

Index	Bauwerk	Entwurf oder Baubeginn	Architekt
20.2	Vollwertwohnen Hartlgasse	1985	Harry Glück, Wilhelm Holzbauer, Heinz Hilmer & Christoph Sattler
1.3	Neues Haas Haus	1985	Hans Hollein
U2	Schömer-Zentrale	1985	Heinz Tesar
13.31e	Wohnhaus Knobling	1985	Heinz Tesar
15.8	Wohnhaus Nobilegasse	1985	Friedrich Kurrent
3.14	Wohnhaus Petrusgasse	1985	Hermann Czech
12.12	Rollingergasse	1985	Josef Paul Kleihues, N. Hensel, W. Höfer, K. Becker
19.19	Wohnhaus in Salmannsdorf	1986	Adolf Krischanitz
23.9	Wohnhaussiedlung Othellogasse	1986	Theophil Melicher, Georg Schwalm-Theiss, Horst Gressenbauer, Margarethe Cufer, Walter Gruss, Isabella Gruss, Johann Schandl
22.14	Kapellenweg	1986	Boris Podrecca/Gotthard Eiböck
23.4	Brunner Straße	1986	Helmut Richter
17.4	Wohnbau Wittgensteingründe	1986	Max Rieder, Wolfgang Tschapeller, Hans Peter Wörndl
14.1	Muthsamgasse	1986	Anton Schweighofer
1.92	Falkestraße Dachausbau	1987	Coop Himmelblau – Wolf Prix und Helmut Swiczinsky
7.6	Skala Bar-Restaurant	1987	Georg Driendl und Gerhard Steixner
14.12e	Wohnbebauung Waidhausenstraße	1987	Rüdiger Lainer, Gertraud Auer
15.13e	Wohnhaus	1988	Franco Fonatti
7.1	Museumsquartier	1988	Laurids und Manfred Ortner
18.7	Wohnhaus	1988	Rudolf Prohazka
2.10	Kraftwerk Freudenau	1988	Albert Wimmer, Herwig Schwarz, Gottfried Hansjakob, Toni Hansjakob
1.114e	Kix Bar	1988	Oskar Putz
1.112e	Kunstforum Länderbank	1988	Gustav Peichl
1.69	Wrenkh Café und Restaurant	1989	Eichinger oder Knechtl
2.6	Bürokomplex Lassallestraße; Bank Austria I und II, ÖMV, IBM	1989	Wilhelm Holzbauer Kurt Hlaweniczka, Harry Glück, Hannes Lintl, Georg Lippert
22.24	Siedlung Pilotengasse	1989	Adolf Krischanitz, Herzog & de Meuron, Otto Steidle & Partner
18.5	Einfamilienhaus	1989	Adolf Krischanitz
22.12	Wohnbebauung Kamillenweg	1989	Georg Reinberg, Martin Treberspurg & Erich Raith und Kislinger & Trudak
19.5	Wohnhaus Gatterburggasse	1989	Anton Schweighofer
3.25e	Bürogebäude Barichgasse	1989	Peter Schweger & Partner mit Iwan Zelenka
13.35e	Wohnhaus	1989	Gert M. Mayr-Keber
12.11	Platzgestaltung Meidling	1989; 1995	Boris Podrecca
10.10	Business Park Wien	1990	Atelier 4 – Peter Erblich, Zachari Vesselinov, Manfred Hirschler, Peter Scheufler
23.1	U-Bahn Station U6	1990	Johann Georg Gsteu
22.13	Wohnbebauung Pappelweg	1990	Roland Hagmüller
1.39	Galerie Slavik	1990	Edmund Hoke
22.6	Eissporthalle	1990	Sepp Müller, Alfred Berger, Werner Krismer
19.30e	Hackenberggasse	1990	Günther Oberhofer
20.6	Basler Versicherungen Bürogebäude	1990	Boris Podrecca
23.3	Schule Dirmhirngasse	1990	Boris Podrecca
12.3	Wohnhaus Mandlgasse	1990	Walter Stelzhammer
19.27e	Wohnhaus R.	1990	Boris Podrecca
9.20e	Fernwärme Wien	1990	Friedensreich Hundertwasser
23.10	Siedlung Traviatagasse	1991	Raimund Abraham (Masterplan), Carl Pruscha, u.a.

Index	Bauwerk	Entwurf oder Baubeginn	Architekt
22.33e	Wohnhaus	1991	BKK-2, Christoph Lammerhuber, Axel Linemayr, Franz Sumnitsch, Florian Wallnöfer, Johann Winter, Evelyn Wurster
13.28e	Bürohaus	1991	BKK-2, Christoph Lammerhuber, Axel Linemayr, Franz Sumnitsch, Florian Wallnöfer, Johann Winter, Evelyn Wurster
6.5	Wohnhaus	1991	Margarethe Cufer, Oswald Oberhuber
11.2	Rosa Jochmann-Schule	1991	Hermann Czech, Wolfgang Reder
17.2	Wohnbau Frauenfelderstraße	1991	Dieter Henke, Marta Schreieck
19.28e	Bürohaus Grinzinger Allee	1991	Ulrike Janowetz
11.11	Schmidgunstgasse	1991	Franz E. Kneissl
22.22	Wohnhaus Siegesplatz/ Benjowskygasse	1991	Rüdiger Lainer, Gertraud Auer
5.3	Wohnhaus Zentagasse	1991	Günter Lautner, Peter Scheifinger, Rudolf Szedenik
21.8	Bürohaus Die Ganze Woche	1991	Heinz Neumann
1.7	Bibelwerk Buchhandlung	1991	Elsa Prochazka
9.6	Sigmund Freud Wohnung	1991	Wolfgang Tschapeller (Bibliothek)
22.28	Volksschule Pastinakweg	1991	Atelier 4 – Klaus Peter Erblich, Zachari Vesselinov, Manfred Hirschler, Peter Scheufler, Gerhard Schweighofer
8.7	Hotel und Studentenwohnheim Korotan	1991	Boris Podrecca
1.33	Akademiehof Karlsplatz	1991	Gustav Peichl, Roland Rainer
22.25	Wohnbau Wiethestraße 84	1991	Helmut Hempel, Franco Fonatti, Georg Baldass, Heinz H. Weiser, Heidulf Gerngroß
1.100e	Glasgalerie	1992	Maria Auböck, Janos Karasz
22.2	Donau-City	1992	Cufer, Delugan, Hollein, Holzbauer, Krischanitz, Loudon, Neumann
10.17	Kirche, Schule und Kindertagesheim Tesarekplatz	1992	Otto Häuselmayer, Gustav Peichl, Heinz Tesar
22.15	Wohnbau Zschokkegasse	1992	Viktor Hufnagl
22.20	Hauptschule Eibengasse	1992	Martin Kohlbauer
4.2	Kunsthalle Wien	1992	Adolf Krischanitz
16.8	Wohnhaus	1992	Adolf Krischanitz
19.26	Bürogebäude	1992	Neumann und Partner
3.1	Bank Austria Kundenzentrum	1992	Artur Perotti, Günther Domenig
16.9	Konrad-Lorenz-Institut für Verhaltensforschung	1992	Anton Schweighofer
10.23e	Doppel-Volksschule Jagdgasse	1992	Manfred Nehrer, Reinhard Medek
21.15	Volksschule, Musikschule Schumpeterweg	1992	Stefan Hübner, Peter Leibetseder
15.4	Sonderschule für sehbehinderte Kinder Zinkgasse	1992	Georg Driendl, Gerhard Steixner
1.85	„Figarohaus" Wolfgang Amadeus Mozart Gedenkstätte	1992	Elsa Prochazka
3.23e	Wohnhaus	1992	Günther Oberhofer
13.27	Schule Hietzinger Hauptstraße	1992	Elsa Prochazka
4.6	EA Generali Foundation	1992	Andras Pálffy, Christian Jabornegg, Georg Schönfeld
10.19	Studentenheim	1992	Anton Schweighofer
3.24e	Passage	1992	Ernst Hoffmann
U3	Evangelische Kirche Klosterneuburg	1992	Heinz Tesar
22.17	Wohnhausanlage Wulzendorf (West)	1993	Ablinger-Vedral, Walter Stelzhammer, Margarethe Cufer
14.3	Wohnheim Matznergasse	1993	BKK-2, Christoph Lammerhuber, Axel Linemayr, Franz Sumnitsch, Florian Wallnöfer, Johann Winter, Evelyn Wurster
21.20e	Wohnhaus Anton-Böck Gasse	1993	Eva Ceska, Friedrich Priesner

Index	Bauwerk	Entwurf oder Baubeginn	Architekt
1.91	MAK Café	1993	Hermann Czech
9.17e	Management Book Service	1993	Eichinger oder Knechtl
20.7	Wohnhaus Wexstraße	1993	Otto Häuselmayer
1.30	Ringstraße Galerien	1993	Wilhelm Holzbauer u.a.
22.3	Hochhaus Andromeda	1993	Wilhelm Holzbauer
23.8	Heizkraftwerk	1993	Martin Kohlbauer
12.7	Wohnhaus	1993	Rüdiger Lainer, Gertraud Auer
12.9	Schule Rohrwassergasse	1993	Manfred Nehrer und Reinhard Medek
16.2	Laborgebäude	1993	Manfred Nehrer und Reinhard Medek
3.8	Probebühne des Burgtheaters	1993	Gustav Peichl
22.16	Siedlung Tamariskengasse	1993	Roland Rainer
22.18	Wohnhausanlage Wulzendorf (Ost)	1993	August Sarnitz, Reinhard Haselwanter, Ernst Linsberger, Helmut Wimmer, Markus Spiegelfeld, Günther Holnsteiner
22.17	Wohnbebauung	1993	Walter Stelzhammer
21.12	Wohnhausanlage	1993	Martin Treberspurg, Georg W. Reinberg, Erich Raith
21.6	Brünner Straße	1993	Helmut Wimmer, Eva Reichl u.a.
22.31e	Volksschule Viktor Wittner-Gasse	1993	Sepp Frank
22.23	Hauptschule Simonsgasse	1993	Günther Domenig
21.19	Volksschule Zehdengasse	1993	ARTEC: Bettina Götz/Richard Manahl
21.22e	Kindertagesheim der Stadt Wien	1993	Markus Geiswinkler
22.32e	Haus Hinterberger	1993	Andreas und Gerda Gerner
22.11	Wohnbebauung Mühlgrundweg	1993	Walter Stelzhammer, Paul Katzberger, Karin Bily, Theophil Melicher, Georg Schwalm-Theiss, Horst Gressenbauer
14.17e	Erweiterung Technisches Museum (Eingangshalle)	1993	Atelier in der Schönbrunner Straße
22.37e	Wohn- und Geschäftshaus	1993	Ernst Hoffmann
16.10e	Hauptschule Koppstraße	1994	Atelier 18: Eder, Pal, Weber, Wieden
22.4	Wohnhochhäuser Wagramerstraße	1994	Coop Himmelblau; Gustav Peichl, Rudolf F. Weber; NFOG
11.8	Wohnbebauung Leberberg (Nord)	1994	Margarethe Cufer, Otmar Hasler, Walter Stelzhammer, u.a.
1.111e	Unger & Klein Wein Geschäft	1994	Eichinger oder Knechtl
1.80	Ron con Soda	1994	Eichinger oder Knechtl
21.17	Interkulturelles Wohnen	1994	Kurt Heidecker, Herbert Neuhauser
7.8e	Filmhaus	1994	Helmut Heistinger
2.7	Neue Welt Kindergarten	1994	Adolf Krischanitz
1.89	Wiener Hauptpost	1994	Adolf Krischanitz, Heinz Neumann
10.5	Hauptschule Absberggasse	1994	Rüdiger Lainer und Gertraud Auer
22.10	Wohnbau Heinrich Lefler Gasse	1994	Michael Loudon
19.29e	Bürohaus Grinzinger Allee	1994	Heinz Neumann
6.6e	Bürohaus Mariahilfer Straße	1994	Heinz Neumann
22.36e	Volksschule	1994	Nigst, Fonatti, Ostertag, Gaisrucker (NFOG)
21.16	Wohnbebauung	1994	Jean Nouvel
21.14	Volks-und Hauptschule Hanreitergasse	1994	Gustav Peichl, Rudolf F. Weber
22.19	Siedlung Erzherzog Karl Stadt	1994	Gustav Peichl, Martin Kohlbauer, Peter Nigst, Paul Katzberger, Karin Bily, Michael Loudon, ARCA (Franco Fonatti, u.a.)
8.8	Volkskundemuseum	1994	Elsa Prochazka
3.17	Wohnpark Rennweg	1994	Architektengruppe Rennweg: Schweighofer,Rainer, Nehrer und Medek
14.6	Schule Waidhausenstraße/Kinkplatz	1994	Helmut Richter
12.13	Gartenhotel Altmannsdorf	1994	Michael Schluder und Hanns Kastner
21.18	Frauen-Werk-Stadt	1994	Franziska Ullmann, Lieselotte Peretti, Gisela Podreka, Elsa Prochazka, Maria Auböck

Index	Bauwerk	Entwurf oder Baubeginn	Architekt
11.10	Volks-und Hauptschule Svetelskystraße	1994	Dieter Henke, Marta Schreieck
8.5	Bankfiliale Erste Österreichische Spar-Casse	1994	Boris Podrecca
11.9	Wohnbebauung Leberberg (Süd)	1994	Markus Spiegelfeld, Günther Holnsteiner, Ulrike Janowetz, Michael Wagner, August Sarnitz, Claudio Blazica, Laura Spinadel, Kurt Heidecker, Herbert Neuhauser, Christine Zwingl
20.5	Wohnbau Handelskai	1994	Heinz Neumann, Eric Steiner
21.13	Wohnbau Ocwirkgasse	1994	Theophil Melicher, Georg Schwalm-Theiss, Horst Gressenbauer
21.5	Loftsiedlung Wien Floridsdorf	1994	Heidulf Gerngroß, Werkstatt Wien
19.32e	Einfamilienhaus	1994	Ernst Hoffmann
21.13	Kirche	1994	Otto Häuselmayer
22.29e	Siedlung Süßenbrunn	1995	Otto Häuselmayer
1.95e	Lichtforum Wien	1995	Hans Hollein
7.9e	Wohnhaus	1995	Günther Holnsteiner
10.20e	Städtisches Ökohaus	1995	Günther Lautner, Peter Scheifinger, Rudolf Szedenik, Cornelia Schindler
1.55	Büroumbau, Beamtenversicherung – ÖBV	1995	Walter Stelzhammer
2.12e	Wohnhausanlage Kai 302	1995	Albert Wimmer
1.27	Umbau des jüdischen Museums der Stadt Wien	1995	Eichinger oder Knechtl/Franz Sam
15.14e	Bezirksgericht Fünfhaus	1995	Günther Oberhofer
14.15e	Hackinger Steg	1995	D. Henke, M. Schreieck, W. Ziesel
22.34e	Arbeitsmarktservice Jobcenter	1996	Bernhard Denkinger
1.101e	Boutique Helmut Lang	1996	Gustav Pichelmann
3.3	Kiang III	1997	Helmut Richter

Register

Ablinger-Vedral 22.17
Abraham Raimund 23.10
Achleitner Friedrich 12.14e
Adler Viktor 18.10e
Aichinger Hermann 1.113e, 3.18, 4.5
Allio Joseph 8.2
Altomonte Andrea 3.6
Appelt Werner 22.27, U9e
ARCA (Franco Fonatti, u.a.) 22.19
ARTEC: Bettina Götz/Richard Manahl 21.19
Atelier 18 16.10e, 21.11
Atelier 4: Erblick, Vesselinov, Hirschler, Scheufler, Schweighofer 10.10, 22.28e
Atelier in der Schönbrunner Straße 14.17e
Auböck Maria 1.100e, 21.18
Auer Gertraud 10.5, 12.7, 14.12e, 22.22
Bach Theodor 16.1
Baldass Georg 22.25
Basset Walter B. 2.4
Bauer Erich 12.8
Bauer Leopold 9.3, 15.3, 21.2
Baumann Ludwig 1.90
Becker Klaus 12.12
Beduzzi Antonio 1.14
Behrens Peter 20.3
Berger Alfred 22.6
Berger Franz 14.14e
Bieber Karl A. 13.23
Bily Karin 22.11, 22.19
Bitterlich Hans 1.61
BKK-2 13.28e, 14.3, 22.33e
Blau Luigi 1.40, 1.53, 1.98e, 3.21e, 13.19, 19.31e
Blazica Claudio 11.9
Bluntschli Alfred Friedrich 11.6
Boltenstern Erich 1.29, 1.43, 1.71, 1.75, 1.82, 1.108e
Bramhas Erich 3.17
Brenner Anton 13.23
Bukovac Stefan 10.16
Burnacini Ludovico 1.9
Cagnola Luigi 1.16
Canevale Antonio 1.109e
Canevale Carlo 9.13
Canevale Franz 9.13
Canevale Isidor 9.7, 9.9
Carlone Carlo Antonio 1.44
Carlone Carlo Martino 9.13
Carlone Giovanni Battista 4.7
Ceska Eva 21.20e
Christl Karl 1.68
Colin 11.5
Coop Himmelblau 1.24, 1.72, 1.92, 1.99e, 22.4
Cufer Margarethe 6.5, 11.8, 22.2, 22.17, 23.9
Czastka Josef 13.4
Czech Hermann 1.29, 1.42, 1.78, 1.84, 1.91, 1.94, 3.6, 3.14, 11.2, 17.3, 22.2, U4
Daum Bonaventura 1.41
Deininger Wunibald 8.4
Delugan Roman 22.2
Delugan-Meissl Elke 22.2

Denkinger Bernhard 22.34e
Dex Josef F. 13.23
Dirnhuber Karl 20.3
Domenig Günther 3.1, 10.2, 22.23
Donner Georg Raphael 1.23
Drach Siegfried C. 3.4, 13.9, 19.5
Drexler Anton 2.9
Drexler Josef 2.9
Driendl Georg 7.6, 15.4
Eder Engelbert 16.10e, 21.11
Ehn Karl 12.2, 19.25
Eiböck Gotthard 22.14
Eichinger oder Knechtl 1.27, 1.69, 1.80, 1.111e, 9.2, 9.17e
Engelhart Josef 3.13
Engelmann Paul 3.12
Erblich Klaus Peter 10.10, 22.28e
Faber Erich 12.6
Fabiani Max 1.13, 1.90, 3.15
Falkner Rupert 13.29e
Fellerer Max 1.63, 22.5
Fellner Ferdinand 1.40, 6.3, 7.2
Ferrabosco Pietro 11.5
Ferstel Heinrich v. 1.46, 1.54, 1.91, 9.1, 9.5, 18.4
Feszty Adolf 2.9
Fischer von Erlach Johann Bernhard 1.9, 1.16, 1.22, 1.38, 1.51, 1.104e, 3.6, 4.3, 7.1, 7.3, 13.3
Fischer von Erlach Josef Emanuel 1.16, 1.105e, 3.6, 4.3, 7.1, 13.3
Fischl Karl 14.13e
Flattich Wilhelm 12.4
Förster Ludwig 1.28, 3.8, 6.4
Fonatti Franco 15.13e, 22.4, 22.19, 22.36e 22.25, 22.26
Frank Josef 12.1, 12.6, 13.12, 13.23, 14.19e, 17.1, 19.4, 19.7, 19.20, 20.3
Frank Sepp 3.7, 22.31e
Frantl Erich 2.8
Frauendorfer Egon 22.8
Gabriele Gabriel de 1.65
Gaisrucker Horst 22.4, 22.19, 22.36e
Gantar Norbert 1.79, 3.17
Gebhart Peter 23.5
Geiswinkler Markus 21.22e
Gerl Josef 9.7
Gerl Peter 3.10
Gerner Andreas und Gerda 22.32e
Gerngroß Heidulf 1.81, 19.8, 21.5, 22.5, 22.25
Gessner Franz 5.2, 18.1
Gessner Hubert 2.2, 5.2, 5.7, 18.1, 21.1
Glas Hans 18.11e
Glaser Hans 21.2
Glück Harry 2.6, 10.6, 10.7, 20.2
Göth Edgar 10.16
Götz Bettina 21.19
Goldemund Heinrich 18.4
Greifeneder 3.17
Gressenbauer Horst 13.13, 21.13, 22.11, 23.9
Gruber Karlheinz 10.16
Grünberger Arthur 13.23

Gruss Isabella 23.9
Gruss Walter 23.9
Gsteu Johann Georg 12.14e, 12.15e, 14.4, 15.10, 22.8, 22.35e, 23.1
Gueverekian Gabriel 13.23
Gutbrod Rolf 3.22e
Hackhofer Josef 1.68, 1.94
Haerdtl Oswald 1.34, 1.59, 1.60, 1.61, 1.65, 1.96e, 1.107e, 13.23
Häring Hugo 13.23
Häuselmayer Otto 10.16, 10.17, 20.7, 21.13, 22.21, 22.29e
Hagmüller Roland 13.30e, 22.13
Hansen Theophil v. 1.28, 1.31, 1.37, 1.63, 1.66, 1.71, 1.83, 1.93, 3.8, 6.4, 9.11, 10.25e
Hansjakob Gottfried und Toni 2.10
Haselwanter Reinhard 22.18
Hasenauer Carl v. 1.16, 1.19, 1.64, 2.9, 6.1, 13.25
Hasler Othmar 11.8
Hauser Alois 1.106e
Hegele Max 11.6
Heidecker Kurt 11.9, 21.17
Heistinger Helmut 7.8e
Helmer Hermann 1.40, 6.3, 7.2
Hempel Helmut 22.25, 22.26
Henke Dieter 11.10, 14.15e, 17.2, 23.13e
Hensel Norbert 12.12
Herzog & de Meuron 22.24
Hetmanek Alfons 11.4
Hetzendorf von Hohenberg Johann Ferdinand 1.18, 1.20, 13.3
Hiesmayr Ernst 1.76
Hildebrandt Johann Lukas v. 1.8, 1.16, 1.48, 1.57, 3.6, 3.7, 4.8e, 8.3
Hilmer Heinz 20.2
Hinterhölzl Josef 10.16
Hirschler Manfred 10.10, 22.28
Hitchins 2.4
Hlaweniczka Kurt 2.6, 10.16
Höfer Werner 10.7, 12.12
Hoffmann Ernst 3.24e, 19.32e, 22.37e
Hoffmann Josef 1.96e, 13.10, 13.23, 19.1, 19.11, 19.13, 19.16, 19.21, 19.22, 19.23, 19.24, 20.3
Hoke Edmund 1.39
Hollein Hans 1.3, 1.6, 1.11, 1.12, 1.14, 1.25, 1.65, 1.76, 1.95e, 18.3, 22.2, U6
Holnsteiner Günther 7.9e, 11.9, 22.18
Holzbauer Wilhelm 1.30, 1.79, 2.6, 13.34e, 14.16e, 15.11, 19.17, 20.2, 22.2, 22.3
Holzmeister Clemens 4.5, 10.3, 11.7, 13.23, 15.1, 19.9
Hoppe Emil 2.5, 16.6
Hübner Stefan Karl 21.15
Hübschmann Richard 10.16
Hufnagl Viktor 12.8, 21.10, 22.15
Hundertwasser Friedensreich 3.19, 9.20e
Hybler Wenzel 18.4
Jabornegg Christian 4.6
Jäger Franz 6.3
Jäger Theodor 9.15
Jaksch Hans 1.49, 10.9, 13.13, 16.6

Janowetz Ulrike 11.9, 19.28e
Jirasek Julius 13.23
Judtmann Fritz 5.4, 13.26
Kalbac Josef 19.11
Kammerer Marcel 2.5
Kapaun Franz 11.1
Karasz Janos 1.100e
Karl Jonas 11.6
Karrer 3.17
Kastinger Herbert 5.5
Kastner Egon 10.1, 21.21e
Kastner Hanns 12.13
Katzberger Paul 22.11, 22.19
Kaym Franz 11.4
Kirschner Ferdinand 1.16
Kleihues Josef Paul 12.12
Klingsbigl Josef 13.26
Klinkowström Friedrich v. 1.67
Knab Michael 1.67
Kneissl Franz Eberhard 11.11, 22.27, U9e
Koch Ernest 1.14
Kohlbauer Martin 1.27, 22.19, 22.20, 23.8
Kornhäusel Josef 1.22, 1.50, 1.82, 3.20e, 4.4, 8.2
Kotera Jan 19.14
Kramreiter Robert 10.6
Krause Emil 12.10
Krauß Franz 16.6
Krauß Rudolf 1.5
Krier Rob 10.4, 23.5
Krisch Günter 10.16
Krischanitz Adolf 1.89, 2.7, 4.2, 13.23, 16.8, 18.5, 19.25, 22.2, 22.24
Krismer Werner 22.6
Krist Karl 10.11
Kroj Gerhard 10.16
Kulka Heinrich 13.23
Kurrent Friedrich 5.9e, 14.16e, 15.8, 21.3
Lackner Josef 13.20
Ladstätter Georg 1.79, 3.17
Ladtner von Pirn Dietrich 1.18
Lainer Rüdiger 10.5, 12.7, 14.12e, 22.22
Lammerhuber Christoph 13.28e, 14.3, 22.33e
Lamprecht Rudolf 10.16
Laske Oskar 1.43
Lautner Günther 5.3, 10.20e
Leber Karl 10.16
Lechner Hans 13.3
Leibetseder Peter 21.15
Leischner Erich 16.4
Lemberger Heinz 10.16
Lichtblau Ernst 13.8, 13.23, 13.36e, 21.2
Lihotzky Margarethe 13.23, 20.3, 21.4
Linemayr Axel 13.28e, 14.3, 22.33e
Linsberger Ernst 22.18
Lintl Hannes 2.6
Lippert Georg 2.6, 3.26e
Lisner Georg 10.16
Loos Adolf 1.10, 1.15, 1.26, 1.103e, 7.7, 13.6, 13.14, 13.15, 13.17, 13.18, 13.23, 13.33e, 17.5, 18.6, 19.2, 19.3

Loos Walter   13.23
Loudon Michael   22.2, 22.10, 22.19
Lurcat André   13.23
Manahl Richard   21.19
Mang Karl   22.8
Mang-Frimmel Eva   22.8
Manikas Dimitris   15.12
Markl Karl   9.12
Marmorek Oskar   5.10e
Marschalek Heinz   1.79, 3.17
Martinelli Domenico   1.47, 1.65
Mascher Fritz   1.21
Matha Heinrich   10.16
Matuschek Franz   16.6
Mayer Hugo   12.10, 15.7, 17.5
Mayr Fritz   23.7
Mayr Leopold   3.8
Mayr-Keber Gert M.   13.35e
Mayreder Karl   19.12
Medek Reinhard   3.17, 10.23e, 10.26e, 12.9, 16.2
Meißl Joseph jun.   3.11
Melicher Theophil   21.13, 22.11, 23.9
Montani Gabriele   1.8
Montoyer Louis   1.21, 3.11
Muchar Pauline   10.16
Müller Johann Georg   7.5
Müller Sepp   1.91, 22.6
Mylius Jonas Karl   11.6
Nadel Otto   10.8
Nehrer Manfred   3.17, 10.23e, 10.26e, 12.9, 16.2
Neuhauser Herbert   11.9, 21.17
Neumann Heinz   1.89, 3.17, 6.6e, 21.8, 19.26, 19.29e, 20.5, 22.2
Neutra Richard   13.23
Neyer Rudolf   10.7
NFOG   22.4, 22.19, 22.36e
Niedermoser Otto   1.82, 6.3, 8.2, 13.23
Nigst Peter   22.3, 22.19
Nobile Peter v.   1.59, 1.60, 4.1
Noever Peter   1.91
Nouvel Jean   21.16
Null Eduard van der   1.29, 3.8
Oberhofer Günther   3.23e, 10.16, 15.14e, 19.30e
Oberhuber Oswald   6.5
Obermann Annemarie   22.8
Obermann Werner   10.16
Oerley Robert   8.1, 10.11, 13.5, 14.2
Ohmann Friedrich   1.60, 1.61, 1.94
Olbrich Joseph Maria   1.35
Ortner Laurids   7.1
Ortner Manfred   7.1
Ospel Anton   1.45
Osterberger Alexander   3.4
Ostertag Marco   22.4, 22.19, 22.36e
Pacassi Nicolaus   13.3
Pal Alfred   16.10e, 21.11, 22.8
Palffy Andras   4.6
Pangratz Friedrich   10.15
Parenzan Leo   12.8

Paul Friedrich   9.18e
Pauser Alfred   1.91
Peichl Gustav   1.33, 1.112e, 3.8, 4.5, 10.16, 10.17, 12.5, 13.24, 14.11e, 19.10, 19.18, 21.14, 22.4, 22.19
Penttilä Timo   6.7e
Perco Rudolf   17.7e, 20.4
Peretti Lieselotte   21.18
Perotti Artur   3.1, 3.17
Peters Joachim   12.8
Pichelmann Gustav   1.101e
Pichl Alois   1.52
Pichler Walter   1.91
Pilhal Karl   9.12
Piva Paolo   1.10
Plečnik Josef   1.70, 3.13, 5.1, 13.4, 13.16, 16.3
Plischke Ernst A.   13.23, 23.2
Podrecca Boris   1.75, 6.8e, 8.5, 8.7, 12.11, 14.5, 19.27e, 20.6, 22.14, 23.3
Podreka Gisela   21.18
Polak-Hellwig Otto   15.5
Poppovits Caesar   8.6
Potyka Hugo   10.16
Pozzo Andrea   1.86
Prachatitz Hans v.   1.1
Praun Anna-Lülja   1.97e
Prehsler Herbert   10.16
Pribitzer Michael   12.8
Priesner Friedrich   21.20e
Prochazka Elsa   1.7, 1.85, 8.8, 13.27, 21.18, 22.7, U9e
Prohazka Rudolf   18.7
Pruscha Carl   6.1, 22.21, 23.10
Prutscher Hans   10.13
Puchhammer Hans   3.17, 9.8, 13.7, 23.12e
Puchsbaum Hans   1.1, 10.24e
Putz Oskar   1.114e
Rainer Roland   1.32, 1.33, 3.17, 11.3, 13.11, 13.21, 15.2, 18.8e, 22.16, 22.30e, 23.6
Raith Erich   21.12, 22.12
Reder Wolfgang   11.2
Reichl Eva   21.6
Reinberg Georg W.   21.12, 22.12
Reinthaller Thomas   10.16
Remys Ludwig   1.59
Requat Franz   10.16
Reymund Josef   6.3
Richter Helmut   1.81, 3.3, 14.6, 19.8, 23.4
Rieder Max   17.4
Rietveld Gerrit   13.23
Rigel Pius v.   3.8
Riss Egon   5.4, 13.26
Roesner Carl   2.13e, 3.8
Rosenstingl Franz Sebastian   9.13
Rossi Domenico Egidio   9.14
Sam Franz   1.27
Sarnitz August   11.9, 22.18
Sattler Christoph   20.2
Schacherl Franz   10.14
Schandl Johann   23.9

Schartelmüller Karl   13.22, 22.7
Scheffel Karl   21.2
Scheifinger Peter   5.3, 10.20e
Scheiringer Johann Nepomuk   13.26
Schemerl v. Leytenbach Joseph   4.1
Scheufler Peter   10.10, 22.28
Schindler Cornelia   5.3, 10.20e
Schluder Michael   12.13
Schmalhofer Karl   10.8
Schmid Heinrich   3.18, 4.5
Schmidt Carl   3.6
Schmidt Friedrich v.   1.62, 15.9
Schöll Theodor   2.8
Schönfeld Georg   4.6
Schönthal Otto   2.5, 14.5, 16.6
Schreieck Marta   11.10, 14.15e, 17.2, 23.13e
Schrittwieser Udo   3.17, 22.8
Schuster Franz   9.16, 10.14, 10.15, 15.12, 20.3, 21.9
Schuster Günther   22.8
Schütte Wilhelm   21.4
Schütte-Lihotzky Margarete   11.12e, 21.4
Schwalm-Theiss Georg   11.9, 13.13, 21.13, 22.11, 23.9
Schwanzer Karl   1.91, 3.9, 10.12
Schwarz Herwig   2.10
Schwarz Rudolf   5.6
Schweger & Partner   3.25e
Schweighofer Anton   3.17, 10.19, 13.29e, 14.1, 14.10, 16.9, 19.5, 19.6
Schweighofer Gerhard   10.10, 22.28e
Schweitzer Otto Ernst   2.8
Segenschmid Franz v.   13.2
Semper Gottfried   1.16, 1.19, 1.64, 6.1
Sennholz Gustav   18.4
Sicardsburg August v.   1.29, 3.8
Simony Leopold   16.1
Simony Stefan   10.15
SITE   1.91
Sitte Franz   7.5
Sobotka Walter   3.16, 13.23
Spalt Johannes   5,9e, 10.18, 14.16e, 21.3, 22.9
Spanger   11.5
Spiegelfeld Markus   11.9, 22.18
Spielmann Ernst   1.102e
Spinadel Laura   11.9
Sprenger Paul   3.2, 7.5
Spychala Tadeusz   10.7
Staber Johann   22.1
Steidle Otto   10.16, 22.24
Stein Manfred   22.8
Steiner Eric   3.17, 19.26, 20.5
Steinmayr   1.21
Steixner Gerhard   7.6, 15.4
Stelzhammer Walter   1.55, 12.3, 22.17, 22.11
Stiassny Wilhelm   1.55
Stiegholzer Hermann   5.5
Strada Jacobo da   11.5
Streit Andreas   1.2
Strnad Oskar   13.23, 15.6, 19.7, 19.20, 20.3

Strudel Paul   1.9
Sumnitsch Franz   13.28e, 14.3, 22.33e
Sunholt Elise   10.16
Szedenik Rudolf   5.3, 10.20e
Tamms Friedrich   2.3
Teller Alfred   1.102e
Tencala Giovanni Pietro   1.22
Tesar Heinz   5.8, 10.17, 13.31e, 22.21, U2, U3, U7
Tessenow Heinrich   U8e
Theiss Siegfried   1.49, 10.9, 13.13, 16.6
Tölk Josef   16.6
Traxler Erich   10.16
Treberspurg Martin   21.12, 22.12
Trehet Jean   13.3
Tschapeller Wolfgang   9.6, 17.4
Uhl Ottokar   1.110e, 10.22e, 16.7, 21.7
Ullmann Franziska   13.3, 21.18
Vesselinov Zachari   10.10, 22.28e
Vetter Hans A.   13.23
Ville-Issey Jean-Nicolas Jadot de   1.16, 1.87
Waage Fritz   10.1, 21.21e
Waagner-Biró   U5
Wachberger Hedwig   23.5
Waclawek Fritz   3.17, 10.16, 12.8
Wafler Franz   22.21
Wafler Wilfried   22.21
Wagner Michael   11.9
Wagner Otto   1.4, 1.36, 1.61, 1.73, 1.74, 1.88, 2.1, 3.5, 6.2, 7.4, 9.4, 9.10, 9.19e, 9.21e, 12.16e, 13.1, 14.7, 14.8, 14.9, 16.5, 17.6e, 18.9e, 20.1
Wagner-Freynsheim Helmut   13.23
Wallnöfer Florian   13.28e, 14.3, 22.33e
Wawrik Gunther   3.17, 13.7, 14.18e, 23.12e
Weber Rudolf F.   16.10e, 21.11, 21.14, 22.4
Wehdorn Manfred   1.47
Weiser Heinz   22.25
Welzenbacher Lois   18.2
Werkstatt Wien   21.5
Wieden Rainer   16.10e, 21.11
Wimmer Albert   2.10, 2.12e
Wimmer Helmut   10.16, 21.6, 22.18
Windbrechtinger Traude   12.8, 13.32e
Windbrechtinger Wolfgang   12.8, 13.32e
Winter Johann   13.28e, 14.3, 22.33e
Wittgenstein Ludwig   3.12
Witzmann Carl   8.2
Wlach Oskar   13.12, 13.23, 19.4, 19.7, 19.20, 20.3
Wörle Eugen   1.91, 10.15, 22.5
Wörndl Hans Peter   17.4
Wotruba Fritz   23.7
Wurster Evelyn   13.28e, 14.3, 22.33e
Zelenka Iwan   3.25e
Ziesel Wolfdietrich   14.15e
Zwick Helmar   23.11e

Bibliographie (Auswahl – Zur ersten Information)

Allgemeine Bibliographie

Dehio-Handbuch, *Die Kunstdenkmäler Österreichs*, Band Wien, Hrsg. Bundesdenkmalamt, Wien-München

Achleitner, Friedrich, *Österreichische Architektur im 20. Jahrhundert*, 4 Bde., Salzburg/Wien 1980–1995

Österreichische Architektur 1960 bis 1970, hrsg. v. der Österreichischen Gesellschaft für Architektur, Wien 1969

Becker, Steiner, Wang (Hrsg.), *Österreich-Architektur im 20. Jahrhundert*, München 1995

Architektur in Wien, hrsg. v. Magistrat der Stadt Wien, Wien 1984, 1990

Baujahre. Österreichische Architektur 1967-1991, Ausst. Kat., hrsg. v. der Zentralvereinigung der Architekten Österreichs, Wien/Köln/Weimar 1992

Bobek, Hans; Lichtenberger, Elisabeth, *Wien. Bauliche Gestalt und Entwicklung seit der Mitte des 19. Jahrhunderts*, Wien 1966

Gmeiner, Astrid; Pirhofer, Gottfried, *Der österreichische Werkbund*, Salzburg/Wien 1985

Haiko, Peter, *Wien 1850-1930. Architektur*, Wien 1992

Hautmann, Hans; Hautmann, Rudolf, *Die Gemeindebauten des Roten Wien 1919-34*, Wien 1980

Kapfinger, Otto; Kneissl, Franz E., *Dichte Packung. Architektur aus Wien*, Salzburg/Wien 1989

Noever, Peter (Hrsg.), *Wiener Bauplätze. Verschollene Träume – Angewandte Programme. Wien um 1986*, Wien 1986

Steiner, Dietmar (Hrsg.), *Werkstatt Metropole Wien. Die Kultur des Wohnens*, Wien 1988

Tabor, Jan (Hrsg.), *Kunst und Diktatur. Architektur, Bildhauerei und Malerei in Österreich. Deutschland. Italien und der Sowjetunion 1922–1956*, 2 Bde., Baden 1994

Posch, Wilfried, *Die Wiener Gartenstadtbewegung. Reformversuch zwischen Erster und Zweiter Gründerzeit*, Wien, 1981

Wien. Architektur – Der Stand der Dinge, Stadtplanung Wien (Hrsg.), Wien 1995

Peichl, Gustav (Hrsg.), *Wiener Wohnbau Beispiele*, Ausst. Kat., Wien 1985

Peichl, Gustav; Steiner, Dietmar (Hrsg.), *Neuer Wiener Wohnbau*, Wien 1986

Weihsmann, Helmut, *Das Rote Wien. Sozialdemokratische Architektur und Kommunalpolitik 1919–1934*, Wien 1985

Architektenmonographien

Graf, Otto Antonia, *Otto Wagner. Das Werk des Architekten*, 5 Bde., Wien/Köln/Graz 1982

Sekler, Eduard F., *Josef Hoffmann. Das architektonische Werk*, Salzburg/Wien 1982

Rukschcio, Burkhard; Schachel, Roland, *Adolf Loos. Leben und Werk*, Salzburg/Wien 1982

Spalt, Johannes; Czech, Hermann (Hrsg.), *Josef Frank 1885–1967*, Wien 1981

Krischanitz, Adolf; Kapfinger, Otto, *Die Wiener Werkbundsiedlung. Dokumentation einer Erneuerung*, Wien 1985

Sarnitz, August, *Lois Welzenbacher: Architekt 1889–1955*, Salzburg/Wien 1989

Sarnitz, August, *Ernst Lichtblau. Architekt 1883–1963. Gestell und Gestalt im Raum. Reflexionen über ein Paradigma der modernen Architektur*, Wien/Köln/Weimar 1994

Roland Rainer: Arbeiten aus 65 Jahren, Salzburg/Wien 1990

Wilhelm Holzbauer, Bauten und Projekte 1985–90, hrsg. v. der Hochschule für angewandte Kunst, Wien 1990

Gustav Peichl, Bauten und Projekte, hrsg. v. der Kunst-und Ausstellungshalle der Bundesrepublik Deutschland, Stuttgart 1992

Hans Hollein, Ausst. Kat., hrsg. v. Historischem Museum der Stadt Wien, Wien 1995

Coop Himmelblau, *Die Faszination der Stadt*, Darmstadt 1988

Waechter-Böhm, Liesbeth, *Heinz Tesar*, Basel 1995

Österreichische Architekturzeitschriften

Der Architekt, 1 (1895) – 24 (1921/22)

architektur aktuell, 1 (1967) –

Architektur und Bauforum, 23 (1990)

Der Aufbau, 1 (1946) – 43 (1988) seither unter dem Titel: *Perspektiven*

Der Bau, 1 (1946) – 26 (1971)

Bauforum, 1 (1967/68) – 22 (1989) seither unter dem Titel: *Architektur und Bauforum*

Österreichs Bau- und Werkkunst, 1 (1924–25) – 8 (1932) Nachfolge: *Profil*

Perspektiven 44 (1989)

UM BAU, 1 (1979) –

Wettbewerbe, 1 (1977)

Abbildungsverzeichnis und Photonachweis

Akademie der bildenden Künste, Kupferstichkabinett, Wien   353

Driendl, Steixner, Archiv   174 u.

Mischa Erben, Wien   202 u.l., u.r., 255, 281 u., 355, 359, 363 o.

Hans Hollein, Archiv   71, 78 u., 281, 364

Werner Kaligofsky, Wien   163 o.

Robert Kiermayer, Wien   Frontispiz o, 70 u., 71 o., 72 o., 73 u., 74 o., u, 77 u., 78 o., u, 79 o., u., 81 o., m.l., m.r., u.r., 82 u.l, 83, 84 o., u., 85 o., 87, 88 u., 89 o., o.l., 90 o., u., 91 o., u., 92 o., u., 98 o.l., o., 99, 100 u., 101 o., u., 102 o., u.l., 103, 104 o., 106 o., u., 107 u., 108 u., 110 u., 113 o., u., 114 o., 116 u., 118 u., 119, 120 o., 121, 122 o., 126 o., u., 127 m.l., 128 o.l., u., 129, 138 o., 139, 141 o., 143, 144 o., 145 o., 147 u., 149, 152 u., 153, 154 o., u., 155, 156, 161, 162 o., 163 u., 164 u., 165 o., 168 o.r., u., 169 u., 174 o., 176 o., 177 o., 180 o., 181 o., 182 u., 186 u., 188, 192 o., 193 o., u., 194 o., 198 o., u.l., 199, u., 200 o., o.l., 204, 206, 214 u.l., u.r., 215, 224 o., 225 u., 226, 230 o., u., 231, 234 o., 235, 239 u., 241, 247 u., 253, 263 m., u., 264 o., u., 266 u., 267 o., u., 268, 270 u., 271, 272 o., 273 u., 275, 276, 277 o.r., u., 282 o., 290 o., 292 o.l., u., 295 o., u., 297 o., 301 o., 302, 303, 308, 309 o., 310 o., u., 312, 316 o., 317 o., m., 318 u., 319 o., 320 o., 321 o., 322 o., u., 323 o., u., 324 o., u., 326, 330 o., 331, 332, 334, 338 o., u., 339 o., u., 340 o., u., 341 o., u., 342 o., u., 344 u., 345, 346 o., u., 356 o., 357 o., u., 358, 362 u.

Österreichische Donaukraftwerke AG, Archiv   142 u.

Gustav Peichl, Archiv   297 u.

Boris Podrecca, Archiv   225 o., o.l., 179 o.

Roland Rainer, Archiv   243 o.

Georg Riha, Wien   32 – 64

Margherita Spiluttini, Wien   Frontspiz u., 70 o., 72 o., 73 o., 75, 76, 77, 80, 81 m.l., u.l., 82 o., u., 85 u., 86 o., u., 88 o., 93, 94, 95, 96, 97 o.,98 u., 100 o., 102 u., 104 o., 105 o., u., 107 o., 108 o., 109 o., u., 110 o., 111, 112 o., u., 114 u., 115, 116 o., 117, 118 o., 120 u., 122 u., 123, 124 o., u., 125, 127 o., u., 128 o., 130 u., 131, 136 o., u., 137, 138 o., u., 140, 141 u., 142 u., 144 u., 145 u., 146 o., u., 147 o., 148, 150 o., u., 151, 152 o., 160 u., 162 u., 164 o., 165 u., 166 o., u., 167 o., u., 168 o.l., 169 o., 170 o., u., 171, 172 o., u., 173 o., u., 175 o., u., 176 u., 177 u., 178 u., 179 u., 180 u., 181 o., 182 o., 183, 184 o., u., 185 o., u., 186 o., 187 o., u., 192 u., 194 u., 195, 196 o., u., 197, 198, 199, 200 u., 201 o., u., 202 o., u., 203, 205, 210 u., 211 o., u., 212 o., u., 213, 214 o., 216, 220 o., u., 221 o., 222 o., u., 223 o., u., 224 u., 232 o., u., 233 o., u., 234 u., 236, 237, 238 o., u., 239 o., 240 o., u., 242 o., u., 243 u., 244, 245, 246 o., u., 247 o., u., 252 o., 254 o., 256 o., u., 257, 258, 262, 263 o., 264 o., 265 o., u., 266 o., 269, 270 o., 272 u., 273 o., m., 274 o., u., 277 o.l., 278 o., u., 279, 280 o., 282 o., 283, 284, 288 o., u., 289 o., u., 290 o., 291, 292 o., 293, 294 o., u., 296 o., u., 298 o., u., 299, 300, 301, 309 u., 316 o., 317 u., 318 o., 319 u., 320 u., 321 u., 325, 333, 335, 336 o., u., 337, 343, 344 o., 347, 356 u., 362 o., 363 u., 364 o.

Gerald Zugmann, Wien   97 u., 130 o., 178 o., 311, 354

Bildvorlagen - Zeichnungen:

Renate Banik Schweitzer   10, 11, 20, 21

Otto Antonia Graf; Otto Wagner, Das Werk des Architekten, Böhlau, Wien-Köln-Graz 1986.   117

Eduard F. Sekler; Josef Hoffmann, Das architektonische Werk, Residenz, Salzburg-Wien, 1982.   235, 300

Burkhardt Rukschcio, Roland Schachel; Adolf Loos, Residenz, Salzburg-Wien, 1982.   75, 79, 87, 175, 279

Johannes Spalt, Hermann Czech; Josef Frank, Wien, 1981.   237, 276, 289, 291

Österreichischer Ingenieur-und Architekten-Verein (Hrsg.); Wien am Anfang des XX. Jahrhunderts, Wien, 1906, sämtliche historische Grundrisse.

Alle hier nicht aufgeführten Abbildungen und Photos wurden – soweit sie nicht aus den Archiven der Autoren stammen – freundlicherweise von den Architekten zur Verfügung gestellt.

SpringerArchitektur

Erleben Sie die Reichtümer der chinesischen Kultur

Ancient Chinese Architecture

10 herausragend schöne Bände zur chinesischen Bau- und Gartenkunst

Jinghua Ru, Hualiang Peng
Palace Architecture
ISBN 3-211-82990-3
Lieferbar

Liyao Cheng
Imperial Gardens
ISBN 3-211-82992-X
Lieferbar

Boyang Wang
Imperial Mausoleums and Tombs
ISBN 3-211-82991-1
Erscheint: Sommer 1998

Liyao Cheng
Private Gardens
ISBN 3-211-83007-3
Erscheint: Winter 1999

Qijun Wang
Vernacular Dwellings
ISBN 3-211-83008-1
Erscheint: Frühjahr 1999

Ran Wei
Buddhist Buildings
ISBN 3-211-83009-X
Erscheint: Herbst 1999

Yun Qiao
Taoist Buildings
ISBN 3-211-83010-3
Erscheint: Winter 2000

Yulan Qiu
Islamic Buildings
ISBN 3-211-83011-1
Erscheint: Frühjahr 2000

Dazhang Su
Ritual and Ceremonious Buildings
ISBN 3-211-83012-X
Erscheint: Herbst 2000

Yun Qiao
Defense Structures
ISBN 3-211-83013-8
Erscheint: Herbst 2000

Subskriptionspreis
Bei Abnahme des zehnbändigen Gesamtwerkes gilt der attraktive Subskriptionspreis von nur
DM 158,–, öS 1108,– pro Band
ISBN 3-211-83030-8
(Einzelband: DM 198,–, öS 1386,–)

Ausstattung
Pro Band etwa 170 vierfarbige Abbildungen, zahlreiche Tuschezeichnungen. Etwa 200 Seiten. Leinengebunden, fadengeheftet.
Format: 27 x 37 cm
Text: englisch

SpringerWienNewYork

Sachsenplatz 4–6, P.O.Box 89, A-1201 Wien, Fax +43-1-330 24 26
e-mail: order@springer.at, Internet: http://www.springer.at
New York, NY 10010, 175 Fifth Avenue • D-14197 Berlin, Heidelberger Platz 3
Tokyo 113, 3-13, Hongo 3-chome, Bunkyo-ku

SpringerArchitektur

Daniela Hammer-Tugendhat, Wolf Tegethoff (Hrsg.)
Ludwig Mies van der Rohe. Das Haus Tugendhat

1998. Etwa 140 z.T. farbige Abbildungen. Etwa 220 Seiten.
Gebunden etwa DM 78,–, öS 546,–
ISBN 3-211-83096-0

Das Haus Tugendhat in Brünn (CZ), von Mies van der Rohe 1929–1930 geplant und gebaut, gilt unumstritten als einer der Höhepunkte in Mies van der Rohes Schaffen und muß zu den wichtigsten Bauten der europäischen Moderne gezählt werden.

Der besondere Reiz dieser Monografie liegt in der Präsentation bisher unveröffentlichten Bildmaterials aus dem Besitz der Familie Tugendhat, welche das Haus erstmals in bewohntem Zustand zeigen. Fassaden und Dachterrasse sind – ganz im Sinne des Architekten – von Ranken und Schlingpflanzen überwuchert und machen so Architektur und Gartengestaltung als Teile einer Gesamtkonzeption erkennbar. Ebenfalls erstmals zugänglich gemacht wird eine charakteristische Auswahl von Plänen und Zeichnungen aus dem Atelier Mies van der Rohes. Originale Möbel – darunter zahlreiche unveröffentlichte Stücke – aus dem Besitz der Familie werden in sorgfältigen Farbabbildungen reproduziert.

Mit Beiträgen von Daniela Hammer-Tugendhat, Wolf Tegethoff, Franz Schulze und Ivo Hammer.

SpringerWienNewYork

Sachsenplatz 4–6, P.O.Box 89, A-1201 Wien, Fax +43-1-330 24 26
e-mail: order@springer.at, Internet: http://www.springer.at
New York, NY 10010, 175 Fifth Avenue • D-14197 Berlin, Heidelberger Platz 3
Tokyo 113, 3-13, Hongo 3-chome, Bunkyo-ku

SpringerArchitektur

Architektur Zentrum Wien (Hrsg.)

Klaus Kada

1998. Etwa 310 z.T. farbige Abbildungen. Etwa 200 Seiten.
Gebunden etwa DM 98,–, öS 686,–
Text: deutsch/englisch
ISBN 3-211-83070-7
Portraits österreichischer Architekten, Band 4

Klaus Kada zählt heute zu den renommiertesten österreichischen Architekten mit internationaler Ausstrahlung. Er verbindet in seinen Bauten präzise kontextuelle Analysen mit kraftvollen Raumkonzepten, technologischer Innovation und poetischen Details. Sein Oeuvre umfaßt so verschiedene Aufgaben wie das Glasmuseum Bärnbach, das Institut für Pflanzenphysiologie in Graz, das neue Festspielhaus in St. Pölten, die Europäische Akademie in Bozen, hervorragende Industrie-, Siedlungs-, und Villenbauten. Seine gestalterische Maxime ist die Luzidität von Programm, Struktur, Raum und Bewegung, die über eine rein technische Transparenz hinausreicht. Sein individueller Weg aus dem Umfeld der sogenannten „Grazer Schule" wird hier erstmals umfassend dokumentiert und analysiert.

SpringerWienNewYork

Sachsenplatz 4–6, P.O.Box 89, A-1201 Wien, Fax +43-1-330 24 26
e-mail: order@springer.at, Internet: http://www.springer.at
New York, NY 10010, 175 Fifth Avenue • D-14197 Berlin, Heidelberger Platz 3
Tokyo 113, 3-13, Hongo 3-chome, Bunkyo-ku

SpringerArchitektur

Allan S. Janik, Hans Veigl

Wittgenstein in Wien

Ein biographischer Streifzug durch die Stadt und ihre Geschichte

1998. Zahlreiche Abbildungen. Etwa 180 Seiten.
Broschiert etwa DM 42,–, öS 294,–
ISBN 3-211-83076-6

Mit diesem kulturgeschichtlichen Reiseführer können Leser auf den Spuren Wittgensteins die Stadt Wien erkunden. Das Buch gibt interessante und unterhaltsame Einblicke in das Leben und die Arbeit Ludwig Wittgensteins.
Die empfohlenen Routen für Spaziergänge lassen die Schauplätze seines Lebens lebendig werden und machen die Beziehung zu seiner Familie und zu Freunden transparent. Die Autoren sind nicht nur profunde Kenner der Wittgenstein'schen Philosophie, sondern auch der Wiener Alltags- und Kaffeehauskultur.

Sachsenplatz 4–6, P.O.Box 89, A-1201 Wien, Fax +43-1-330 24 26
e-mail: order@springer.at, Internet: http://www.springer.at
New York, NY 10010, 175 Fifth Avenue • D-14197 Berlin, Heidelberger Platz 3
Tokyo 113, 3-13, Hongo 3-chome, Bunkyo-ku

Springer-Verlag und Umwelt

ALS INTERNATIONALER WISSENSCHAFTLICHER VERLAG sind wir uns unserer besonderen Verpflichtung der Umwelt gegenüber bewußt und beziehen umweltorientierte Grundsätze in Unternehmensentscheidungen mit ein.

VON UNSEREN GESCHÄFTSPARTNERN (DRUCKEREIEN, Papierfabriken, Verpackungsherstellern usw.) verlangen wir, daß sie sowohl beim Herstellungsprozeß selbst als auch beim Einsatz der zur Verwendung kommenden Materialien ökologische Gesichtspunkte berücksichtigen.

DAS FÜR DIESES BUCH VERWENDETE PAPIER IST AUS chlorfrei hergestelltem Zellstoff gefertigt und im pH-Wert neutral.

Notizen